Marie-Vir

miam-miam-dodo

camino francés

section espagnole du chemin de Compostelle,
de Saint-Jean-Pied-de-Port à Santiago
& le chemin vers Finisterre
échelle des plans : 1 cm = 375 m

avec indication des hébergements adaptés
aux personnes à mobilité réduite

Edition 2015

Les éditions du Vieux Crayon
www.levieuxcrayon.com

Les erreurs, modifications et nouveautés survenues depuis la parution du livre (décembre 2014) sont répertoriées sur le site www.chemindecompostelle.com à la rubrique "Errata miam-miam-dodo"

Carte de découpage des plans

(les plans sont à l'échelle 1 cm = 375 m)

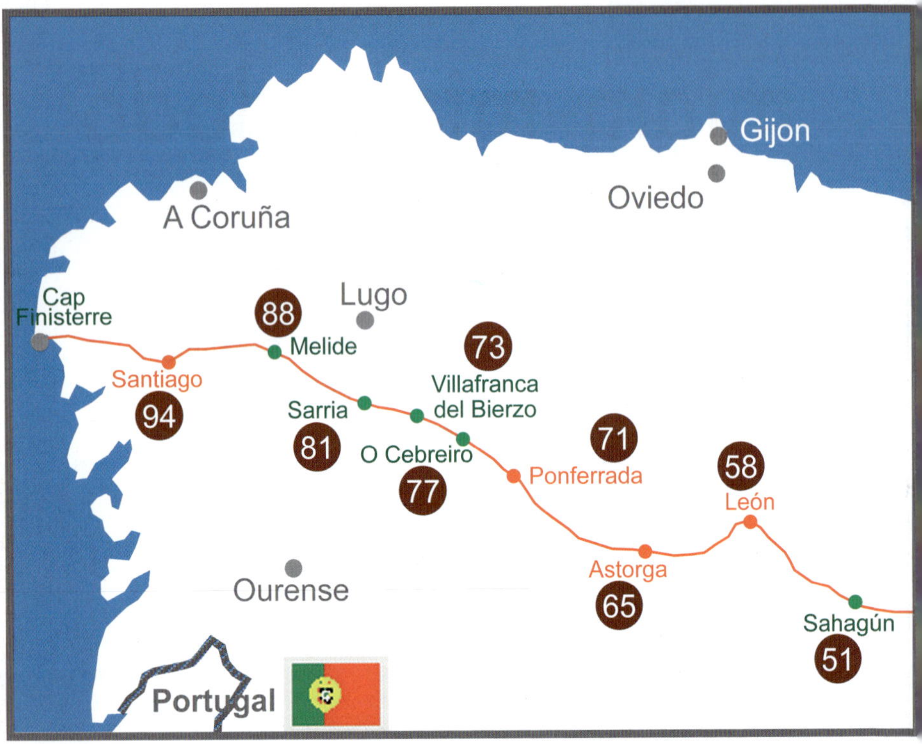

Gijon
Oviedo
A Coruña
Lugo
Cap Finisterre
88
Melide
73
Santiago
94
Sarria
81
Villafranca del Bierzo
O Cebreiro
77
71
Ponferrada
58
León
Ourense
Astorga
65
Sahagún
51
Portugal

Carte de découpage des plans

(les plans sont à l'échelle 1 cm = 375 m)

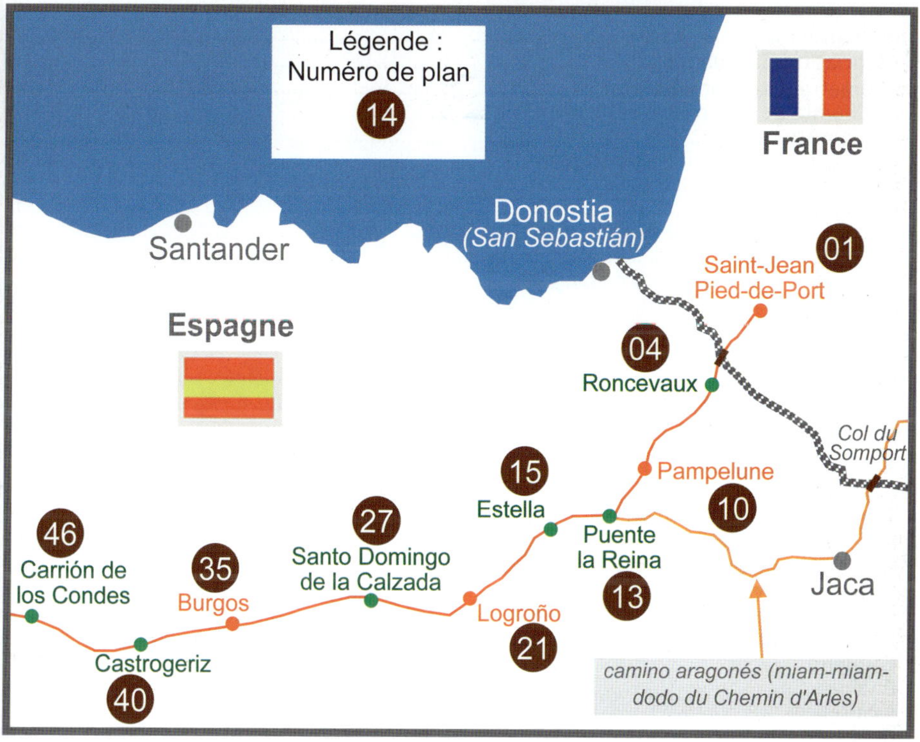

Légende :
Numéro de plan
14
France
Donostia
(San Sebastián)
Santander
Espagne
01
Saint-Jean
Pied-de-Port
04
Roncevaux
Col du
Somport
15
Pampelune
10
Estella
27
46
35
Carrión de
los Condes
Burgos
Santo Domingo
de la Calzada
Puente
la Reina
Jaca
13
Logroño
21
Castrogeriz
40
camino aragonés (miam-miam-
dodo du Chemin d'Arles)

Calle
Camino de Santiago
Santiagoko Bidea
Karrika

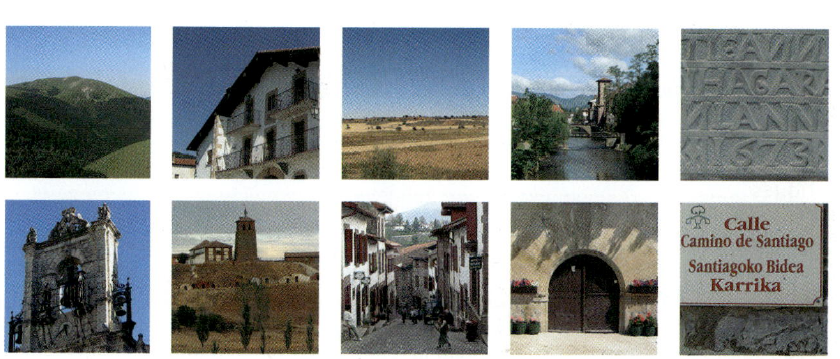

Table des matières

Les plans et illustrations sont de Lauriane Clouteau
Les photographies sont de Jacques Clouteau et Marie-Virginie Cambriels
La photographie de couverture est de Wilfrid Rouillard
Les photos de plats pages 20-21 sont de Michal Okon
Fonds de cartes : © InterCarto – 2012 – www.intercarto.com

Dépôt légal novembre 2014

ISBN : 978-2-916446-47-9

Imprimé par : Offset 5, 85150 La Mothe-Achard (85)

Publié par les Editions du Vieux Crayon
RCS Cahors 499 257 731
adresse commerciale : 119 route de l'Aubraie
F-85100 Les Sables d'Olonne
☎ 02-51-90-84-97 fax 02-51-90-85-55
✉ info@levieuxcrayon.com - www.levieuxcrayon.com

Pour tout renseignement sur cet ouvrage, son contenu ou sa distribution, contactez les éditions du Vieux Crayon aux coordonnées ci-dessus

Tout sur le chemin de Saint Jacques :

www.chemindecompostelle.com

Préface

Les topo-guides traditionnels, s'ils possèdent une partie historique et descriptive très bien documentée, sont toujours en retard par rapport à l'infrastructure du chemin, et donnent peu de détails sur le prix des hébergements. D'autre part, ils ne donnent la plupart du temps que les services situés sur le chemin lui-même.

Cet ouvrage regroupe l'ensemble des intervenants offrant accueil, hébergement, ravitaillement et autres services sur le chemin entre Saint-Jean-Pied-de-Port et Santiago, sous un poids calculé au plus juste (on essaie de rester tout près des 200 g en pages utiles). Nous précisons les tarifs et les possibilités de chaque service. Ces détails éviteront au randonneur de perdre du temps en se présentant à la porte des hôtelleries dont les tarifs ne sont pas en accord avec son budget.

Nous indiquons également d'autres hébergements ou services, situés à quelque distance du chemin (5 km maximum), quand ceux-ci présentent un intérêt particulier pour le pèlerin. Ainsi le cycliste, pour lequel cinq kilomètres sont peu de chose, ou encore le marcheur prévoyant, pourront faire un léger détour pour se diriger vers l'hébergement de leur choix.

Toutefois, en dépit de tout le soin apporté au collectage des données, il est possible que certaines erreurs ou omissions se soient glissées au cours des pages. En outre, les données imprimées dans cet ouvrage ne sont vraies qu'au moment du collectage (septembre-octobre 2014). Prix et périodes d'ouverture peuvent quelquefois varier légèrement. De même peut survenir un changement inopiné de propriétaire. En conséquence, les auteurs plaident non-coupables devant le Tribunal de votre bienveillance et la Cour d'appel de votre indulgence.

Il se peut également que vous ayez des idées pour améliorer l'aspect, la présentation, ou bien le contenu de ce ouvrage. Toute œuvre humaine étant par nature perfectible, les auteurs vous remercient par avance de vos remarques. Soyez gentils de signaler toute suggestion ou anomalie à l'aide des cartonnettes situées à la fin de l'ouvrage. Vous rendrez service aux futurs pèlerins qui mettront leurs pas dans les vôtres.

Nous remercions chaleureusement par avance ceux qui auront la gentillesse, au retour de leur Chemin, de nous signaler les nouveaux hébergements, les modifications qui ne nous étaient pas parvenues, et hélas les rares endroits à éviter... Toutefois, compte-tenu du nombre important de lettres et de courriels reçus, nous ne pourrons remercier chaque personne individuellement. Veuillez nous en excuser.

Si vous découvrez des établissements que nous aurions oubliés, merci de nous les signaler également. Après contrôle, nous les ferons figurer dans une prochaine édition.

Bonus : avec la nouvelle cartographie inaugurée depuis l'édition 2013, le miam-miam-dodo est devenu un véritable guide, permettant de s'orienter avec la carte. Car même si le balisage est correctement réalisé dans la traversée de l'Espagne, il est toujours bon de se positionner par rapport à la géographie environnante, et savoir comment faire un détour vers un village.

Attention : certaines personnes n'ayant pu être jointes au moment du collectage des informations, il peut arriver que des prix ne soient pas précisés dans le miam-miam-dodo de cette édition 2015.

Les auteurs se réservent par ailleurs le droit de ne pas référencer dans le futur les prestataires dont la qualité ou l'honnêteté de l'accueil laisserait à désirer, dont les gîtes seraient des monuments de crasse ou des nichoirs à punaises de lit, ou encore dont le prix des services s'avérerait par trop différent de ceux qui ont été imprimés dans le présent ouvrage. Si vous avez eu réellement à vous plaindre des conditions d'accueil dans un hébergement professionnel, vous pouvez remplir un formulaire de réclamation du Ministère du Tourisme espagnol (hoja de reclamación) soit dans l'établissement lui-même, soit dans l'Office de Tourisme le plus proche, et nous le signaler.

Nota Bene : en aucun cas, sur le miam-miam-dodo, nous ne "recommandons" un hébergement. Simplement nous répertorions ceux qui accueillent les pèlerins, qu'ils soient agréés ou non par telle ou telle association ou fédération. En raison du nombre très élevé d'hébergements, nous ne pouvons ni visiter ni apposer un label. Ou alors le miam-miam-dodo coûterait 50 euros...

Publicité gratuite : l'introduction de ce miam-miam-dodo fait une trentaine de pages. Il est naturellement impossible de traiter tous les thèmes concernant le chemin en si peu de place. Voilà pourquoi a été édité l'ouvrage « Compostelle mode d'emploi » qui développe ces mêmes questionnements en 256 pages.

Sur 1.000 questions, cet ouvrage fournit 990 réponses, et laisse le chemin vous apporter les autres. Il donne aussi sur la France, la Suisse, la Belgique, le Portugal, l'Espagne et le Québec tous les chemins de Saint Jacques existant aujourd'hui, avec les topo-guides ou sites internet y afférant, et les associations qui s'en occupent.

Voir page suivante.

Les rédacteurs de l'ouvrage

Lauriane Clouteau

Jacques Clouteau

Marie-Virginie Cambriels

Pour nous joindre :

✉ lauriane@chemindecompostelle.com

✉ jacques@chemindecompostelle.com

✉ marie-virginie@chemindecompostelle.com

Pour joindre directement les éditions du Vieux Crayon :

✉ info@levieuxcrayon.com

Les zoreilles du chemin

Une bonne idée pour rester en contact avec le chemin, ou pour s'informer avant de partir : abonnez-vous (gratuitement) à la revue internet Les Zoreilles du chemin, envoyée par courriel chaque mois. Voir le site www.chemindecompostelle.com à la rubrique Les Zoreilles. On y trouve aussi les anciens numéros.

Chaque futur ou ancien pèlerin peut apporter sa pierre à la revue et envoyer ses questions, son témoignage ou ses plus belles photos. Ou bien lancer un message "Perdu de vue" pour retrouver des personnes rencontrées sur le chemin. Ou encore rechercher un compagnon ou une compagne de route si on craint la solitude.

écrivez-nous vos rêves, nous les sèmerons sur le chemin et ils deviendront des cristaux de bonheur...

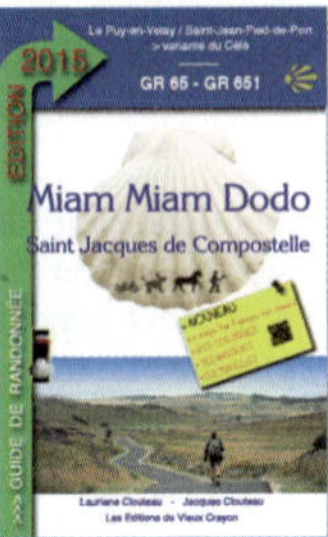

Le miam-miam-dodo du GR 65
du Puy-en-Velay à Saint-Jean-Pied-de-Port
par Lauriane Clouteau et Jacques Clouteau
256 pages, 98 cartes, 19 euros, mis à jour chaque année
Pour commander : www.chemindecompostelle.com
✉ lauriane@chemindecompostelle.com

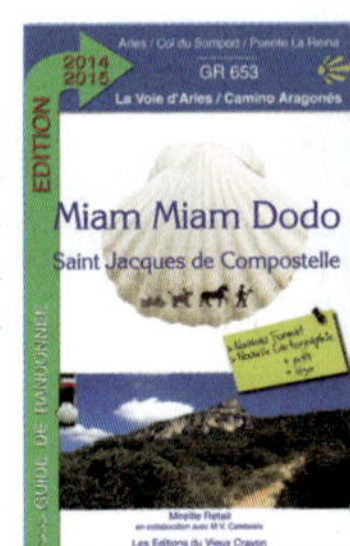

Le miam-miam-dodo du Chemin d'Arles
par Mireille Retail en collaboration avec Marie-Virginie Cambriels
256 pages, 102 cartes, 19 euros, mis à jour tous les deux ans
Pour commander : www.chemindecompostelle.com
✉ mireille@chemindecompostelle.com

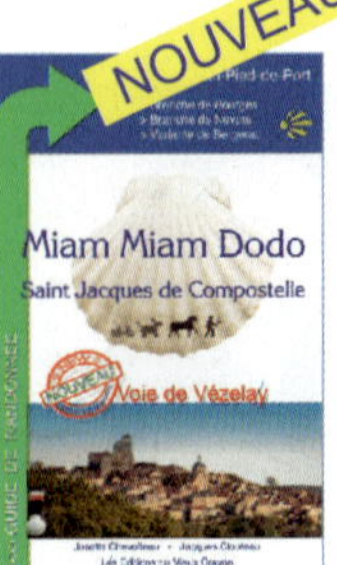

Le miam-miam-dodo de la Voie de Vézelay
Vézelay à Saint-Jean-Pied-de-Port (avec la branche de Bourges, la branche de Nevers et la variante de Bergerac)
par Jacques Clouteau et Josette Chevolleau
288 pages, 155 cartes, 21 euros
Pour commander : www.chemindecompostelle.com
✉ josette@chemindecompostelle.com

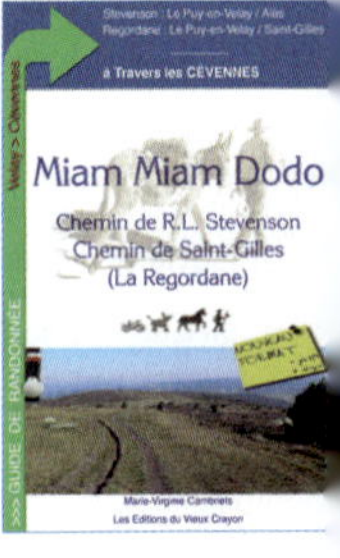

Le miam-miam-dodo du chemin Stevenson
et du chemin de Saint-Gilles (Regordane)
par Marie-Virginie Cambriels
192 pages, 56 cartes, 19 euros, mis à jour tous les deux ans
Pour commander : www.chemindecompostelle.com
✉ marie-virginie@chemindecompostelle.com

Un chemin d'étoiles, à pied, avec un âne et en musiqu
du Puy-en-Velay à Santiago (livre + CD
par Marie-Virginie Cambriels : les aventures de deux jeunes musicienne
accompagnées de l'âne Pompon, d'une harpe et de bien d'autres instrument
33 euros port compris à l'association Orion, 8 boulevard Gambetta,
43000 Le Puy-en-Velay ✉ marie-virginie.cambriels@orange.fr
Le CD seul est aussi disponible pour 21 euros port compris

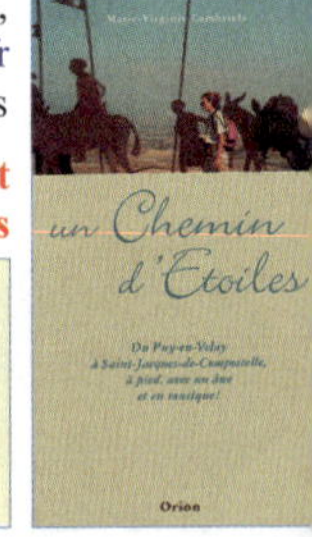

12 chansons de pèlerins, d'hier et
d'aujourd'hui, de Saint-Jacques et d'ailleurs
du même auteur, carnet de chansons-cartes postales, pour prolonger l'enchantement du chemin, 12 euros port compris
(adresse de commande ci-dessus)

Il est un beau chemin semé d'épines et d'étoiles
par Jacques Clouteau, la fabuleuse aventure du petit âne Ferdinand du Puy-en-Velay à Santiago,
album-couleurs de format 24 X 30 cm, 352 pages de texte agrémentées de 1.000 photos en couleurs, 37 euros port compris chez l'auteur Jacques Clouteau, Lissandre, 46230 Montdoumerc
✉ jacques@chemindecompostelle.com
Plus d'infos : www.chemindecompostelle.com
à la vignette "les livres coups de cœur"

Compostelle mode d'emploi
par Jacques Clouteau
Tous les conseils pour préparer son voyage vers Compostelle, au départ de France, Belgique ou Suisse. On y trouve notamment répertoriée sur 50 pages avec cartes la quasi-totalité des chemins existants avec leurs topo-guides et les sites internet où trouver de l'information
256 pages, 20 euros, mis à jour chaque année
Pour commander voir le site www.chemindecompostelle.com
✉ jacques@chemindecompostelle.com

Histoires secrètes du chemin de Saint Jacques
par Jacques Clouteau : 12 nouvelles aux accents de mystère qui se déroulent au cours des siècles sur le chemin de Compostelle. A l'image du chemin, ce livre recèle beaucoup d'émotion et des éclats de rire...
320 pages, 18 euros
Pour commander : www.chemindecompostelle.com
✉ jacques@chemindecompostelle.com

Si vous disposez d'un Smartphone avec une application de lecture de Flashcode, vous pouvez télécharger et lire une des douze histoires secrètes en flashant le code ci-contre :

Et bientôt le Tome 2 ...

Commandez vos « Miam-Miam-Dodo » et autres livres en ligne sur le site www.levieuxcrayon.com avec paiement sécurisé

Associations jacquaires

Avant d'entreprendre son voyage vers Compostelle, il est bon de s'adresser à une association d'anciens pèlerins. Vous y trouverez aide et conseils. Mais les associations se multiplient, se scindent, les présidents, secrétaires et trésoriers changent, et forcément nos adresses ne sont jamais à jour. Pour éviter ce souci, et trouver la bonne adresse correspondant à votre région, allez visiter le site www.chemindecompostelle.com, qui est mis à jour à chaque modification, à la rubrique "Associations".

Kilométrage du Camino Francés

Aucun topo-guide ne donne la même distance entre les Pyrénées et Santiago. Il est vrai que la tâche n'est pas aisée car le chemin connaît chaque année des modifications de son tracé qui ont une incidence sur la distance totale. De plus, il existe en Espagne de nombreuses variantes qui sont nées dans les dernières années pour éloigner le Camino des routes nationales. Les chiffres que nous vous donnons ci-dessous sont donc exacts à 10 km près, ce qui est largement suffisant sur une marche qui va durer environ cinq semaines. D'ailleurs, le Sage a dit dans sa lucidité : « Le bonheur ne se mesure pas en kilomètres, mais en jours ».

- 750 km entre Saint-Jean-Pied-de-Port et Santiago
- 87 km entre Santiago et le Cap Finisterre

Soit au total, selon sa forme physique et la longueur de ses étapes, de 27 à 33 jours de Saint-Jean-Pied-de-Port à Santiago et 3 jours de plus pour marcher jusqu'à l'océan.

Le chemin de Compostelle : simple GR ?

Tous les anciens pèlerins de Saint Jacques vous le diront : on revient autre d'un tel voyage. Marcher deux mois dans la campagne ou marcher deux mois sur le chemin de Compostelle sont deux expériences totalement différentes. Ce chemin est vivant, "chargé", parcouru par les énergies, les joies, les prières et les souffrances des centaines de milliers d'hommes et de femmes qui l'ont parcouru au cours des douze derniers siècles.

Beaucoup de simples randonneurs avouent qu'ils sont arrivés pèlerins à Santiago. Pourquoi cette transformation ? Et qu'est-ce qu'un pèlerin ? Le sujet est trop vaste pour en discuter dans ce modeste ouvrage. Mais l'expérience est si extraordinaire que des milliers de marcheurs prennent chaque année le départ. Le chemin se charge ensuite de les pétrir, de les modeler à sa propre image. Ils deviennent rapidement eux-mêmes un chemin en marche, et se dirigent vers l'occident, vers la Galice, avec une volonté et une énergie dont ils ne se croyaient pas capables quelques semaines auparavant.

Qu'emporter ?

Vous trouverez plus loin dans ces pages une liste du matériel indispensable au randonneur à pied portant sa tente et ses popotes. A vous de faire les soustractions si vous ne pratiquez ni le camping, ni le popoting.

Modulez la garde-robe en fonction de la saison. Souvenez-vous cependant que vous allez traverser l'Espagne et que son climat est quelquefois extrême. Prenez conseil auprès des pèlerins qui sont partis avant vous, lisez les témoignages, fréquentez les associations d'anciens pèlerins, car ceux-ci sauront vous dire à quel point on a besoin de peu de choses quand on marche vers Santiago de Compostela.

Les godasses, le soleil et le parapluie

Il est totalement inutile de vous encombrer les pieds de croquenots. Une bonne paire de chaussures légères de randonnée fera largement l'affaire. Il existe seulement trois passages de montagne, avec une altitude entre

1.300 et 1.500 mètres : le col de Roncevaux, la montée à la Cruz de Hierro et le Cebreiro. Au printemps comme en automne, la neige pourra vous y surprendre.

Sachez également que de Burgos à León, le chemin traverse un plateau cabossé, la "meseta", dont l'altitude est d'environ 900 m. Il peut y faire très froid sitôt que le soleil a disparu. Et si les journées peuvent être chaudes en été, les nuits sont en général fraîches.

En Castille la chaleur sera votre ennemie : emportez chapeau, crème solaire et gourde.

N'oubliez pas non plus le vêtement de pluie. La Galice est verte, très verte, et certains émettent quelquefois l'opinion qu'il y pleuvrait. Cette affirmation n'est sans doute qu'une odieuse calomnie, mais il vaut mieux être prudent, et avoir toujours dans son sac, à titre de gri-gri, la veste imperméable ou le poncho salvateur. Il en est de même en Castille entre juin et septembre, où se déplient de somptueuses "tormentas", les orages locaux, qui rôdent sur les collines à la recherche des pèlerins à tremper...

La propreté

On ne le répétera jamais assez, la propreté est un acte de civisme. Le chemin en Espagne est très bien balisé. Nul besoin de laisser vos détritus tout au long, encore moins certains petits papiers-mouchoirs roses ou blancs, comme le petit Poucet semait ses cailloux pour indiquer la voie à ceux qui vous suivront. En tant qu'étrangers sur ce chemin, nous nous devons de montrer l'exemple et de ne rien laisser traîner.

Souvenez-vous qu'il faut un siècle pour que la nature détruise un sac de plastique. Mettez vos détritus, y compris les omniprésentes canettes de bière et boites de Machin-cola dans une poche, et jetez celle-ci dans le premier container du prochain village. Vos enfants vous en remercieront. Attention aussi aux déchets biodégradables : certes, ils sont amenés à disparaître de manière naturelle, et même se transformer en un compost enrichissant le terrain. Mais multipliés par des dizaines de personnes par jour, ils transforment certains lieux du Camino en de vrais dépotoirs. Il est donc préférable de les transporter aussi jusqu'à la prochaine poubelle.

L'eau potable

On trouve en Espagne, dans les villages, de nombreuses fontaines où coule une eau délicieuse. Sauf panneau méchant, vous pouvez y remplir vos gourdes.

N'oubliez surtout pas de faire le plein, même si votre bidon n'est pas vide, lorsque vous rencontrez fontaine ou robinet, car il existe certaines sections du chemin où vous marcherez 15 kilomètres sans avoir aucune possibilité de vous désaltérer... Et 15 kilomètres sans eau quand le thermomètre flirte avec les 40°, ça peut conduire tout droit à l'hôpital, ou à son annexe le cimetière...

Le pèlerin français en Espagne

Les riverains du chemin sont en général heureux du regain du pèlerinage, et éprouvent du plaisir à rendre service et échanger quelques mots. Toutefois leur regard sur le Camino n'est pas le même qu'en France, car Saint Jacques est le saint patron d'une Espagne encore très catholique, et le pèlerin qui va à pied vers le tombeau de l'apôtre y possède une certaine aura.

Sachez toutefois que l'opinion des Espagnols sur les Français est encore marquée d'une dose de méfiance, pour différentes raisons historiques. D'abord à cause de l'empereur Charlemagne, qui a saccagé Pampelune dans les années 800 avant de remonter vers Roncevaux, où l'arrière-garde de son armée a subi la défaite que l'on sait. Les Espagnols disent que ce ne sont pas les Sarrasins qui ont mis la pâtée à Roland, mais les Basques très mécontents qu'on ait détruit la capitale de la Navarre. Notre second empereur, Napoléon Ier, a réduit Saragosse en poussière, et ça a fâché très fort nos voisins... Plus tard, l'attitude arrogante et irrespectueuse de certains touristes dans les années 1960-70, alors que l'Espagne était encore très pauvre, a heurté la fierté naturelle des Espagnols. D'où un sentiment mitigé vis-à-vis du Français qui débarque, même à pied et même sur le chemin de Compostelle.

Compte-tenu de cet historique, et du fait que nous partageons désormais la même citoyenneté européenne et la même monnaie, nous nous devons de respecter un pays qui n'est pas le nôtre, et de nous plier à ses traditions, même si elles nous apparaissent étranges ou surannées.

La première chose à faire est d'apprendre un minimum de termes en langue castillane afin de se débrouiller dans les actes de la vie quotidienne. Un glossaire est disposé dans cet ouvrage, ainsi qu'un répertoire de petites phrases simples. Les Espagnols vous seront reconnaissants si vous vous adressez à eux dans leur langue, même avec un accent terrible.

Médor

Il est formellement déconseillé d'emmener son toutou marcher sur la section espagnole du chemin de Compostelle. En Espagne en effet, nos petits compagnons sont prohibés presque partout dans les hôtels, albergues, restaurants, gîtes d'étape, trains, bus, jardins publics, etc... Et pour revenir de Santiago, il vous restera une seule solution : louer une voiture...

Plus grave : un chien va supporter facilement deux ou trois semaines de marche en pleine nature, mais au-delà surviennent en général des soucis. Les coussinets vivent mal le contact permanent avec les graviers et les cailloux du chemin, d'où formation de crevasses. Il faut alors traiter chaque soir avec de la pommade, parfois consulter un vétérinaire, voire s'arrêter plusieurs jours jusqu'à la cicatrisation des plaies.

Autre problème : le manque de sommeil. Un chien a besoin d'une quinzaine d'heures de repos absolu, ce qui est en totale opposition avec nos rythmes de marche. Après quelques semaines, votre toutou est totalement abattu et se couche à la moindre pause.

Si vous persistez dans votre projet, n'oubliez pas les papiers et carnets de vaccination, quelquefois exigés dans certains campings ou hôtels. Et informez-vous dans les différents forums jacquaires auprès des pèlerins ayant tenté l'expérience.

Nous vous signalons les hébergements acceptant ou interdisant les animaux de compagnie. Attention, cela ne veut pas dire que Médor dormira, comme à la maison, au pied de votre lit, ni sous le même toit que vous. Mais qu'il sera admis à dormir, le plus souvent, dans un patio, un garage ou autre lieu extérieur couvert.

Les horaires et le calendrier espagnols

Les horaires espagnols sont décalés de deux heures par rapport aux habitudes françaises. La journée commence rarement avant 9h, les restaurants servent le déjeuner (dîner pour les Québécois) à 14h et le dîner (souper pour les Québécois) à 21h. L'après-midi, entre 14h et 17h, le pays s'arrête, les magasins ferment, les travailleurs font la sieste, même si c'est l'hiver et qu'il fait froid. Les banques sont ouvertes seulement le matin, mais les Postes centrales sont ouvertes également l'après-midi dans les grandes villes.

Néanmoins, le long du chemin de Saint Jacques, certains services se sont adaptés à la vie du pèlerin et ont calé leur fonctionnement sur la marche du soleil. C'est ainsi que des bars ouvrent tôt le matin pour proposer le *desayuno* (petit déjeuner) au pèlerin matinal, et que des restaurants, le soir, proposent la *cena* (dîner) à partir de 19h pour laisser ensuite les pèlerins se reposer.

Le problème de ces horaires décalés est la perception de la notion de nuit. Pour vous, à 22h il fait nuit, donc on fait silence et on dort. Notre cousin espagnol, lui, est persuadé qu'il fait encore jour et qu'il peut donc parler haut et fort. Pour vous protéger, n'oubliez pas de partir avec les petites boules Quiès qui vous assureront une nuit tranquille, à l'abri des fêtards et des ronfleurs.

Un certain nombre de jours sont fériés en Espagne, que ce soient des fêtes locales ou nationales (fête de saint Jacques (patron de l'Espagne) le 25 juillet, fête de saint Pierre et saint Paul (patrons de Burgos) le 29 juin, etc...). On appelle ces jours fériés des *Festivos*. Cela aura une incidence sur l'ouverture des commerces, parfois sur les prix des hôtels. D'autre part, si vous arrivez à Pampelune pendant la San Fermín (fête taurine de renommée internationale, début juillet, très célèbre pour ses corridas), vous risquez d'avoir du mal à vous loger. Vous donner un calendrier détaillé de toutes les festivités des provinces et villages traversés serait trop fastidieux. Sans compter qu'au fond, nous vous souhaitons de tout cœur de tomber au milieu d'une de ces fiestas, et d'en profiter vous aussi, même si cela complique un tout petit peu votre train-train pérégrin.

Les distances

La plupart des pèlerins, une fois oubliées les misères des premières journées, avalent gaillardement leurs 25 ou 30 kilomètres journaliers. Par sécurité, composez vos propres étapes, en oubliant celles décrites dans certains topo-guides. Ces étapes ont été préconisées à l'époque (plus de 15 ans...) où les gîtes étaient rares. Or il existe aujourd'hui suffisamment d'hébergements pour naviguer à sa vitesse propre.

Il faut naturellement éviter de galoper 30 kilomètres les premiers jours de son voyage si on n'a pas quitté son fauteuil de tout l'hiver. 20 km suffisent largement. Sinon, on court droit à l'ampoule méchante ou la tendinite violente, voire au malaise plus grave qui entraînerait l'arrêt du voyage. Sur un tel périple, il faut toujours privilégier le long terme, et sacrifier en conséquence sa velléité d'avancer plus loin si on sent qu'on va dépasser certaines limites. Comme dit le proverbe « Qui veut voyager loin ménage sa monture ! »

Quel jour partir - D'où partir ?

Petite astuce qui nous est suggérée par les hébergeants : partez plutôt en milieu de semaine que le week-end. Vous éviterez ainsi les pics de fréquentation, qui se suivent d'étape en étape à partir des principaux lieux de départ (Saint-Jean-Pied-de-Port, Burgos, León, Ponferrada, Sarria).

Et conseil judicieux : si vous le pouvez, ne partez pas de Saint-Jean-Pied-de-Port, car cette première étape de montagne, qui est la plus difficile du chemin, risque de vous briser menu... Partez plutôt légèrement en amont, du côté de Saint-Palais, par exemple, afin d'échauffer la machine sur un terrain pas trop pentu. Ou alors partez directement de Roncevaux.

Transfert des bagages ou des pèlerins (voir aussi page 39)

Certains pèlerins âgés ou dont le dos est fatigué ont choisi de faire transporter leur bagage chaque jour, de gîte en gîte, par des entreprises spécialisées, moyennant finances bien évidemment (entre 5 et 8 euros par sac et par jour).

• **Jacotrans** (Navarre 00-34-610-983-205, Rioja 00-34-636-099-299, Burgos 00-34-650-451-540, León à Finisterre 00-34-606-049-858 www.jacotrans.com ✉ jacotrans@jacotrans.com) transport de bagages de Saint-Jean-Pied-de-Port à Finisterre, transport de vélos et assistance technique aux cyclistes, ouvert toute l'année

• **Camino Fácil** (00-34-947-585-002 et 00-34-610-798-138 www.caminofacil.net, contacto@caminofacil.net) transport de bagages et vélos de Roncevaux à Finisterre, en basse-saison seulement sur résa pour groupes.

• **La Poste (Correos)** - Nouveauté en 2014 : la poste espagnole (Correos) propose d'assurer le transfert des bagages entre Sahagún et Santiago (+ 34-606-618-341 mimochila@correos.com) Ce service devrait être étendu en Castille également (et peut-être plus) en 2015.

De nombreux taxis proposent leurs services pour transporter pèlerins ou bagages le long du trajet. Vous trouverez les coordonnées de quelques-uns sur les plans du miam-miam-dodo. Mais ce type de service évolue vite et vous trouverez sans doute d'autres possibilités le long du chemin.

Attention : Attention, il y a aussi un certain nombre de possibilités de transport de personnes et de bagages non officielles, pour ne pas dire "au black". Souvent moins chères, certes, mais sans recours en cas de problème (perte de bagages, retard...).

Attention : la plupart des albergues publiques de peregrinos n'accueillent pas les personnes ayant recours au transport de bagages, à l'exception des albergues privées. Si vous souhaitez faire transporter vos bagages par un transporteur, il faudra vérifier avec l'entreprise choisie les hébergements (hôtels, casas rurales, pensiones, etc...) avec lequel elle a passé un accord, et qui s'engagent à réceptionner et garder vos bagages. La plupart du temps, il vous faudra aussi réserver ces hébergements quelques jours à l'avance.

Budget

Le budget nécessaire pour aller à Compostelle n'est pas élevé. Marchant à pied ou roulant à bicyclette, vous n'avez ni électricité, ni téléphone, ni gaz, ni chauffage à payer. Restent deux choses essentielles : la nourriture et l'hébergement. Si vous fréquentez les gîtes et popotez vous-mêmes, sachez qu'une dizaine d'euros seront largement suffisants pour assurer la nourriture de la journée. Il est même probable qu'il vous restera un peu d'argent pour aller de temps à autre grignoter dans un petit restaurant. Le prix d'une albergue *(gîte pour pèlerin)* se situant entre 6 et 10 euros, il vous faut ajouter cette somme pour profiter d'une douche chaude e dormir à l'abri d'un toit. L'un dans l'autre, et sachant que la vie est un peu moins chère dans les campagne espagnoles, dites-vous qu'avec 20-30 euros chaque jour, vous arriverez sans mourir au bout du chemin N'oubliez pas également de compter le billet de retour en train, autobus ou avion. Et n'oubliez pas non plu d'activer l'option internationale sur votre forfait téléphonique, qui va vous ruiner rapidement !

Attention : la plupart des hébergeants, et notamment les *albergues* (gîtes pour pèlerins) et *casa rurales* (chambres d'hôtes), n'acceptent que les espèces. Pensez à vous munir d'argent liquide e quantité suffisante dans les distributeurs de billets. Les chèques tirés sur une banque française n sont pas acceptés en Espagne. De même sont souvent refusées les cartes American Express et Mastercard.

Le carnet du pèlerin ou credencial - Le Sello

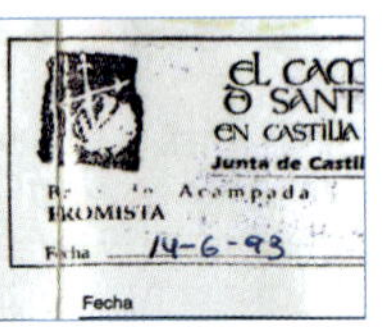

Héritière de la lettre de créance de pèlerins du temps jadis, qui se fai saient recommander aux autorité étrangères par les autorités de leu propre patrie, fut-ce simplement l curé de leur paroisse, la credencia est aujourd'hui à nouveau en usag au long du chemin. Son rôle principal est de vérifier, par l'apposition des tampons tout au long de vos étape que vous allez bien à pied ou à vélo vers Saint-Jacques-de-Compostelle, et de vous autoriser ainsi l'accès au albergues conçues pour les pèlerins. A l'arrivée, ce document vous permettra d'obtenir la "Compostela", cer tificat de l'accomplissement de votre pèlerinage. Nouvelle condition depuis 2010 : le Bureau des pèlerinage à Santiago, exigera au moins 2 tampons par jour sur les 100 derniers kilomètres pour délivrer la Compostel (si vous êtes à pied, sinon c'est 200 km pour les cyclistes).

Attention : ce carnet du pèlerin est obligatoire pour pénétrer dans la plupart des "albergues d peregrinos publiques et religieuses" espagnoles. Mais il n'est pas exigé dans les "albergues turisti cos privées". Il vous sera délivré par votre association locale avant le départ, ou bien à Saint-Jean Pied-de-Port par l'association des Amis de Saint-Jacques des Pyrénées-Atlantique (39 rue de la Citadelle), o bien à Roncevaux, ou encore dans le lieu que vous aurez choisi comme point de départ en Espagne. On peu aussi obtenir sa "créanciale" à la Direction diocésaine des pèlerinages ou à la Pastorale du Tourisme de so diocèse.

L'action d'apposer sur la credencial le *"sello"* (le tampon) est quelque chose de très important sur le Caminc Néanmoins, si vous voulez faire une collection de tampons, sachez que les hospitaleros apprécient peu d'êtr dérangés à toute heure pour le sello par des pèlerins ne souhaitant pas dormir dans leur auberge. De même s certains commerçants ou restaurateurs utilisent le sello comme argument pour vous inciter à entrer dans leu boutique, d'autres refusent de "sellar" ceux qui n'achètent pas ou ne consomment pas.

La saison

On peut partir vers Compostelle à tout moment de l'année. Il n'existe aucune date officielle de "pèlerinage' Si vous avez le choix, préférez le printemps (à partir des Rameaux où un nombre important de lieux d'accue ouvrent à nouveau) ou l'automne, où septembre et octobre sont souvent cléments. Attention : de nombreu gîtes ferment à la Toussaint. Ne partez en juillet ou août que si vous ne pouvez faire autrement. Les mois d mai et septembre sont les plus complets au niveau des hébergements, et août également pour la partie gali cienne. D'une part à cause de la chaleur, d'autre part, à cause de l'affluence de pèlerins. Au-delà d'Astorg vous entrez dans l'Espagne Verte en laquelle le climat, d'influence maritime, est comparable au climat breton

Généralités sur les hébergements

Le miam-miam-dodo vous donne toutes les sortes d'hébergements possibles, situés sur le chemin ou parfois à quelque distance (5 km maximum), quand ceux-ci présentent un intérêt particulier pour le pèlerin. Certes un marcheur ne fera certainement pas cinq kilomètres de plus pour trouver un hôtel s'il estime être arrivé au terme de son étape du jour. Par contre, le cycliste pourra facilement dévier de sa route et pédaler un quart d'heure jusqu'au prochain village.

Nous suggérons d'éviter les étapes "recommandées" par certains topo-guides et de préférer les villages intermédiaires, où on trouvera moins de monde. Notez que tous les hébergements ne proposent pas un petit déjeuner matinal, mais ceux qui ne le font pas vous indiqueront un bar à proximité où il sera possible de vous remplir l'estomac avant de partir. Et des gîtes de plus en plus nombreux sont équipés de machines à café et distributeurs d'en-cas.

Remarque : attention aux prix indiqués dans cet ouvrage. Pour des raisons de place, il est impossible d'indiquer l'ensemble de la fourchette des prix, surtout pour les hôtels. On trouve souvent un savant amalgame entre la haute et la basse saison, une modulation selon le nombre de personnes et le confort de la chambre. Il se peut donc que le tarif affiché dans la chambre soit légèrement différent de celui qui nous a été communiqué.

Attention : ne vous trompez pas d'hébergement. Votre qualité de pèlerin ne vous donne aucun privilège particulier, ni droit à aucune réduction, sauf celles dûment signalées dans cet ouvrage. Prévoyez que, dans l'immense majorité des cas, vous allez être dans l'obligation de payer votre hébergement et votre nourriture.

Albergue peregrinos *(auberge de pèlerins)*

C'est l'hébergement traditionnel du pèlerin sur le Camino, et l'équivalent du gîte d'étape français. Bon marché (de 6 à 10 euros par nuitée), il comporte tout ce dont le voyageur a besoin après une journée de marche ou de pédalage : douche, lit, quelquefois coin-cuisine, lavabo pour laver ses affaires.

Il existe diverses catégories d'albergues : certaines sont gérées par la région, notamment en Galice, d'autres par la *parroquia* (parroisse), d'autres par la *ayuntamiento* (commune), d'autres sont privées, et enfin certaines sont gérées par des associations jacquaires. On y est accueilli par *l'hospitalero* (si c'est un homme) ou *l'hospitalera* (si c'est une femme)

A de rares exceptions, la règle est stricte : on ne peut y dormir qu'une seule nuit. La priorité est donnée aux pèlerins à pied, les cyclistes et les personnes ayant une voiture d'accompagnement passant en dernier. Ces derniers peuvent ainsi poireauter fort tard dans l'après-midi...

Il arrive que le pèlerin doive aller chercher la clé dans un autre endroit (mairie, bar, domicile privé, etc...). Cette précision est affichée sur la porte de l'albergue.

Toutes les albergues ne fournissant pas de couvertures, un duvet léger ou un drap peut être utile dans le sac à dos. Il arrive que certaines louent des draps pour les acharnés du porter-léger.

La plupart du temps, les lits sont groupés en dortoirs, et vous n'y aurez pas, surtout en été, la tranquillité et l'intimité que vous souhaitez peut-être. La majorité des albergues affichent un prix, alors que d'autres demandent un *donativo*, c'est-à-dire la libre participation aux frais (ce qui n'est pas synomyme de gratuité).

En matière de repas, on trouve dans les albergues une grande variété de propositions : il existe quelquefois une cuisine où le pèlerin peut préparer son repas (prévoir dans certains cas une petite participation financière). D'autres fois, l'hospitalero se charge de préparer un repas commun pour les pèlerins. D'autres fois encore il n'y a pas de cuisine du tout et le pèlerin doit grignoter sur la pelouse ou aller au restaurant voisin.

Attention : même si l'albergue dispose d'une cuisine, certaines sont pauvrissimes en couverts et casseroles, notamment en Galice : emporter dans son sac à dos une gamelle légère en aluminium (une popote de camping qui ne pèse rien) et une cuillère peuvent vous sauver la vie un soir de grande famine, si vous avez fait des courses à l'épicerie voisine !

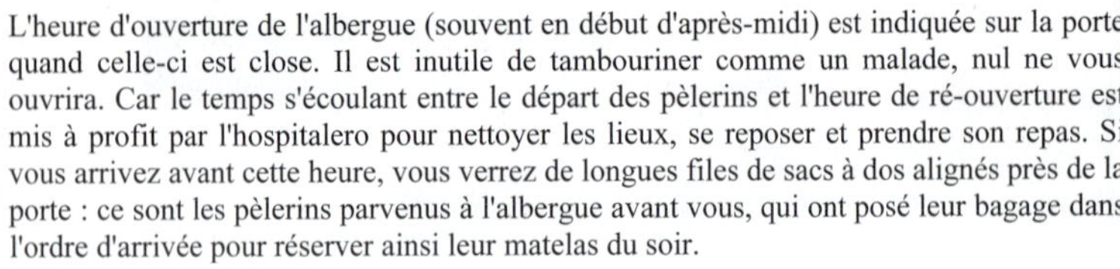

L'heure d'ouverture de l'albergue (souvent en début d'après-midi) est indiquée sur la porte quand celle-ci est close. Il est inutile de tambouriner comme un malade, nul ne vous ouvrira. Car le temps s'écoulant entre le départ des pèlerins et l'heure de ré-ouverture est mis à profit par l'hospitalero pour nettoyer les lieux, se reposer et prendre son repas. Si vous arrivez avant cette heure, vous verrez de longues files de sacs à dos alignés près de la porte : ce sont les pèlerins parvenus à l'albergue avant vous, qui ont posé leur bagage dans l'ordre d'arrivée pour réserver ainsi leur matelas du soir.

Pour les douches, c'est comme pour les lits, il est rare qu'il y ait de l'eau chaude pour tout le monde. Il y a même quelques albergues avec seulement de l'eau froide. Si vous faites le chemin en été, prendre une douche froide sera de toute manière un plaisir. Et quand c'est votre tour d'être le "premier arrivé", soyez sympa, n'utilisez pas tout le ballon d'eau chaude en chantonnant sous la douche !

Pour les soirs de grande lessive, la plupart des albergues offrent un lave-linge payant, souvent aussi un sèche-linge. Mais il est conseillé de laver chaque soir à la main sous-vêtements, chaussettes et tee-shirt du jour. On trouvera toujours à l'extérieur des cordes à linge.

Il est inutile de rappeler que la plus grande civilité est nécessaire pour que la vie en commun se déroule d'une manière harmonieuse. Un règlement est affiché au vu et au su des malotrus qui l'oublieraient. Une heure de fermeture et d'extinction des feux est prévue pour que les pèlerins puissent se reposer. Attention donc quand vous allez prendre le repas à l'extérieur, car si vous vous présentez devant l'auberge après cette heure, vous risquez de passer la nuit à la belle étoile après avoir trouvé porte close.

Une heure de départ le matin est également affichée, au delà de laquelle nul pèlerin ne saurait demeurer dans les locaux. Ne partez pas trop tôt non plus, en réveillant tout un dortoir, ou si vous le faites, préparez votre sac à dos à l'avance et laissez-le dans le couloir. Si les Espagnols ont fini par passer l'éponge sur les méfaits commis par Napoléon dans leur pays, il serait dommage de créer de nouvelles rancœurs à cause de bruits de sacs plastiques froissés au fond du sac à dos à 4 heures du matin par des *"madrugadores"* (lève-tôt) venus d'Outre-Pyrénées dont l'habitude, ça commence à se savoir, est de tout emballer de cette manière.

Refugio *(refuge)*

Assez rare sur le Camino, le refugio est une petite albergue, au confort plus rustique, souvent sans douche ni eau courante, mais avec un toit, et même quelquefois, des matelas au sol. Pour ceux qui marchent en 2015 dites-vous que voici vingt ans il n'y avait quasiment que des refugios...

Monastère, paroisse, accueil chrétien

Un certain nombre de monastères, paroisses et communautés perpétuent la tradition d'hospitalité envers le pèlerin. Le premier endroit emblématique, sur le Camino, est Roncevaux. D'autres ne présentent pas, de l'extérieur, de signes distinctifs par rapport à un refuge municipal ou privé. Quelquefois, l'accueil y est assuré par un hospitalier bénévole chrétien qui y propose un temps de prière. Le fonctionnement de ces albergues étant assimilé à celui des albergues de peregrinos, reportez-vous au chapitre suivant.

Nous avons également référencé dans ce guide quelques monastères sur le chemin ou à proximité n'accueillant d'ordinaire pas les pèlerins, mais qui ont une *hospederia* (hôtellerie) avec quelques chambres destinées à ceux qui veulent y vivre un temps de partage avec la communauté. La réservation est le plus souvent obligatoire. Pèlerins en quête d'exotisme, abstenez-vous ! Ces adresses sont pour vous si et seulement si vous souhaitez vraiment vivre ce chemin comme un temps de retraite spirituelle.

Base de acampada *(base de camping)*

Lors des années saintes (la prochaine aura lieu en 2021), ou parfois l'été quand tout le réseau d'hébergements est saturé, il arrive que les associations locales ou les municipalités mettent des hébergements collectifs à la disposition des pèlerins. Ce peut être une école, un gymnase, ou encore d'immenses camps de tentes.

A l'exception du couchage rustique, les règles sont identiques aux albergues.

Hostal, fonda, etc... *(hôtel)*

Il y en a pour tous les goûts, de la petite fonda de village à l'hôtel 5 étoiles. A vous de choisir selon le degré de confort que vous souhaitez et l'épaisseur de votre bourse. En général les hôtels sont ouverts 7/7 durant la saison de passage des pèlerins.

Le prix des hôtels en Espagne, alors que le confort des chambres est souvent meilleur, est souvent inférieur de 20% aux prix pratiqués en France.

Les appellations sont multiples en Espagne pour désigner un hôtel, et les catégories souvent bien mélangées. Demandez à visiter la chambre si vous avez peur de vous tromper. On trouvera affichés sur les enseignes les dénominations suivantes : hotel (sans le chapeau sur le "o"), hostal, hostería (avec un accent aigu sur le "i"), pensión, fonda, posada, etc...

Méfiance : soyez vigilants si la chambre qu'on vous propose se trouve au-dessus d'un bar. Avec la (ou les) télévision(s) plus le bruit des consommateurs, il sera totalement impossible de dormir avant minuit !

Attention : si vous avez prévu de partir très tôt le lendemain, afin d'éviter la canicule, prévenez l'hôtelier de votre souhait car certains hôtels sont fermés de l'intérieur jusqu'au lever du propriétaire. Et achetez également la veille quelques provisions pour un petit déjeuner sur le pouce.

Les paradores sont à part dans la galaxie des hôtels espagnols. Ce sont d'anciens châteaux, palais, couvents, voire hôpitaux pour pèlerins (Santo Domingo de la Calzada, León, Santiago) transformés en hôtels de grand luxe. A réserver pour les bourses épaisses ou pour une folie d'un soir... A noter que les paradores proposent des forfaits "moins de 30 ans", "plus de 55 ans" à des tarifs surprenants, ainsi qu'un tarif pèlerin à moins 15%, à découvrir dans les plans. Voir le site internet www.parador.es

Sachez que les tarifs hôteliers sont souvent compliqués en Espagne, car il existe plusieurs prix selon la saison et le confort des chambres. Les prix sont également plus élevés les jours de fête nationale ou religieuse. Hors-saison, vous pouvez aussi essayer de négocier votre prix dans les fondas, pensiones ou casas rurales.

Nous avons mentionné dans le guide les "Posadas del Camino", association d'établissements hôteliers du chemin, qui, suivant leur définition, sont non seulement "sur le chemin", mais font partie de celui-ci. Situé dans des édifices chargés d'histoire, ils se sont associés pour privilégier l'accueil du pèlerin. Dès la seconde nuit dans un de ces établissement (que ce soit le même, ou une autre Posada del Camino), le pèlerin a un tarif préférentiel (-10 %) sur la nuitée.

Hostales rurales ou hoteles rurales *(hôtels de campagne)*

Jusqu'à récemment répertoriés comme "Centro de turismo rural", on les trouvera désormais sous l'appellation de "Hostal rural". Institution typiquement espagnole, un tel service est créé par les pouvoirs publics pour revitaliser un village en zone défavorisée. C'est un établissement qui regroupe souvent sous le même toit un gîte d'étape, quelques chambres d'hôtels, un bar et un restaurant. Les tarifs sont raisonnables et le confort plus que correct, car ce sont de récentes créations.

Albergue juvenil et Hosteles *(auberge de jeunesse)*

L'auberge de jeunesse est située essentiellement dans les grandes villes, mais on en trouve cependant une près du village de Grañón et une autre à Portomarín. Issue des mouvements de jeunesse des années 1930 et 1940, elle permet à des jeunes peu argentés de voyager dans le monde entier. Ce mode de logement est conseillé pour les groupes. La réservation est indispensable. Plusieurs, dans les grandes villes, ne sont ouvertes que l'été et fonctionnent le reste du temps comme des résidences universitaires.

Le nombre de lits y est élevé et on y a souvent la possibilité de cuisiner ou de manger. Le règlement intérieur est plus souple que celui des albergues de peregrinos. On ne peut y loger que si on est en possession de sa carte d'adhérent international, que l'on peut se procurer dans toute auberge de jeunesse adhérente au réseau international avec le timbre de l'année. Le prix varie de 8 à 17 euros par nuitée selon l'âge et selon que l'on est seul ou en groupe. Mais certaines AJ acceptent de loger le pèlerin sur simple présentation de la crédencial.

Si vous souhaitez utiliser les AJ, nous vous conseillons de visiter le site des auberges de jeunesse espagnoles www.reaj.com

Un autre type d'hébergement s'est développé ces dernières années dans les villes (Pampelune, Logroño, León Santiago) : les hosteles, offrant des services s'apparentant à ceux des auberges de jeunesse (et des albergues de peregrinos), mais sans condition de carte FUAJ ou de credencial

Casa rural *(chambre d'hôtes)*

Les casas rurales sont les chambres d'hôtes espagnoles. Elles sont établies surtout à la campagne et dans les zones montagneuses.

Quelquefois le petit déjeuner n'est pas servi, et il vous faudra prévoir des provisions si vous partez tôt, ou alors grignoter un peu plus loin dans un bar. Certaines casas rurales proposent le repas du soir d'autres (rares) offrent la possibilité de cuisiner.

Tout comme en France, la frontière entre chambre d'hôtes, hôtel, gîte rural et gîte d'étape confortable est parfois floue, car les pèlerins ne sont pas une clientèle touristique habituelle, et les hébergeants ont dû s'adapter à cet état de fait. Certaines casas rurales proposent aussi hors-saison des gîtes ruraux habituellement loués à la semaine.

Le présent guide donne le prix d'une chambre pour une, deux personnes, ou plus selon le cas, le prix du petit déjeuner, ainsi que le prix du repas si les propriétaires le proposent. Si vous êtes légèrement plus nombreux que le nombre de places, n'hésitez pas à poser la question, car il est bien rare que le propriétaire ne trouve pas une solution de dépannage avec des lits d'appoint.

Attention : demandez à vos hôtes, lors de votre réservation (il est vivement recommandé de réserver si vous souhaitez dormir dans une casa rural), l'heure à laquelle vous pouvez arriver. Il est rare que la chambre soit disponible avant le milieu de l'après-midi.

Camping

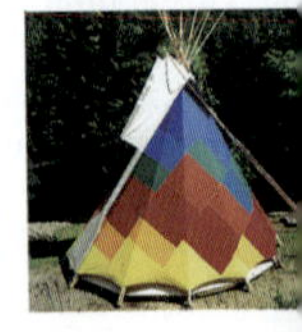

Les campings en Espagne sont souvent de grandes hôtelleries de plein air situées près des villes principales. Vous y trouverez généralement piscine, bar, restaurant et épicerie associés. Certes une tente, même les derniers modèles ultra-légers, est toujours trop lourde à traîner, que ce soit sur le porte-bagage d'un vélo ou sur un sac à dos, mais c'est un gage d'indépendance et de liberté. A vous de choisir...

Pour simplifier la lecture, les prix indiqués correspondent à deux adultes occupant un emplacement avec leur toile de tente. A noter que certains campings louent des caravanes ou des bungalows pour une nuit.

Compte-tenu de la vie nocturne ibérique, et de la faible épaisseur de la toile de tente, n'oubliez pas de vous munir de boules Quiès si vous souhaitez dormir tranquille...

Idée : pour les groupes ayant un véhicule d'accompagnement, et si celui-ci transporte déjà vos sas à dos, pourquoi ne pas lui faire transporter également des tentes et s'affranchir ainsi des pesanteurs réglementaires des albergues ?

Bivouac

Appelé également camping sauvage, quoique ce vocable rappelle trop l'interdit fréquent qui frappe le fait de planter sa tente en-dehors des terrains autorisés. Nous définirons donc le bivouac comme l'action de planter sa guitoune le soir entre chien et loup pour la démonter le lendemain matin, à l'aurore naissante.

Par mesure de politesse, demandez aux riverains, s'il y en a, l'autorisation de planter votre tente. Celle-ci vous sera rarement refusée.

En outre vous trouverez sur la meseta, ce grand plateau bosselé entre San Juan de Ortega et León, de petites vallées cachées où serpentent de minuscules ruisseaux au milieu de pâtures abandonnées qui retournent à la friche. Vous y passerez des nuits de rêve quand d'autres se retournent sur un matelas au milieu d'un dortoir de ronfleurs... Personne ne vous interdira d'y monter votre petite guitoune, pourvu que ce soit seulement pour une nuit, même si la Guardia Civil vient de temps en temps vérifier votre identité.

En juillet-août, quand sévit la canicule, les nuits sont douces et vous pouvez dormir à la belle étoile dans votre sac de couchage, à la condition de trouver un endroit isolé et caché aux regards, par mesure de sécurité.

Cependant, si vous goûtez le bivouac en pleine nature, souvenez-vous que celui-ci sera toléré aussi longtemps que la nature ne sera pas souillée. Il existe des poubelles dans chaque village, et une poche de détritus ne pèse pas lourd.

Chose curieuse : certains pèlerins vers Compostelle ont admis le fait qu'ils marcheront presque 2.000 kilomètres, mais n'imaginent absolument pas dormir dehors ou se laver à l'eau froide. Or c'est parfaitement possible, et on en meurt très rarement. Il vaut mieux se coucher de bonne heure à la dure sur un coin de prairie, et bien se reposer, que de tirer mille sonnettes dans l'espoir d'obtenir un lit, et se trouver à 11 heures du soir sans hébergement, grognasseux, tout sale et tout penaud.

Assurance

Vous êtes en voyage à pied, donc dans une activité sans risque majeur. Votre assurance responsabilité civile doit suffire à vous couvrir pour les éventuelles blessures que vous infligeriez à un autre pèlerin au cours d'une rixe ou les dégâts que vous occasionneriez à des tiers à l'issue d'une beuverie dans une taverne.

N'oubliez pas de noter le numéro de téléphone de votre assurance-rapatriement au cas où vous devriez être pris en charge au cours du voyage.

N'oubliez pas également de demander à votre caisse d'assurance-maladie (au moins 15 jours à l'avance) votre carte européenne d'assurance-maladie, qui vous permettra d'être remboursé si vous avez des problèmes de santé en Espagne.

Urgence - sécurité - Centres de santé

La sécurité sur le chemin de Saint-Jacques est prise très au sérieux par les autorités espagnoles. Vous verrez à de nombreuses reprises des patrouilles de la Guardia Civil (l'équivalent de notre Gendarmerie) circuler sur le chemin. Ils ne sont pas seulement là pour embrocher d'éventuels malandrins, mais pour porter assistance aux pèlerins en difficulté : coup de fatigue, égarement, blessure, etc... N'hésitez pas à leur demander assistance si vous estimez en avoir besoin. Dans la plupart des bourgades, vous pouvez vous adresser à leur casernement qui porte pour nom "Cuartel de la Guardia Civil".

Si vous dormez dans les albergues de peregrinos, ne tentez pas les (rares) voleurs en laissant bien en vue sur votre couchette portefeuille, carte de crédit et passeport. Souvent les voleurs ne sont pas des marcheurs, mais de petits malfrats qui, profitant de la foule dans les gîtes, pénètrent subrepticement dans les dortoirs pour y dérober ce qui traînerait sans surveillance.

Si vous avez un problème de santé, consultez un médecin, un *centro de salud* (centre de santé, dispensaire) ou encore une permanence de la *Cruz Roja* (Croix Rouge). Pour les pèlerins, les soins sont souvent gratuits. Sinon, présentez votre carte d'assurance-maladie européenne afin d'être remboursé à votre retour en France.

Les numéros d'urgence à connaître en Espagne :

- Secours :112
- Guardia Civil : 062 (surtout en campagne et dans les villages)
- Police nationale ou locale : 091 ou 092
- Bomberos *(Pompiers)* : 080
- Information téléphonique : 11818
- Information RENFE *(trains)* : 902-240-202 www.renfe.es
- Information Correos *(Poste)* : 902-197-197 www.correos.es
- Indicatif téléphonique à faire en Espagne pour obtenir la France : 00-33
- Indicatif téléphonique à faire en France pour obtenir l'Espagne : 00-34
- Renseignements sur les aéroports : www.aena.es

Ravitaillement

Vous allez être surpris, Français qui êtes habitués à faire des kilomètres pour acheter une baguette de pain, boire un café ou faire le plein du véhicule.

En effet, l'Espagne dispose encore d'un solide réseau de commerces, de bars et de restaurants. Mais ceux-ci ont leurs heures d'ouverture et leurs jours de fermeture, toutes choses qu'il est bon de savoir si on ne veut pas perdre trop de kilos sur le chemin de Compostelle...

Si les bars sont ouverts à peu près tout le temps, les *tiendas* (épiceries) et *panaderías* (boulangeries) ferment souvent entre 14h et 17h. Méfiez-vous également du dimanche et des jours de fêtes locales ou nationales !

Le restaurant espagnol

Sur le chemin de Compostelle, certains restaurants ouvrent désormais à des heures plus pratiques pour les pèlerins, qui souhaitent aller dormir plutôt que de faire le pied de grue devant un établissement clos. Ne rêvez cependant pas : dîner à 19h sera un luxe, et ce sera plus souvent 20h. Vous trouverez pour remplir votre ventre un *menú del día* (menu du jour) ou un *menú del peregrino* (menu du pèlerin) à des tarifs sympathiques entre 8 et 12 euros.

Le vin (à consommer avec modération) est facturé beaucoup moins cher qu'en France dans un restaurant, et vous pourrez goûter aux divins nectars que sont devenus aujourd'hui certains crus de la Rioja, la province la plus viticole de l'Espagne.

Le bar espagnol

C'est une institution en Terre ibérique ! Un Espagnol sans bar tombe en dépression profonde, c'est pourquoi vous en trouverez pléthore tout au long du chemin.

Fréquemment, ils proposent des casse-graines plus ou moins conséquents : *bocadillos* (sandwiches), *tortillas* (omelettes aux pommes de terre), salades diverses, etc...

La plupart vous chaufferont également un solide petit déjeuner à un prix très raisonnable. Désireux de répondre au souhait du pèlerin, de nombreux bars ouvrent désormais tôt le matin, certains même dès 6 heures (las seis de la madrugada...).

Estación de servicio *(station-service)*

Le réseau de stations-services est dense en Espagne, Elles offrent, en sus du carburant, la possibilité de boire une boisson chaude ou froide, de grignoter un sandwich, ou d'acheter quelques biscuits. Et comme le Camino croise ou longe fréquemment certains axes routiers, notamment à la sortie des agglomérations, n'hésitez pas y entrer.

Partir en vélo

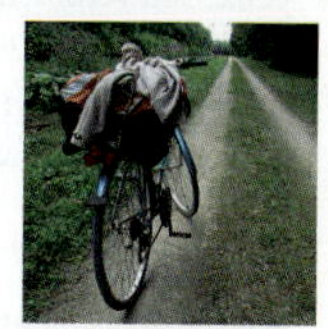

Le chemin de Compostelle est pratiqué en France par une minorité de cyclistes, et en Espagne par la majorité des pèlerins. Beaucoup de gens prennent le chemin à bicyclette, en pensant qu'ainsi ils iront plus vite tout en voyant la même chose que les marcheurs. C'est une idée totalement fausse et nombre de cyclistes reprennent un jour le Camino avec leurs pieds, conscients d'être passés à côté de belles choses à vouloir à tout prix conduire leurs machines ferrées. Car le chemin de Saint-Jacques est un breuvage qui se déguste lentement, à la mesure de ses pas.

En effet, il faut savoir qu'il est impossible de parcourir l'ensemble du chemin à vélo, même avec un VTT. Certaines sections sont très cabossées, extrêmement pentues, en montée comme en descente, et y aller avec un engin à roues bardé de lourdes sacoches relève du désir de suicide... Dans ces sections, qui sont souvent les plus belles, vous n'aurez d'autre choix que de prendre la petite route voisine. Il se passera la même chose sur les derniers 200 kilomètres du chemin, en Galice : il y a tant de marcheurs qu'il est impossible à un vélo de se glisser parmi la foule, sauf à essuyer quelques jurons dans toutes les langues d'Europe.

Un site plein de bons conseils : http://perso.orange.fr/vtt.compostelle

Idée : La société Mundicamino www.mundicamino.com propose un service de location de vélos, qu'on peut laisser là où arrête son chemin. L'entreprise Jacotrans www.jacotrans.com assure le retour des vélos depuis Santiago. Il semblerait que le nouveau service de transport de bagages proposé par la Poste espagnole (Correos) permette aussi l'expédition de vélos.

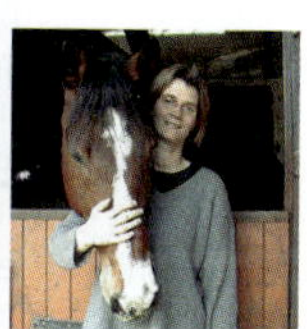

Partir avec un cheval

Certains rêvent de faire le Camino avec un cheval. C'est là une chose fort méritante, car l'entretien d'un cheval à l'étape est une tâche prenante. Si votre monture est habituée à dormir en plein air, elle sera particulièrement heureuse sur le chemin.

Le miam-miam-dodo donne une série d'hébergements (en Espagne Centro Hípico ou Hípica) qui ont de la place pour des chevaux, ou bien encore des centres équestres. Quelquefois, en raison de l'absence de clôture, vous devrez attacher votre animal. N'oubliez donc pas dans votre panoplie la longe ou la chaîne pour la nuit, suffisamment longue pour que le cheval puisse brouter tout son saoul, ou bien encore une clôture électrique de bivouac.

S'il ne va pas dans un centre équestre, le cavalier pourvoira lui-même à l'achat de l'aliment complémentaire (orge, avoine, granulés), car les autres hébergements (hôtels, *casas rurales*) ont rarement de nourriture en stock. On trouve facilement en Espagne des magasins et coopératives agricoles pour se ravitailler.

Si une étape est démunie d'hébergements acceptant chevaux ou ânes, ou si on a plusieurs animaux, on peut demander à *l'ayuntamiento* (mairie) l'utilisation de la *plaza de toros* (arènes) ou de la *feria de ganados* ou *mercado de ganados* (halle aux bestiaux).

Attention : La randonnée à cheval étant toujours plus contraignante que la randonnée pedibus jambis, le cavalier veillera à téléphoner avant son départ, afin de préparer ses étapes suivant le degré de confort nocturne qu'il souhaite pour lui et son animal. Puis, au fur et à mesure de son avancée, il téléphonera aux hébergements pour les prévenir de son arrivée avec un cheval, afin que ceux-ci puissent s'arranger avec le voisin qui a le pré ou la grange.

La saison idéale pour voyager avec un animal en Espagne est le printemps. En effet, jusqu'à fin juin, vous trouverez en abondance eau et herbages. Ensuite, c'est cagnard et compagnie, et plus rien à brouter...

Attention : pour circuler d'un pays à l'autre à l'intérieur de l'Union Européenne, il faut posséder un document appelé *"certificat de circulation intracommunautaire des équins"*. Ce papier se procure à la Direction des Services Vétérinaires du Département, qui dispose d'exemplaires bilingues français-castillan.

Un vétérinaire doit vérifier la bonne santé de l'animal et remplir l'imprimé. L'animal doit être vacciné contre la grippe équine, la rage et le tétanos. Il faut ensuite faire tamponner le papier à la Direction des Services Vétérinaires. Vous avez alors dix jours pour franchir la frontière. Compte-tenu du délai, cet ensemble d'opérations ne peut s'effectuer qu'une fois en route, et le pèlerin-cavalier doit combiner toutes ces tâches administratives avec la faible vitesse de son équipage. Beaucoup ignorent ces formalités et les Autorités ferment les yeux. Au retour d'Espagne, vous devriez normalement effectuer l'opération inverse en terre ibérique, mais la frontière est peu surveillée et la plupart des chevaux reviennent en France sans problème et sans contrôle.

Idée : si vous souhaitez voyager à cheval sur le chemin par petits groupes : l'organisation www.caminoacaballo.com tél 00-34-986-425-937

Partir avec un âne

Suivant les traces de Ferdinand, l'âne-pèlerin qui a parcouru le Camino en 1993, et celle de Pompon, l'âne-pèlerin et musicien (voir en Bibliographie), de plus en plus de marcheurs vers Santiago partent avec un sac à dos à quatre pattes et deux longues oreilles. Un âne est un petit compagnon doux et affectueux. Il ne mord pas, ne botte pas, et ne s'affole pas au premier papillon qui passe. Il s'attache très vite à son maître, et le suivra au bout du monde si celui-ci le traite avec bonté. Il n'existe pas de meilleur moyen pour se lier avec les gens que cette grosse peluche, dont le regard humble sait attendrir les enfants comme les anciens.

Contrairement à une légende tenace, l'âne n'est pas têtu (il réfléchit longtemps), et marche à bonne vitesse. D'ailleurs, la plupart des randonneurs à âne, très rapidement, lâchent la bride de leur compagnon, et le laissent trotter à son pas, broutant de-ci de-là, et rejoignant son maître sitôt qu'il a disparu dans un coude du chemin.

Un âne porte le bagage de deux, voire trois randonneurs, sans fatigue, y compris le matériel de camping et de popoting. Un âne est un véhicule extrêmement économe, puisqu'il se nourrit seulement de l'herbe du chemin. Sa gourmandise, ce sera une haie pleine de ronce, d'aubépine et de chardon. Véhicule rustique aussi, puisqu'il couche dehors par tous les temps.

Cependant il existe certains inconvénients, qui sont également propres aux chevaux : on ne peut pas faire halte en pleine ville, car l'animal n'y trouverait rien à brouter. De même, le voyage de retour devient plus compliqué, car il faut qu'un véhicule adapté, camionnette ou van, vienne à Compostelle chercher le maître et l'animal, d'où dépense supplémentaire et importante.

Lisez en outre le chapitre "Partir avec un cheval" pour les renseignements de circulation hors des frontières nationales.

Sachez également que l'âne, en Terre d'Espagne, n'est pas forcément le bienvenu si vous souhaitez dormir dans des hébergements en dur (*albergue, hostal, casa rural*). La plupart du temps rien n'est prévu pour les animaux, ni prairie ni écurie, et les hospitaliers ont autre chose à faire qu'à régler vos problèmes d'intendance. Si vous allez vers Compostelle avec un âne, privilégiez absolument l'option "camping-bivouac". Ce choix vous permettra, une fois le petit coin de prairie déniché, de décharger l'animal et de le laisser se reposer et brouter.

Radio-Camino nous a rapporté que la traversée des villes de Pampelune, Burgos et León est désormais interdite aux ânes et chevaux, et que l'arrivée sur la praza de Obradoiro, devant la cathédrale de Santiago, est limitée à très peu de temps. A Saint-Jean-Pied-de-Port, on vous laissera traverser la vieille ville, malgré le panneau d'interdiction, à la condition de ramasser les crottins en cas d'oubli de votre animal.

Location d'un âne : deux loueurs français d'ânes de randonnée proposent des animaux de bât sur la partie espagnole du chemin de Saint-Jacques :

- Bib'âne, 64410 Méracq, tél 05-59-04-55-49 ✉ bibane64@wanadoo.fr
- Les Anes de Monédiès, 12320 Conques, tél 05-65-78-49-06 ✉ ppzenoni@hotmail.fr

Le loueur vient vous conduire au point de départ et vous explique le fonctionnement de l'âne. Comptez environ 250 euros par semaine, comprenant l'âne, le bât et les sacoches. Le tarif est bien sûr dégressif si vous partez plus d'une semaine, par exemple environ 850 euros des Pyrénées à Santiago. Quand vous serez au bout du chemin, rajoutez le coût du rapatriement pour l'âne et pour vous, qui sera assuré par l'ânier avec un véhicule approprié.

Un ânier espagnol propose désormais également des ânes en location, quel que soit le point de départ. Il s'agit de El Burro Peregrino (✉ elburroperegrino@hotmail.com, Toño 0034 667 523 713 et Paco 629-804-080)

@ Si vous voulez en savoir plus sur les possibilités de l'âne en randonnée, allez faire une visite au site www.bourricot.com à la rubrique *Le Chemin de Compostelle avec un âne*. Vous y trouverez conseils et données techniques. Visitez également le site www.chemindecompostelle.com à la rubrique *Le chemin de Compostelle avec un petit âne.*

Les personnes à mobilité réduite

Le miam-miam-dodo signale par un sigle si un hébergement peut accueillir une personne à mobilité réduite dans ses murs. Cette nouveauté permettra, espérons-le, à ces randonneurs courageux de partir à leur tour, avec leurs moyens, sur ce grand chemin de liberté. De nombreuses personnes nous ont fait part de la méthode qu'elles avaient employée pour "marcher" vers Santiago (fauteuil tout-terrain, joëlette, bicyclette à main, charrette à âne, etc...). Pour en savoir plus sur la façon de parcourir le chemin de Saint-Jacques de Compostelle quand la vie vous a joué des tours, allez visiter le site www.chemindecompostelle.com et cliquez sur la vignette *Randonner sans les pieds*.

La réservation

A de rares exceptions, les albergues de peregrinos "publiques" (gérées par la province, la mairie, la paroisse ou une association jacquaire) n'acceptent pas les réservations. Par contre, les albergues privées, les monastères, hôtels, casas rurales les acceptent. Nous indiquons dans les pavés de texte de chaque Albergue, par la mention "poss résa", si l'opération est possible, ou alors "résa nécessaire" si tel est le cas.

La fin de la course au lit : Depuis 2005, le nombre de lits d'albergues sur le Camino (sans compter les lits d'hôtel et ceux des casas rurales) a plus que doublé. Entre l'édition 2014 de ce guide et l'édition 2015, plus de 40 albergues se sont crééées. Il n'est donc plus nécessaire de se lever à 4 heures du matin pour marcher comme un fou jusqu'à la prochaine étape afin d'être certain de trouver un lit. Si vous souhaitez être sûr du lieu où vous allez dormir le soir, privilégiez les hébergements privés et réservez. Mais il est inutile de courir, et les files de sacs à dos en attente devant le gîte appartiennent souvent au passé (sauf encore sur la partie galicienne, où se concentre la plus grosse fréquentation).

Ne rentrez donc pas dans cette course effrénée, prenez votre temps, profitez de la beauté du chemin et faites confiance à la providence. Aucun pèlerin ne dort dehors dans les villages espagnols. Et si vous souhaitez dormir dans des lieux plus tranquilles, privilégiez les petits villages, hors des étapes considérées comme officielles, et les nouvelles albergues qui ne sont pas encore mentionnées dans tous les guides et ont donc une fréquentation moindre.

La voiture d'accompagnement

Certains groupes de pèlerins utilisent une voiture d'accompagnement, conduite alternativement par un membre du groupe, afin d'effectuer la corvée de portage des bagages vers l'étape du soir.

En règle générale, ceux qui pratiquent ainsi en profitent pour emporter beaucoup plus de bagages et de vêtements que s'ils portaient eux-mêmes leur sac à dos. Et lorsqu'un membre du groupe est fatigué de l'étape, la voiture le prend alors en charge. En-dehors de cas médicaux justifiés, ceux qui ont choisi cette option ne sont pas vraiment partis dans leur tête, et n'ont pas totalement coupé le lien avec le monde de tous les jours. Comment être à la fois "en chemin" et "en route" ? C'est dommage pour eux, qui se privent de la merveilleuse liberté de la marche au long cours. Conséquence fatale : une certaine froideur, dans un même hébergement, entre pèlerins portant leur maison sur le dos et automobilistes partiels...

Devant ce problème, certains hébergements ont pris la décision d'accueillir désormais seulement les pèlerins à pied, à bicyclette ou à cheval, excluant de facto les automobilistes, voire les réservations de tous les groupes quels qu'ils soient. Cette précision est indiquée dans les pavés descriptifs des hébergements.

A vous qui envisagez cette option de la voiture d'accompagnement, nous disons : libérez-vous de ce boulet au pied, prenez le sac et partez respirer l'air de la liberté. Si vraiment le sac vous pèse, utilisez les services des sociétés de portage, tirez un chariot (voir plus loin) ou prenez un petit âne.

Les punaises de lit

Disparues depuis la dernière guerre, ces petites (6 mm) bêtes ont refait leur apparition dans certains gîtes du Camino. Elles sont apportées par les pèlerins eux-mêmes, qui les véhiculent avec leurs sacs à dos, eux-mêmes contaminés car posés un jour sur un lit déjà infecté ou sur le bord d'une plinthe innocente...

La durée d'incubation des œufs étant d'une vingtaine de jours, il est impossible de savoir si un lit est contaminé ou pas tant qu'on n'a pas vu les petites bêtes courir... Elles piquent comme des puces ou des moustiques, pendant le sommeil, et ça gratte... Leur particularité est de piquer en plusieurs endroits sur une ligne droite. En outre, ça laisse généralement des petites taches de sang sur les draps. Le problème est devenu si grave en que certains gîtes d'étape ont dû être fermés dans l'attente de leur décontamination.

Il ne sert à rien de stigmatiser tel ou tel hébergement, car le plus minutieux des propriétaires de gîtes ou chambres d'hôtes peut retrouver un jour une de ses chambres infectées par un seul sac à dos posé dans la pièce 20 jours auparavant...

Nombre d'hébergeurs ont tenté de résoudre le problème en désinfectant leurs locaux par tous les moyens. Mais seule la mobilisation de TOUS peut éradiquer le fléau. Car il suffit d'un seul élément dans la chaîne qui ne respecte pas les prescriptions d'hygiène pour que tous les autres soient de nouveau embêtés.

Pour les pèlerins : on trouve sur le chemin dans certains offices de tourisme, chez certains hébergeants ou encore par correspondance, un spray à pulvériser sur l'intérieur et l'extérieur de l'ensemble du bagage et du contenu : sac à dos, duvet, drap, bonnet, vêtements, etc...

Attention : suivez attentivement les consignes d'hygiène données par les hébergeants, et ne prenez pas certaines consignes comme des brimades vexatoires, par exemple l'interdiction d'emporter les sacs à dos dans les chambrées.

Conseil : Si vous avez dormi dans un hébergement à la propreté douteuse, ou si vous constatez des piqûres inhabituelles sur la peau, et si vous n'avez pas de spray anti-punaises sous la main, procédez à un grand nettoyage de votre sac à dos, et lavez toutes vos affaires, y compris le sac de couchage, dans un lave-linge à 60°. Encouragez vos compagnons de route à en faire autant.

Vous trouverez sur le site internet www.chemindecompostelle.com à la rubrique *Les punaises de lit* la liste des entreprises vendant des produits contre les punaises.

Les tiques

Puisqu'on en est aux petites bêtes, voici les tiques : ce sont des bestioles qui passent le plus clair de leur misérable vie à attendre le passage d'un pèlerin, accrochées sur un brin d'herbe ou une branche. Quand survient enfin le marcheur, les tiques femelles se laissent tomber sur lui, cherchent un coin de peau sympathique et font un trou discret à l'aide d'un rostre pour y sucer du sang jusqu'à s'en faire péter la rate. Quand elles ne sont plus qu'une grosse boule de sang, pouvant atteindre plusieurs millimètres, elles lâchent prise et s'en vont se reproduire. Comme elles injectent un anesthésique en même temps que leur piqûre, on ne ressent rien. Leurs coins de sieste préférés sur le pèlerin sont les cheveux, les plis sous les bras, derrière les genoux, les bourrelets autour de la taille.

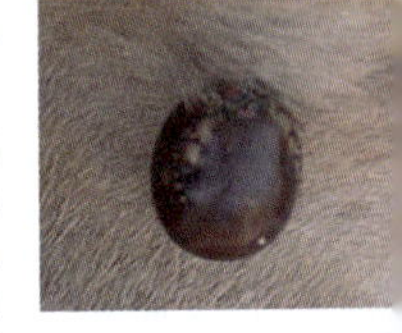

Lorsqu'on prend sa douche, le soir, il faut faire une inspection de son corps pour les éliminer. Mais si on les retire verticalement, simplement entre les ongles, elles risquent de laisser leur rostre à l'intérieur de la peau et de provoquer une infection. On peut alors utiliser un tire-tiques (disponible en pharmacie). A défaut une pince à épiler fera l'affaire. Une fois la bestiole éradiquée, bien désinfecter l'endroit de la piqûre.

Attention : les tiques véhiculent une maladie dangereuse appelée la maladie de Lyme, qui peut avoir de graves conséquences. On s'en aperçoit si les alentours de la piqûre présentent dans les jours suivants une large auréole de couleur rougeâtre. Il faut alors consulter rapidement un médecin qui prescrira le traitement nécessaire.

Le retour de Santiago

Il existe plusieurs façons de revenir de Compostelle :

• à pied : pour les purs et durs...

• en train : pour une cinquantaine d'euros, et après une journée de voyage, vous arriverez à Irún.
• en bus : 24 heures pour revenir à Paris par Hendaye
• en avion : voir les lignes existantes
• en voiture, si un proche peut venir vous quérir et profiter de votre bonheur
• en bus de Santiago à Lisbonne, Porto, Madrid ou Santander pour une quarantaine d'euros, puis en avion par une compagnie à bas coût irlandaise
• en voilier, en allant dans un port se proposer comme équipier (tribulante)

L'office de tourisme de Santiago se fera un plaisir de vous donner les moindres détails. Si vous souhaitez prolonger le rêve de trois ou quatre jours, alors continuez jusqu'au Cap Finisterre par le chemin balisé.

Les Hospitaliers

Vous serez parfois accueillis, dans les albergues ou dans les accueils publics ou religieux par un *hospitalero* (si c'est un homme) et *hospitalera* (si c'est une femme) de l'Association des Hospitaleros Voluntarios. Ce sont en général d'anciens pèlerins, qui souhaitent redonner aux autres ce que le Chemin leur a apporté. Ils viennent passer quelques jours ou quelques semaines, bénévolement, pour effectuer l'accueil, préparer les repas, aider au nettoyage, etc... Leur tâche est difficile, répétitive et fastidieuse. En aucun cas ce ne sont des larbins d'un autre siècle sur lesquels on pourrait passer sa mauvaise humeur ou sa fatigue. Ils ont simplement un règlement à faire appliquer, sans lequel la cohabitation dans l'albergue deviendrait invivable. Si la promiscuité, les ronfleurs, les douches tièdes, ne vous conviennent pas, il est inutile de vous défouler sur les hospitaliers. Allez simplement dormir à l'hôtel voisin et payez alors ce qui jusque là vous était offert pour presque rien.

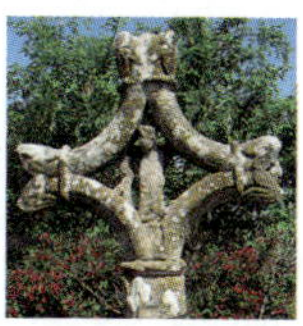

Donativo *(libre participation aux frais)*

Vous verrez dans les pavés descriptifs de certains hébergement la mention "donativo". Cela signifie qu'aucun tarif n'est établi. C'est à vous de déposer, selon vos moyens financiers et selon la perception que vous avez de l'accueil, une somme adéquate, toujours dans un tronc et d'une manière anonyme. Cette libre participation est un choix de la part de ces structures, qui souhaitent accueillir tous les pèlerins qui se présentent sans aucun blocage tarifaire. C'est pour beaucoup une façon de vivre leur Foi en étant sur le Chemin et en pratiquant l'accueil. La libre participation leur permet d'assurer l'entretien de l'albergue ou de la maison et de couvrir les frais.

Attention : ce n'est pas un synonyme de "gratuit". Ces structures ne bénéficient d'aucune subvention d'aucune sorte. Si vous n'avez pas ou très peu d'argent, vous pouvez aussi proposer de "participer aux frais" en rendant un service. La survie de ce système est assurée dans la mesure où chacun participe à la mesure de ses moyens.

Le balisage du Camino en Espagne

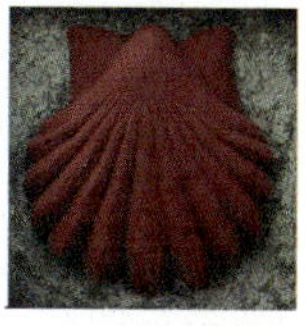

Il est d'une clarté et d'une densité absolues : la couleur jaune est le fil d'Ariane qui vous emportera vers Compostelle. Flèches jaunes, traits jaunes, pâtés jaunes, gouttelettes jaunes sur les cailloux du chemin. Dans les villes vous suivrez des coquilles de céramique jaunes sur fond bleu scellées sur les murs ou bien des coquilles en bronze encastrées dans le pavage des rues. Si vous avez un doute, suivez la file des pèlerins, ou encore la trace des semelles dans le sable des chemins...

Attention : le chemin est en perpétuelle évolution. A chaque fois qu'une zone commerciale ou un nouveau lotissement s'installent à la sortie d'une ville, à chaque fois qu'une déviation, une autoroute ou un remembrement (en Galice notamment) bouleversent le paysage, le chemin est détourné. Dans tous les cas, suivez scrupuleusement le balisage jaune. Il vous mènera à bon port et vous permettra de sortir honorablement des nœuds autoroutiers sans risquer votre vie.

Les autorités espagnoles s'attachent aussi à promouvoir quelquefois des alternatives permettant d'éviter le cheminement trop près des routes nationales. A vous de choisir l'itinéraire qui vous sied : le chemin court et le bruit, ou alors un chemin plus long avec le silence...

Appel à Radio-pèlerin : à chaque fois que l'itinéraire vous a semblé différent de celui qui se trouve dans nos plans, merci de nous en faire part à votre retour (cartonnettes à la fin du livre). Nous en tiendrons compte dans les prochaines éditions.

L'orthographe des noms espagnols

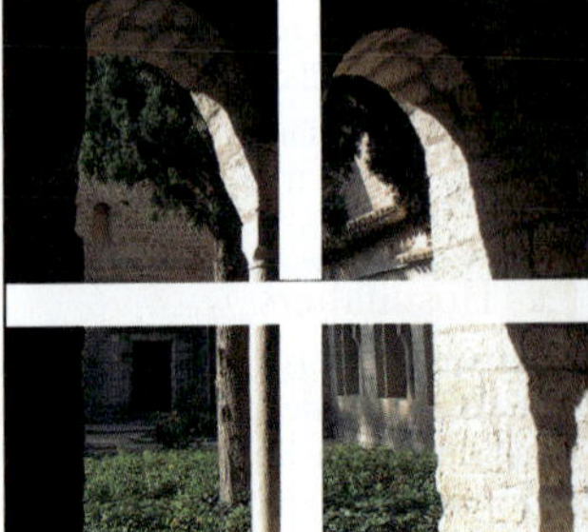

Vous constaterez parfois des différences d'orthographe entre les noms de lieux imprimés sur le miam-miam-dodo, les dépliants touristiques, les cartes IGN espagnoles, les panneaux routiers. Ceci est normal. Au temps où le général Franco régnait sur l'Espagne, et en dépit de son origine galicienne, le castillan était la langue officielle et les autres langues régionales (catalan, basque, galicien, etc...) devaient s'effacer et si possible, disparaître.

Mais ces langues ont survécu, et avec la décentralisation, ont retrouvé un statut officiel. Fortes de leur nouveau pouvoir, les Régions se sont empressées de remettre à l'honneur les anciennes graphies. "El Cebrero" est ainsi redevenu "O Cebreiro". Et "Pampelune" s'appelle aussi "Iruña"

Sur le miam-miam-dodo, nous nous sommes tenus à l'orthographe promue dans les cartes éditées par l'Instituto Geográfico Nacional, qui est respectueuse des différences régionales.

Sacs spéciaux

L'entreprise franco-néerlandaise qui produit la Wheelie (page suivante) a également conçu deux sacs à dos très spéciaux puisque l'un se fixe simplement autour de la ceinture, et l'autre ne comporte qu'une seule bretelle. Ces sacs sont réservés aux gens qui ne peuvent plus porter au niveau des épaules, ou bien aux femmes qui ont subi un cancer du sein.

Porter son bagage autrement : le Carrix et la Wheelie

Alors qu'on pensait depuis des siècles que le sac à dos ne pouvait se porter que sur le dos, voici que des randonneurs ingénieux ont décidé d'abattre le dogme et de révolutionner la façon de transporter avec soi son bagage sur un chemin de randonnée. Voici deux inventions que nous avons trouvé intéressant de décrire aux futurs pèlerins qui liront ces lignes. Ces matériels se comportent étonnamment bien en terrain scabreux, chemin caillouteux ou rocheux, dénivelés, montée et descente de trottoir, etc... Ils sont faits pour tous les gens qui pensaient ne plus jamais pouvoir porter : maux de dos, prothèses de hanche, vertèbres soudées, etc... Voilà une solution pour faire le chemin de Compostelle, si on a mal au dos, sans pour autant recourir aux transporteurs de bagages.

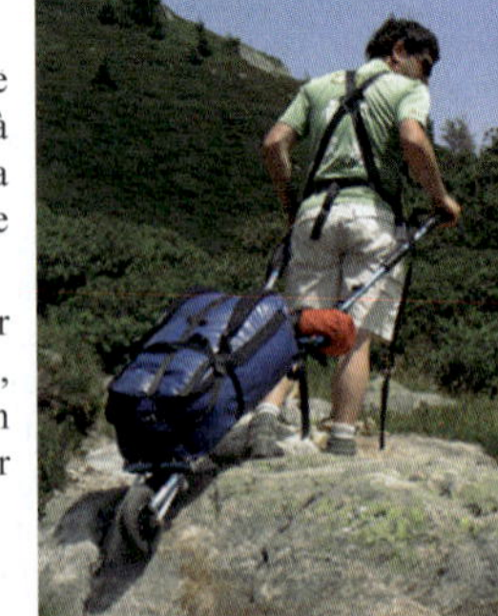

Le Carrix : inventé par un Franco-helvète ingénieux, le Carrix est une sorte de brancard comportant à l'arrière une roulette, sur lequel on pose son sac à dos ou son sac de voyage. La quasi-totalité du poids est ainsi reportée sur la roulette. Le dos ne porte que 3 kg si la charge totale fait 20 kg. Avantage annexe : le dos, libre de sac, ne transpire plus. L'engin pèse 5.4 kg.

Les deux extrémités du Carrix se prennent à la main et sont supportées par un harnais. Si un passage devient trop technique, il suffit d'enfiler le sac, sans pour autant démonter le carrix. Quand on arrive sur un obstacle, on passe celui-ci librement, et ensuite la roulette s'engage à son tour sur l'obstacle.

Pour tous renseignements techniques et adresses des vendeurs, voir le site www.carrix.ch. La machine peut également être louée chez www.locarrix.fr. Le prix est inférieur à 700 euros.

La Wheelie : conçue par une petite entreprise franco-néerlandaise, c'est est une petite charrette à deux roues comportant un brancard et un harnais. Le concept ressemble donc à celui du matériel précédent, qui est de reporter la charge sur la ou les roues, et non plus sur le dos du randonneur... Comme la Wheelie possède deux roues, et que la charge est équilibrée sur ces deux roues, le randonneur a seulement à exercer une force de traction. Le diamètre des roues permet de franchir aisément toutes sortes d'obstacles : pierres, racines, dévers, marches, etc...

Les deux roues sont placées plus en avant que la roue unique du Carrix, de telle façon que le poids du bagage repose encore plus sur elles et encore moins sur la ceinture. On peut utiliser plusieurs modèles de sacs pour y glisser ses affaires, ou bien fixer son propre sac.

Les roues peuvent être placées à l'intérieur ou à l'extérieur du cadre, afin de s'adapter à la largeur du chemin. On peut la porter sur le dos lors d'un passage difficile. Une option permet aussi de porter-rouler un enfant. Le prix tourne autour de 500 euros. Voir le site www.radicaldesign.nl/fr

Bonus économique : si on utilise les services d'un transporteur de bagages sur les 70 jours du trajet entre Le Puy-en-Velay et Santiago, on va dépenser entre 500 et 600 euros. Soit quasiment le prix des machines sus-décrites... CQFD.

Les autres miam-miam-dodo

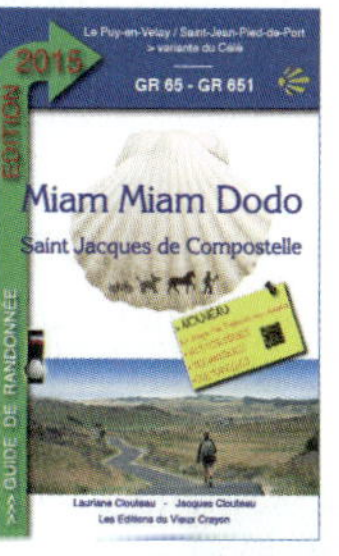

Le miam-miam-dodo du GR 65 (voie du Puy)

Né en 1997, le miam-miam-dodo du GR 65 s'est imposé comme la Bible des pèlerins en marche entre Le Puy-en-Velay et Saint-Jean-Pied-de-Port. Tout comme ce miam-miam-dodo espagnol, il répertorie hébergements et services dans un fuseau de 4 km de part et d'autre du Chemin. Le miam-miam-dodo est entièrement remis à jour et ré-édité chaque année.

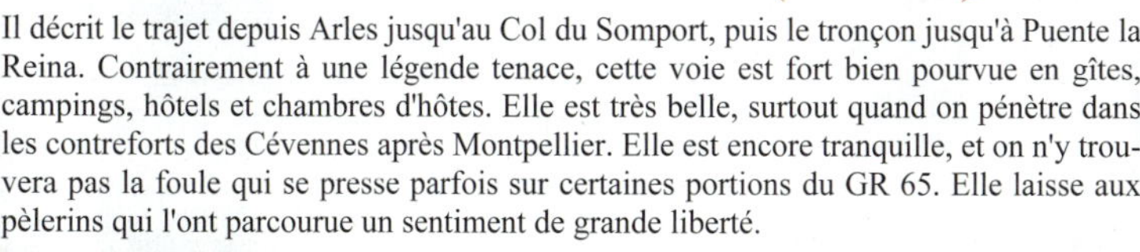

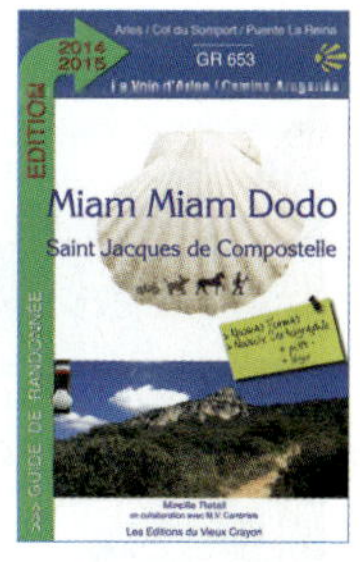

Le miam-miam-dodo du GR 653 (voie d'Arles)

Il décrit le trajet depuis Arles jusqu'au Col du Somport, puis le tronçon jusqu'à Puente la Reina. Contrairement à une légende tenace, cette voie est fort bien pourvue en gîtes, campings, hôtels et chambres d'hôtes. Elle est très belle, surtout quand on pénètre dans les contreforts des Cévennes après Montpellier. Elle est encore tranquille, et on n'y trouvera pas la foule qui se presse parfois sur certaines portions du GR 65. Elle laisse aux pèlerins qui l'ont parcourue un sentiment de grande liberté.

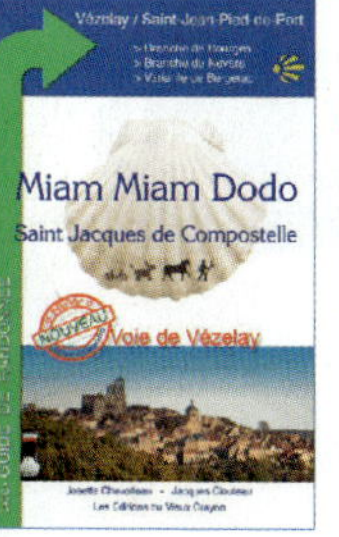

Le miam-miam-dodo de la voie de Vézelay

Nouveauté 2015, cet ouvrage décrit le trajet depuis Vézelay jusqu'à Saint-Jean-Pied-de-Port. Cette voie possède une particularité : elle offre deux branches au départ de Vézelay : la branche nord, qui passe par Bourges, et la branche sud, qui passe par Nevers. Quand on est à Périgueux, on peut également prendre la variante par Bergerac, qui rejoint ensuite l'itinéraire principal à Sainte-Foy-la-Grande. L'itinéraire décrit dans ce guide est la voie historique promue par l'association qui a créé ce chemin voici une vingtaine d'années, et non pas le GR 654 qui lui, s'arrête à Périgueux.

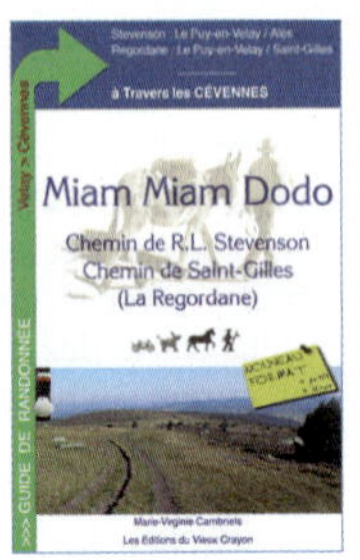

Le miam-miam-dodo du chemin Stevenson - chemin de Saint-Gilles (voie Régordane)

Pour découvrir d'autres sentiers chargés d'histoire, pour l'instant plus tranquilles que les chemins traditionnels menant à Compostelle. Cet ouvrage décrit deux chemins : le chemin de R.L Stevenson (GR 70 du Puy-en-Velay à Alès, et le chemin de Saint-Gilles (appelé aussi Regordane) du Puy-en-Velay à Saint-Gilles-du-Gard, près d'Arles.

C'est un très bel itinéraire, parcourant le Velay volcanique et la Cévenne sauvage, qui évite presque entièrement le goudron. La montée au Mont Lozère sous un grand soleil guidé par les montjoies de pierre, vous laissera un souvenir inoubliable.

Comment retrouver son appareil photographique ou son téléphone portable

Voici une astuce qui vous permettra de retrouver rapidement votre objet le plus précieux si vous l'avez oublié dans un gîte ou sur un banc, astuce qui nous a été donnée par des pèlerins prévoyants : écrivez sur une feuille de papier votre nom, votre adresse, vos numéros de téléphone fixe et mobile, et prenez une photo (avec le montant de la récompense en cas de perte...).

Si un pèlerin honnête trouve l'appareil et fouille à l'intérieur, il tombera forcément sur la photo...

Les 100 derniers kilomètres

Attention, pèlerin, la fin du chemin, progressivement à partir de Sarria, à 100 km de Santiago, est difficile. Le chemin est envahi de marcheurs qui veulent faire ces cent derniers kilomètres nécessaires pour obtenir la Compostela.

Quand on arrive à pied du Puy ou d'Arles, ou même simplement de Roncevaux, on se sent un peu perdu, voire dépossédés de "son" chemin par des foules piaillantes, et ce n'est pas très facile à vivre ! Mieux vaut être prévenu et avaler avec son café du matin une solide dose de tolérance !

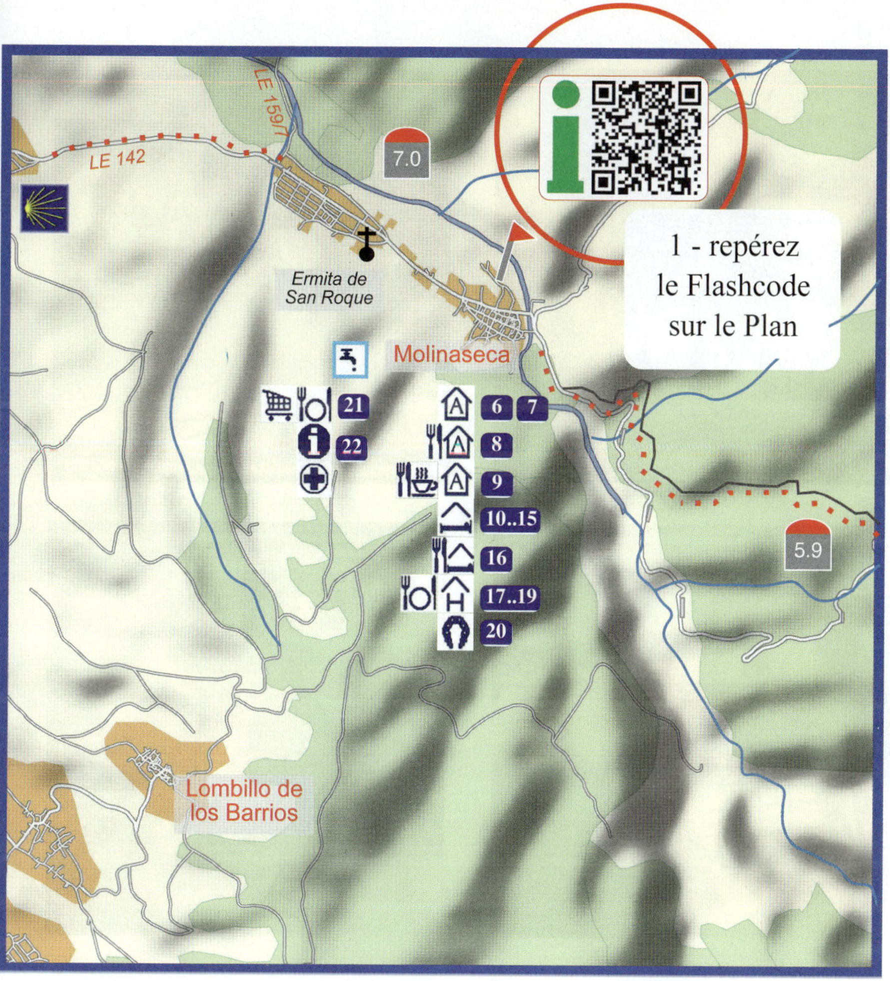
LE 159/7
LE 142
7.0
1 - repérez
le Flashcode
sur le Plan
Ermita de
San Roque
Molinaseca
21
22
6
7
8
9
10..15
16
17..19
20
5.9
Lombillo de
los Barrios

Contacts
Boussole
Free!
Decodely

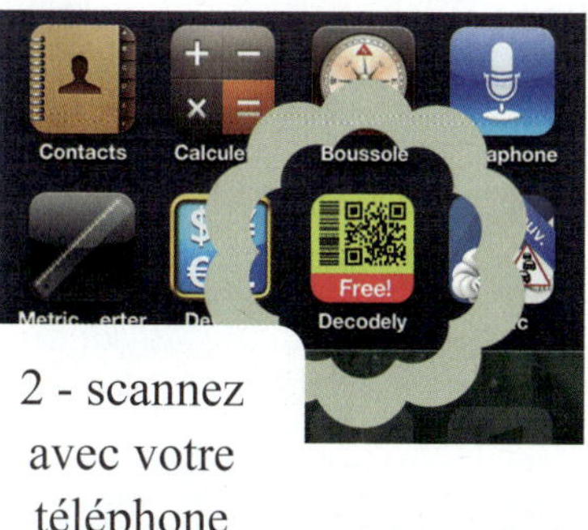

2 - scannez
avec votre
téléphone

3 - lisez la
notice

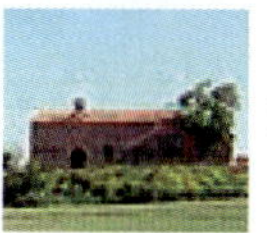

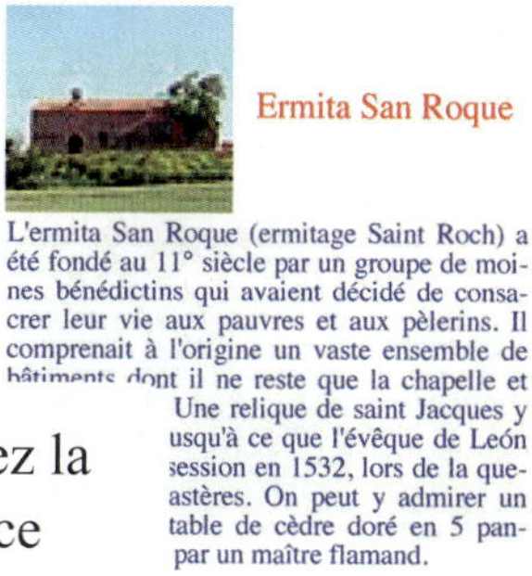
Ermita San Roque

L'ermita San Roque (ermitage Saint Roch) a été fondé au 11° siècle par un groupe de moines bénédictins qui avaient décidé de consacrer leur vie aux pauvres et aux pèlerins. Il comprenait à l'origine un vaste ensemble de bâtiments dont il ne reste que la chapelle et
Une relique de saint Jacques y
usqu'à ce que l'évêque de León
session en 1532, lors de la que-
astères. On peut y admirer un
table de cèdre doré en 5 pan-
par un maître flamand.

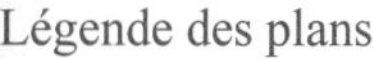

Légende des plans

Le sigle suivant signifie que l'hébergement propose les repas

Attention : dans les villes, nous indiquons seulement les services spécifiques aux pèlerins. Pour les hôtels, toujours en grand nombre, il faudra se rendre à l'office de tourisme ou chercher sur internet. Pour les restaurants, parcourez la calle Mayor et laissez-vous tenter.

Albergue de peregrinos *(gîte d'étape pour pèlerin)*

L'ouvrage donne le nombre de places, le prix de la nuitée par personne, les dates d'ouverture, la possibilité de prendre un repas ou de cuisiner et autres services dont vous pouvez disposer. Si le sigle contient seulement la cabane avec le "A", c'est que l'albergue propose un couchage collectif en dortoir ou chambrées. S'il contient aussi le petit lit, c'est que l'albergue propose également des chambres. Vous trouverez quelquefois ce sigle pour qualifier un établissement hôtelier offrant dortoirs et/ou chambres.

Monasterio, accueil chrétien *(monastère)*

Sont répertoriés dans cette rubrique les accueils chrétiens (monastères, paroisses, associations d'Amis de Saint-Jacques, communautés laïques). Le contenu de l'icône indique les services offerts par cet hébergement.

Albergue juvenil *(auberge de jeunesse)*

Il en existe une dizaine sur le Camino. On y précise le nombre de places, une échelle des prix, et les différents services offerts. La plupart sont ouvertes entre début juillet et mi-septembre. Nous mettons également sous ce logo les auberges qui ne sont pas de vraies auberges de jeunesse appartenant à la Fédération, mais dont les services et l'ambiance sont plus similaires à ceux d'une auberge de jeunesse que d'une auberge de pèlerins.

Refugio *(refuge sommaire)*

Il s'agit de locaux rustiques, sans eau ni douche, qui peuvent servir en cas d'urgence ou de mauvais temps.

Casa rural *(chambre d'hôtes)* **et pensión** *(petite auberge familiale)*

Sont précisés la catégorie, le nombre de chambres, l'échelle du prix des chambres, ainsi que les périodes de fermeture éventuelles. Il donne aussi le prix du petit déjeuner, du dîner, de la halte demi-pension pour une personne (dîner, nuitée, petit déjeuner. Les prix sont indiqués pour une nuit et pour une, deux ou trois personnes, voire plus. Ce sigle qualifie également les toutes petites pensions à caractère familial dans les villages, qui proposent un nombre réduit de chambres.

Hostal, hostal-restaurante *(hôtel, hôtel-restaurant)*

L'ouvrage donne la catégorie de l'hôtel, le nombre de chambres, l'échelle du prix des chambres, l'échelle du prix des menus si l'hôtel possède un restaurant, ainsi que les jours de fermeture. Il donne aussi le prix de la halte demi-pension pour une personne (dîner, nuitée, petit-déjeuner). On utilisera également ce sigle pour un Hostal Rural qui dispose de chambres en service hôtelier, voire pour une abbaye qui offre dans ses murs, hors les chambres des retraitants, une véritable hôtellerie.

Camping - location de bungalows

L'ouvrage donne le prix moyen pour deux adultes et une tente, plus quelques précisions (restaurant sur place, repas, ravitaillement, location de caravanes ou bungalows, etc...).

Restaurante *(restaurant)*

Tous les lieux où l'on peut remplir son ventre sont notés ainsi. On y trouve l'échelle des prix des menus, ainsi que les jours de fermeture.

Bar, restauration rapide

L'ouvrage précise également si le bar propose des tapas, casse-graines, bocadillos et autres. Il précise les jours et périodes de fermeture, ainsi que l'heure d'ouverture si elle est très matinale.

 **Tienda** *(épicerie)*

C'est ici que vous pourrez quérir les bonnes choses nécessaires à la vie du randonneur, y compris les cochonnailles ibériques si gouleyantes. Les jours de fermeture sont précisés. A noter que la plupart des commerces d'alimentation sont ouverts le dimanche matin.

Panaderia *(boulangerie)*

L'ouvrage indique les jours de fermeture. Attention : le concept de "boulangerie-pâtisserie" existe peu en Espagne. Par contre on trouve dans les panaderias toute une gamme de sablés qui font un excellent en-cas.

Correos *(La Poste)*

On peut y retirer gratuitement le courrier qu'on a demandé à ses amis d'expédier en Lista de correos (poste restante) (pour ceux qu'Internet rebuterait encore...), ou réexpédier à la maison la surcharge du sac à dos constatée au bout de quelques jours.

 **RENFE** *(chemins de fer)*

Signale l'existence d'une gare. Numéro national d'infos 902-240-202 ou www.renfe.es

 **Estación de autobús** *(station de bus)*

On donne l'adresse et le téléphone de la station, plus quelques renseignements annexes dont le pèlerin aurait besoin.

 **Farmacia, centro de salud** *(pharmacie, centre de santé)*

L'ouvrage indique simplement la présence de l'officine. Attention : les farmacias sont souvent fermées le samedi après-midi. Les centres de santé, quant à eux, ont des horaires très restreints.

 **Oficina de turismo** *(office de tourisme)*

C'est le lieu où se trouve presque toujours la réponse à son problème, à la condition de prendre garde aux horaires d'ouverture. De 13-14h à 17h, la sieste bloque tout !

Banco - cajero automatico *(banque - distributeur de billets)*

L'ouvrage précise s'il existe un distributeur de billets.

 **Taxis - transporte de equipajes** *(transport de bagages)*

Quelques taxis proposent leurs services au long du trajet afin de transporter en cas de besoin bagages et équipages.

 **Acogida peregrinos** *(service d'accueil ou d'information pour les pèlerins)*

Quelques associations jacquaires accueillent le pèlerin et le dirigent vers un hébergement idoine.

@ **Point internet**

L'endroit où vous pourrez consulter votre messagerie et rassurer vos proches.

Réparations de vélos

Si vous avez un ennui avec votre petite reine, un professionnel pourra vous venir en aide.

 **Monument ou lieu à visiter**

Endroit à visiter absolument.

Centro ecuestre ou Hipica

Les centres équestres permettent au cavalier de trouver le nécessaire pour son animal, et de se dépanner auprès de professionnels en cas de souci.

Sigles complexes

Vous trouverez quelquefois dans les pages des sigles complexes, quand les hébergements offrent une palette de services. Le sigle central, par exemple, signifie que vous trouverez au même endroit une albergue à caractère religieux, une hôtellerie et le repas du soir assuré.

Petit explicatif pour les icônes de repas :

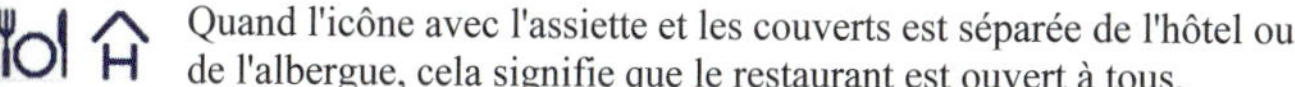

Quand l'icône avec l'assiette et les couverts est séparée de l'hôtel ou de l'albergue, cela signifie que le restaurant est ouvert à tous.

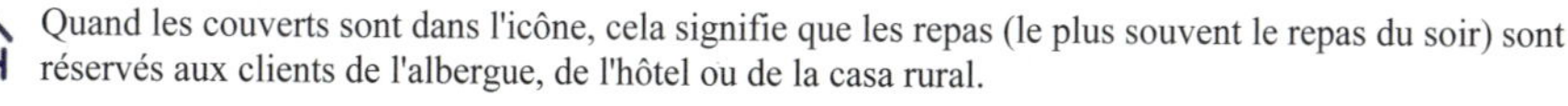

Quand les couverts sont dans l'icône, cela signifie que les repas (le plus souvent le repas du soir) sont réservés aux clients de l'albergue, de l'hôtel ou de la casa rural.

Fontaine, robinet, abri, toilettes, abri avec toilettes

Sigles utilisés dans le texte descriptif des hébergements

Point ânes et chevaux

Ce sigle indique que ânes et/ou chevaux sont acceptés. Quelquefois, l'endroit n'est pas clôturé. Il vous faudra alors attacher l'animal durant la nuit. Certains établissements dont c'est la raison de vivre, tels les centres équestres, demandent une somme incluant le foin et l'aliment. Veillez à vous assurer que l'hébergement dispose de nourriture en téléphonant. Attention : cet accueil de chevaux est proposé la plupart du temps en dépannage pour un petit nombre d'animaux.

@ **Point Internet** **borne Wifi**

L'hébergeur propose aux pèlerins d'accéder à leur messagerie sur un ordinateur ou par une borne Wifi pour ceux qui disposent de téléphones cellulaires sophistiqués.

Personnes à mobilité réduite

Ce sigle signifie que l'hébergement propose une ou plusieurs chambres ou locaux adaptés aux personnes à mobilité réduite. Il est prudent de téléphoner pour s'assurer de leur disponibilité.

Langues parlées

Les gens qui pratiquent l'accueil sont souvent polyglottes. Les petits drapeaux vous montreront l'étendue de la culture de vos hôtes. A vous de deviner à quel pays correspond le drapeau...Dans les albergues où officient de nombreux hospitaliers, souvent bénévoles et interchangeables, il nous est impossible de préciser les langues parlées.

Abréviations utilisées dans le descriptif des hébergements

Et voici maintenant quelques abréviations utilisées à l'intérieur des pavés de texte décrivant les services offerts par hébergements :

ch = chambre // pl = places // ppn = panier pique-nique // HS = haute-saison // BS = basse-saison

DP = demi-pension // LL = lave-linge // SL = sèche-linge

= prix spécial pour les pèlerins par rapport aux prix pratiqués vis-à-vis des touristes ordinaires. De plus en plus, ce prix pèlerin est appliqué à ceux qui présentent leur crédencial

= possibilité de cuisiner = petit déjeuner = repas

= précisions sur l'accueil des ânes et chevaux

= l'hébergeant accepte d'aller chercher les pèlerins avec sa voiture à tel ou tel endroit de rendez-vous, et les ramène le lendemain matin. Ce service est proposé par les hébergeants qui sont à quelque distance du chemin. Attention : ce service est offert selon la disponibilité de l'hébergeant, ce n'est jamais une obligation.

25 €, 45 €, supp 20 € = 1 personne 25 €, 2 personnes 45 €, personne supplémentaire 20 €

jan fév mars avr mai jun jul aou sep oct nov déc = mois de l'année

lun mar mer jeu ven sam dim = jours de la semaine

Sigle important pour les albergues de peregrinos il indique l'heure d'ouverture, l'heure de fermeture des portes le soir, et l'heure obligatoire de départ le matin. :

ouv 14h, ferm 22h, départ 8h

Accès des chiens

Certains hébergements acceptent le chien du pèlerin, d'autres le refusent

CB **Sigle Carte Bancaire**

Signifie que l'hébergement accepte le règlement par carte bancaire. Attention : en Espagne sont généralement acceptées les cartes Visa, Mastercard, Maestro. Les cartes American Express sont rarement acceptées.

Bonus : sur chaque plan du miam-miam-dodo figure une zone SELLO dans laquelle vous pourrez faire appposer les tampons des hébergements en sus de la crédenciale elle-même. Cette collection de cachets sur votre livret préféré sera un beau souvenir de voyage !

Explicatif d'un plan

échelle 1/37.500
(1 cm = 375 m)

La borne indique la distance entre deux épinglettes (ici 1.9 km)

San Ignacio — Le petit point jaune, c'est un hameau de quelques maisons

Alloste — Ecrit plus gros, c'est déjà une vingtaine d'habitations

Tereno — Ecrit en bleu, c'est carrément un village

Le trait gris, c'est un chemin de terre

Le pointillé rouge, c'est le tracé du Camino

Si le pointillé est jaune, c'est une variante ou un raccourci

Flèches rouges = jolie grimpette

Flèches vertes = belle descente

Voie ferrée

La petite coquille jaune et bleue marque le point d'entrée du Camino sur le plan, et aussi le point de sortie

1 Casa rural 
Sra Carmen Perez, San Ignacio, 27810 Tereno (948-710-444 ✉ carmen.perez@wanadoo.es) 2 ch, 30 €, 40 €, 4 €, 12 €, LL 3 €, ouvert Pâques à Toussaint

Les petites phrases simples du pèlerin

Espagnol	Français
¡ Hola ! ¡ Buenos días !	Bonjour ! (le matin)
¡ Buenas tardes !	Bonjour (après le déjeuner)
¡ Buenas noches !	Bonsoir ! ou bonne nuit !
¿ Qué tal ?	Comment ça va ?
¿Qué tal estás ? ou ¿ Cómo estás ?	Comment vas-tu ?
¿ Adónde vas ?	Où vas-tu ?
Voy a Santiago.	Je vais à St Jacques.
¿ De dónde vienes ?	D'où viens-tu ?
De Francia	De France
¿ Andando ?	A pied ? (en marchant ?)
Sí, andando desde mi casa	Oui, à pied (en marchant) depuis chez moi
Ya hace un mes que salí (salir : sortir ou partir)	Il y a déjà un mois que je suis parti
Tengo ampollas en el pié	J'ai des ampoules au pied
La mochila es muy pesada	Le sac à dos est très lourd
¿ Hay... ?	Y a-t-il... ?
Perdón Señora, ¿ hay una tienda por aquí ?	Pardon Madame, y a-t-il une épicerie par ic
¿ Hay pan ?	Y a-t-il du pain ?
ou ¿ Tiene pan, por favor ?	Avez-vous du pain, s'il vous plaît ?
ou Quisiera pan	Je voudrais du pain
Gracias /muchas gracias	Merci / merci beaucoup
De nada	De rien
Bon appétit !	Buen provecho ! ou Que aproveche !
¿ Dónde está el albergue de peregrinos ?	Où est l'albergue de pèlerins ?
¿ Por dónde va el camino ?	Par où le chemin passe-t-il ?
Hay que	Il faut
Hay que pasar el puente	Il faut passer le pont
Después ir a mano derecha / a la derecha	puis prendre à droite
Siguiendo el río	en suivant la rivière
Faltan dos kilómetros para llegar	Il reste deux kilomètres avant d'arriver
Ya llegamos al pueblo / ciudad	Ainsi nous arrivons au village / à la ville
Hay que seguir las flechas amarillas	Il faut suivre les flèches jaunes
Para no perderse	pour ne pas se perdre
A la derecha / a mano derecha	à droite
A la izquierda / a mano izquierda	à gauche
Quisiera dormir	Je voudrais dormir
No quiero comer ahora	je ne veux pas manger maintenant
Caro / barato	cher / bon marché
¿ Cuánto es ?	C'est combien ?
¿ Cuánto es la habitación individual por una noche ?	Combien coûte une chambre pour une nuit
¿ Quedan camas libres ?	Reste-t-il des lits disponibles ?
Queremos parar aquí	Nous voudrions nous arrêter ici
Quisiera una habitación con cama de matrimonio	Je voudrais une chambre avec un grand lit
¿ Es una habitación con cuarto de baño ?	Est-ce une chambre avec salle de bain ?
En los albergues suelen ser baños compartidos	Dans les albergues il y a des sanitaires com
¿ Es usted el hospitalero ?	Etes-vous l'hospitalier ?
¿ A qué hora abre el albergue ?	A quelle heure ouvre l'albergue ?
Tengo hambre	J'ai faim
Quisiera cenar a las siete de la tarde	Je voudrais manger à 19 h
¿ Sería posible, por favor ?	Cela serait-il possible, s'il vous plaît ?

Un bocadíllo de jamón, por favor — Un sandwich au jambon s'il vous plaît
A que hora se sirve la comida ? — A quel heure sert-on le déjeûner ?
¿ A partir de qué hora podemos desayunar (tomar el desayuno) mañana por la mañana ?
A quelle heure pouvons-nous prendre le petit-déjeuner demain matin ?
Si vous souhaitez réserver :
¿ Sería posible reservar una habitación para una persona por la fecha del 18 de junio ?
Serait-il possible de réserver une chambre pour une personne pour le 18 juin ?

Ayer	Hier
Hoy	Aujourd'hui
Mañana	Demain
Mañana por la mañana	Demain matin
La mañana	La matinée
La madrugada	L'aube
Levantarse a las cinco y media de la madrugada	Se lever à cinq heures et demi du matin
Me voy a duchar	Je vais prendre une douche
No quiero dormir ahora	Je ne veux pas dormir maintenant
¿ Dónde puedo lavar la ropa ?	Où puis- je peux laver mon linge ?
Ayer llovía, pero hoy hace buen tiempo	Hier il a plu, mais aujourd'hui il fait beau.
¡ Qué sol ! ¡ qué calor !	quel soleil, quelle chaleur !
Quisiera visitar la ciudad	Je voudrais visiter la ville
¿ Qué hay que ver ?	Qu'y a-t-il à voir ?
¡ Qué bonita es esa fuente !	Que cette fontaine est jolie !
¡ Qué hermoso paisaje !	Quel beau paysage !
¡ No entiendo !	Je ne comprends pas !
¿ Puedes / Puede hablar más despacio ?	Peux-tu / Pouvez-vous parler plus lentement ?
Me gusta andar.	J'aime marcher.
Me gustaria comer pulpo en Galicia	J'aimerais manger du poulpe en Galice

Me encanta el románico por lo largo del Camino de Santiago.
J'adore l'art roman présent tout au long du chemin de St Jacques

Pour « vouvoyer » quelqu'un, on s'adresse à cette personne à la troisième personne du singulier en lui disant « Usted ». Mais le tutoiement est beaucoup plus usité qu'en France.

Faux-Amis :
Sello : tampon à faire apposer sur la credencial, ou bien timbre à mettre sur une lettre. Ne pas confondre avec *el timbre*, la sonnette (llamar al timbre : appuyer sur la sonnette), ni avec *un tampón*, protection périodique féminine
El mesón : le restaurant
La casa : la maison
El mapa : la carte ou le plan géographique
La carta : la lettre (correspondance) mot à éviter, en général, vous voulez plutôt dire « postal » ou « mapa » ou « tarjeta »
La tarjeta : la carte de crédit, carte de téléphone ou carte de visite, etc...
Una postal : une carte postale
Autoservicio : un magasin (en général alimentation) en libre-service
Cafetería : lieu où vous pourrez boire un café, ou un thé, plus chic que le bar. Mais cela désigne aussi un service de restauration collective entre la « cantine » et ce que nous entendons par cafétéria (par exemple dans une auberge de jeunesse ou un camping)

Attention : quand vous allez au bar, si vous demandez « un cafe », ce sera avec lait. Pour avoir
un café sans lait, il faut demander un « cafe solo »

Liste du matériel de randonnée

Cette liste est donnée à titre tout-à-fait indicatif afin que les étourdis n'oublient rien et que les porteurs de faix se restreignent... Mais surtout, si les bretelles du sac vous scient les épaules, si vos pieds se couvrent d'ampoules dès les premiers jours, si vous êtes las au soir venu, précipitez-vous dès le lendemain à la première Poste pour renvoyer à la maison dans une petite boite jaune tout ce qui n'est pas strictement indispensable.

Conclusion : partez léger ! En sabrant tout le superflu, on parvient à un sac de 10 kg pour un homme et 8 kg pour une femme. Les choses les plus importantes, à savoir le soleil, la nature, le sourire, le bonheur, ne pèsent rien, et on en trouve à profusion au long du chemin...

Nuit :

Sac de couchage, sac à viande, tenue de nuit ou pyjama (on recommande sac à viande et pyjama en soie pour leur légèreté et leur qualité thermique)

Toilette :

Serviette, gant de toilette, savon, brosse ou peigne, miroir, rasoir, shampooing, cotons-tiges, dentifrice et brosse à dents

Vêtements :

Chaussures de marche rodées, 3-4 paires de chaussettes légères, pantalon transformable en short, 2 tee-shirts, chemise, 1 chandail léger, 1 chandail chaud ou polaire, foulard multi-usages (couvre-chef ou écharpe), couvre-chef pour le soleil, poncho ou veste imperméable, mouchoirs, sous-vêtements, maillot de bain, chaussures légères pour le soir (espadrilles ou tongs), survêtement ou vêtements légers pour la halte du soir

Cartographie :

Topo-guide, miam-miam-dodo, boussole, GPS

Pharmacie :

Crème solaire, aspirine, aiguille et fil de coton pour les ampoules, répulsif (crème, aérosol ou autre) contre les moustiques et autres insectes (punaises de lit), boules Quiès pour les nuits en dortoirs

Divers :

Papiers d'identité, carte européenne d'assurance-maladie, numéro de téléphone de l'assurance-rapatriement, carte Visa et numéro de téléphone en cas de perte, argent liquide, carte-téléphone ou téléphone portable avec chargeur, matériel de couture pour les petites réparations, poches plastiques multi-usages, bout de corde et quelques épingles à linge, papier-toilette, bâton de marche (bourdon), appareil photographique et cartes numériques, batterie de secours et chargeur, carnet de route et stylos, petit dictionnaire bilingue, lampe frontale, gri-gri, nounours, cages à oiseaux, etc...

Camping et cuisine *(si vous choisissez d'être en autonomie)* :

Tente, matelas auto-gonflant, camping-gaz et cartouche de rechange, gamelles, couverts, quart, couteau, gourde, serviette, allumettes ou briquet, ouvre-boites, tire-bouchon, nécessaire à vaisselle (gratounette, savon, torchon)

La Randoline

Cette machine nouvelle et révolutionnaire a été mise sur le marché en 2009. Petite charrette à trois roue tractée par un âne, un poney ou un petit cheval, elle permet à une personne à mobilité réduite de parcourir u chemin de randonnée (donc le chemin de Compostelle).

Attention : il ne s'agit pas d'attelage, car un accompagnateur doit tenir la longe de l'animal. Cet accompagna teur peut être un parent, un conjoint ou un ami, voire même une famille entière avec l'un des siens.

Simplicité : il n'est nul besoin d'avoir des notions d'attelage : le harnachement, fait d'une seule pièce, se pos en une minute sur le dos de l'animal. La Randoline s'accroche ensuite au harnachement par le simple clippag

d'un mousqueton. Si on dispose un petit âne pour tracter, on trouvera un animal courageux et attentionné qui prendra plaisir à son travail.

Confort : aux dires des personnes handicapées qui l'ont utilisée, la Randoline est aussi confortable qu'une 2 CV. Elle est dotée de deux amortisseurs à gaz et ressort, et les roues sont à rayons. Le dossier, en coton et mousse, est réglable par trois courroies. Le passager se glisse lui-même depuis son fauteuil sur une assise secondaire, puis se hisse sur le siège à l'aide de deux potences.

Liberté : la Randoline passe sur à peu près tous les types de chemins correspondant à son gabarit de 140 cm. Elle permettrait actuellement de parcourir environ 90% du camino francés. Si le parcours est trop pentu, ou trop étroit, on peut toujours emprunter la petite route voisine. L'équipe fera étape le soir dans des hébergements adaptés PMR ou même semi-adaptés (car la personne accompagnante peut aider le fauteuil à franchir des seuils de portes ou des petites marches. L'âne peut tracter sans problème une quinzaine de km par jour.

Sécurité : en cas d'urgence, le passager actionne simplement une manette. La Randoline et l'animal sont alors désaccouplés instantanément. La Randoline est d'une stabilité étonnante. Toutefois si elle devait verser dans un fossé par une faute d'inattention, un arceau d'acier protégerait le passager. Le freinage est assuré par des freins à tambours.

Autonomie : la Randoline transporte les bagages dans un coffre et le fauteuil roulant sur un support dédié à l'arrière de la machine. On peut ainsi randonner avec une personne proche qui ne peut plus marcher, ou marche avec difficulté. On peut partir en famille avec un enfant immobilisé ou encore à plusieurs amis. Point important : le passager n'est pas inactif et joue un rôle primordial car il doit actionner la poignée de freins dans les descentes et passages délicats (dévers, ornières, racines, etc...) afin de soulager l'animal.

Fiabilité : la Randoline est construite en solides tubes d'acier de Ø 42 mm et sa structure est quasiment indestructible. Les autres éléments sont des pièces de cyclerie qu'on peut se procurer en cas de problème chez n'importe quel commerçant spécialisé.

Générosité : vous qui avez la chance de pouvoir faire le chemin de Saint Jacques avec vos pieds, peut-être souhaiterez-vous, à votre retour, donner cette chance à ceux qui le peuvent pas car un accident de la vie les a cloués dans un fauteuil.

Une association a été créée spécialement pour collecter des dons et mettre des Randolines à disposition des pèlerins handicapés sur le chemin de Compostelle. Vous pouvez y laisser le montant de votre choix. Si chaque pèlerin de retour de Santiago donnait simplement 1 euro, c'est 5 nouvelles machines qui pourraient parcourir le camino et donner du bonheur.

Pour avoir plus de détails et participer, voir le site http://asso-hrce.org

Les Taxis au départ de Saint-Jean-Pied-de-Port

83 Taxi de l'Ostibarret : Conques à Roncevaux // Jean-Claude Lafuente, Bourg d'Uhart-Mixe, 64120 Arhansus (www.taxi-ostibarret.fr ✉ contact@taxi-ostibarret.fr 05-59-65-76-05 & 06-30-53-85-52) transports bagages, transports pèlerins au point de départ tous les jours, retour sur résa

88 Express Bourricot : Moissac à Burgos et gares et aéroports// Caroline Aphessetche, Jauberriko Borda, 64220 Ispoure (+33(0)661-96-04-76 ✉ apcaroline@hotmail.com) transport de bagages de Saint-Jean-Pied-de-Port à Ronceveaux, transport de bagages et de personnes en direct de Saint-Jean-Pied-de-Port à Santiago, tarifs groupes

88 Transports Nafarroa : retour Roncevaux-Saint-Jean-Pied-de-Port // Guillaume Lopépé, 13 bis route du Maréchal Harispe, 64220 Saint-Jean-Pied-de-Port (06-75-78-36-23 & 05-59-49-10-17 & 06-31-01-19-63 ✉ giteguill.lopepe@gmail.com) transport pèlerins, transport bagages d'étape en étape de Moissac à Ronceveaux, navette tous les matins Saint-Jean-Pied-de-Port à Moissac

88 Atalentours : Saint-Jean-Pied-de-Port - Biarritz - Bilbao // Wilfred Caulet 64200 Biarritz (06-69-03-74-29 ✉ contact@atalentours.com) transport pèlerins et bagages

88 Taxi Maïtia Jean-Baptiste : Saint-Jean-Pied-de-Port - Aéroport de Biarritz - Ronceveaux- Pampelune // Jean-Baptiste Maïtia 64780 St Martin d'Arrosa (✉ maitiajeanbaptiste@gmail.com 06-83-94-69-32) transport pèlerins, bagages et vélos

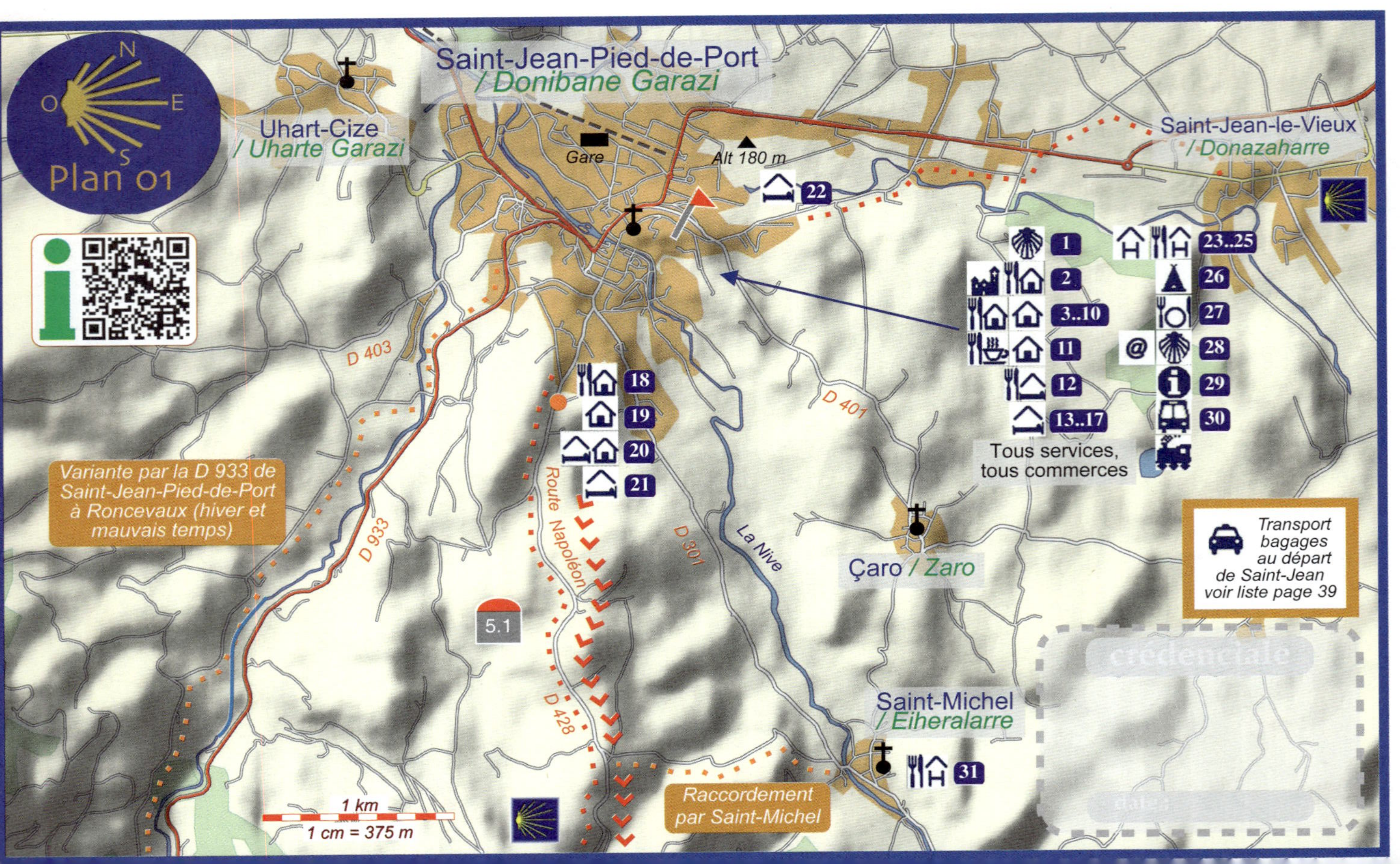

Plan 01
N
E
S
O
Saint-Jean-Pied-de-Port
/ Donibane Garazi
Uhart-Cize
/ Uharte Garazi
Saint-Jean-le-Vieux
/ Donazaharre
Gare
Alt 180 m
22
1
2
3..10
11
12
13..17
23..25
26
27
28
29
30
Tous services, tous commerces
18
19
20
21
D 403
D 401
D 933
D 301
D 428
Route Napoléon
La Nive
Çaro / Zaro
Variante par la D 933 de Saint-Jean-Pied-de-Port à Roncevaux (hiver et mauvais temps)
Transport bagages au départ de Saint-Jean voir liste page 39
5.1
Saint-Michel
/ Eiheralarre
31
Raccordement par Saint-Michel
1 km
1 cm = 375 m

Plan 01

1 Accueil Pèlerin @ Assoc. Amis du Chemin de St-Jacques des Pyrénées-Atlantiques, 39 rue de la Citadelle (05-59-37-05-09 ✉ caminopa@hotmail.com) contribution crédenciale 2 €, ouv toute l'année

2 Accueil paroissial Kaserna, 43 rue d'Espagne, 64220 Saint-Jean-PdP (05-59-37-65-17 15h à 21h) 10 pl, nuit+☕+🍽 avec part 15 à 20 € selon possibilité, ouv 6 avr au 31 oct, résa la veille uniquement, réservé aux pèlerins avec crédencial, à pied et portant leur sac, sans véhicule ni transport de bagages (sauf problème de santé à préciser). Délivrance de crédenciale pour les pèlerins hébergés au gîte

3 Refuge municipal "Association des Amis de la Vieille Navarre" 55 rue de la Citadelle, 64220 Saint-Jean-PdP (06-17-10-31-89) 32 pl, 10 € (1 seule nuit), ☕ offert par l'ACSJPA, poss réchauffer aliments, LL 2 €, SL 2 €, pas de résa, ouv tte l'année à 14h, réservé aux pèlerins avec crédenciale, portant leur sac, sans véhicule ni transport de bagages (sauf handicap à préciser)

4 Gîte Beilari (anciennement L'Esprit du Chemin) Joxelu et Jakline, 40 rue de la Citadelle, 64220 Saint-Jean-PdP (✉ info@beilari.info 05-59-37-24-68) 18 pl en ch 3-4-8 pers, DP 30 €, ouv mars à oct

5 Refuge Esponda ancv place du Trinquet, 64220 Saint-Jean-PdP (Marie-Louise 06-79-07-52-52) 14 à 15 €, ☕, , ouv tte l'année

6 Gîte d'étape Ultreïa ancv @ Bernard et Fafa, 8 rue de la Citadelle, 64220 Saint-Jean-PdP (06-80-88-46-22 ✉ dodo.ultreia@gmail.com) 15 pl, 16 à 17 €, en ch 44 €, ☕ 5 €, , ppn 5 €, ouv 20 mars au 15 oct

7 Gîte Azkorria rando accueil CB @ *(infos 2014)* 50 rue de la Citadelle, 64220 Saint-Jean-PdP (✉ gite.azkorria50@orange.fr 05-59-37-00-53) 2 ch 4 pers, 18 €, DP 38 €, 3 ch 55 à 75 €. DP 48 à 55 €, LL & SL avec part, ouv tte l'année

8 Gîte Compostella, 6 route d'Arnéguy, 64220 St-Jean-PdP (05-59-37-02-36 ✉ gitecompostella@sfr.fr) 15 pl, ch 2-4 pers, 12.50 à 15 €, , ouv tte l'année

9 Gîte Izaxulo @ Agnès et Joseph, 2 avenue Renaud, 64220 Saint-Jean-PdP (✉ contact@gite-izaxulo.com 05-24-34-19-00 & 06-84-33-12-05) 22 pl, 16 à 26 €, ☕ 4 €, , ppn 6 €, LL 3 €, SL 3 €, ouv mars à oct, BS sur résa

10 Gîte l'Auberge du Pèlerin rando accueil CB @ Danièle Ménargues, 25 rue de la Citadelle, 64220 Saint-Jean-PdP (05-59-49-10-86 & 06-89-31-96-10 ✉ contact@aubergedupelerin.com) 43 pl, 17 €, ☕ 5 €, 🍽 14 €, ppn 8 € sur résa, linge payant, LL 3 €, SL 3 €, ouv mi-mars au 15 oct

11 Gîte-Bar-Brasserie Zuharpeta ancv @ Sabine Gueraçague, 5 rue Zuharpeta, 64220 Saint-Jean-PdP (05-59-37-35-88 & 06 21-30-03-05 ✉ gitezuharpeta@laposte.net) 14 pl, 12.50 €, ☕ 5.50 €, 🍽 12 € // 4 ch, 36 €, ppn sur résa, ouv tte l'année

12 Chambre d'hôtes Maison Bernat ancv Mr et Mme Levitte, 20 rue de la Citadelle, 64220 Saint-Jean-PdP (✉ elmh@wanadoo.fr 05-59-37-23-10 & 06-84-24-30-79) 3 ch, DP 80 €, 110 €, 165 €, poss 🍽 végétarien sur résa, ouv 15 mars à fin oct

13 Chambre d'hôtes Mr Chateauneuf & Mme Maïtia, 24 rue de la Citadelle, 64220 Saint-Jean-PdP (05-59-37-32-08 ✉ garazi642@sfr.fr) 3 ch, 34 €, 38 €, 52 €, ouv tte l'année

14 Chambre d'hôtes @ Mme Paris, 35 avenue Renaud, 64220 Saint-Jean-PdP (✉ gracianne.paris@wanadoo.fr 05-59-37-22-32 & 05-59-37-01-47 & 06-89-40-00-74) 3 ch, 38 €, 50 €, ouv tte l'année *(près de la gare)*

15 Chambre d'hôtes Errecaldia @ Tim Proctor, 5 chemin de la Porte Saint Jacques, 64220 Saint-Jean-PdP (✉ tim@errecaldia.com 05-59-49-17-02 & 06-47-80-87-32) 3 ch, 40 à 45 €, 55 à 65 €, 70 à 80 €, ouv tte l'année

16 Chambre d'hôtes Itzalpea Evelyne Uhart, 5 place du Trinquet, 64220 Saint-Jean-PdP (05-59-37-03-66 ✉ itzalpea@wanadoo.fr) 5 ch, 55 à 60 €, 72 à 80 €, ☕ à 6h30, ouv tte l'année, fermé sam BS

17 Chambre d'hôtes Arcanzola Jean-Pierre (pèlerin), 32 rue de la Citadelle, 64220 Saint-Jean-PdP (✉ jpbonhomme.48@gmail.com 05-59-49-17-05 & 06-47-25-29-18) 2 ch, 30 €, 50 €, fermé nov à fév

18 Gîte d'étape Zazpiak-Bat Mr et Mme Lopépé, 13 bis route maréchal Harispe, 64220 Saint-Jean-PdP (✉ giteguill.lopepe@gmail.com 05-59-49-10-17 & 06-75-78-36-23) 18 pl ch 2-3 pers, DP 35 à 38 €, nuit+☕ 25 €, LL 3 €, SL 2 €, ouv tte l'année à partir de 15h *(sur le chemin, à 900 m du centre)*

Suite données Saint-Jean-Pied-de-Port page suivante .../...

crédenciale
6.0
N
O
E
S
Plan 02
Alt 500 m
Hounto
1
D 933
frontière
Variante par la route de Saint-Jean-Pied-de-Port à Roncevaux (hiver et mauvais temps)
2.8
D 428
Ancien tracé du GR
Orisson
Arnéguy
Alt 790 m
ESPAGNE
19.0
de Orisson à Roncevaux
frontière
Route Napoléon
Données pour Valcarlos sur le Plan suivant
D 128
3.0
Valcarlos
Ondarolle
1 km
1 cm = 375 m

.../... Suite données Saint-Jean-Pied-de-Port

19 Gîte La Coquille Napoléon Lorna et Bixente Eguiazabal, route Napoléon, 64220 Uhart-Cize (✉ lacoquillenapoleon@gmail.com 06-62-25-99-40) 10 pl dortoir, 15 €, 3 €, LL 3 €, SL 3 €, rayon 5 km, ouv tte l'année

20 Chambre d'hôtes-Gîte Portaleburu Jean-Pierre Mailharro, 13 route maréchal Harispe, 64220 Saint-Jean-PdP (✉ portaleburu@hotmail.fr 05-59-49-10-74 & 06-43-04-62-04) Chambres, 4 ch, 50 € // Gîte, 6 pl en ch 2 pers, 18 €, 5 €, 2.50 €, ouv tte l'anné

21 Chambre d'hôtes Mme Juantorena, Iruleya, rte Napoléon, 64220 Saint-Jean-PdP (05-59-37-02-84 & 06-13-66-11-03 ✉ iruleya@orange.fr) 3 ch, 45 €, 55 €, 65 €, , LL & SL, ouv tte l'année

22 Chambre d'hôtes Maison Harria Louise Harriet, 6 chemin de Taillapalde, 64220 Saint-Jean-Pied-de-Port (05-59-37-09-74 & 06-78-26-90-78 ✉ denis.harriet@wanadoo.fr) 2 ch, 54 €, ouv tte l'année

23 Hôtel-Restaurant Central (en cours de classt) CB 1 place De Gaulle, 64220 Saint-Jean-PdP (✉ central.centralhotel6@orange.fr 05-59-37-00-22) 14 ch, 64 à 77 €, 9 €, 21 à 47 €, fermé mar BS sauf vacances scolaires *(tarifs sous réserve)*

24 Hôtel-Bar Ramuntcho** Logis CB 1 rue de France, 64220 Saint-Jean-PdP (✉ hotel.ramuntcho@wanadoo.fr 05-59-37-03-91) 16 ch, 64 à 94 €, 9.50 €, fermé mar et mer BS, fermé 24 nov au 3 jan et 27 jun au 3 jul

25 Hôtel-Restaurant des Pyrénées**** CB @ 19 place De Gaulle, 64220 Saint-Jean-PdP (✉ hotel.pyrenees@wanadoo.fr 05-59-37-01-01) 18 ch, 105 à 255 €, 17 €, 42 à 110 €, DP 190 à 240 €, 300 à 420 €, piscine, ouv 7/7 HS, fermé mar du 20 sep au 30 jun et lun soir nov à fin mars, fermé 11 nov au 30 nov et 6 jan au 5 fév

Plan 02

26 Camping municipal Plaza Berri** ancv avenue du Fronton, 64220 Saint-Jean-PdP (05-59-37-11-19 & mairie BS 05-59-37-00-92) 10 €, ouv Pâques à Toussaint *(tarifs sous réserve)*

27 Nombreux restaurants et snacks-brasseries

28 Direction Compostelle-Boutique du Pèlerin @ 1 place Floquet et 32 rue de la Citadelle (✉ directioncompostelle@orange.fr www.directioncompostelle.com 05-59-37-98-52) matériel et équipement de randonnée, librairie, souvenirs du chemin, ouv 7/7 6h30 à 20h

29 Office de tourisme @ 14 place De Gaulle (www.pyrenees-basques.com 05-59-37-03-57 ✉ saint.jean.pied.de.port@wanadoo.fr) borne info tourisme 24/24, disponibilités hébergements

30 Bus : ligne reliant Pampelune-Saint-Jean-PdP chaque jour de mi-mars à début nov, voir office de tourisme pour infos ou Compagnie La Conda (948-314-224 & 948-221-026 & 902-422-242)

31 Logis CB ancv @ Hôtel-Restaur. Xoko-Goxoa, Betty Armantier, 64220 Saint Michel (05-59-37-06-34 ✉ infos@xoko-goxoa.com) 13 ch, DP 45 à 54 €, pas de restauration le ven soir en BS, ouv tte l'année, fermé mer BS

****

1 Gîtes de France CB ancv Chambre d'hôtes-Gîte d'étape-Bar, Jeanne Ourtiague, ferme Ithurburia, 64220 Saint-Michel (05-59-37-11-17 ✉ jeanne.ourtiague@orange.fr) 5 ch, 48 €, 55 €, 75 €, 85 €, 17 € // Gîte d'étape 19 et 13 pl, DP 35 à 38 €, 1 €, ppn 5 €, LL & SL 5 €, fermé 15 nov au 20 déc // Restauration rapide le midi, sandwiches, soupe, etc... *(environ 1h30 de Saint-Jean-PdP)*

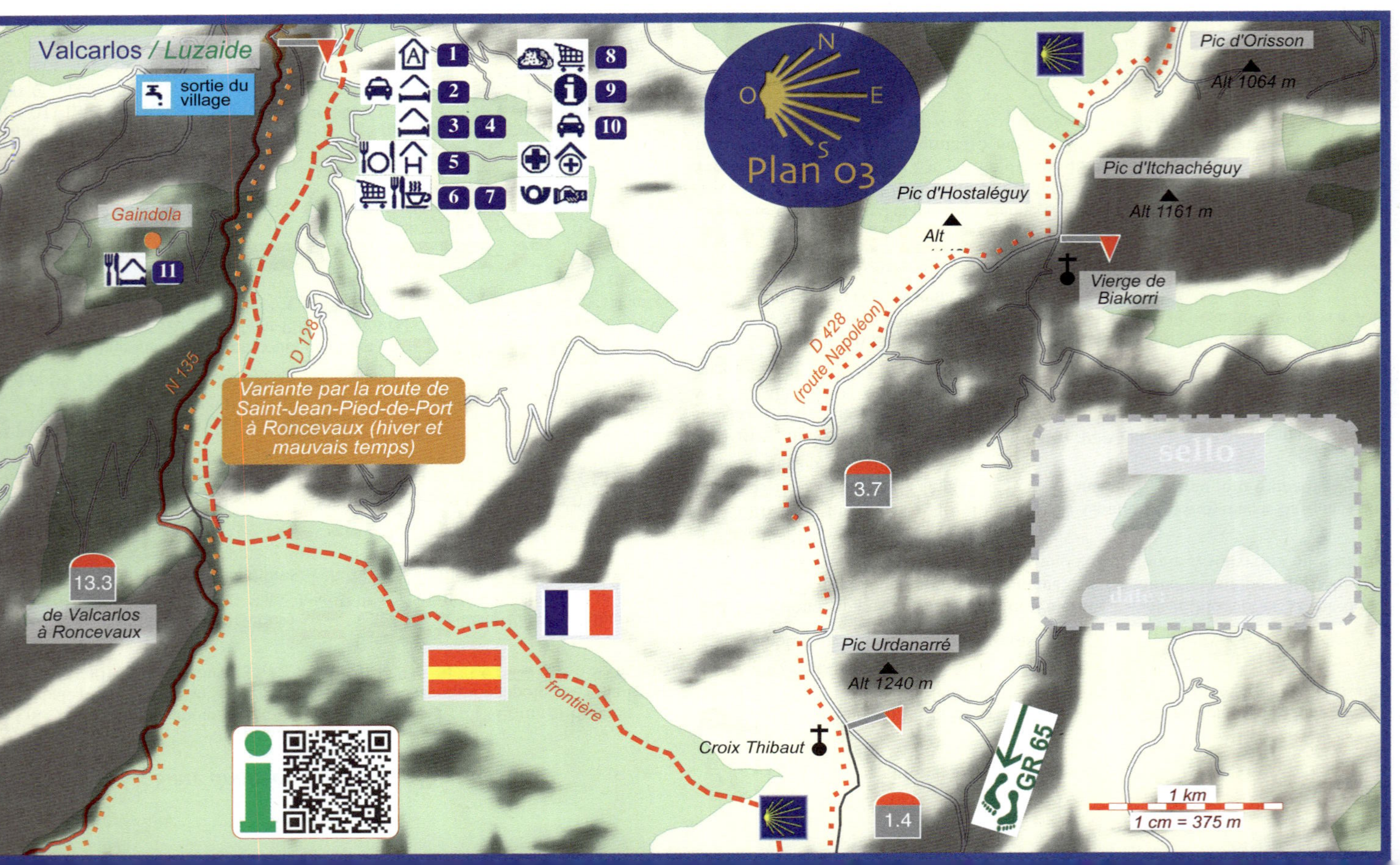
Valcarlos / Luzaide
sortie du village
Gaindola
11
1
2
3
4
5
6
7
8
9
10
N
O
E
S
Plan 03
Pic d'Orisson
Alt 1064 m
Pic d'Itchachéguy
Alt 1161 m
Pic d'Hostaléguy
Alt
Vierge de Biakorri
D 428 (route Napoléon)
D 128
N 135
Variante par la route de Saint-Jean-Pied-de-Port à Roncevaux (hiver et mauvais temps)
3.7
sello
13.3
de Valcarlos à Roncevaux
frontière
Pic Urdanarré
Alt 1240 m
Croix Thibaut
GR 65
1.4
1 km
1 cm = 375 m

Plan 03

1 Albergue municipal Turístico
Ayuntamiento, 31660 Valcarlos (luzaide-valcarlos@wanadoo.es 948-790-117 & 696-231-809) poss résa, 24 pl en 2 dortoirs, 10 € (inclus), draps et serviettes 3 €, , LL, si fermé demander à la Benta Ardandegia (pavé €), ouv tte l'année

2 Casa rural Erlanio***
María Isabel Iturriría, calle Elizaldea 58, 31660 Valcarlos (948-790-218 & 669-651-266 erlanisa@hotmail.es www.casaruralerlanio.com) 3 ch, 35 €, 3 €, LL, ouv tte l'année // poss taxi 8 pl

3 Casa rural Etxezuria**
Rosa Arrosagarai, calle Elizaldea, 31660 Valcarlos (casaetxezuria@yahoo.es 948-790-011 & 609-436-190 www.etxezuria.com) 10 ch, 50 €, 5 €, sandwiches chauds sur résa, ouv tte l'année

4 Appartements Mendiola CB
calle Elizaldea, 31660 Valcarlos (turismomendiola@hotmail.com 609-755-105 www.turismomendiola.com) 3 appartements, 54 €, 90 €, , LL, ouv tte l'année

5 Hostal-Restaurante Maitena** CB
Miguel Echart, calle Elizaldea sn, 31660 Valcarlos (948-790-210 hostalmaitena@hotmail.com) 6 ch, 40 à 43 €, 55 à 62 €, 5.50 €, 13.50 €, fermé Toussaint à mi-mars

6 Bar-Restaurant-Tienda Benta Ardandegia, calle Elizaldea sn (948-796-002) 12.50 €, ouv 7/7 8h à 20h, ouv festivos

7 Tienda Bazar Vasco & Bar-Restaurant Azkena, calle Elizaldea sn (948-790-206) 12.50 €, ouv 7/7 8h à 20h, ouv tte l'année

8 Ravitaillement :
- Panadería Doray, calle Elizaldea sn, ouv festivos
- Tienda-Dépôt de pain-Boucherie Venta Arrosagaray "Maison du Jambon", calle Elizaldea sn, fermé 1er au 15 jan

9 Office de Tourisme @ calle Elizaldea sn (948-790-199 & mairie 948-790-117) ouv jul à sep

10 Transports :
- Transport Carlos Mateo (948-790-043 & 676-274-550 & 635-023-238) transport bagages Saint-Jean-Pied-de-Port à Pampelune
- Taxi Andoni Urolategi (948-790-218 & 636-191-423) 8 pl, poss transport vélo

11 Casa rural Toki Ona-Casa Navarlaz**
Peio Iribarren, Barrio Gaindola, 31660 Valcarlos (948-128-229 & 636-38-38-48 casanavarlaz@gmail.com www.navarlaz.com) résa nécessaire, 15 ch, 37 à 50 €, DP 75 € (été), 4 €, 12 €, (dans les studios), LL & SL, ouv tte l'année *(1 km après Valcarlos, prendre sur 300 m une petite route qui monte à droite, fléchée "Casa Navarlaz")*

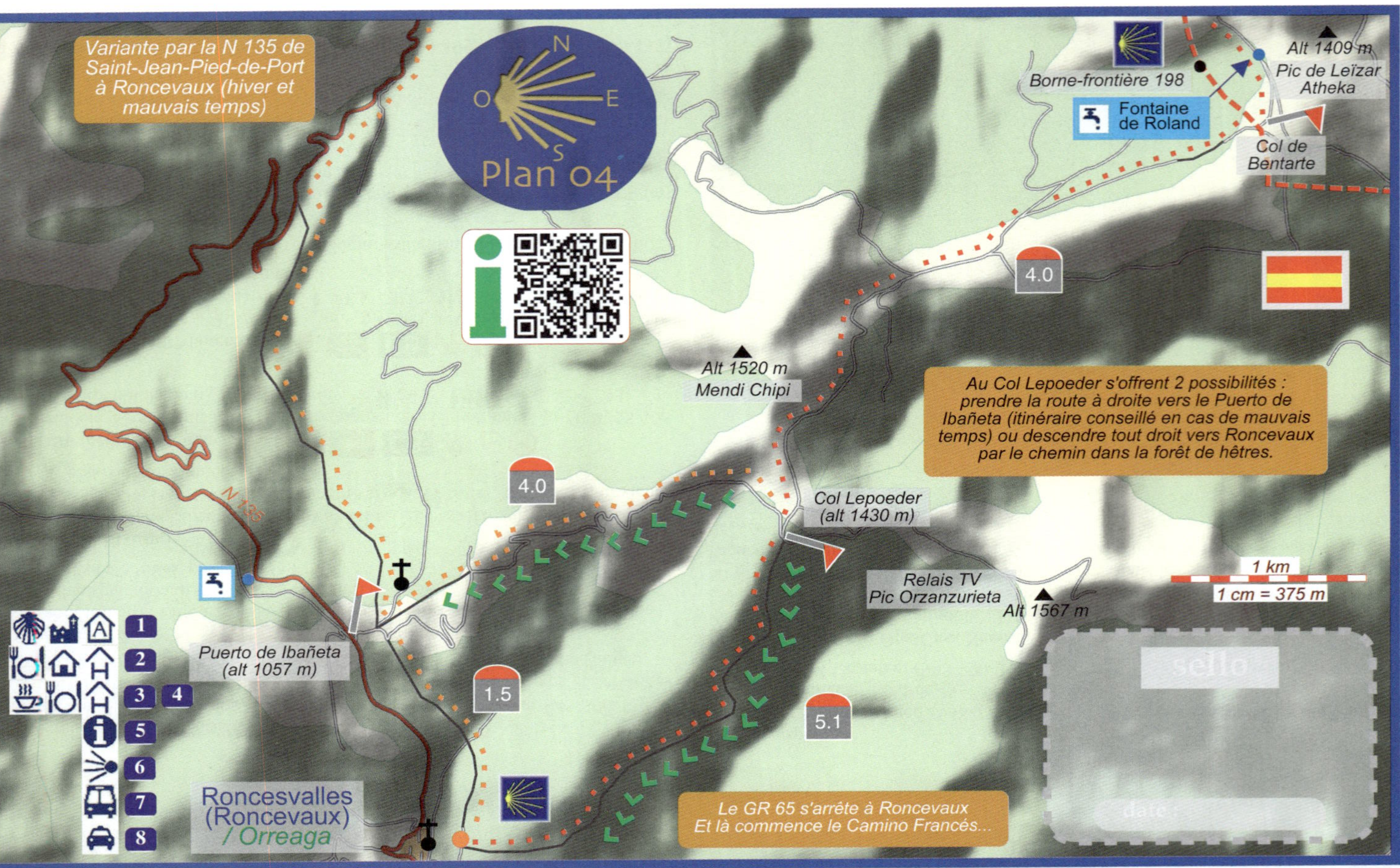
Variante par la N 135 de Saint-Jean-Pied-de-Port à Roncevaux (hiver et mauvais temps)
N
O
E
S
Plan 04
Borne-frontière 198
Fontaine de Roland
Alt 1409 m
Pic de Leïzar Atheka
Col de Bentarte
4.0
Alt 1520 m
Mendi Chipi
Au Col Lepoeder s'offrent 2 possibilités : prendre la route à droite vers le Puerto de Ibañeta (itinéraire conseillé en cas de mauvais temps) ou descendre tout droit vers Roncevaux par le chemin dans la forêt de hêtres.
4.0
N 135
Col Lepoeder (alt 1430 m)
Relais TV
Pic Orzanzurieta
Alt 1567 m
1 km
1 cm = 375 m
1
2
3
4
5
6
7
8
Puerto de Ibañeta (alt 1057 m)
1.5
5.1
sello
Roncesvalles (Roncevaux) / Orreaga
Le GR 65 s'arrête à Roncevaux
Et là commence le Camino Francés...

Plan 04

1 Albergue de la Colegiata Real-Oficina del Peregrino @
Accueil religieux, calle Francia sn, 31650 Roncesvalles (948-760-000 ✉ info@alberguederoncesvalles.com www.alberguederoncesvalles.com) priorité pèlerins à pied, 183 pl en 2 dortoirs (18 pl BS, 300 en été si affluence), 10 €, , loc draps, pas de couvertures, LL & SL, ouv 14h, ferm 22h, départ 8h // accueil pèlerins, information et délivrance crédencial
- Messe et bénédiction du pèlerin 20h, sam, dim et fêtes 18h

2
Casa de Beneficiados** @ -Hotel Roncesvalles (Posada del Camino)
Helena Arrostegui, calle Francia sn, 31650 Roncesvalles (948-760-105 Casa ✉ info@casadebeneficiados.com www.casadebeneficiados.com) apparts 2-6 pers dans anciennes demeures des chanoines, 55 à 66 €, 66 à 77 €, 134 €, DP 58 € à partir de 2 pers, // Hotel (✉ info@hotelroncesvalles.com www.hotelroncesvalles.com) 16 ch, mêmes tarifs // 5.50 à 10 €, LL, poss taxi, consigne bagages et , parfois prix pèlerin suivant saison, fermé déc à mi-mars

3 Hostal-Restaurante-Bar Casa Sabina**
Helena Arrostegui, calle Francia sn, 31650 Roncesvalles (948-760-012 ✉ casasabina@gmail.com www.casasabina.es) 4 ch, 40 à 45 €, 49.50 à 56 €, 3.50 €, 14 à 17 €, 9 € avant ou après la messe résa dès votre arrivée, poss taxi, fermé déc à mi-jan

4 Hostal-Restaurante-Bar Posada de Roncesvalles @
calle Francia sn, 31650 Roncesvalles (✉ posada@laposadaderoncesvalles.com 948-760-225 www.laposadaderoncesvalles.com) 20 ch, 55 €, 65 €, 100 €, 6.60 €, 17.60 €, 10 € avant ou après la messe résa dès votre arrivée, poss transport bagages, fermé déc à mi-jan

5 Office de Tourisme
Antiguo Molino, calle Francia, 31650 Roncesvalles
(948-760-301 ✉ oit.roncesvalles@navarra.es www.turismo.navarra.es)
ouv dim matin, BS ouv ven, sam, dim, et ponts, ouv autres festivos sauf Noël, Nouvel An, Epiphanie

6 Musée de Roncesvalles
calle Francia sn (948-790-480 ✉ auriaorreaga@gmail.com) visite avec guide 2.70 à 4.30 €, ouv 10h à 14h 1er mars au 8 déc, 10h30 à 14h30 9 déc au 28 fév, HS 15h30 à 19h, BS 15h à 18h, fermé jan et mer BS

7 Bus : ligne reliant Pampelune à Roncesvalles 7/7 en saison, départs à 10h, 14h et 17h30 en été, renseignements à l'Office de tourisme et Compagnie Artieda

8 Taxis associados (948-553-065 & 617-463-865 ✉ info@taxi-estella.com www.taxi-estella.com) transport personnes et bagages de Roncevaux à Logroño, poss parking (à Estella) durant votre marche et transfert taxi à l'arrivée jusqu'à votre véhicule (en Navarre)

Plan 05
N
O
E
S
Roncevaux
Alt 952 m
sello
date :
2.7
N 135
Río Urrobi
Burguete / Auritz
1...5
6
7
8
9
10
11
12
13
3.7
Alt 888 m
14
15
16
17
18
19
20
21
Espinal / Aurizberri
Puerto de Espinal
Alto de Mesquiriz
Alt 992 m
Alt 931 m
Alt 951 m
Alt 872 m
1.9
à l'entrée et à la sortie du village
N 135
Camping Urrobi
22
1 km
1 cm = 375 m

Plan 05

1 Casa rural Casa Bergara**
Dominica Granada Larramendi, calle San Nicolás, 31640 Burguete (948-760-044 ✉ casabergara@hotmail.com) 4 ch, 35 €, 45 €, ouv tte l'année

2 Casa rural Casa Pedroarena**
María Pilar Apezteguia-Bravo, calle Berexi 6, 31640 Burguete (948-760-164 & 948-130-889 & 680-879-679 ✉ ruralpili@gmail.com www.casapedroarena.com) 6 ch, 38 €, 3.50 €, LL, fermé Noël et Nouvel An

3 Casa rural Iturri Aldea*
Catarina Pedroarena Etuláin, avenida Roncesvalles 35, 31640 Burguete (948-760-243 & 679-209-036 ✉ casaruraliturrialdea@yahoo.es www.iturrialdea.com) 4 ch, 25 €, 30 €, 4 € à partir de 7h, résa souhaitée BS, fermé jan à mars

4 Casa rural Casa Loigorri*
calle San Nicolás 27, 31640 Burguete (948-760-016 ✉ casaloigorri@yahoo.es) 2 ch (*devrait rouvrir au printemps 2015*)

5 Casa Juandeaburre* Ana-Rosa Serna Aspeleta, calle San Nicolás 28, 31640 Burguete (948-760-078) 4 ch, 17 €, 27 €, 4 €, LL, ouv jul-aou

6 Hotel***-Restaurante Loizú CB @
Familia Loizú, calle San Nicolás 13, 31640 Burguete (✉ reservas@loizu.com 948-760-008 www.loizu.com) 27 ch, 46 à 56.70 €, 58.50 à 76.50 €, 72 à 95 €, offert, 10 à 17.50 €, ouv mi-mars à mi-déc

7 Hostal**-Restaurante-Bar Burguete CB
Iñaki Urdiróz, calle San Nicolás 71, 31640 Burguete (✉ info@hotelburguete.com 948-760-005 www.hotelburguete.com) 20 ch, 33.50 €, 49.50 €, supp 20 €, 4.50 €, 15 €, ouv mi-mars à fin déc

8 Restaurante-Casa rural Txiki Polit** CB
Moises Eseverry, avenida Roncesvalles 42, 31640 Burguete (✉ meseverril@yahoo.es 948-760-019 & 687-502-340 www.txikipolit.es) 3 ch, 30 €, 15 à 20 €, resto fermé dim soir et lun, ouv festivos

9 CB
Casa Don Jáuregui de Burguete**-Panadería-Cafetería La Borda
Anna Catarineu, calle San Nicolás 32, 31640 Burguete (✉ annacatari@hotmail.com 948-760-031 www.donjaureguideburguete.com) 7 ch, 35 €, 50 €, 3 €, // poss à partir de 8h HS, 13 à 15 €, cafeteria fermée dim soir et lun sauf ponts

10 Restaurante Aritza, Kanaeleburua 6, 11 à 29 €, BS fermé mer et soirs sauf ven et sam, poss taxi

11 Taberna Iribarren, calle Roncesvalles 23, 9 à 14 €, ouv 8h, HS fermé mer sauf aou

12 Bar del Fronton, fermé lun

13 Ravitaillement :
Tienda de alimentación Denda Berri, calle San Nicolás, ouv à partir de 7h, fermé dim tte la journée et mar après-midi tte l'année, HS ouv dim matin *(à l'entrée du village)*

14 CB @
Hostal**-Albergue-Restaurante Haizea, Barrio Santiago sn, 31694 Espinal (948-760-379 ✉ hostalhaizea@hotmail.com www.hostalhaizea.com) Albergue, 38 pl en 3 dortoirs, nuit 12 € // 12 ch, 45 €, 60 €, 3.50 €, 10.50 à 19 €, fermé 15 jours nov

15 Albergue Irugoienea CB @
Angel, Oihanilun 2, 31164 Espinal (✉ info@irugoienea.com www.irugoienea.com 649-412-487) (poss résa, HS résa conseillée), Albergue, 21 pl en 2 dortoirs, nuit 10 €, ouv Rameaux à oct // 3 ch, 40 €, 50 €, , ouv tte l'année // 3.50 €, (soir sur résa) 10.50 €, sandwiches, poss loc draps, LL, Roncevaux

16 Casa rural Casa Errebesena-Oihan-Eder**
Milagros Saragüeta, calle San Bartolomé 25, 31694 Espinal (948-760-141 & 690-644-696 ✉ errebesena@yahoo.es www.casaerrebesena.com) 8 ch, 22 €, 30 €, 3 € à partir de 6h30, 12 € servi à 19h30, LL, poss transport de bagages, fermé Noël au 15 mars *(le chemin passe devant la Casa Errebesena)*

17 Casas rurales Cristobalena*et Gertxada*
Ana Villanueva, 31694 Espinal (✉ gertxadabasajaun@yahoo.es 948-760-261 & 609-176-321 www.gertxada.com) 7 ch, 20 €, 30 €, 45 €, 60 €, 11 €, 3 €, , LL, ouv tte l'année *(Gertxada : à l'entrée du village, quand on arrive par le chemin, prendre la rue parallèle à la rue principale. Un panneau indique la maison - Cristobalena : en arrivant, derrière la fontaine)*

Suite données Espinal page suivante .../...

N
O
E
S
Plan 06
9
Linzoáin
/ Lintzoain
Paso de Roldán
Alt 834 m
4.6
NA 2532
5.1
Biskarreta-
Gerendáin
/ Viscarret
1 .. 4
5
6
7
8
Mesquíritz
/ Meskiritz
Alt 711 m
N 135
Erro
/ Erroibar
10
Alt 801 m
Puerto de Erro
3.7
1 km
1 cm = 375 m
sello

... / ... Suite données Espinal plan 05

18 Apartamentos turisticos Casa Irati
calle San Bartolomé 80, 31694 Espinal (info@apartamentosirati.com 948-760-225 & 628-271-155 www.apartamentosirati.com) 3 appartements 2 à 6 pers, 60 €, 100 €, 140 €, , LL, Roncevaux et poss taxi

19 Bar-Restaurante Ederrena, calle San Bartolomé 29, 10 à 15 €, fermé mar et BS

20 Panadería-Tienda Okindegia Erburu, ouv à partir de 8h30

21 Taxi Francisco Igoa (649-725-951) 8 pl, transport personnes, bagages et vélos de Saint-Jean-Pied-de-Port à Pampelune

22 Camping Urrobi Cat-2 -Albergue @
carretera Pamplona-Valcarlos km 42, 31694 Espinal (info@campingurrobi.com 948-760-200 www.campingurrobi.com) 400 pl, poss résa // albergue 38 pl en dortoirs 4-10 pers, nuit 11.50 €, tente 15 € // bungalow, BS 60 €, 85 à 95 €, // 12 à 20 €, sandwiches, dépannage-ravitaillement, LL & SL, piscine en été, resto-bar, ouv Rameaux à Toussaint *(de Burguete, il faut poursuivre environ 2 km sur la route. Le lendemain, on continue 1 km sur la route et on retrouve le chemin à Espinal)*

Plan 06

1 Casa rural Posada Nueva** CB
Cristina Eciolaza Ochoa, calle San Pedro 28, 31695 Viscarret (948-760-173 & 699-131-433 infoposadanueva@laposadanueva.net www.laposadanueva.net) 8 ch, 15 à 25 €, 30 à 45 €, 4 €, 12 €, poss loc draps, LL & SL, ouv avr à nov *(sur le chemin)*

2 Pensión Corazón Puro
István, calle San Pedro 19, 31695 Viscarret (corazonpuro@corazonpuro.es 948-392-113 & 646-104-303 www.corazonpuro.es) 5 ch, DP 36 €, LL, ouv avr à oct

3 Casas rurales Casa Adi, Lastur et Rey
María Asunción Calvo, 31695 Viscarret (679-270-519 & 948-790-421 reservas@adilastur.com www.adilastur.com) 10 ch, 20 €, 24 à 30 €, 4 €, 10 € (soir sur résa), 5 €, LL, ouv tte l'année *(1ère maison en arrivant à Viscarret)*

4 Casa rural Batit
Carmen Calvo, calle San Pedro 48, 31695 Viscarret (carmenbiska@hotmail.es 616-068-347) 3 ch, 20 €, 24 à 28 €, 24 €, 2 €, 10 € (soir sur résa), 5 €, LL & SL, ouv tte l'année

5 Casa rural Maitetxu
Ruth, 31695 Viscarret (669-755-563 & 948-760-175 ruth@casamaitetxu.com www.casamaitetxu.com) 5 ch, 30 €, 55 à 65 € (inclus), ouv tte l'année

6 Bar Dendona , 7 à 12 €, ouv tte l'année *(à l'entrée du village)*

7 Bar Juan, , sandwiches, plats chauds, ouv 8h, fermé dim après-midi

8 La Tiendica de Viscarret, ouv tte l'année *(à la sortie du village)*

9 Bar de socios, horaires variables

10 Taxi Ernaga (609-436-226) 8 pl

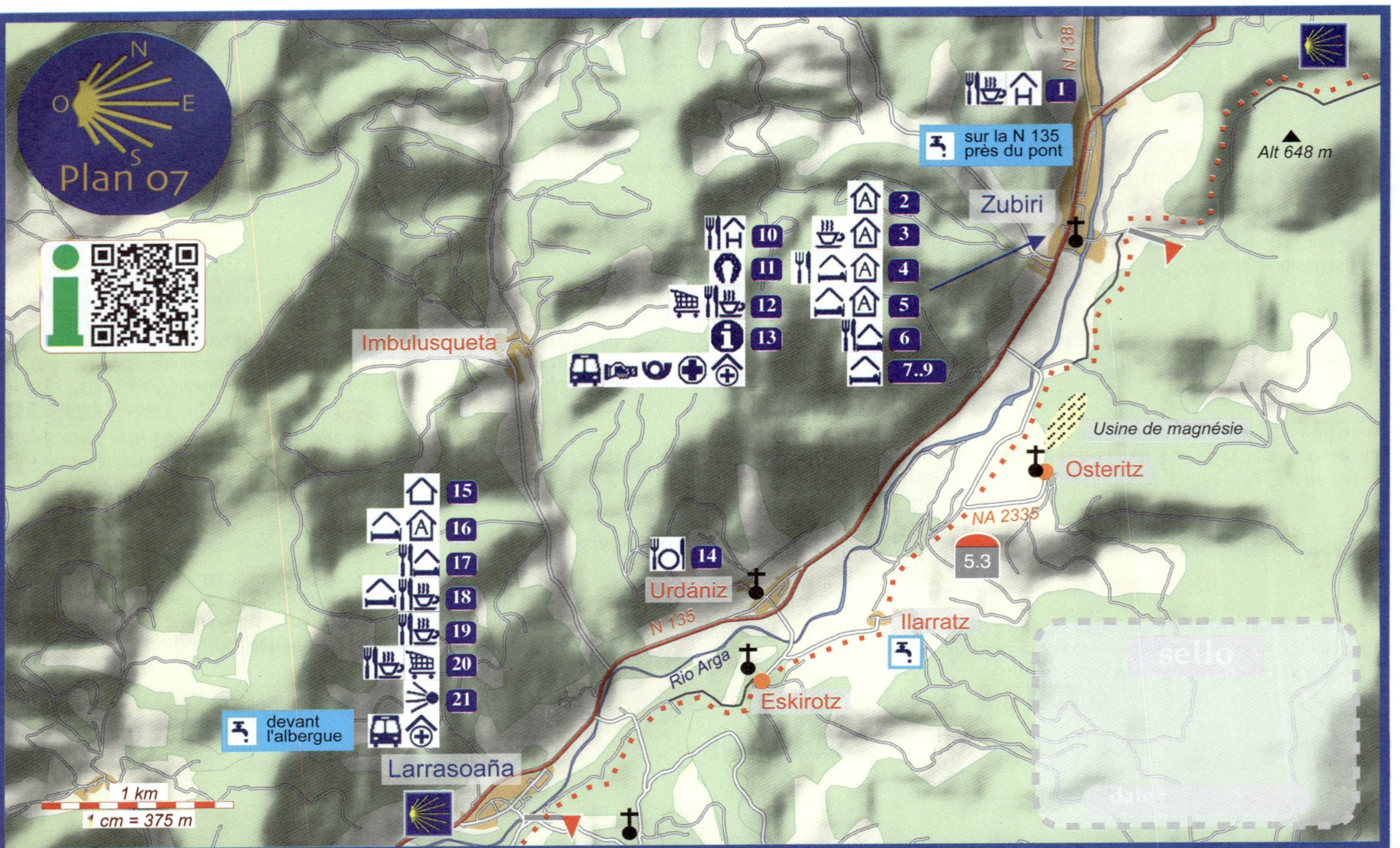

Plan 07
N
E
S
O
N 138
1
sur la N 135
près du pont
Alt 648 m
Zubiri
2
3
4
5
6
7..9
10
11
12
13
Imbulusqueta
Usine de magnésie
Osteritz
NA 2335
5.3
15
16
17
18
19
20
21
14
Urdániz
N 135
Ilarratz
Rio Arga
Eskirotz
devant
l'albergue
Larrasoaña
1 km
1 cm = 375 m
sello
date :

Plan 07

1 Hostal-Bar-Restaurante Gau Txori CB
Ignacio, avenida de Roncesvalles, km 21, 31630 Zubiri (948-304-076 ✉ info@hostalgautxori.com www.hostalgautxori.com) 7 ch, 38 € 54 €, 76 €, 7 €, 13 à 20 €, piscine, fermé Noël et Nouvel An *(croisement N 135 et N 138, direction Saigos-Urtasun)*

2 Albergue municipale @ Marí Carmen, Antiguas Escuelas, avenida Zubiri, 31630 Zubiri (628-324-186) priorité marcheurs, 70 pl en 3 dortoirs, 8 €, , ouv 12h à 22h, fermé Toussaint à avr

3 Albergue privée Zaldiko-Bar @ María Eugenia y Oscar, puente de la Rabia 1, 31630 Zubiri (609-736-420 ✉ alberguezaldico@telefonica.net www.alberguezaldiko.com) poss résa, 24 pl en dortoir, 10 €, , 10 €, poss loc draps, LL & SL, nov à fév ouv uniquement sur résa pour groupes

4 CB @
Albergue** turistico privée El Palo de Avellano
Itziar, avenida de Roncesvalles 16, 31630 Zubiri (666-499-175 & 948-304-770 ✉ info@elpalodeavellano.com www.elpalodeavellano.com) poss résa, 57 pl en dortoirs 8-12 pers, 16 à 18 € (inclus), loc draps // 3 ch, 46 €, 58 €, 84 € (inclus) // 12 €, LL & SL, ouv 12h-13h à 22h, départ 9h, ouv mars à nov, BS résa nécessaire et poss prix groupes

5 Albergue privée Rio Arga i Baia
Santiago Olleta, puente de la Rabia, 31630 Zubiri (www.alberguezaldiko.com 680-104-471 ✉ hrioarga@gmail.com http://alberguerioarga.blogspot.com) poss résa, 12 pl en ch de 4, 15 €, 2 ch, 40 à 50 €, , LL & SL, ouv mars à nov

6 Pensión Amets
José y Rosa, calle Gerestegi 25, 31630 Zubiri (✉ pensionamets@gmail.com 948-304-308) 4 ch, 30 à 35 €, 40 €, 5 €, 12 €, poss baignade été, BS résa nécessaire, fermé nov à fév *(1ère rue à droite après le pont)*

7 Pensión* Zubiri-Zubiaren Etxea
camino de Santiago 2, 31630 Zubiri (948-304-293 ✉ zubiarenetxea@hotmail.es) 4 ch, 35 à 45 €, 76 €, 5 €, LL, ouv tte l'année, BS résa souhaitée

8 Pensión* Benta Berri Maria Jesus, avenida de Roncesvalles 10 (4e étage à gauche), 31630 Zubiri (636-134-781 & 948-304-376 ✉ bentaberri@hotmail.com) 4 ch, 32 à 35 €, , ouv mai à oct

9 Pensión* Usoa
puente de la Rabia 4, 31630 Zubiri (✉ pensionusoa@hotmail.com 948-304-306 & 628-058-048) 5 ch, 24 €, 32 à 36 €, , LL, ouv tte l'année

10 Hostería** de Zubiri
avenida de Roncesvalles 6, 31630 Zubiri (948-304-329 ✉ info@hosteriadezubiri.com www.hosteriadezubiri.com) 19 ch, 66 à 68 €, 81 à 85 € (inclus), 19 € (dîner uniquement pour les clients de l'hôtel), chiens (7 €, prévenir), ouv avr à oct

11 Roberto Eugui puente de la Rabia (948-304-014) pré, 10 €, prévenir

12 4 bars, et 3 Tiendas de alimentación

13 Office de tourisme (948-304-797 ✉ turismo@esteribar.org) gymnase, ouv été

14 Restaurante* El Molino, Urdániz (948-304-109) 27 à 77 €, fermé lun toute la journée, et dim, mar et mer le soir (sauf festivos), fermé 2 semaines nov *(800 m avant d'arriver au village, au km 15 sur la N 135 après Zubiri)*

15 Refugio municipal @
Xabier, 31698 Larrasoaña, réservé aux pèlerins à pied, 56 pl en dortoir, nuit 6 €, , ouv 13h30, 15h BS, ferm 19h30, départ 7h45, fermé 10 déc au 10 jan et fête du village 1er week-end sep, pas de chauffage

16 Albergue turistico Hostel Bide Ederra
Jose y Cristina, calle San Nicolás, 27 bajo (gauche), 31698 Larrasoaña (948-304-692 & 667-406-554 ✉ info@hostelbideederra.com www.hostelbideederra.com) 4 pl, nuit 16 €, 1 ch, 40 € (et draps inclus), , LL & SL, ouv mars à oct

17 Pensión Tau
Maria Izaskun, calle Errota 18, 31698 Larrasoaña (948-304-720 & 699-237-459 ✉ pensiontau@live.com www.pensiontau.com) 3 ch, 55 €, 75 €, 100 € (inclus, servi à tte heure), 11 €, ouv tte l'année, BS résa nécessaire

18 Pensión Cafe Bar Casa Sangalo*
Señor Sangalo, calle Portalcelay 12 (Antigua San Nicolás), 31698 Larrasoaña (948-304-250 & 699-789-160 ✉ info@casasangalo.net www.casasangalo.net) 3 ch, 50 à 60 € (inclus), 12 €, ouv avr à sep 6h à 22h

Suite données Larrasoaña plan suivant.../...

sello
date :
N
O
E
S
Plan o8
Alt 500 m
Akerreta
à côté de l'église
1
N 135
3.7
Olave
Alt 495 m
Zuriáin
2
Monte Echulaga
Alt 851 m
Ilurdoz
Anchóriz
Rio Arga
NA 2339
Sorauren
2.2
Monte Elordi
Alt 735 m
3
Irotz
1 km
1 cm = 375 m

.../... Suite données Larrasoaña

19 Taberna Perutxena (948-304-024) 12 €, sandwiches, fermé soir mars et oct, ouv 10h à 22h avr à sep, fermé nov à fév

20 Tienda-Bar Amari Denda calle Sorandi 2, sandwiches, plats chauds, ouv tte l'année 7h ou 8h à 19h ou 20h selon saison

21 Museo del Camino, ouv en saison 16h à 20h, gratuit (souvenirs du chemin de l'ancien maire de Larrasoaña, passionné du Camino)

Plan 08

1 CB @
Hôtel Akerreta** (Posada del Camino)
José Marí y Juli, calle Transfiguración 11, Akerreta, 31698 Larrasoaña (948-304-572 reservas@hotelakerreta.com www.hotelakerreta.com) 11 ch, 57.50 à 65 €, 79 €, 105 € (inclus), soir 19 € (repas bio, resto réservé aux clients de l'hôtel), blanchisserie, ouv 19 mars au 10 déc

2 Albergue-Bar privés La Parada de Zuriáin
Antonio y Maria José, calle Landa 8, 31699 Zuriáin (699-556-741 & 616-038-685 laparadadezuriain@yahoo.es) 7 pl, 9 €, 3 € // 4 ch, 20 €, 30 à 50 €, (inclus) // sandwiches, 9 €, LL & SL, ouv début mars à oct, sauf groupes sur résa

3 Bar-Pizzeria El Horno de Irotz
calle San Pedro, , sandwiches, plats chauds et pizzas, ouv avr à oct à partir de 8h (6h30 en été), produits du jardin

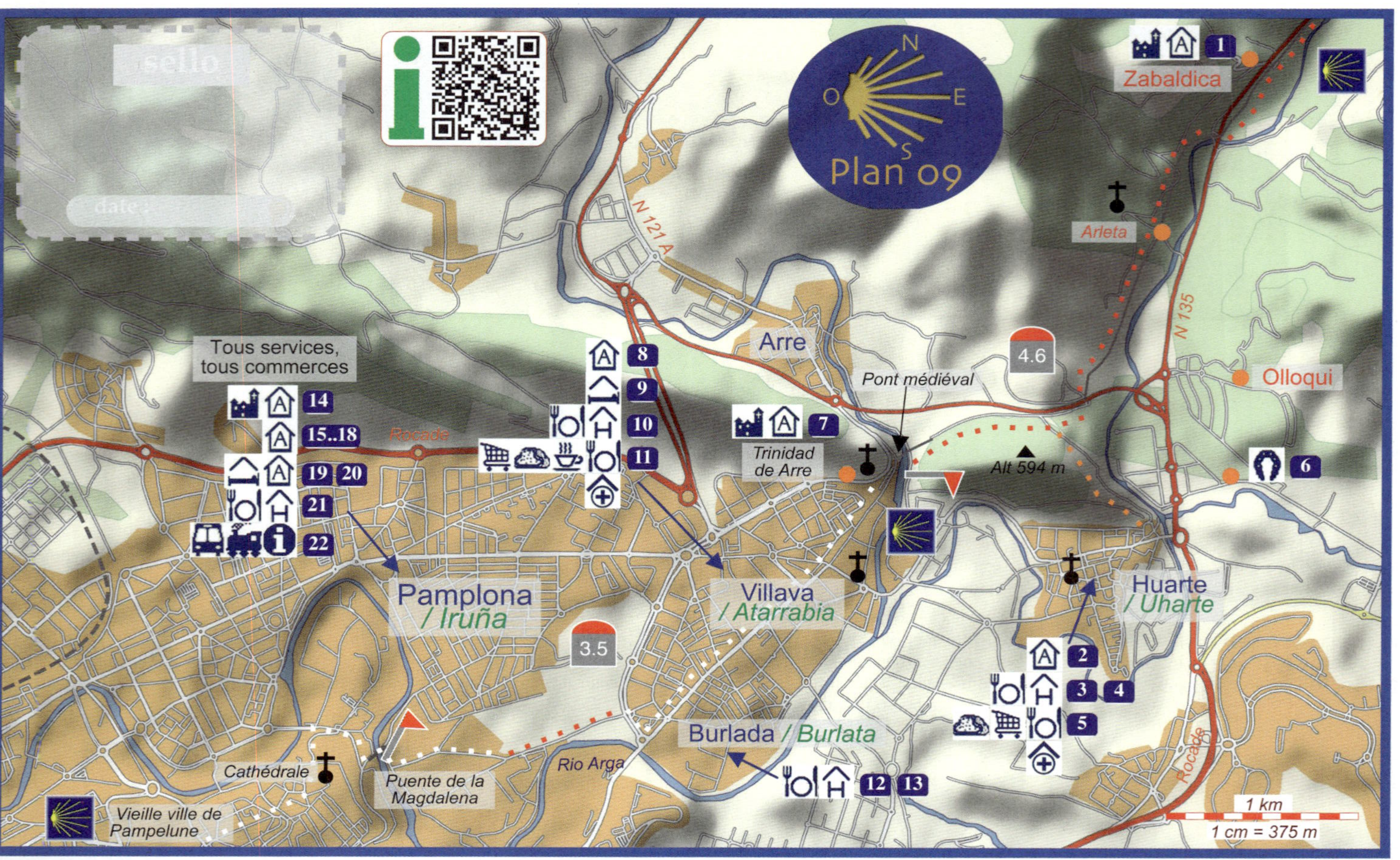
sello
date :
Plan 09
N
E
S
O
Zabaldica
1
Arleta
N 135
Olloqui
6
4.6
Alt 594 m
Pont médiéval
Arre
N 121 A
7
Trinidad de Arre
Huarte / Uharte
2
3
4
5
Villava / Atarrabia
8
9
10
11
Tous services, tous commerces
14
15..18
19
20
21
22
Rocade
Pamplona / Iruña
3.5
Burlada / Burlata
12
13
Rio Arga
Puente de la Magdalena
Cathédrale
Vieille ville de Pampelune
1 km
1 cm = 375 m

Plan 09

1 Albergue parroquial de Zabaldica
Religieuses du Sacré Coeur de Jésus, calle San Esteban de Arriba 8, 31699 Zabaldica (948-330-918 zabaldica@rscj.org) 18 pl en 3 dortoirs, (19h30)+nuit+ donativo, , ouv 13h, ferm 22h, ouv mi-avr à mi-oct
- Messe à 18h30, prière oecuménique à 20h30 *(dans le village, près de l'église)*

2 Albergue municipale de Huarte @ *(infos 2014)*
plaza San Juan 1, 31620 Huarte (albergue@huarte.es www.huarte.es) 60 pl en 5 dortoirs, 10 €, , LL & SL, ouv 13h, ferm 22h, ouv tte l'année *(après l'aire de pique-nique, suivre la variante le long du río jusqu'à Huarte)*

3 Hotel*-Cafetería Don Carlos CB @
Dorraburu sn, 31620 Huarte (infohotel@hdoncarlos.com www.hdoncarlos.com 948-330-077) 30 ch, 53 à 66 €, 63 à 75 €, offres pèlerins en saison, 10 à 12.50 €, blanchisserie, spa, réception 24/24, ouv tte l'année

4 Hotel* Iriguibel CB @
Intxaurdia 4, 31620 Huarte (hoteliriguibel@hoteliriguibel.com 948-361-190 www.hoteliriguibel.com) 37 ch, 45 €, 45 à 75 €, 55 à 85 €, 5 €, 5 à 12 €, cafetería, blanchisserie, fermé Noël et Nouvel An

5 Nombreux bars, restaurants et commerces

6 Centro Hípico Óscar Lorente camino Urbi sn, 31620 Huarte (948-331-436) (box avec nourriture ou pré suivant disponibilité) prévenir, 10 € par animal

7 Albergue Cofradia de la Trinidad de Arre
Accueil chrétien, 31610 Arre (948-332-941) 34 pl en dortoirs 3-20 pers, nuit 8 €, , LL & SL, ouv 11h, BS 15h30 à 20h, départ 8h30, ouv tte l'année
- benédiction des pèlerins le matin

8 Albergue municipal turístico de Villava
Maiteder et Teresa, Fundación Gaztelan, calle Pedro de Atarrabia 17-19 trasera, 31610 Villava (info@alberguedevillava.com www.alberguedevillava.com 948-517-731 & 649-713-943) poss résa, 48 pl en 5 dortoirs, 9 €, 2 €, , LL & SL, piscine à proximité, ouv 13h, ferm 21h, ouv tte l'année

9 Pensión Arkano Etxea
Raúl et Benjamín, Grupo Martiket 6, 31610 Villava (696-597-140 & 690-920-257 ezam1970@hotmail.com www.arkano.es) 3 ch, 25 €, 50 €, 75 € (inclus), LL & SL, piscine, ouv tte l'année *(à côté de l'albergue)*

10 Hotel***-Restaurante Villava CB @
avenida Pamplona sn, 31610 Villava (948-333-676 recep@hotelvillava.com www.hotelvillava.com) 62 ch, 45 €, 50 €, 6.50 €, 13 €, blanchisserie, fermé vacances Noël jusqu'au 20 jan

11 Nombreux bars, restaurants et commerces, calle Mayor et calle Fermín Tirapu

12 Hotel**-Restaurante Burlada CB
La Fuente 2, 31600 Burlada (948-131-300 www.hotelburlada.es) 48 ch, 30 €, 36 € suivant saison et disponibilité, 5 €, 9 €, fermé vacances Noël *(à l'entrée du chemin dans Pampelune)*

13 Hotel**-Restaurante Casa Jacinto CB @ Polígono Mugazuri C-11, 31600 Burlada (info@hcasajacinto.com 948-143-290 & 948-140-209 www.hcasajacinto.com) 22 ch, 41 €, 49 €, 63 €, 2 à 5.50 €, 10.50 à 25 €, hôtel ouv tte l'année sur résa, resto fermé vacances Noël, dim et fêtes

14 Albergue Jesus y María @
Association ASPACE (personnes déficientes mentales), calle Compañia 4, 31000 Pamplona (948-222-644 & 648-008-932 jesusymaria@aspacenavarra.org) priorité pèlerins à pied, 112 pl en dortoirs, 8 €, , LL & SL, poss résa BS, ouv 13h, ferm 22h, fermé 23 déc au 10 jan et 5 au 15 jul

15 Albergue associative Casa Paderborn
Amis du Camino de Paderborn, playa de Caparroso 6, 31001 Pamplona (660-631-656 & 948-211-712 www.jakobusfreunde-paderborn.eu) 26 pl en ch 4-6 pers, 6 €, 2.50 €, LL & SL, ouv 12h, ferm 22h, ouv mars à Toussaint *(après le pont de la Magdalena, 200 m à gauche)*

16 Albergue turistico Aloha Hostel CB @
Hugo et Guillermo, calle Sangüesa 2, 31001 Pamplona (948-153-367 & 648-289-403 info@alohahostel.es www.alohahostel.es) poss résa, 26 pl ch 4-10 pers, 15 à 18 € (+draps inclus), , LL & SL, ouv 9h, ferm 22 ou 23h, ferm 15 jrs jan

17 Hostel Ciudadela 7 @
Almudena et Vanessa, calle Ciudadela 7, 1er ét., 31001 Pamplona (616-786-479 info@hostelciudadela7.com www. hostelciudadela7.com) 24 pl en ch 4-6 pers, 16 €, 3 €, , LL & SL, ouv 11h30 à 19h BS ou 23h HS, ouv tte l'année

Suite données Pamplona page suivante…/…

Sello
date :
N
O
E
S
Plan 10
Pamplona
/ Iruña
Vieille ville de
Pampelune
Citadelle
Baranain
5.0
Rio Arga
Autoroute A 15
Rio Elorz
NA 6000
Rocade
6
1
2
3
4
5
N 1110
Cizur Mayor
Cizur Minor
dans le
jardin public
Autoroute A 12
NA 6000
6.9
1 km
1 cm = 375 m

.../... Suite données Pamplona

18 Albergue turístico Casa Ibarrola
Iñaki et César, calle del Carmen 31, 31001 Pamplona (948-223-332 & 692-208-463 info@casaibarrola.com www.casaibarrola.com) poss résa, 20 pl en "capsules" ou "lit-nid", 18 € (+draps inclus), , LL & SL, ouv 12h, ferm 23h, ouv tte l'année

19 Hostel Hemingway CB @
calle Amaya 26 1°gauche, 31004 Pamplona (info@hostelhemingway.com 948-983-884 www.hostelhemingway.com) 30 pl en ch 2-7 pers, 15 à 22 € (inclus), 13 à 17 € (lun à jeu), , LL & SL, réception 8h à minuit, ouv tte l'année

20 Albergue Xarma-Hostel Aterpea CB @
Pedro y Ainhoa, avenida Baja Navarra 23, 31001 Pamplona (948-046-449 & 658-843-820 xarmahostel@gmail.com www.xarmahostel.com) poss résa, 18 pl en 4 ch, 15 à 16 € // 2 ch, 31 à 33 €, 40 à 42 € // (+draps inclus), , LL & SL, ouv 8h, ferm 23h, fermé Noël et Nouvel An

21 CB @
Hotel****-Restaurante Maisonnave-Posada del Camino
calle Nueva 20, 31000 Pamplona (948-222-600 informacion@hotelmaisonnave.es www.hotelmaisonnave.es.) 147 ch, 69 €, 79 €, 106 €, 11 €, 21 à 27 €, blanchisserie, ouv tte l'année 24/24, resto fermé dim soir

22 Office du tourisme municipal et de Navarre, calle San Saturnino 2, plaza Consistorial (oit.pamplona@navarra.es oficinaturismo@pamplona.es 948-420-700 & 848-420-420 www.turismo.navarra.es www.turismodepamplona.es) HS ouv tous les jours10h à 20h, BS ouv 10h à 14h du jeu au dim, ouv festivos, sauf Noël, Nouvel An et Epiphanie

Plan 10

1 Albergue Encomienda de San Juan
Ordre de Malte, 31190 Cesur Menor, priorité pèlerins à pied, 27 pl en dortoir, 4 €, , ouv 12h, ferm 21h30, ouv fin avr à fin sep *(à côté de l'église)*

2 Albergue privée Familia Roncal @
Maribel Roncal, paseo de Lurbeltzeta 1, 31190 Cesur Menor (948-183-885 & 670-323-271 maribelroncal@jacobeo.net www.elalberguedemaribel.com) poss résa, 51 pl en dortoir, 10 €, , , LL & SL, loc draps, ouv 12h, hiver 14h, ferm 20h, départ 8h30, fermé nov, enfants de -7 ans refusés

3 plusieurs bars et restaurants

4 Restaurante-Bar-Tienda La Parrillada, plaza Baltzarran 2, 11 €, dépôt de pain, ouv à partir de 7h30 en été, dîner à partir de 19h en été, fermé Noël et Nouvel An

5 Cafetería-Panadería Tahona, Lurbelzeta kalea 4, ouv 7/7 7h à 15h et 18h à 21h

6 Hotel***-Restaurante Casa Azcona CB
avenida Belascoáin 24, 31180 Cesur Mayor (info@hotelcasaazcona.com 948-287-662 www.hotelcasaazcona.com) 21 ch, 45 à 58 €, 50 à 70 €, 70 €, 85.50 €, 8 €, 17.50 à 25 €

sello
Plan 11
N
E
S
O
A 12
Guenduláin
Galar
NA 6004
Esparza
de Galar
Astráin
Undiano
NA 1110
NA 6005
1
2
3
Zariquiegui
à côté de
l'église
Alt 673 m
Alto del Perdón
NA 6056
2.4
1 km
1 cm = 375 m

Plan 11

1 Casa rural Carpintero**

Fernando Otermín, calle Iturrutxes 5, 31190 Astráin (948-353-228 & 606-725-152 ✉ etxeacarpintero@telefonica.net www.casakarpintero.com) 8 ch, 40 €, 50 € (inclus), 10 €, LL & SL, éventuellement sur le chemin (à 8 km max, résa nécessaire) *(à Guendulain, continuer sur la route qui traverse le village, rejoindre la N 1110, la suivre jusqu'à Astráin. Le lendemain continuer le long de la N 1110 sur 2 km et prendre à gauche au Puerto del Perdón (Alto del Perdón) la petite route des crêtes qui rejoint le camino)*

2 Bar Ricardo, avenida Nuestra Señora del Perdon 12 (948-353-010) 5 à 10 €, sandwiches, ouv 9h, fermé aou

3 @

Albergue privée touristique-Restaurant-Bar-Panaderia-Tienda Posada de Ardogi

Belén Cristobál, calle San Andrés 16, 31190 Zariquiegui (948-353-353 & 679-230-614 ✉ reservas@laposadadeardogi.com www.laposadadeardogui.com) poss résa, 28 pl en 2 dortoirs, 9.50 €, , 11 à 20 €, 3 €, poss loc draps, LL & SL, piano, ouv 13h été (bar 7h30 été, 9h hiver), 14h hiver, ferm 22h, départ 9h, fermé déc et jan

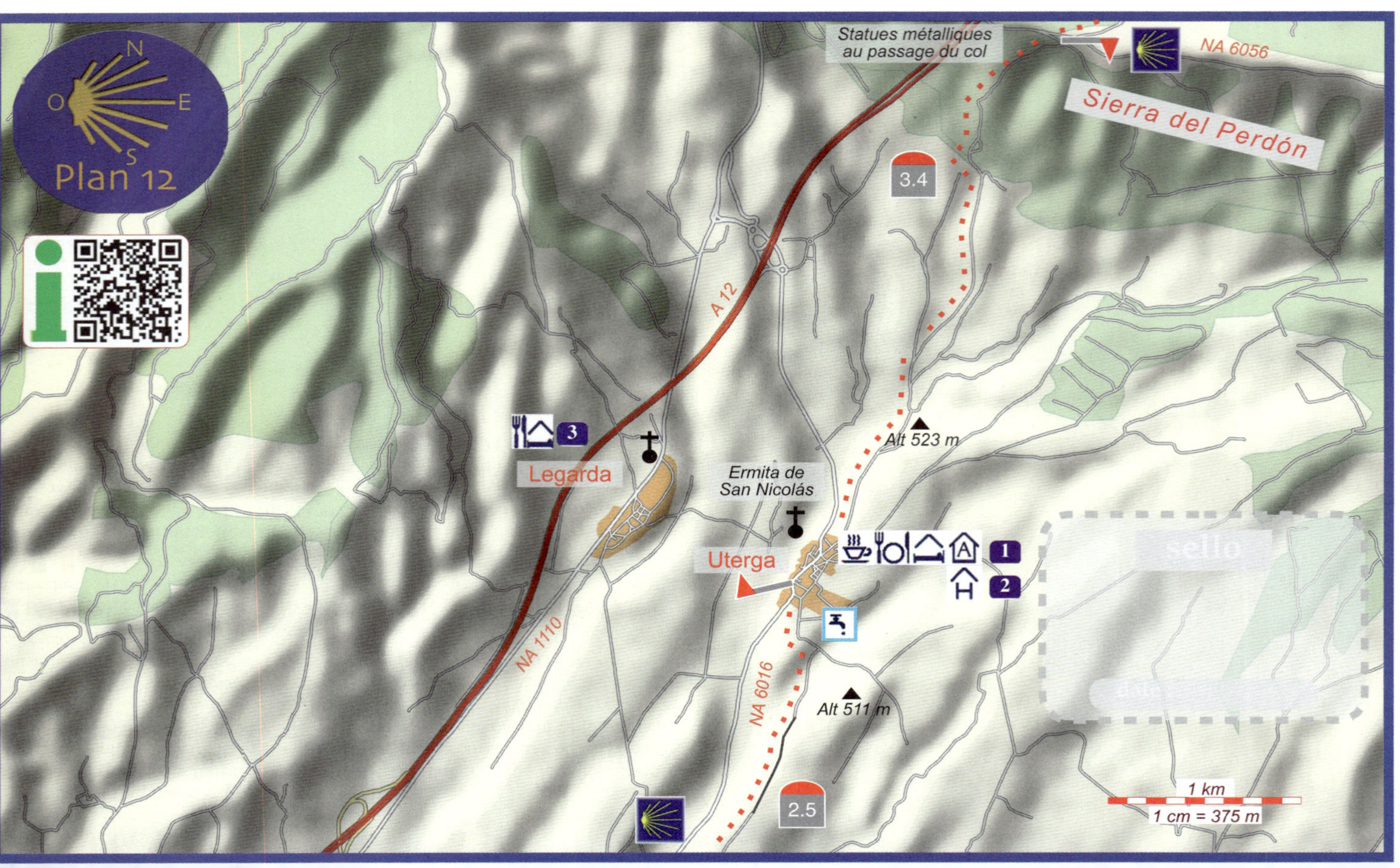
Plan 12
N
O
E
S
Statues métalliques au passage du col
NA 6056
Sierra del Perdón
3.4
A 12
Alt 523 m
3
Legarda
Ermita de San Nicolás
1
2
Uterga
NA 1110
NA 6016
Alt 511 m
2.5
sello
1 km
1 cm = 375 m

Plan 12

1 Albergue-Restaurante-Bar Camino del Perdon* CB @
Ana Calvo, calle Mayor 57, 31133 Uterga (www.caminodelperdon.es 948-344-661 & 948-344-598) 16 pl en dortoir, 10 € // 3 ch, poss résa, 50 €, 70 € // 12 €, sandwiches, à partir de 8h30, LL & SL, ouv 8h30, ferm 22h, fermé Toussaint à mars et San Fermín (2 jours en jul)

2 Hostal Camino del Perdon CB
Ana Calvo, 31133 Uterga (948-344-598 www.caminodelperdon.es) 5 ch, 50 à 70 €, renseignements à l'albergue-bar (pavé 1 ci-dessus) à 300 m

3 Casa rural El Rincón de Sophie CB @
Marimar Villamor, calle Santa Agueda 24, 31133 Legarda (636-611-227 & 679-054-526 admin@elrincondesophie.com www.elrincondesophie.com) 4 ch, 29 à 35 €, 45 à 60 €, 3.50 €, 9 € (soir), LL & SL

Ferdinand, l'âne-pèlerin, a dit une fois en Rioja...

« Un ivrogne, mon bwana est un ivrogne. Heureusement que je sais maintenant reconnaître les marques jaunes du sentier. Si vous aviez vu dans quel état il est sorti d'une cave cet après-midi...

Monsieur passe son pèlerinage à boire du pinard, et il m'engueule quand je broute un bocadillo au bord du chemin. Il n'a fait que bafouiller, babiller, éructer, chantonner durant deux lieues.

Toutes les cinq minutes, grand seigneur, il s'écroulait sur le bord du chemin et m'octroyait quelques minutes de broutaison, mais en réalité, c'était pour se dessaouler. Il n'arrivait même plus à reconnaître le pied qu'il faut mettre devant quand on marche, du pied qu'il faut laisser derrière... Quelle honte ai-je de marcher auprès d'un pareil individu !

Sans compter que nous sommes trois maintenant. Ne voilà-t-il pas qu'il s'est entiché depuis deux jours d'une créature à l'accent étrange, qui porte un sac à dos aussi lourd que mon barda. Quand elle l'aura bien enjôlé, je suis certain qu'il va lui proposer de me caser tout le fourniment sur le dos, histoire de lui roucouler une sérénade de galanterie... »

Jacques Clouteau et son petit âne Ferdinand
« Il est un beau chemin semé d'épines et d'étoiles »
Album couleur 24 X 30 cm
352 pages et 1.000 photos-couleurs
Avec chaque jour le mot de l'âne...
- Références en bibliographie -

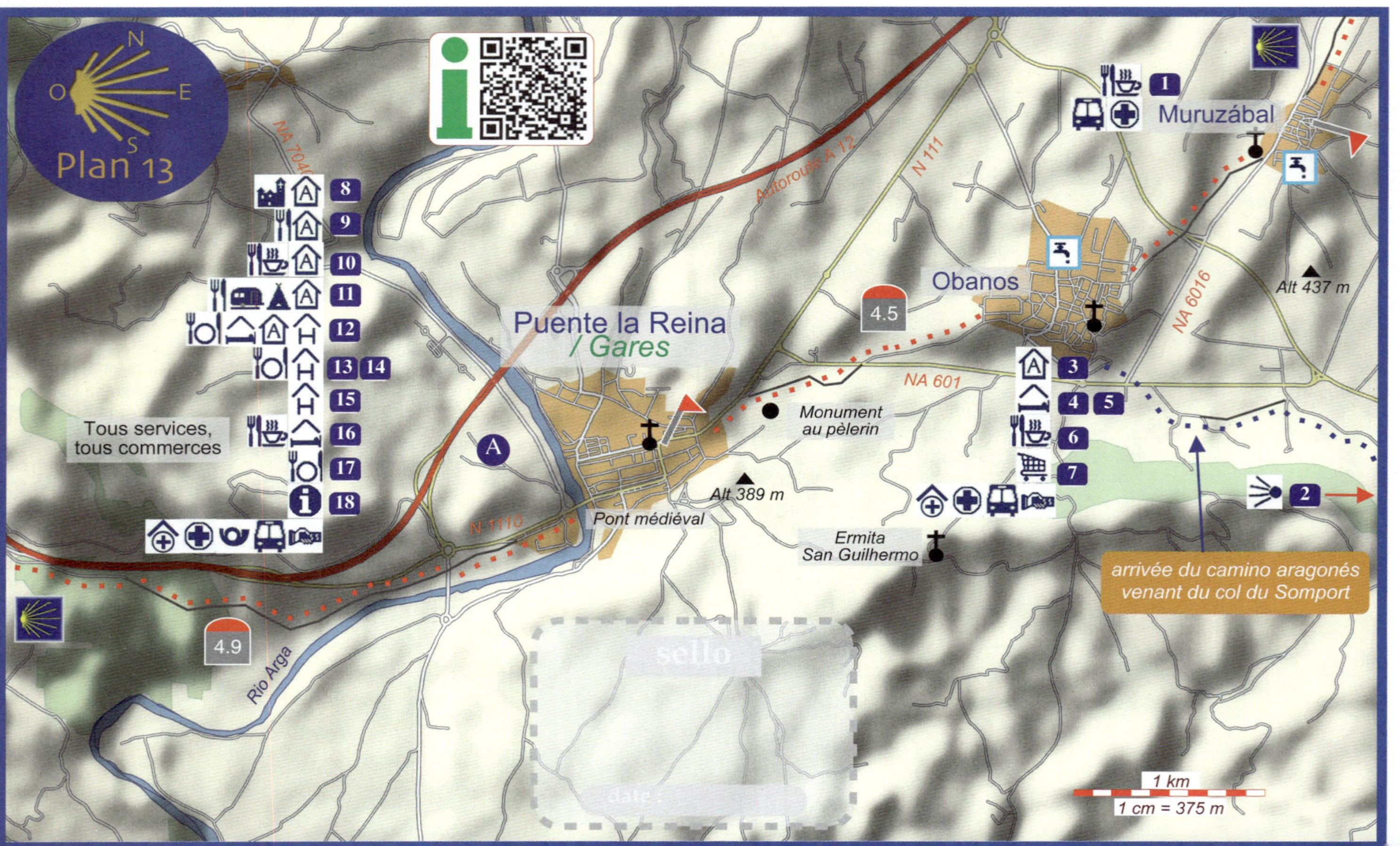

Plan 13
N
E
S
O
Muruzábal
1
2
Alt 437 m
NA 6016
Obanos
3
4
5
6
7
4.5
N 111
NA 601
Autoroute A 12
Puente la Reina
/ Gares
Monument
au pèlerin
Alt 389 m
Pont médiéval
Ermita
San Guilhermo
arrivée du camino aragonés
venant du col du Somport
NA 7040
8
9
10
11
12
13
14
15
16
17
18
Tous services,
tous commerces
A
N 1110
4.9
Rio Arga
sello
date :
1 km
1 cm = 375 m

1 Bar Los Nogales, San Roque 13, sandwiches, 10 €, fermé festivos

2 Ermita Nuestra-Señora de Eunate, ouv 10h30 à 13h30 ou 14h et 16h à 18h ou 19h30 suivant saison, fermé lun et déc *(de Muruzabal, suivre fléchage sur 2.5 km)*

3 Albergue privée Usda
Juan, calle San Lorenzo 6, 31151 Óbanos (676-560-927) 36 pl en dortoirs de 6-20 pers, 8 €, 3 €, LL & SL, ouv 13h30, ferm 22h, ouv 1er avr à mi-oct

4 Casa rural Raichu*** Señora Raichu, calle Larrotagaña 2A, 31151 Óbanos (ruralraichu@wanadoo.es 948-344-285 & 686-679-415 www.casaraichu.com) 5 ch, 30 à 45 €, , LL, ouv tte l'année

5 Hostal rural Mamerto
calle San Lorenzo 13, 31151 Óbanos (obanos10@yahoo.com 948-344-344 & 649-139-611) 9 ch, 27 €, 45 €, 60 €, , LL, ouv tte l'année

6 Bars et restaurants :
- Restaurante Ibarberoa, calle San Salvador sn, 9.50 à 10.50 € en semaine, carte le week-end, fermé 3 semaines oct, fermé soir sauf ven et sam et été
- Bar-Restaurante El Centro San Guillermo, 10 à 12 €, ouv 9h
- Bar-Restaurant Gazolaz, calle Infanzones 31, plats chauds, sandwiches, ouv 7h

7 Tienda José Mari, dépôt de pain, ouv 7h30 à 13h30 et 17h30 à 20h, 17h à 19h BS, sam et dim ouv matin seulement, fermé Noël et Nouvel An

8 Albergue de los Padres Reparadores @
Accueil chrétien, Comunidad de los RR PP Reparadores, calle Crucifijo 1, 31100 Puente la Reina (948-340-050) 100 pl en dortoir, 5 €, , LL & SL, en hiver clés au Collegio en face église du Crucifijo, ouv 12h, ferm 20h, départ 8h30, ouv tte l'année *(à l'entrée du village)*
- En été, prière et messe souvent proposées à l'église du Crucifijo *(à côté)* à 19h

9 Albergue privée Puente
Susana et Agustín, Paseo de Los Fueros 57, 31100 Puente la Reina (948-341-052 & 661-705-642 albergue@alberguepuente.com www.alberguepuente.com) 30 pl en dortoirs 4 à 10 pers, 12 € // 4 ch, 34 € (inclus), , 9.50 €, LL & SL, ouv 15 mars au 15 nov, BS sur résa pour groupes

10 Albergue touristique privée Amalur-Bar Very @ Charo, calle Cerco Viejo 3, 31100 Puente la Reina (info@albergueamalur.com 948-341-090 & 696-241-175 www.albergueamalur.com) 20 pl en dortoirs 8 et 12 pers, 10 € // 4 ch, 34 €, 2 €, 9 à 12 €, LL, ouv 11h, ferm 23h30, ouv tte l'année

11 Albergue privée Santiago Apostol-Camping El Real @
José Luis, carretera de Artazú, 31100 Puente la Reina (948-340-220 www.alberguesantiagoapostol.com alberguesantiagoapostol@hotmail.com) 100 pl en dortoirs 10-60 pers, 10 à 12.50 €, tente 14 €, bungalow 4-6 pers 60 à 90 €, LL & SL, piscine en été, ouv 12h, ferm 22h, ouv avr à Toussaint *(en projet, bungalows 35 à 50 €)* // Bar-Restaurant, 3.50 €, 10 €, sandwiches *(à la sortie du village, 350 m après le pont, au point A)*

12 CB @ Hotel***-Restaurante-Albergue Jakue Posada del Camino, Irunbidea, 31100 Puente la Reina (hotel@jakue.com 948-341-017 www.jakue.com) Albergue, 30 pl en dortoir, 12 € // 11 ch, 40 €, , loc draps, LL & SL, albergue en sous-sol hôtel (pas de fenêtres), ouv 12h, ferm 22h30, départ 9h30 // Hôtel, 28 ch, 45 à 50 €, 62 à 65 €, supp 12 € // Cabane dans arbre 120 € // 4 à 8 €, 13 à 23 €, ouv tte l'année

13 Hotel**-Restaurante Bidean CB calle Mayor 20, 31100 Puente la Reina (info@bidean.com www.bidean.com 948-341-156 & 948-340-457) 20 ch, 62 à 65 €, 69 à 85 €, 5 €, 10 €, fermé 15 déc au 15 fév

14 Hostal Bar Plaza Calle Mayor 52, 31100 Puente la Reina (948-340-145 info@barrestaurantelaplaza.es www.barrestaurantelaplaza.es) 8 ch, 30 €, 42 à 50 €, supp 20 €, , 9.50 €, fermé 9 déc à fin jan

15 Hotel* rural El Cerco CB
Ana, Alfonso y Julio, calle Don Rodrigo Ximenez de Rada 36, 31100 Puente la Reina (info@elcerco.es 948-341-269 & 682-494-332 www.elcerco.es) 10 ch, 45 à 50 €, 65 à 75 €, supp 20 €, 6 €, fermé 10 déc au 15 mars

16 Apartamento Ganbara-Vinothèque El Rincón de Baco
Cristina, calle Mayor 86, 31100 Puente la Reina (618-455-880 & 679-295-808 apartamento@artesaniaganbara.com www.artesaniaganbara.com) résa nécessaire, 25 €, 40 €, 60 €, 120 € (inclus), , LL, ouv tte l'année

17 Nombreux bars et restaurants

18 Office de Tourisme, casa del Vinculo, calle Puente de los Peregrinos 1 (948-341-301 turismo@puentelareina-gares.es www.puentelareina-gares.es) fermé dim après-midi et lun, HS ouv mar au sam 10h à 14h et 16h à 19h, BS mar au sam 10h à 17h, sam, dim et festivos 11h à 14h

N
O
E
S
Plan 14
Alt 752 m
Mañezo
Allóz
10
NA 7171
Aqueduc
5.6
Pont médiéval
Pont Romain
Alt 455 m
Ermita de Urbe
Rio Salado
Autoroute A 12
Cirauqui
Alt 481 m
N 1110
2.7
plaza del Ayuntamiento
5
6..8
9
Mañeru
1
2
3
4
à l'entrée du village
Monte Hermoso
Alt 712 m
1 km
1 cm = 375 m

Plan 14

1 Albergue privée Lurgorri @
Koldo Nuñez, calle Esperanza 5, 31130 Mañeru (686-521-174
✉ alberguelurgorri@gmail.com) 12 pl en dortoir, 10 €, 10 € (à 19h), , ouv 14h30, ferm 22h, départ 8h, ouv avr à oct

2 Bar-Restaurante El Centro, plaza San Pedro,

3 Alimentación Yolanda, Concepción 1, dépôt de pain, ouv matin jusqu'à 15h

4 Boucherie-Epicerie

5 Albergue privée Maralotx
Ainhoa Marquiegui, plaza Grande 4, 31131 Cirauqui (678-635-208) poss résa, 28 pl en dortoir, 11 € // 2 ch, 42 € // soir 10 €, ouv 13h, ferm 22h, départ 8h, fermé Toussaint au 1er mars

6 Bar Iturizar, 10 €, sandwiches, plats chauds, fermé mer après-midi

7 Bar-Restaurante Los Cazadores, 11 €, ouv week-end à midi, fermé semaine *(près de la route nationale)*

8 Bar Los Jubilados, ouv après-midi

9 Ravitaillement :
- Panadería-Tienda Ega Pan, Carros 11, sandwiches, ouv 7h45, ouv 7/7, hiver fermé l'après-midi
- Tienda-Panadería-Cafetería El Portal, ouv 7h45 à 14h et 18h à 20h
- Supermercado Teofilo

10 Monasterio cisterciense Santa María de José
Allóz, 31292 Lorca (948-541-467 & 948-541-472
✉ hospederia@monasteriodealloz.org www.monasteriodealloz.org) résa nécessaire (au plus tard la veille), 11 ch, DP 35 €, monastère réservé aux pèlerins désirant faire une étape de silence et de prière *(au pont médiéval sur le rio Salcdo, suivre la petite route à droite sur 2 km. Le lendemain, on peut prendre la petite route passant par Lácar (plan 15) et retrouver le camino un peu au-delà de Lorca)*
- Vêpres 18h30, complies 20h30, messe 7h30 en semaine

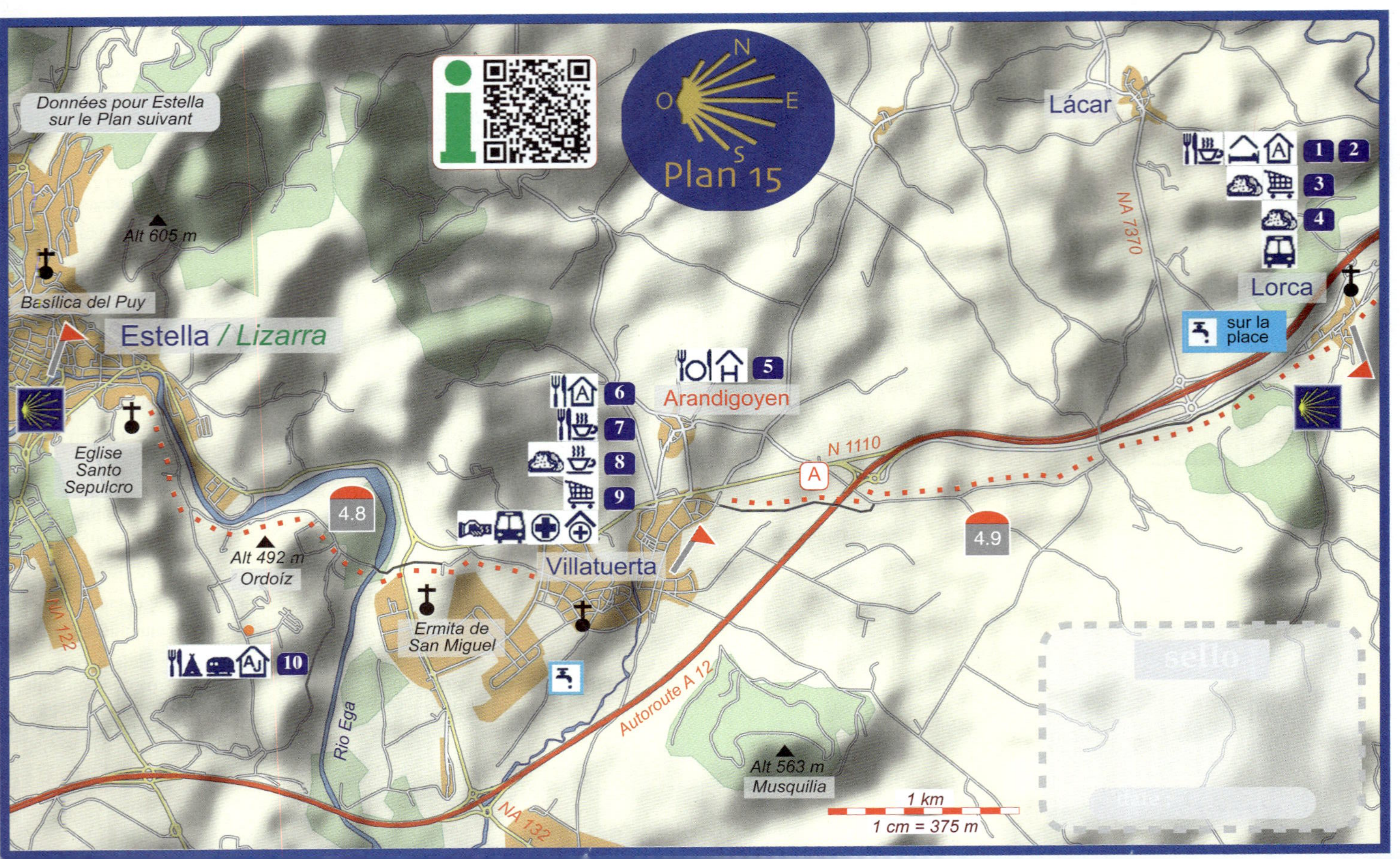

Plan 15
N
E
S
O
Données pour Estella
sur le Plan suivant
Alt 605 m
Basílica del Puy
Estella / Lizarra
Eglise
Santo
Sepulcro
4.8
Alt 492 m
Ordoíz
10
Rio Ega
Ermita de
San Miguel
Villatuerta
6
7
8
9
5
Arandigoyen
N 1110
A
4.9
Autoroute A 12
NA 122
NA 132
Alt 563 m
Musquilia
1 km
1 cm = 375 m
Lácar
NA 7370
1
2
3
4
Lorca
sur la
place
sello

Plan 15

1 Albergue-Bar-Restaurante Bodega del Camino @
Marisol, calle Placeta 8, 31292 Lorca (948-541-162 & 948-541-327 & 608-830-611 ✉ info@labodegadelcamino.com www.labodegadelcamino.com) poss résa, 30 pl en 7 dortoirs, 8 à 10 €, loc draps-serviettes // 3 ch, 20 à 40 € // 3 € à partir de 6h, 10 €, , LL & SL, ouv Rameaux à Toussaint

2 Albergue privée de Lorca-Bar @
José Ramón Echeverria, calle Mayor 40, 31292 Lorca (✉ txerra26@mixmail.com 948-541-190) poss résa, 13 pl en ch 4 pers, 7 € // 1 ch 20 € // , LL & SL // Bar, 3 €, du soir 10 €, ferm 23h, ouv Rameaux à Toussaint

3 Tienda Izcue, dépôt de pain, ouv 8h à 13h et 17h30 à 20h ou 21h (été), fermé dim après-midi BS *(à la sortie du village)*

4 Panadería Lacár, place de l'église, ouv à partir de 5h30

5 Hostal rural-Restaurante Arandigoyen CB
José et Merce, calle Nueva 1, Arandigoyen, 31132 Villatuerta (948-541-438 ✉ hostalruralarandigoyen@gmail.com www.hostalruralarandigoyen.com) 8 ch, 25 €, 40 €, 60 € (inclus), 10 à 15 €, LL & SL, Villatuerta, ouv tte l'année *(environ 1 km avant Villatuerta, quand le camino arrive à la nationale (repère A du Plan), la traverser, prendre une petite route à droite sur 200 m, puis la 1ère à gauche sur 400 m)*

6 Albergue privée La Casa Magica CB
Miguel et Simone (pèlerins), calle Rebote 5, 31132 Villatuerta (948-536-095 www.casamagica.eu) poss résa, 40 pl en dortoirs 5-6 pers, 12 € // 1 ch, 50 à 70 € // , 13 € (soir, paëlla végétarienne), , LL & SL, poss massages, ouv mars à oct

7 Bars-Restaurants :
- Lara, carretera Pamplona, 8.50 € midi seulement, fermé 1er au 15 aou
- Restaurante Bienvenida, Poligono San Miguel, calle Los Tilos 7-9, 10 à 20 €
- Bar de los Jubilados, calle Rebote, 11 €
- Bar-Restaurant de la Piscine, ouv tte l'année

8 Panadería-Cafetería Marta, San Gines 1, ouv à partir de 7h30, fermé mer HS

9 Ravitaillement :
- Supermercado Loli *(près de l'église)*
- Tienda Cruchaga, rua Vieja 12, ouv festivos

10 Camping Lizarra CB @
Ordoíz sn, 31200 Estella (✉ info@campinglizarra.com www.campinglizarra.com 948-551-733) 300 pl en dortoirs 18 pers (plutôt pour groupes), 9.80 €, DP 20 € // 250 pl, tente 16 €, bungalow 4-5 pers 50 à 98 € (sauf aou), LL, dépannage-ravitaillement et piscine en été, fermé Noël // Restaurant, 6 à 12 €, sandwiches // fermé 10 déc à début mars *(prendre à gauche 1 km après le rio Ega)*

L'âne Pompon fleuri

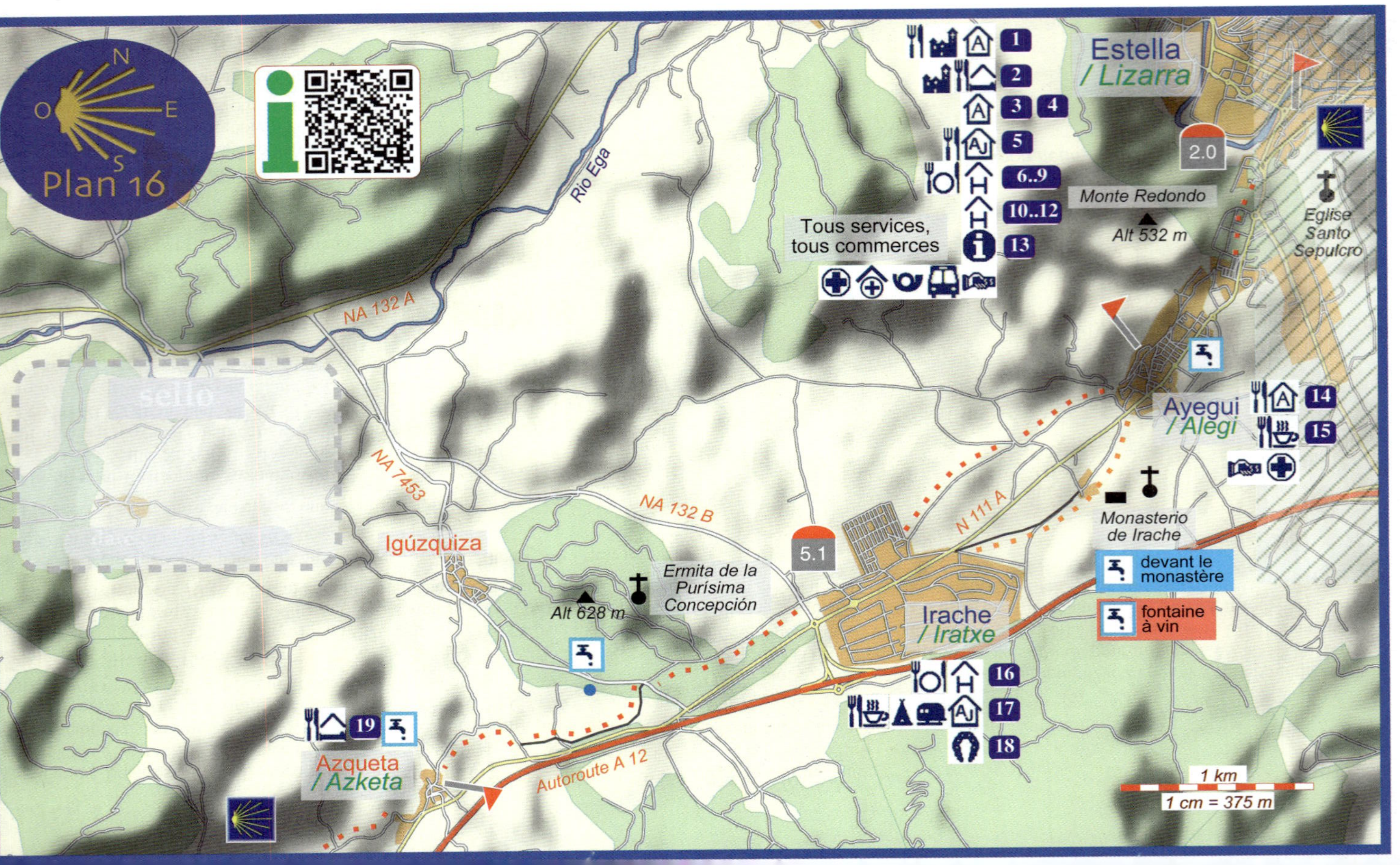Plan 16
N
E
S
O
Estella
/ Lizarra
1
2
3
4
5
6..9
10..12
13
Tous services,
tous commerces
2.0
Monte Redondo
Alt 532 m
Eglise
Santo
Sepulcro
Rio Ega
NA 132 A
NA 7453
NA 132 B
N 111 A
Ayegui
/ Alegi
14
15
Monasterio
de Irache
devant le
monastère
fontaine
à vin
5.1
Irache
/ Iratxe
16
17
18
Igúzquiza
Ermita de la
Purísima
Concepción
Alt 628 m
19
Azqueta
/ Azketa
Autoroute A 12
1 km
1 cm = 375 m
sello

Plan 16

1 Albergue paroissiale San Miguel Accueil chrétien, calle del Mercado Viejo, 31200 Estella, 30 pl en 2 dortoirs, nuit+ + donativo, ouv 12h, ferm 22h, ouv Rameaux à nov - Messe église San Miguel et bénédiction des pèlerins 19h

2 Hospederia Monastère San Benito *(à côté de la basilique du Puy)* Accueil chrétien, calle Abarzusa, 31200 Estella (www.monasteriosanbenitoestella.com 948-550-882 contacta@monasteriosanbenitoestella.com) 15 ch, DP 35 €, pèlerines ou couples uniquement, prévenir, ouv 9h30 à 18h30 - vêpres et messe 19h (dim messe 11h), laudes 8h30, complies 21h30

3 Albergue municipale @ Amigos del Camino de Santiago de Estella, calle de la Rúa 50, 31200 Estella (948-550-200) priorité pèlerins à pied, 96 pl en 5 dortoirs, 6 € (draps inclus), , LL & SL, ouv 11h30 HS, 14h BS, ferm 22h, départ 8h, fermé mi-déc à mi-jan

4 Albergue associative ANFAS @ Ass. navarraise pour les personnes handicapées mentales, calle Cordeleros 7 b, 31200 Estella (948-554-551 & 639-011-688 albergue@anfasnavarra.org www.anfasnavarra.org) poss résa la veille, 34 pl en dortoir, 7 €, , LL & SL, ouv 13h à 22h, ouv mai à sep

5 Albergue Juvenil Oncineda @ calle Monasterio de Irache sn, 31200 Estella (albergueoncineda@escur.com www.albergueestella.com 948-553-954 & 948-555-022) poss résa, 30 ch 2-8 pers, 10 à 14 €, 5 €, 10 € sur résa, 1 €, LL & SL, loc draps-serviettes, poss loc , ouv 24/24, ouv 19 mars à fin nov, BS, ouv pour groupes sur résa *(à la sortie du centre historique, prendre à droite la rue Monasterio de Irache avant la station-service)*

6 CB @ Hotel****-Restaurante Tximista-Posada del Camino calle Zaldu 15, 31200 Estella (948-555-870 info@hoteltximista.com www.hoteltximista.com) 29 ch, 72 €, 74 à 90 €, 11 €, 15 €, LL & SL, fermé vacances Noël

7 Hotel**-Restaurante Yerri CB @ avenida Yerri 35, 31200 Estella (hotelyerri@hotelyerri.es www.hotelyerri.es 948-546-034) 28 ch, 48 €, 70 €, 87 € (inclus), 12 € (soir), LL & SL, fermé dim HS, Noël et Nouvel An

8 Hostal-Restaurante-Bar El Volante CB @ travesia Merkatondoa 2, 31200 Estella (hostalelvolante@gmail.com www.hostalelvolante.com 948-553-957) 11 ch, 30 à 50 €, 52 à 62 €, 60 à 72 €, 70 à 82 €, 5 €, 12 à 20 € *(à la sortie de Estella)*

9 Bar-Fonda Izarra CB caldereria 20 (948-550-678 & 695-371-120 barizarra@hotmail.com) 4 ch, 12 à 20 €, 30 €, 12 à 16 €, LL & SL, resto fermé mer BS, fonda ouv tte l'année BS sur résa

10 Hotel**** Chapitel CB calle Chapitel 1 (948-551-090 contacto@hospederiachapitel.com www.hospederiachapitel.com) 14 ch, 60 €, 70 € (suivant dispo), supp 30 €, 8 €, fermé période Noël

11 Hostal-Residencia Cristina calle Baja Navarra 1, 1er étage, 31200 Estella (948-550-450) 13 ch, 38 €, 45 €, 60 €, ouv tte l'année

12 Fonda* San Andrés CB pl. Santiago 58-1, 31200 Estella (948-554-158) 16 ch, 20 à 32 €, 32 à 42 €, 50 €, 60 €, LL & SL, fermé hiver

13 Office de Tourisme, calle San Nicolás 4 (948-556-301 oit.estella@navarra.es www.turismotierraestella.com) fermé Noël, Nouvel An, Epiphanie

14 Albergue municipale San Cipriano @ Francisco Tobez, 31240 Ayegui (948-554-311) poss résa, 60 pl en 3 dortoirs, 8 €, , 9 €, , LL & SL, ouv 13h, ferm 22h, départ 8h, ouv tte l'année (poss d'obtenir l'Ayeguina, certificat pour avoir fait les 100 premiers km du chemin à partir de Saint-Jean-Pied-de-Port (pour les pèlerins dormant sur place))

15 3 bars, plats chauds

16 Hotel-Restaurante-Cafetería Lurgorri*** CB @ avenida Prado de Irache 7, 31240 Ayegui (948-558-286 & 630-073-814 info@hotellurgorri.com www.hotellurgorri.com) poss résa, 31 ch, 55 €, supp 20 €, 3 €, piscine en été, blanchisserie // Cafetería, 11 €, fermé vacances Noël

17 Camping Irache @ avenida Prado de Irache 14, 31240 Ayegui (info@campingiratxe.com 948-555-555 www.campingiratxe.com) poss résa, 32 ch 2-4 pers, 21.50 à 34 €, tente 19 à 28 €, bungalows 4-6 pers 60 à 95 €, (bungalows), sandwiches, dépannage-ravitaillement, loc draps, LL & SL, piscine // Restaurant-Bar, 11 à 15 €, fermé vacances Noël *(à la sortie d'Estella, à côté du chemin et du monastère de Irache)*

18 Hipica Lau Mendi Irache (606-980-454) 22 à 25 € par animal

19 Bed & Breakfast La Perla Negra Helena, calle Carrera, 31241 Azqueta (laperlanegra67@gmail.com 627-114-797) poss résa, 7 pl en 3 ch, DP 23 à 25 €, ouv tte l'année *(7 pl supp en projet pour 2015)*

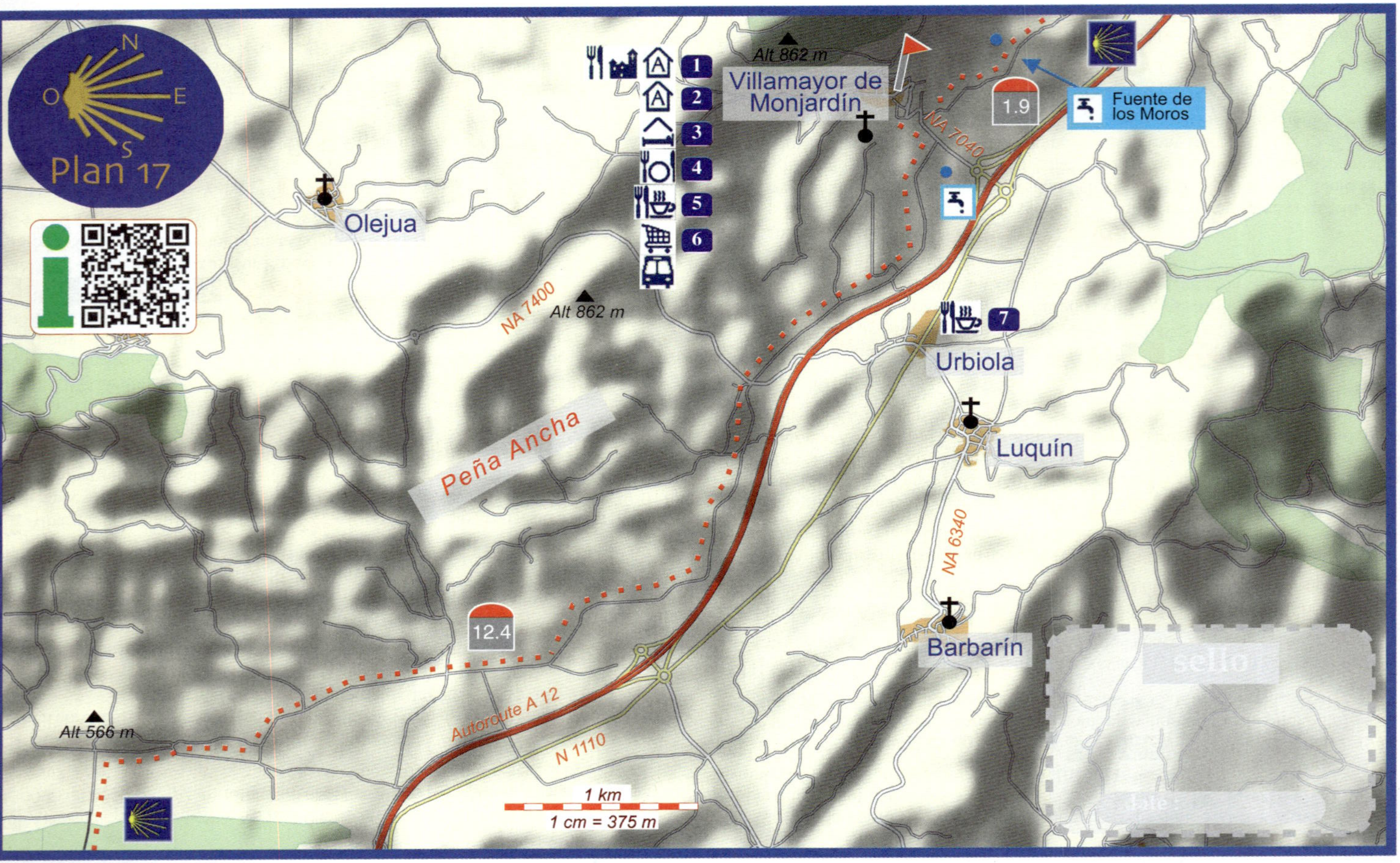

Plan 17
N
E
S
O
Villamayor de Monjardín
Alt 862 m
1
2
3
4
5
6
7
1.9
Fuente de los Moros
NA 7040
Olejua
NA 7400
Alt 862 m
Urbiola
Luquín
Peña Ancha
NA 6340
Barbarín
12.4
Autoroute A 12
N 1110
Alt 566 m
1 km
1 cm = 375 m
sello

Plan 17

1 Albergue privée Hogar Monjardín
Fondation Hollandaise Chrétienne Oasis Trails, plaza de la Iglesia, 31242 Villamayor de Monjardín (948-537-136 ✉ info@oasistrails.org www.oasistrails.org) 25 pl en 4 dortoirs, 8 € // 1 ch 25 € // 5 € servi tôt, soir 10 € servi à 18h30, en fin d'après-midi, ouv à partir de 12h, inscriptions à partir de 16h, ferm 22h30, ouv avr à Toussaint
- Méditation chrétienne proposée à 20h30

2 Albergue privée Villamayor de Monjardín @
Javier San Martín, calle Mayor 1, 31242 Villamayor de Monjardín (948-537-139 & 677-660-586 www.alberguevillamayordemonjardin.com
✉ info@alberguevillamayordemonjardin.com) poss résa, 18 pl en 2 dortoirs, 15 € (draps inclus) // 1 ch, 40 € (inclus) // , LL & SL, ouv à partir de 14h, ferm 22h, ouv mars à Toussaint

3 Casa rural Montedeio
Marta et Javier, 31242 Villamayor de Monjardín (676-187-473
✉ contacto@casaruralmontedeio.com www.casaruralmontedeio.com) 3 ch, 35 €, 45 €, 55 € (inclus), , LL, ouv mars à Toussaint

4 Restaurante Castillo de Monjardín, Villa Rellanada (948-537-589) 15.50 à 26 €, fermé lun, ouv midi seulement

5 Bar-Restaurante Ilarria, 10 €, HS ouv 7/7, BS ouv week-end seulement

6 Tienda de alimentación, calle Santa Maria 6, ouv 7/7 mars à mi-oct, 8h à 14h et 16h à 18h30

7 Restaurante-Bar Mesón Urbiola
carretera Estella-Logroño, 9 €, sandwiches, ouv 8h30, fermé mar après-midi et jeu après-midi

L'âne Pompon dans un élan mystique

Nous sommes donc partis, nous, "les deux Marie et la Sainte Bête", nous, "les deux mules et le bourricot", la harpe, les flûtes et Pompon, beau Catalan, âne d'expérience et de sagesse (18 ans d'âge), parlant français, castillan, et amateur de musique.

En chansons, chantant ce que nous vivions, vivant ce que nous chantions. Dans nos bagages, quelques mélodies portant en creux la marque du temps qui passe, l'empreinte des pas de ces pèlerins du temps jadis...

Extrait de « Un Chemin d'Etoiles, à pied, avec un âne et en musique du Puy-en-Velay à Saint-Jacques-de-Compostelle », *par Marie-Virginie Cambriels (voir bibliographie)*

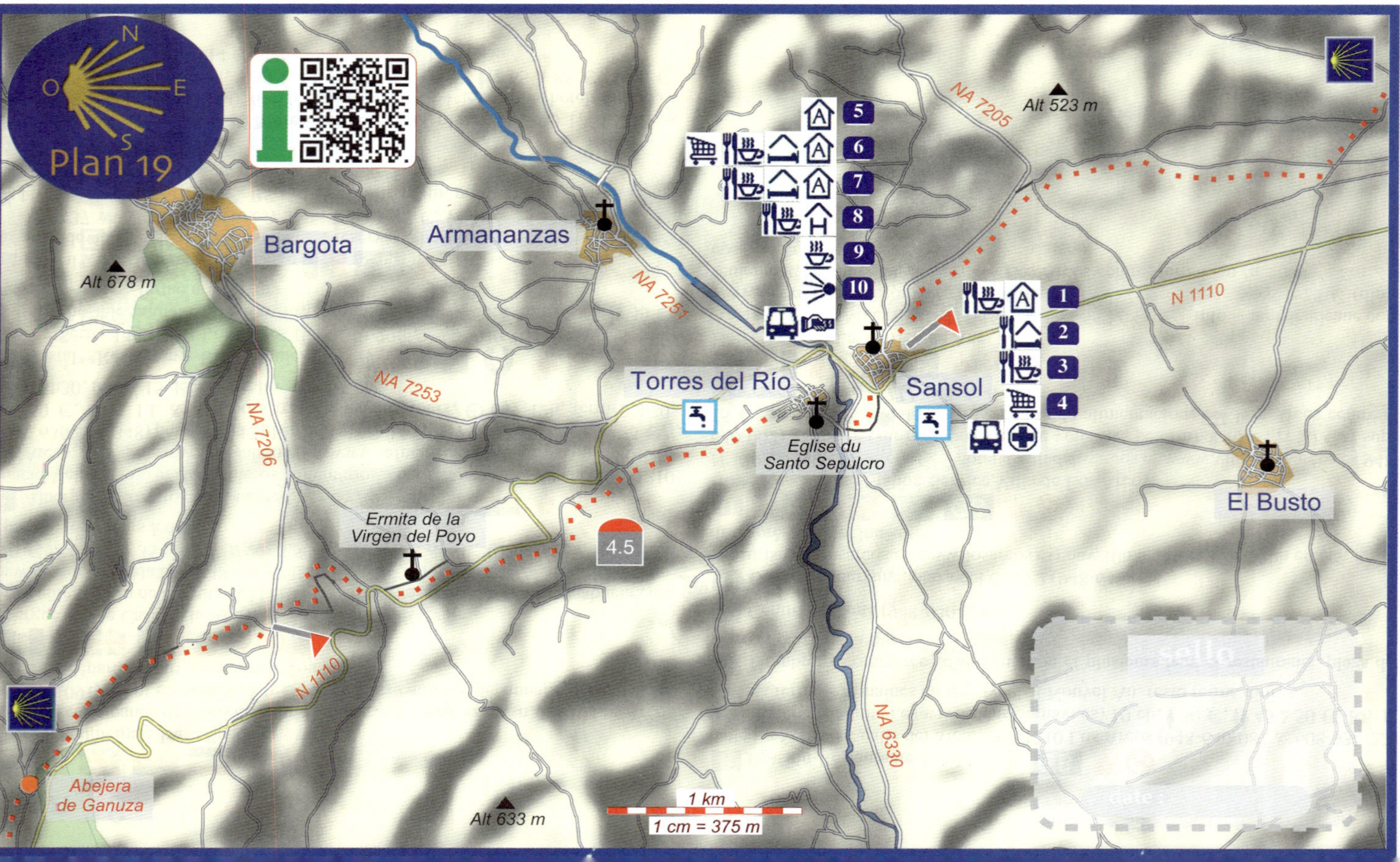

N
O
E
S
Plan 19
Bargota
Armananzas
Alt 678 m
Alt 523 m
NA 7205
NA 7251
NA 7253
NA 7206
N 1110
NA 6330
1
2
3
4
5
6
7
8
9
10
Torres del Río
Sansol
Eglise du
Santo Sepulcro
El Busto
Ermita de la
Virgen del Poyo
4.5
Abejera
de Ganuza
Alt 633 m
1 km
1 cm = 375 m
sello

Plan 19

1 Albergue privée-Bar Sansol
Asier et Arantxa, Barrio Nuevo 4, 31220 Sansol (948-648-473 & 609-203-206 info@deshojandoelcamino.com www.desojandoelcamino.com) poss résa, 24 pl en dortoir, 10 €, 3 €, 8 €, LL & SL, ouv Rameaux à Toussaint

2 Casa rural El Olivo CB @
Ana, calle Taconera, 31220 Sansol (elolivoreservas@gmail.com 948-648-345 & 649-750-815) poss résa, 5 ch, 25 €, 40 à 45 € (inclus), 10 €, , LL & SL, ouv tte l'année

3 Bar de Socios, sandwiches et plats chauds, ouv 7h30 à 23h en été, 10h à 15h et 16h30 à 22h BS

4 Tienda de alimentación

5 Albergue touristique privée Casa Marí
Nuevas 13, 31229 Torres del Río (948-648-409 & 699-572-950) poss résa, 25 pl en dortoir, 7 €, , draps 2 €, serviettes 1 €, LL, fermé oct à mars

6 Albergue privée-Bar-Tienda Casa Mariela @
Mariela Berdeja, plaza Padre Valeriano Ordoñez 6, 31229 Torres del Río (948-648-251 fernando_berdeja_7@hotmail.com www.alberguecasamariela.com) poss résa, 50 pl en ch 8-14 pers, 10 € // 4 ch, 30 € // 3 €, 10 €, LL & SL, dépannage-ravitaillement, ouv tte l'année

7 Hostal rural-Albergue privée-Restaurante-Bar La Pata de Oca @
Juan José Sanchez, calle Mayor 5, 31229 Torres del Río (948-378-457 & 608-250-121 alberguelapatadeoca@gmail.com www.alberguelapatadeoca.com) poss résa, 44 pl en 4 dortoirs, nuit 7 € // 5 ch, 60 € (inclus) // 10 €, sandwiches 4.50 €, plats chauds 6 €, LL & SL, ouv tte l'année

8 Hostal rural-Restaurante San Andrés CB @
calle Jesus Ordoñez 6, 31229 Torres del Río (fernando_berdeja_7@hotmail.com 948-648-472) 17 ch, 39 €, 59 € (inclus), 12 €, LL & SL, poss massages, piscine, jacuzzi, sur le chemin (payant), ouv tte l'année

9 Bar de Socios El Mesón, ouv le soir

10 Visite de l'église, Ofelia (948-648-170 & 666-988-170) 1 €, 9h à 13h et 17h à 19h

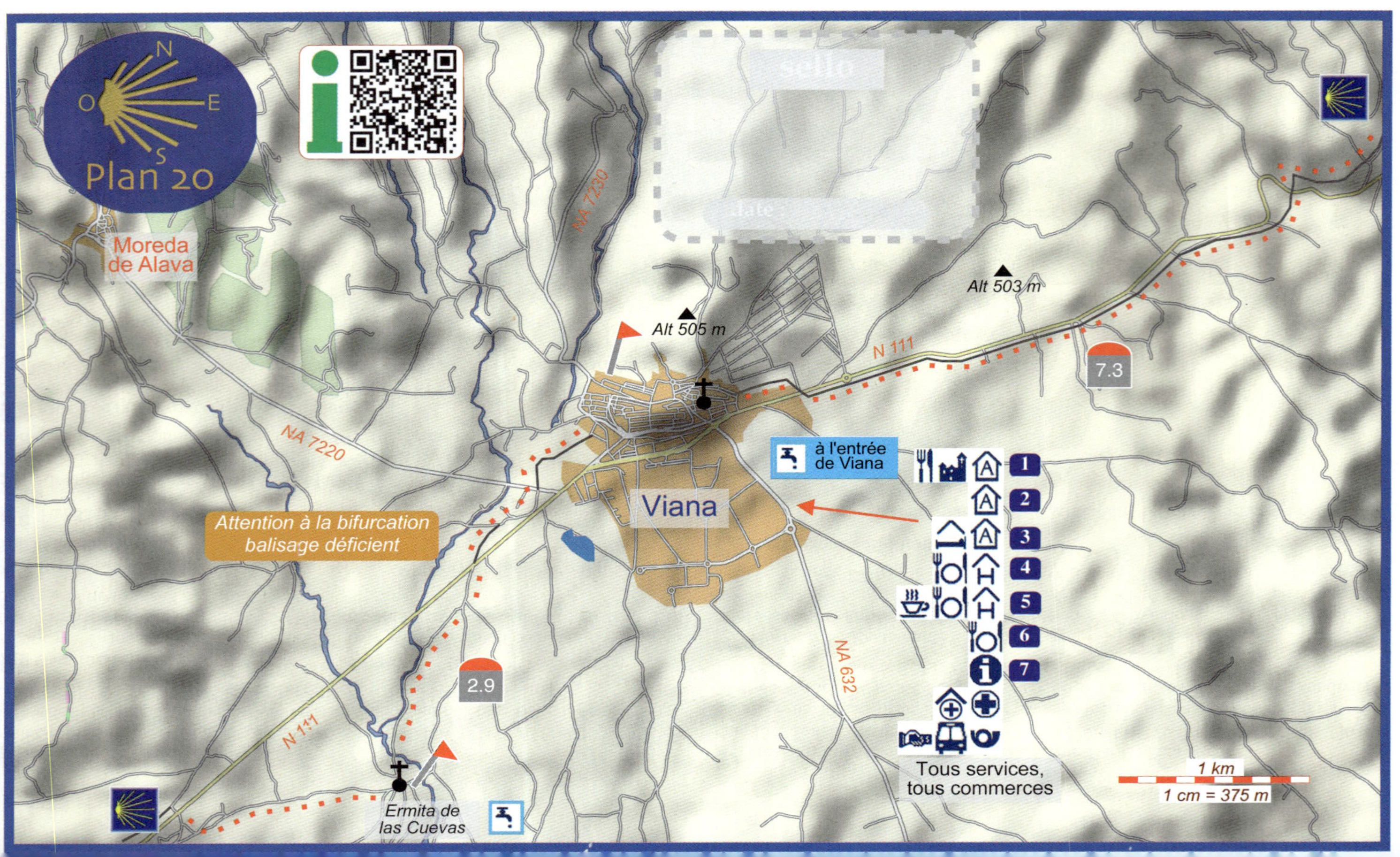

O
N
E
S
Plan 20
Moreda
de Alava
NA 7230
sello
date
Alt 505 m
Alt 503 m
N 111
7.3
NA 7220
Viana
à l'entrée
de Viana
1
2
3
4
5
6
7
Attention à la bifurcation
balisage déficient
2.9
NA 632
N 111
Ermita de
las Cuevas
Tous services,
tous commerces
1 km
1 cm = 375 m

Plan 20

1 Albergue paroissiale Santa María
Don José María, accueil chrétien, plaza de los Fueros, 31230 Viana, 16 pl en dortoir, donativo, pas de lits, matelas au sol, poss du soir et donativo, ouv 17h, ouv jun à fin sep
- Messe et bénédiction des pèlerins le soir, prière proposée avant ou après le repas, poss visiter l'église *(à côté de l'église de la Magdalena)*

2 Alberguería municipale Andrés Muñoz @
Sílvia García et Marián, calle Medio San Pedro sn, 31230 Viana (948-645-530 alberguedeviana@hotmail.com) priorité pèlerins à pied, 46 pl en dortoir, 8 €, , LL & SL, ouv 12h à 22h, ouv tte l'année

3 Albergue privée Izar
Sonia Sáenz, calle del Christo 6, 31230 Viana (albergueizar@gmail.com 948-090-002 www.albergueizar.com) 22 pl en 2 dortoirs, 8 à 10 € // 2 ch, 30 € // 3 €, , LL & SL, ouv 12h à 22h, ouv mars à oct, BS ouv pour groupes sur résa

4 Hôtel***-Restaurant Palacio de Pujadas CB @
calle Navarro Villoslada 30, 31230 Viana (info@palaciodepujadas.com 948-646-464 www.palaciodepujadas.com) 28 ch, 60 €, 80 €, supp 30 € (inclus), 12.50 à 24 €, blanchisserie, ouv tte l'année

5 Hostal**-Restaurante-Bar Casa Armendáriz CB
calle Navarro Villoslada 19, 31230 Viana (casa_armendariz@hotmail.com 948-645-078 www.casaarmendariz.es) 6 ch, 24 €, 44 €, supp 10 € 11 €, fermé dim BS et vacances Noël

6 7 restaurants

7 Office de Tourisme, plaza de los Fueros 1, 31230 Viana (948-446-302 turismoycultura@viana.es www.viana.es) ouv tte l'année, BS lun au sam 9h à 14h, HS lun au sam 9h à 14h et 17h à 19h et dim matin

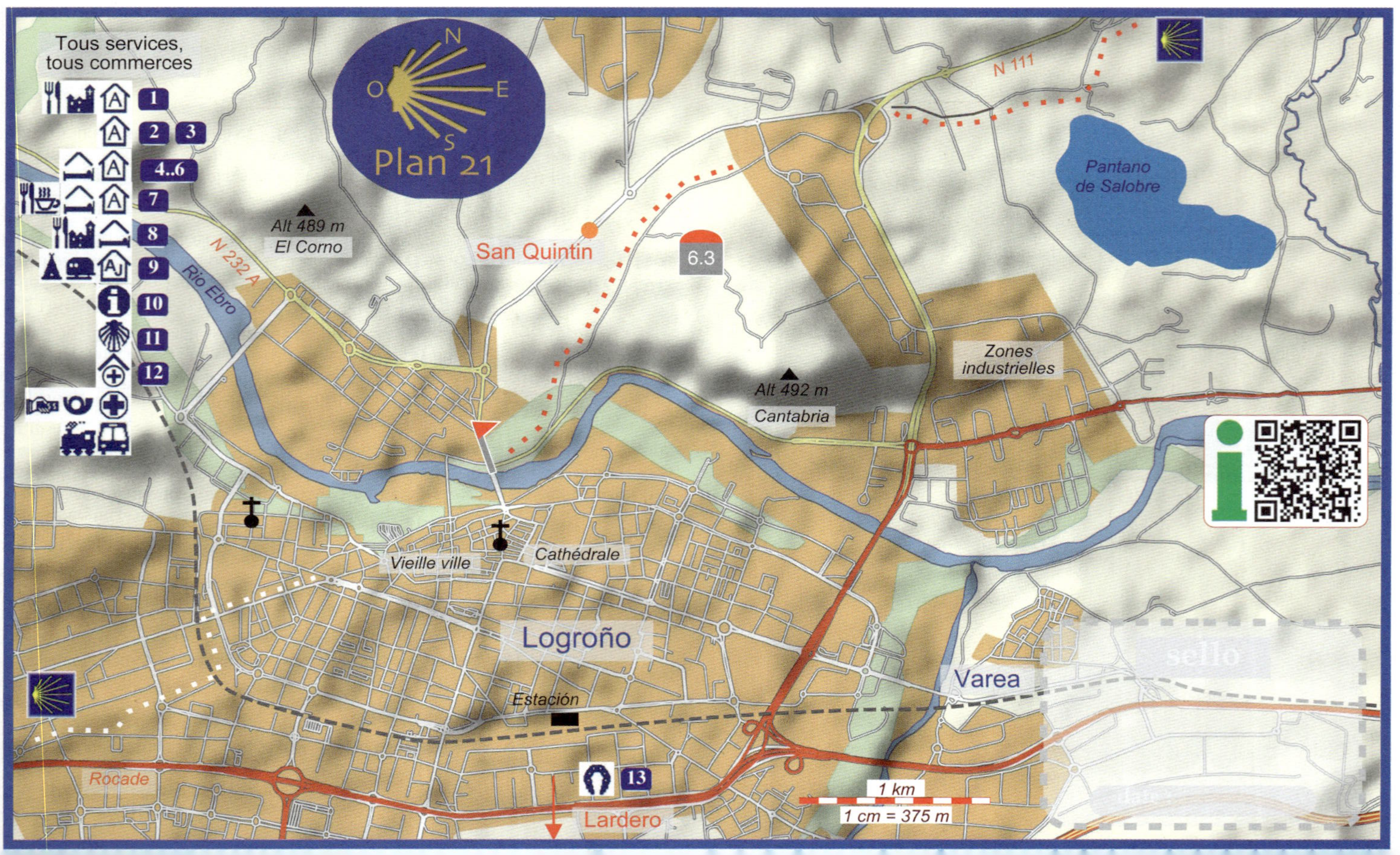
Tous services, tous commerces
1
2
3
4..6
7
8
9
10
11
12
N
O
E
S
Plan 21
Alt 489 m
El Corno
N 232 A
Río Ebro
San Quintín
6.3
N 111
Pantano de Salobre
Alt 492 m
Cantabria
Zones industrielles
Vieille ville
Cathédrale
Logroño
Varea
sello
Estación
Rocade
13
Lardero
1 km
1 cm = 375 m

Plan 21

1 Accueil paroissial Santiago El Real

Don José Ignacio Díaz et Hospitaleros Voluntarios, accueil chrétien, Parroquia de Santiago el Real, calle Barriocepo 8, 26001 Logroño, 30 pl en dortoir, matelas au sol, donativo, , du soir et donativo, ouv tte la journée, tte l'année
- Prière proposée après le dîner

2 Albergue municipale @

Hospitaleros Voluntarios, calle Ruavieja 32, 26006 Logroño (941-248-686 info@asociacionriojanadelcamino.es) priorité pèlerins à pied, 64 pl en 3 dortoirs, 7 €, , LL & SL, HS ouv 12h30, ferm 22h, départ 8h, BS accueil 15h30 à 21h30, ouv tte l'année

3 Albergue privée Albas @

Blanca, plaza Martinez Flamarique 4 bajo 1, 26004 Logroño (941-700-832 albas@alberguealbas.es www.alberguealbas.es) poss résa, 22 pl en dortoirs, 11 à 12 €, LL & SL, ouv 11h à 22h, BS résa nécessaire

4 Albergue privée touristique-Hostel Check-in Rioja CB

Nacho et Maria, calle Los Baños 2, 26004 Logroño (941-272-329 & 669-100-740 checkinrioja@gmail.com www.checkinrioja.com) poss résa, 20 pl en dortoir, 12 €, 3 ch, 35 à 45 €, LL & SL, ouv 13h à 22h30, ouv tte l'année

5 Hostel-Albergue touristique Entresueños CB @

Ita et Santi, calle Portales 12, 26004 Logroño (941-271-334 info@hostellogrono.com www.hostellogrono.com) poss résa, 100 pl en dortoirs 4-16 pers, 10 € (draps inclus) // 5 ch, 38 à 40 €, , LL & SL, ouv 24/24, fermé déc jusqu'à l'Epiphanie

6 Albergue touristique Logroño CB @

Alex, calle Capitán Gallan 10, 26004 Logroño (941-254-226 info@alberguelogrono.com www.alberguelogrono.es) poss résa, 30 pl en 8 ch, 10 € // 5 ch, 20 à 30 €, 30 à 40 €, 45 à 55 €, , LL & SL, ouv 9h à 23h, fermé déc *(projet d'agrandissement avec la Pensión la Redonda, calle Portales 21, pour 2015)*

7 Albergue touristique-Cafetería Santiago Apóstol

Juan Antonio, calle Ruavieja 42, 26004 Logroño (ruavieja42@gmail.com 941-256-976 www.alberguelarioja.com) 78 pl en 4 dortoirs, 10 à 15 € // 6 ch, 60 €, 75 €, 2.50 €, 8.50 €, , LL & SL, ouv tte l'année

8 Residencia Jordan @

Communauté des Salvatorianos, paseo del Prior, 26004 Logroño (678-428-100 & 941-260-896 residencia.jordan@salvatorianos.org) poss résa, 98 ch, 23 €, 40 € (inclus), 7.50 €, réception jusqu'à 22h, fermé 15 jours aou *(après le puente de Piedra, prendre la 1ère à gauche, en direction de la plaza de Toros)*

9 Camping La Playa-Albergue touristique CB

avenida La Playa 6-8, 26004 Logroño (info@campinglaplaya.com 941-252-253 www.campinglaplaya.com) 100 pl, tente 21 €, piscine à proximité en été // Bungalows, 45 €, 50 €, 60 €, 75 €, 85 à 93.50 €, 121 €, // 150 pl en dortoirs 4-20 pers, nuit 20 € avec draps, fermé 10 déc au 1er fév *(au bord du Rio Ebro)*

10 Offices de Tourisme :

- Office de tourisme de la Rioja et de Logroño, calle Portales 50, 26071 Logroño (941-291-260 info@lariojaturismo.com www.lariojaturismo.com) ouv tte l'année, fermé dim après-midi
- Office de tourisme du Camino de Santiago, puente de Piedra, carretera Mendavia 2, 26003 Logroño (941-275-982 infocamino@logro-o.org www.logroño.es)

11 Fedération espagnole des associations jacquaires, calle Ruavieja 3 bajo, apdo 315 (941-245-674 caminosantiago@caminosantiago.org www.caminosantiago.org) délivrance crédencial

12 Centre de Santé (941-298-000)

13 Accueil chevaux

- Centro Ecuestre El Dorado, Señor Lazaro, Castilseco sn, 26140 Lardero (659-306-646 & 608-454-453) 20 € (box), poss maréchal-ferrant, prévenir
- Centro Hípico Equus, calle Vieja sn (près du centre pénitenciaire) 26140 Lardero (941-449-868 & 649-825-901) 20 € (box), prévenir *(pour y aller : Lardero se trouve au sud-est de Logroño. A la sortie de la ville, quitter le camino au rond-point d'Auchan (A1 Campo), et prendre la direction Lardero sur 800 m. De Lardero, il est facile de gagner Navarrete, au plan 22)*

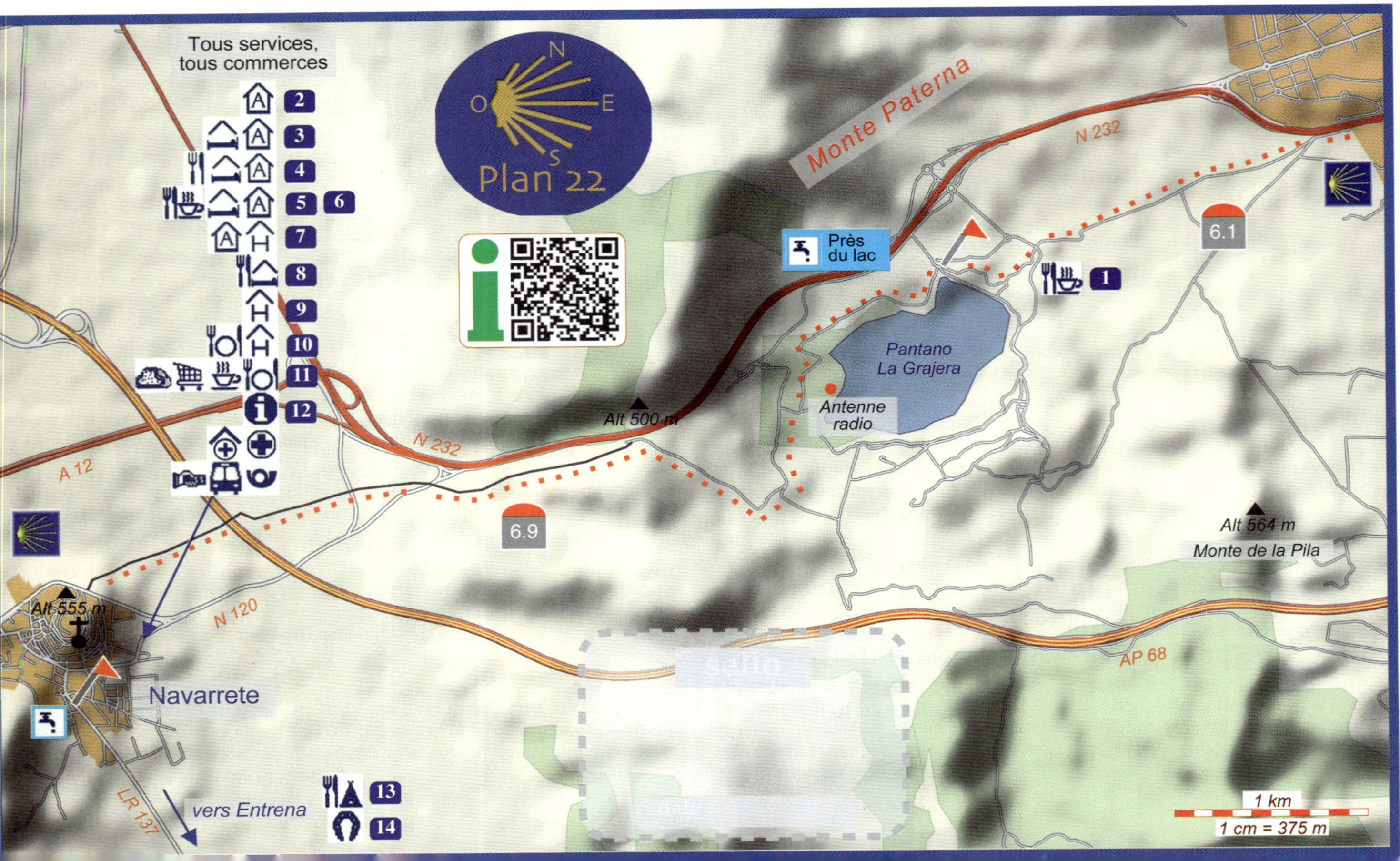

Plan 22
N
E
S
O
Tous services,
tous commerces
2
3
4
5
6
7
8
9
10
11
12
13
14
Monte Paterna
N 232
Près
du lac
1
6.1
Pantano
La Grajera
Antenne
radio
Alt 500 m
N 232
A 12
6.9
Alt 564 m
Monte de la Pila
Alt 555 m
N 120
AP 68
Navarrete
LR 137
vers Entrena
1 km
1 cm = 375 m

Plan 22

1 Bar-Snack La Cabaña del Tío Juanvi, 11 à 15 €, ouv 8h30 mars à nov

2 Albergue municipale

Asociación de los Amigos del Camino de la Rioja, calle San Juan 2, 26370 Navarrete (941-440-722) 49 pl en 4 dortoirs, 7 €, , LL & SL ouv 14h, ferm 22h, départ 8h, ouv début mars à Toussaint

3 Albergue privée touristique El Cantaro @

Alicia Garrido Ibañez, calle Herrerias 16, 26370 Navarrete (941-441-180 & 629-942-691 info@albergueelcantaro.com www.albergueelcantaro.com) poss résa, 22 pl en 2 dortoirs, 10 € // 4 ch, 25 €, 30 à 40 € // 3 €, LL, ouv 11h à 23h, ouv tte l'année

4 Albergue privée La Casa del Peregrino

Angel Ochoa (pèlerin), calle las Huertas 3, 26370 Navarrete (630-982-928 alberguenavarrete@gmail.com) poss résa, 14 pl en dortoir, 8 à 10 € // 3 ch, 25 € // , , 5 €, ouv 11h, ferm 23h, ouv Rameaux à Toussaint

5 Albergue privée touristique A La Sombra del Laurel @

Esperanza, carretera Burgos 52, 26370 Navarrete (639-861-110 info@alasombradellaurel.com www.alasombradellaurel.com) poss résa, 16 pl en 2 dortoirs, 15 € // 6 ch, 30 €, 40 à 65 € // (inclus), LL & SL, snack-bar, ouv 12h à 23h, ouv tte l'année *(à la sortie du village)*

6 Albergue privée-Bar-Restaurante Pilgrim's

Fran, Marina, Óscar et Tabo, calle Abadía 1, 26370 Navarrete (941-441-550 alberguepilgrims@gmail.com www.alberguepilgrims.com) poss résa, 32 pl en dortoirs 4-12 pers, 9 à 10 € // 3 ch, 28 € // , 10 à 13 € (service 19h à 21h), LL & SL, ouv 12h à 23h, tte l'année, résa nécessaire BS

7 Hostal* Villa de Navarrete-Albergue privée Buen Camino CB

Jorge Marín, calle La Cruz 2c, 26370 Navarrete (www.hostalvilladenavarrete.com & www.alberguebuencamino.es reservas@hostalvilladenavarrete.com 941-440-318 & 681-252-222) Albergue, 10 pl, 9 € // 3 ch, 25 €, 35 € // LL // Hostal, 8 ch, 30 €, 40 €, 54 €, 64 € // 3 €, ouv tte l'année

8 Casa Peregrinando

Roberto Vera, calle Mayor 34, 26370 Navarrete (941-441-324 & 677-250-769 casaperegrinando@yahoo.es www.casaperegrinando.es) résa souhaitée, 5 ch, 35 €, 45 € (inclus), 12 €, LL & SL, fermé 20 déc au 1er mars

9 Hotel*** Rey Sancho CB

calle Mayor alta 5, 26370 Navarrete (941-441-378 hotelreysancho@gmail.com www.hotelreysancho.es) 12 ch, 40 à 50 €, 60 à 70 €, 5 €, fermé Noël et Nouvel An

10 Hotel***-Restaurante San Camilo CB @

carretera Fuenmayor 4, 26370 Navarrete (941-441-111 www.hotelsancamilo.es sancamilo@hotelsancamilo.es) 38 ch, 45 à 79 €, 55 à 99 €, parfois suivant période, 9 €, 13 € (resto ouv lun à jeu), blanchisserie, fermé vacances Noël

11 Ravitaillement : 3 Tiendas et 2 Panaderías, plusieurs bars et restaurants

12 Office de tourisme @ (www.ayuntamientonavarrete.org 941-440-005 & 941-440-062 ayto@ayuntamientonavarrete.org) ouv été, vacances et ponts, 10h à 13h30 et 16h30 à 19h *(près de la mairie)*

13 Camping Navarrete CB

carretera Navarrete-Entrena km 1.5, 26370 Navarrete (campingnavarrete@fer.es 941-440-169 www.campingnavarrete.com) 130 pl, tente 14 à 20 €, bungalows 75 à 105 €, , sandwiches, dépannage-ravitaillement, LL & SL, piscine, fermé mi-déc à mi-jan // Cafetería, 12 €, ouv jeu à dim *(à 1.5 km du village sur la route d'Entrena)*

14 Centro Hípico

Término Bustales sn, 26370 Navarrete (hipica@navarretewifi.net 617-354-873 & 941-740-078 www.hipicanavarrete.com) pré et nourriture, prévenir, 5 à 15 € par animal, poss camping *(prendre la route d'Entrena sur 100 m, puis prendre le petit chemin derrière la grande jarre décorative. A 200 m, suivre les indications sur la droite)*

N
O
E
S
Plan 23
sello
Navarrete
LR 137
Autoroute AP 12
N 120
LR 442
6.9
A
Pantano Valbornedo
LR 322
Alt 821 m
7
8
9
10
1
2
3
4
5
6
El Cerrillo
Alt 621 m
6.7
Alt 699 m
Alto de San Antón
LR 341
Ventosa
devant le refuge
Sotés
1 km
1 cm = 375 m

Plan 23

1 Albergue San Martín
Ana Alonso, calle San Miguel 67, 26371 Sotés (941-441-768 & 650-962-625 ✉ alberguesotes@gmail.com) poss résa, 10 pl en 2 ch, 10 €, 3 €, 10 €, LL & SL, fermé oct *(quand le camino croise la route LR 442 vers Sotés (repère A du Plan), monter à gauche sur 2 km)*

2 Casa rural El Colorao
carretera Hornos 1, 26371 Sotés (✉ el.colorao@hotmail.com 941-251-959 & 652-432-304 www.casaruralelcolorao.com) 4 ch, 30 €, 40 €, 50 €, 60 € (offert), 10 €, , LL & SL, ouv tte l'année *(voir pavé 1)*

3 Casa rural Señorio de Moncalvillo
Rafaël Alday Peral et Sonia Lalinde, calle de la Iglesia 9, 26371 Sotés (✉ info@senoriodemoncalvillo.com www.senoriodemoncalvillo.com 941-441-889 & 677-081-001) 8 ch, 36 à 40 €, 40 à 50 €, ouv tte l'année *(voir pavé 1)*

4 Casa rural La Casa de Sotés
Javier Manso Álvarez, Conde Garay 45-47, 26371 Sotés (www.lacasadesotes.com 699-783-452 ✉ lacasadesotes@yahoo.es) 4 ch, 30 €, 40 €, supp 15 €, LL, ouv tte l'année *(voir pavé 1)*

5 Cafetería-Bar plaza Mayor (941-441-711) 10 €, , sandwiches, plats chauds, ouv à partir de 8h

6 Restaurante Asador Señorio de Sotés, 10 à 20 €, cuv ven soir au dim midi *(info sous réserve)*

7 Albergue San Saturnino
Henrique Valentín, calle Mayor 33, 26371 Ventosa (✉ ventosa@jacobeos.net 941-441-899 & 657-823-740 www.jacobeos.net) poss résa, 42 pl en ch 2-10 pers, 9.50 €, , LL & SL, dépannage-ravitaillement, ouv 13h, ferm 22h, fermé jan

8 Hotel** rural las Aguedas @
Rocio, plaza Santa Colona 11, 26371 Ventosa (✉ info@hotellasaguedas.com 941-441-774 www.hotellasaguedas.com/wordpress) 6 ch, 45 €, 65 €, 5 € (buffet libre-service à n'importe quelle heure), (soir) 15 €, LL & SL, ouv tte l'année *(projet de boutique de dégustation pour 2015)*

9 Appartamento turistico Loftgarden
Pilar, callejón San Andrés 3, 26371 Ventosa (941-441-839 & 607-855-432 ✉ info@loftgarden.es www.loftgarden.es) 60 €, 72 à 75 €, , ouv tte l'année

10 Bar-Restaurant El Buen Camino, calle San Roque 3, , sandwiches, assiettes garnies 8.50 €, 10 €, ouv à partir de 7h

Ferdinand, l'âne-pèlerin, a écrit un soir de misère au bivouac...
Quel bled, mes amis !... C'est désert et compagnie, Grand Erg et Tatahouine, ce pays-là. Où sont les vertes prairies de ma jeunesse ?
Je n'ai qu'une consolation en ce pauvre monde : c'est la longue mangeoire qui borde le chemin, mise à la disposition des pauvres ânes chargés, par le Bon Dieu de ce pays. Dès que mon bwana a le dos tourné, je m'en attrape au passage quelques bonnes bouchées.
Ce n'est certes pas aussi bon que l'avoine, mais je ne vais pas chipoter alors que j'ai orge et blé à m'en faire péter la sous-ventrière.
Et puis je dois vous dire aussi ceci : je hais les chiens de cette contrée. Il y en a deux qui m'ont méchamment coursé tout à l'heure, alors que je ne leur avais strictement rien fait. Je sens que je ne vais pas dormir beaucoup cette nuit, car ils ne sont pas loin de l'endroit où je me gèle en ce moment. Ni bouffer beaucoup non plus, car l'herbe est aussi rase que la coiffure d'un mulet militaire.

Jacques Clouteau et son petit âne Ferdinand
« Il est un beau chemin semé d'épines et d'étoiles »
Album couleur 24 x 30 cm
352 pages et 1.000 photos-couleurs
- Références en bibliographie -

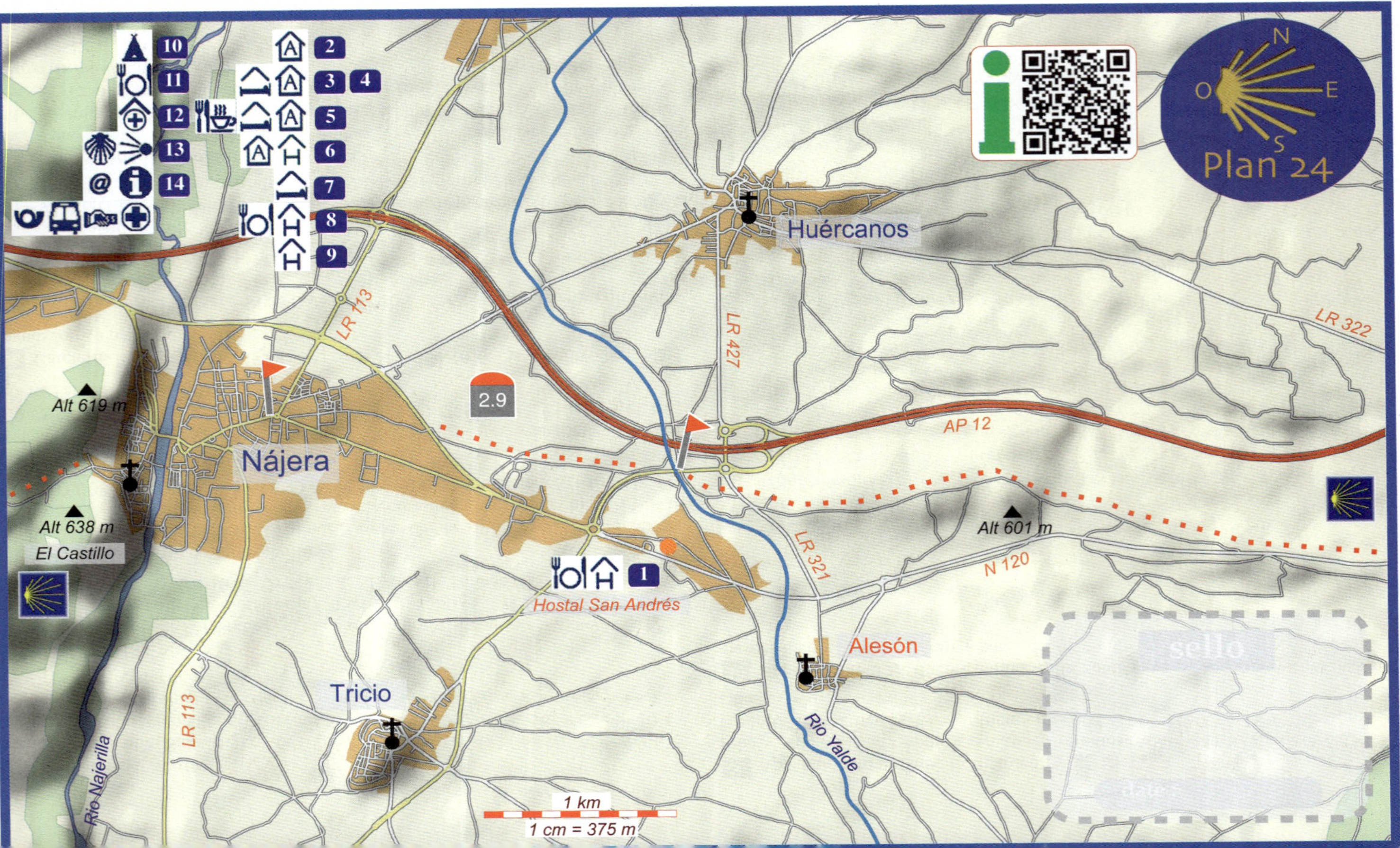
Plan 24
N
E
S
O
Huércanos
Nájera
Tricio
Alesón
Hostal San Andrés
El Castillo
Alt 619 m
Alt 638 m
Alt 601 m
LR 113
LR 427
LR 321
LR 322
AP 12
N 120
Rio Najerilla
Rio Yalde
2.9
1
2
3
4
5
6
7
8
9
10
11
12
13
14
sello
1 km
1 cm = 375 m

Plan 24

1 Hostal*-Restaurante San Andrés CB @
N 120, km 23, 26300 Alesón (941-369-031 info@hostalsanandres.com www.hostalsanandres.com) 40 ch, 25 €, 38.50 €, 50 €, 11.50 €, resto fermé dim, ouv tte l'année *(hôtel routier, 2 km avant Nájera sur la N 120)*

2 Albergue municipal @
Amigos del Camino de Nájera et Hospitaleros Voluntarios, plaza de Santiago, 26300 Nájera (mairie 941-363-666) 90 pl en dortoir, donativo, , LL & SL, ouv 13h ou 15h, ferm 22h, départ 7h30, ouv tte l'année

3 Albergue touristique privée Nido de Cigüena
Eduardo, calleja Cuarta San Miguel 4, 26300 Nájera (941-896-027 & 640-072-753 alberguenajera@gmail.com www.alberguenajera.es) 19 pl en dortoir, 10 à 15 € // 2 ch, 35 € // , LL & SL, ouv 13h ferm 22h, départ 7h30, ouv mars à mi-oct

4 @
Albergue touristique privée Puerta de Nájera
Maité (pèlerine) et Javier, calle Ribera del Najerilla 1, 26300 Nájera (941-362-317 & 683-616-894 albergue@alberguedenajera.com www.alberguedenajera.com) poss résa, 30 pl en 6 ch, 10 à 15 € // 2 ch, 30 à 40 € // , LL & SL, ouv 11h, ferm 23h, ouv mars à nov

5 Bar La Judería-Sancho III-Albergue privée
Teodoro Ochoa, calle Constantin Garan 13, 26300 Nájera (Bar et réception, l'albergue est à 100 m), 26300 Nájera (941-361-138 & 630-864-148) poss résa, 10 pl en 2 ch, 10 € // 4 ch, 18 €, 30 € // ouv 12h, ferm 22h, BS résa nécessaire // 3.50 €, 9 € (soir à partir de 19h30), ouv tte l'année, bar fermé lun BS

6 Hostal-Albergue Ciudad de Nájera** CB
calleja de San Miguel 14, 26300 Nájera (941-360-660 www.ciudaddenajera.com info@ciudaddenajera.com) poss résa, 8 ch, 50 €, 60 € // 8 pl en dortoir, 20 € (draps inclus), fermé Noël et Nouvel An

7 Pensión Calle Mayor @
Sonia Fontecha, calle Dicarán 5, 26300 Nájera (info@alberguecallemayor.com 941-360-407 www.alberguecallemayor.com) 5 ch, 30 €, ouv 12h, ferm 22h, si fermé clés à l'hôtel Duques de Najera (pavé 9), ouv Rameaux à Toussaint

8 Hostal-Restaurante Hispano II* CB @
Ana, calle La Cepa 2, 26300 Nájera (941-363-615 hispanonajera@yahoo.es www.hostalhispanonajera.com) 22 ch, 36 €, 49 €, 60 €, DP 49 €, 80 €, 5 €, 11.50 €, hostal ouv tte l'année, resto fermé 2 semaines oct

9 Hotel*** Duques de Nájera-Posada del Camino @
calle Carmen 7, 26300 Nájera (941-410-421 info@hotelduquesdenajera.com www.hotelduquesdenajera.com) 15 ch, 45 à 55 €, 55 à 75 €, 85 à 95 €, 5 à 7 €, fermé vacances Noël

10 Camping El Ruedo
paseo de San Julián 24, 26300 Nájera (941-360-102) 154 pl, tente 16 €, , LL, ouv 1er avr au 10 sep

11 Restaurants : nombreux restaurants à Nájera

12 Centre de Santé, avenida de la Rioja 5 (941-360-975)

13 Santa Maria la Real, (pastoralfranciscanos@yahoo.es www.franciscanos-santiago.org) Visites : 10h à 13h et 16h à 19h mar à sam, 10h à 12h30 et 16h à 18h dim et fêtes, accueil spirituel 17h à 19h30 par les frères franciscains en été

14 Office de Tourisme, plaza San Miguel 10, 26300 Nájera (941-360-041 turismonajera@najera.net www.najerasanmillan.es) @ à la bibliothèque à côté, ouv tte l'année, HS 10h à 14h30 et 16h à 18h, BS 10h à 14h, ouv dim matin, fermé lun

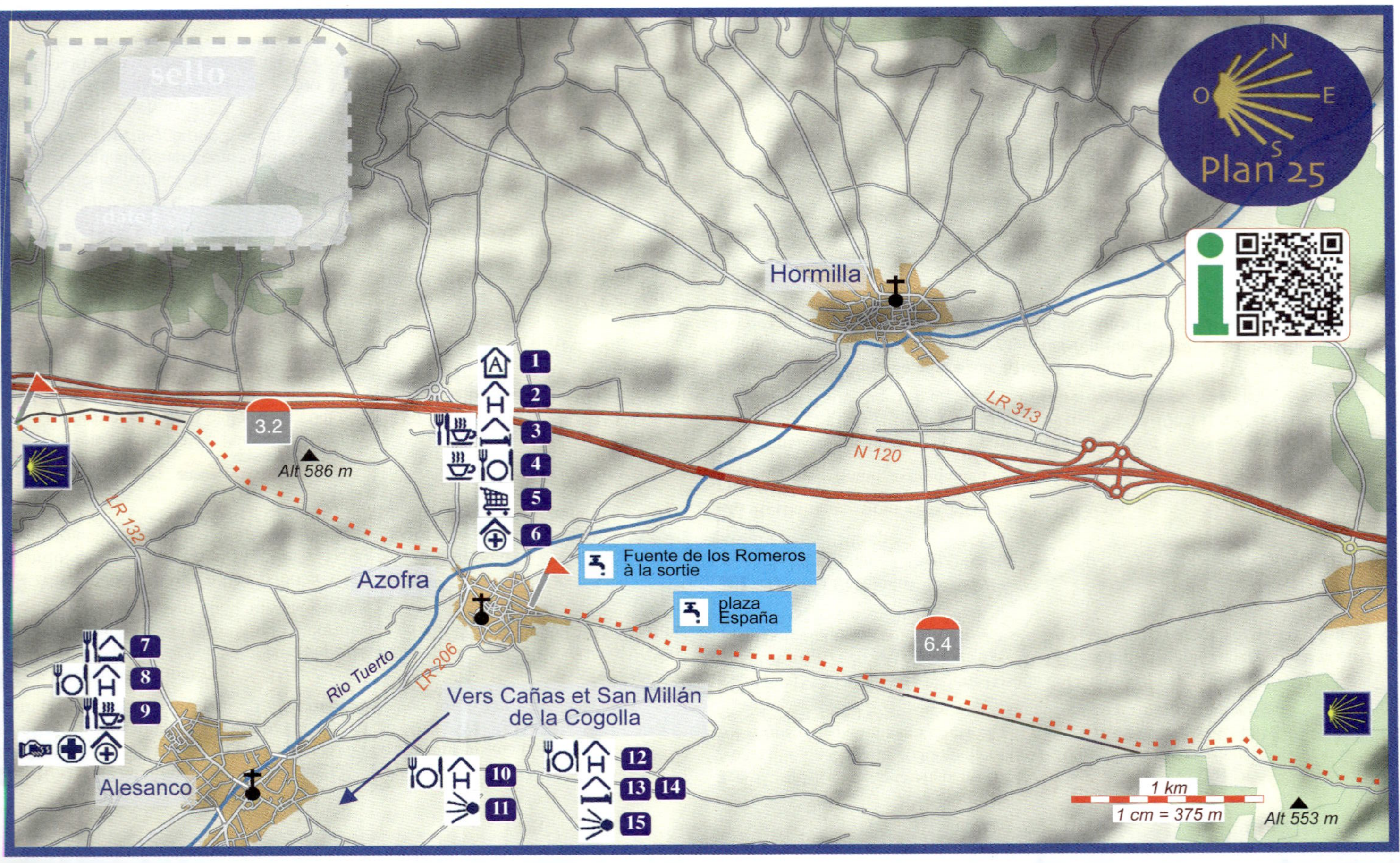
Plan 25
N
O
E
S
sello
Hormilla
LR 313
N 120
3.2
Alt 586 m
LR 132
Azofra
Fuente de los Romeros à la sortie
plaza España
6.4
Rio Tuerto
LR 206
Vers Cañas et San Millán de la Cogolla
Alesanco
1 km
1 cm = 375 m
Alt 553 m
1
2
3
4
5
6
7
8
9
10
11
12
13
14
15

Plan 25

1 Albergues municipale et paroissiale Herbert Simon @
Angel, calle Las Parras 7, et calle del Sol, 26323 Azofra (mairie 941-379-049) 60 pl en box 2 pers, 7 €, , LL & SL, ouv 12h, ferm 22h, ouv tte l'année (l'albergue paroissiale, 16 pl, est ouverte quand l'autre est complète ou fermée)

2 Hotel Real Casona de las Amas***** CB @
calle Mayor 5, 26223 Azofra (941-416-103 mail@realcasonadelasamas.com www.realcasonadelasamas.com) 16 ch, 99 à 119 €, supp 50 € (inclus), blanchisserie, piscine, spa 25 à 35 €, thermes, cafetería, fermé 15 déc au 15 jan

3 Restaurante-Bar El Camino de Santiago-Pensión La Plaza
calle Mayor 17 (reservaslaplaza@gmail.com www.pension-la-plaza-azofra.com 941-379-239) 5 ch, 30 €, 50 €, 65 € (inclus), 10 €, ouv 6h été, 7h15 hiver

4 Restaurante-Bar El Descanso del Peregrino, calle Mayor 40, 9 €

5 2 Tiendas de alimentación, calle Mayor

6 Centre de Santé (941-379-281)

7 Pensión Jauja
calle Mayor 38, 26324 Alesanco (941-379-139) 4 ch, 25 €, 50 €, 60 € (inclus), 10 €, piscine, ouv tte l'année *(à Azofra, prendre la LR 206 en direction d'Alesanco sur 1.5 km)*

8 Hotel** D.Ô -Restaurante CB
Angel Cambero, calle San Luis 22, 26324 Alesanco (info@hoteldoalesanco.com 941-379-110 www. hoteldoalesanco.com) 8 ch, 35 à 40 €, 55 €, 10 € (gastronomique), 16 à 20 €, ouv tte l'année

9 2 bars, 10 €

10 Hostal*-Restaurante-Bar Casona de Cañas CB
carretera 13, 26225 Cañas (941-379-150 info@lacasonadecanas.com www.lacasonadecanas.com) 4 ch, 21 à 24 €, 30 à 42 €, supp 12 €, 4 €, 10 à 12 €, chiens acceptés (chenil), ouv tte l'année *(à Azofra, prendre à gauche vers Alesanco, puis Cañas sur 5 km)*

11 Abadia cisterciense San Salvador de Cañas
Cañas (941-379-083) fermé lun sauf ponts, ouv HS 10h, BS 10h30 à 13h30 et 16h à 18h (BS), 19h (HS), dim ouv 11h, fermé mi-déc à fin jan *(à Azofra, prendre vers Alesanco, puis Cañas sur 5 km)*

12 CB @
Hosteria del Monasterio de San Millan****-Restaurante
Monasterio de Yuso, 26226 San Millán de la Cogolla
(941-373-277 info@hosteria sanmillan.com www.hosteriasanmillan.com) 25 ch, 102 €, 135€, 11 €, 35 €, blanchisserie, fermé vacances Noël

13 Hospederia** la Calera
Diseminado 57, 26226 San Millán de la Cogolla (941-373-161 & 661-804-172 lacalera@najera.net www.hospederialacalera.es) 11 ch, 44 à 65 €, résa nécessaire

14 Casa rural La Posada de San Millán
Prestiño 3, 26226 San Millán de la Cogolla (lacalera@najera.net 941-373-161 & 661-804-172 www.lapoasadadesanmillan.es) 6 ch, 33 à 48 €, résa nécessaire

15 Monasterios de Suso y Yuso
Monastères de San Millán de la Cogolla (941-373-049 & 941-373-082) 3.50 € et 2.25 €, fermé dim après-midi, lun et jours fériés BS, ouv 10h à 13h30 et 16h à 18h15 en été, 10h à 13h et 15h30 à 17h30 hiver, résa nécessaire pour Suso, départ en minibus toutes les demi-heures *(détour qui vaut la peine. A Azofra, prendre vers Alesanco, puis Cañas, puis Berceo et San Millan (en tout 12 km). De San Millán, on peut rejoindre le Camino à Cirueña (Plan 26) ou à Santo Domingo de la Calzada (Plan 27))*

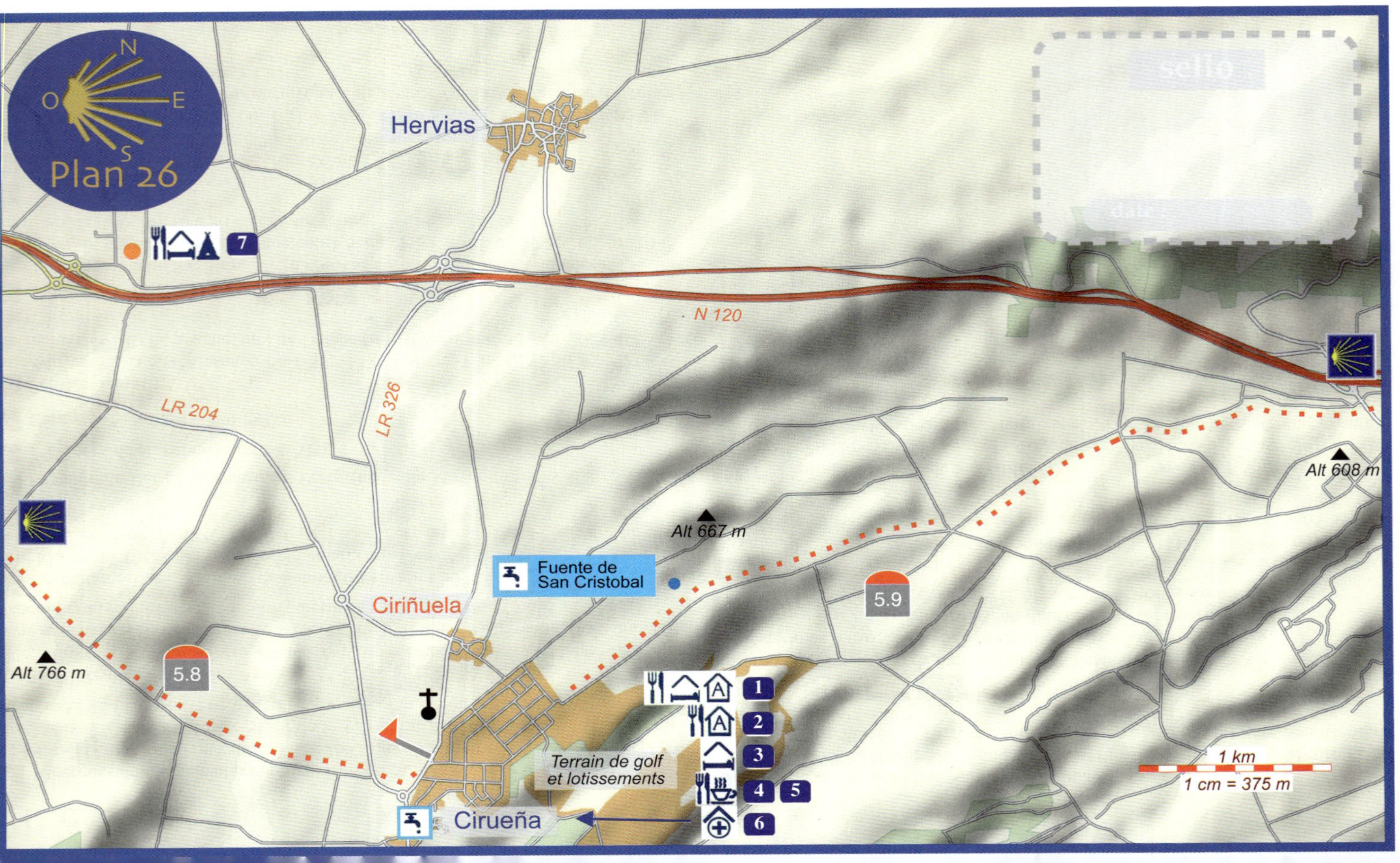
N
O
E
S
Plan 26
Hervias
sello
date
7
N 120
LR 204
LR 326
Alt 608 m
Alt 667 m
Alt 766 m
Fuente de
San Cristobal
Ciriñuela
5.9
5.8
1
2
3
4
5
6
Terrain de golf
et lotissements
Cirueña
1 km
1 cm = 375 m

Plan 26

1 Albergue-Bar Victoria CB
Maria, prado San Andrés 10, 26258 Cirueña (✉ albergue@casavictoriarural.com 941-426-138 & 628-983-351 www.casavictoriarural.com) poss résa, 12 pl en 2 ch, 10 € // 2 ch, 25 €, 40 €, 3 €, 7 à 10 €, LL & SL, ouv mars à oct

2 Albergue Virgen de Guadalupe CB
Pedro Mari, Barrio Alto 1, 26258 Cirueña (✉ virgenceguadalupe1@gmail.com 638-924-069) 23 pl en 5 ch, 7 €, 3 €, 10 €, LL & SL, ouv mi-mars à mi-oct

3 Pensión Casa Victoria CB
Maria, plaza del Horno 8, 26258 Cirueña (✉ info@casavictoriarural.com 941-426-105 & 628-983-351 www.casavictoriarural.com) 4 ch, 20 €, 40 €, 3 à 5 €, (albergue), LL & SL, ouv tte l'année

4 Bar-restaurante Jacobeo, plaza del Horno, 10 €, sandwiches, ouv 6h été, 8h hiver, BS fermé lun

5 Restaurante Golfito
Campo de Golf, 14 €, sandwiches, plats chauds, fermé Noël, Nouvel An et Epiphanie

6 Centre de Santé (941-340-66)

7 Camping**** Bañares CB
N120 km 42.2, 26257 Bañares (941-340-131 ✉ info@campingbanares.es www.campingbanares.es) tente 20 €, bungalow-barrique 40 €, LL & SL, ouv tte l'année

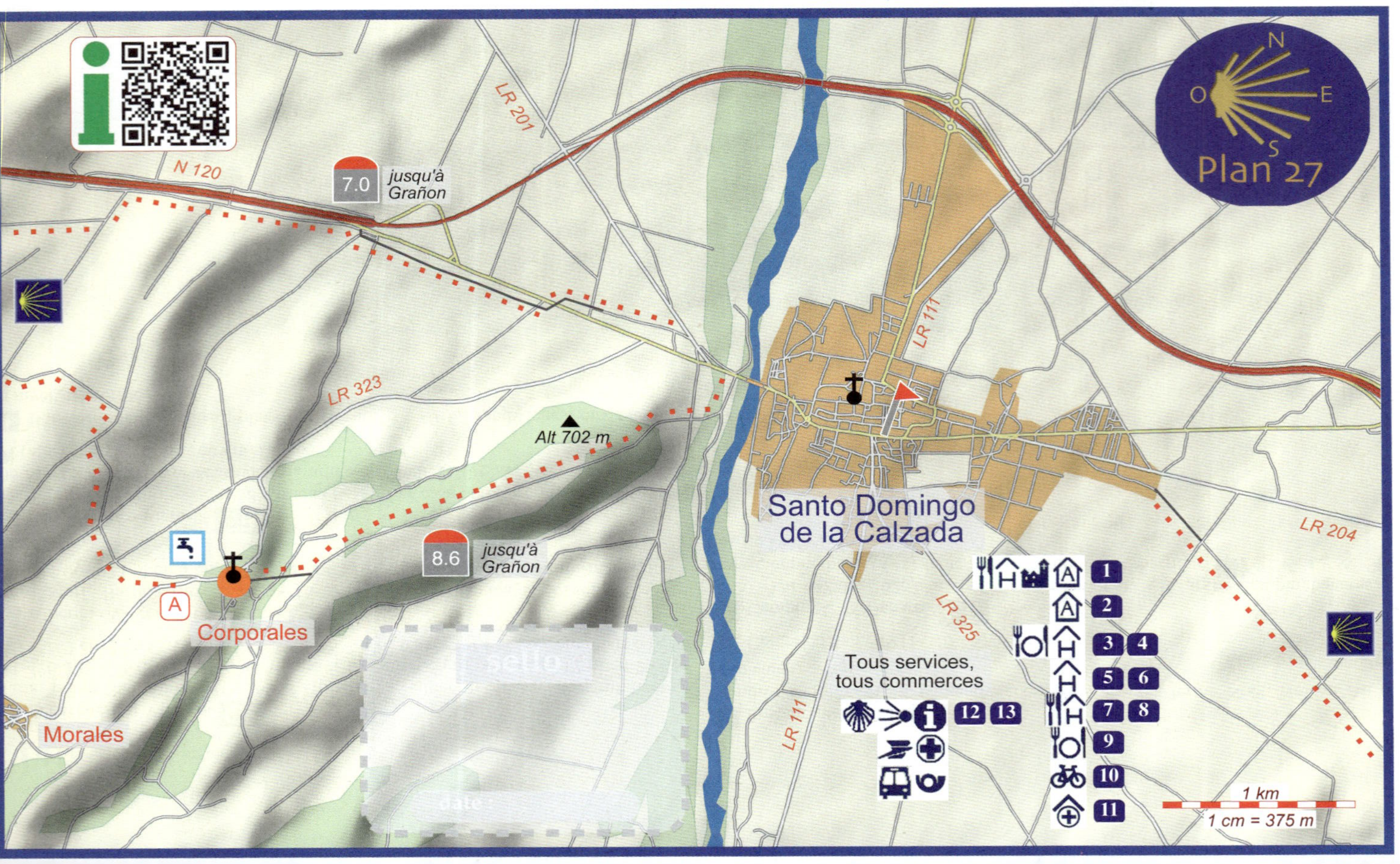

Plan 27
N
E
S
O
N 120
LR 201
7.0
jusqu'à Grañon
LR 323
Alt 702 m
8.6
jusqu'à Grañon
Corporales
A
Morales
sello
date
LR 111
Santo Domingo de la Calzada
LR 325
LR 111
LR 204
1
2
3 4
5 6
7 8
9
10
11
Tous services, tous commerces
12 13
1 km
1 cm = 375 m

Plan 27

1 Abadia Cisterciense de la Asúncion Albergue-Hospedería** @

Accueil chrétien, calle Mayor 29, 26250 Santo Domingo de la Calzada (941-340-700 ✉ hospederia@cister-lacalzada.com www.cister-lacalzada.com) Sor Blanca, 40 pl en dortoir, 5 €, , ouv 12h, ferm 22h, départ 6h15 à 8h, ouv mai à sep // Hospedería, calle Pinar 2, 62 ch, nuit 39 à 50 €, 58 €, 80 €, 4 à 7 €, 13 €, ouv tte l'année (l'hospedería est aussi un centre spirituel, idéal pour groupes, elle s'appelle également Hotel Santa Teresita),

- Poss assister vêpres et messe 18h30, complies 22h, laudes et messe 8h

2 Albergue Casa de la Cofradía del Santo @

Confrérie de Santo Domingo, calle Mayor 42, 26250 Santo Domingo de la Calzada (941-343-390 ✉ albergue@alberguecofradiadelsanto.com) 220 pl en 4 dortoirs (été), 50 pl BS, 7 à 10 €, , LL & SL (à proximité), ouv 12h à 22h, départ 8h, ouv tte l'année

3 Paradores de Santo Domingo**** CB @

plaza del Santo 3, 26250 Santo Domingo de la Calzada (941-340-300 & résa 902-547-979 ✉ sto.domingo@parador.es www.parador.es) résa nécessaire pour tarifs spéciaux, 112 ch, à partir de 75 €, ouv tte l'année // Bernardo de Fresneda***, plaza de San Francisco (✉ bernardodefresneda@parador.es 941-341-150 & résa 902-547-979) 50 ch, à partir de 75 € // 20 €, 32 €, blanchisserie, fermé 2 jan au 1er avr // tarifs escapade jeune 20-30 ans 60 €, + 55 ans - 30 %, pèlerins -15 %

4 Hotel***-Restaurante El Corregidor CB

calle Mayor 14-16, 26250 Santo Domingo de la Calzada (941-342-128 & 941-342-552 ✉ contacto@hotelelcorregidor.com www.hotelelcorregidor.com) 32 ch, 44 €, 66 €, 93.50 €, supp 32 €, 8 €, 15 €, blanchisserie, fermé 21 déc au 10 fév

5 Pensión Miguel CB

paseo de los Molinos 2, 3ème étage, 26250 Santo Domingo de la Calzada (600-212-691 ✉ info@pensionmiguel.com www.pensionmiguel.com) 8 ch, 20 à 30 €, 30 à 42 €, 42 à 60 €, 72 €, ouv tte l'année

6 Hostal La Catedral* CB @

calle Isidro Sala 9, 26250 Santo Domingo de la Calzada (651-948-260 ✉ leti.corr.uru@hotmail.com www.hostallacatedral.com) 10 ch, 37 €, 45 €, 60 €, 75 €, ouv tte l'année

7 Hostal El Molino de Florén CB @

calle Margubete 5, 26250 Santo Domingo de la Calzada (941-342-931 ✉ info@elmolinodefloren.com www.elmolinodefloren.com) 11 ch, 44 à 53 €, 59 à 65 €, 73 à 93 €, 93 à 105 € (offert), 15 € uniquement soir et sur résa pour groupes, ouv tte l'année

8 Hostal* Rey Pedro I CB @

calle San Roque 9, 26250 Santo Domingo de la Calzada (941-341-160 ✉ info@hostalpedroprimero.es www.hostalpedroprimero.es) 9 ch, 44 à 52 €, 60 à 65 €, 80 à 88 €, 92 à 108 €, 4.50 €, 12 € uniquement soir et sur résa pour groupes, fermé 3 semaines nov

9 15 restaurants

10 Vélos, Demanda Ciclos, calle Juan Carlos I 29 (941-340-011 & 616-581-497) poss réparations

11 Centre de Santé (902-297-711& urgences 941-342-173)

12 Catedral de Santo Domingo-Musée (Cloître)

(www.catedralsantodomingo.es) entrée 3 à 4 €, ouv 7/7, HS 9h à 20h (sam et dim 19h), BS 10h à 19h

13 Centro de interpretación del Camino de Santiago et Información turistica @

calle Mayor 33 (941-341-238 ✉ info@santodomingokm550.com www.santodomingokm550.com) entrée 3 €, ouv HS 7/7 10h à 14h et 16h à 19h, BS ouv mar au dim 10h à 14h, salle de repos réservée aux pèlerins, ouv tte l'année

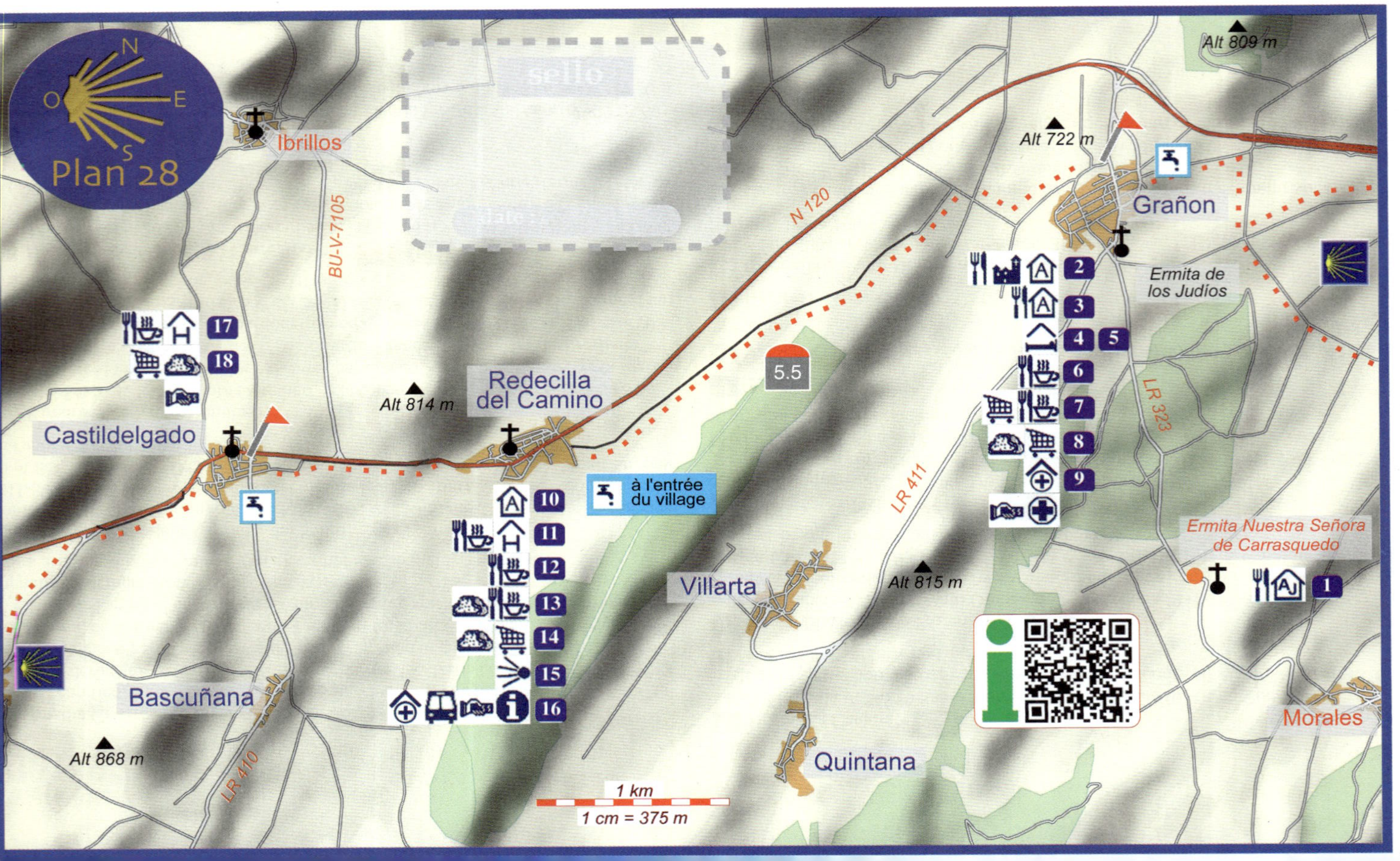

N
O
E
S
Plan 28
Ibrillos
BU-V-7105
sello
N 120
Alt 809 m
Alt 722 m
Grañon
Ermita de
los Judíos
2
3
4
5
6
7
8
9
LR 323
5.5
Redecilla
del Camino
Alt 814 m
Castildelgado
17
18
10
11
12
13
14
15
16
à l'entrée
du village
LR 411
Ermita Nuestra Señora
de Carrasquedo
1
Alt 815 m
Villarta
Quintana
Morales
Bascuñana
Alt 868 m
LR 410
1 km
1 cm = 375 m

Plan 28

1 Albergue juvenil de Carrasquedo** CB
Armando, carretera Grañón-Corporales, 26259 Grañón (941-746-000 & 627-341-907 & 665-284-685 ✉ armando@obr.es www.carrasquedo.obr.es) résa souhaitée, 24 pl en 2 dortoirs, 6 € // 6 ch, 26 €, 39 €, 52 € (inclus) // 3 €, ouv tte l'année *(à Corporales (repère A du Plan 27) prendre la route vers Morales)*

2 Albergue paroissiale San Juan Bautista
Don Jesus, 26259 Grañón, 35 pl en dortoir, donativo, matelas au sol, pas de lits, (soir) et donativo, ouv tte la journée, ouv tte l'année
- Prière proposée après le repas, église ouv tte la journée

3 Albergue privée La Casa de las Sonrisas
Ernesto, 26259 Grañón, 20 pl en dortoir, matelas au sol, pas de lits, , donativo, ouv tte l'année

4 Casa rural El Cerro de Mirabel
Esther Martinez, calle Mayor 40, 26259 Grañón (✉ esther_martinez-5@hotmail.com 660-166-090 www.casacerrodemirabel.es) 4 ch, 50 €, supp 15 €, , , LL, ouv tte l'année

5 Casa rural Jacobea **
Fernando Melchor de Chinchetru, calle Mayor 32, 26259 Grañón (941-420-684 & 629-781-490 & 687-505-544 ✉ fermelchor@gmail.com www.fotorural.es/casajacobea) 2 ch, 45 €, supp 15 €, , fermé déc à fév

6 Bar del Pueblo, sandwiches, plats chauds *(au-dessus de la pharmacie)*

7 Bar-tienda Piedad, sandwiches, plats chauds, fermé dim BS

8 Ravitaillement :
- Tienda de Alimentación Cruz de los Valientes, calle Mayor 44, ouv festivos
- Panadería Jesús, calle Mayor, ouv à partir de 7h, ouv festivos

9 Centre de Santé (941-420-769)

10 Albergue municipale Hospital de San Lazaro @
Santi (pèlerin), calle Mayor 24, 09259 Redecilla del Camino (mairie 947-588-078 & 947-580-283) 36 pl en dortoirs 6-10 pers, 5 €, donativo, , LL, piscine en été, ouv tte la journée, ouv tte l'année

11 Hotel rural-Bar-Restaurante Casa Redecilla
Enrique, 09259 Redecilla del Camino (✉ info@hotelredecilladelcamino.com 947-585-256 & 697-641-117 www.hotelredecilladelcamino.com) 8 ch, 30 €, 50 €, 65 €, 80 €, 4 €, 10 à 11 €, LL & SL, fermé nov à mars

12 Bar de la Piscina, ouv en été et week-ends

13 Bar-Panadería
carretera Logroño-Vigo km 25, 10 €, , dépannage-ravitaillement, horaires variables *(sur la N 120, à la sortie du village)*

14 Tienda, dépôt de pain, ouv tte l'année

15 Eglise, fonts baptismaux du XIIème siècle, ouv 9h à 19h HS

16 Office de tourisme @ ouv HS le matin

17 Hotel-Restaurante-Bar El Chocolatero CB @
carretera Logroño-Vigo km 57.5, 09259 Castildelgado (www.elchocolatero.es 947-588-063 ✉ chococastil@gmail.com) 37 ch, 22 €, 40 €, 60 €, 5 €, 12.50 €, ouv 6h, fermé sam BS, Noël et Nouvel An

18 Ravitaillement :
- Panadería, ouv 6h à 14h
- Tienda, ouv à partir de 7h

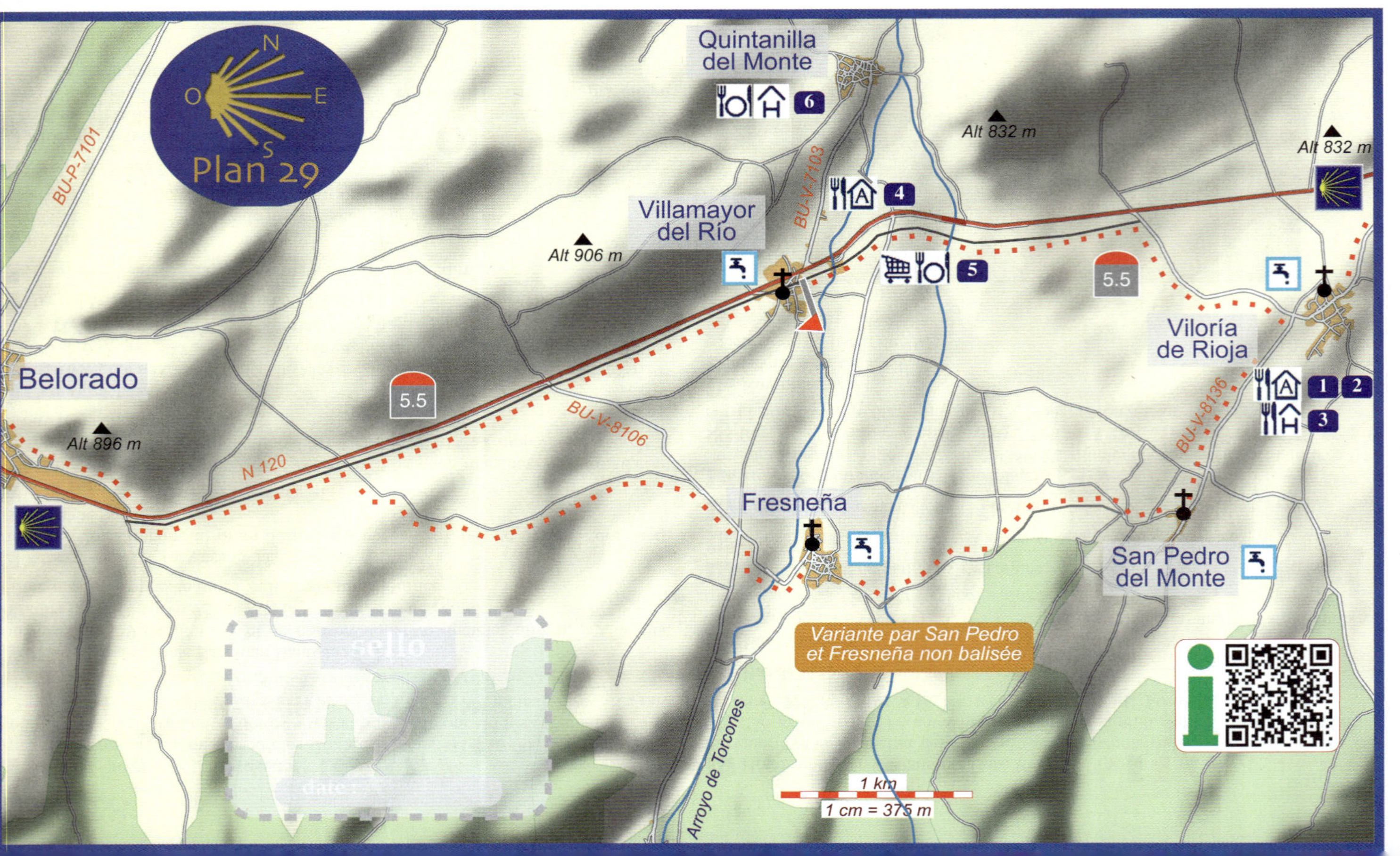

N
O
E
S
Plan 29
BU-P-7101
Quintanilla
del Monte
6
Villamayor
del Río
BU-V-7103
4
Alt 906 m
Alt 832 m
Alt 832 m
5
5.5
Viloría
de Rioja
1
2
3
BU-V-8136
Belorado
5.5
Alt 896 m
N 120
BU-V-8106
Fresneña
San Pedro
del Monte
Variante par San Pedro
et Fresneña non balisée
sello
Arroyo de Torcones
1 km
1 cm = 375 m

Plan 29

1 Albergue privée Acacio y Orietta

Acacio et Orietta (pèlerins), calle Nueva 6, 09259 Viloria de Rioja (947-585-220 & 679-941-123 casaperegrina@yahoo.es www.peregrinando.org) poss résa, 10 pl en dortoir, 5 €, poss et donativo, LL & SL, ouv 13h30, ferm 22 h, BS résa nécessaire

2 Albergue privée Parada Viloria

Toni y Mariaje, calle Bajera 7, 09259 Viloria de Rioja (639-451-660 & 610-625-065 majeperez7@yahoo.es) poss résa, 16 pl en 3 dortoirs, 5 €, poss et donativo, , LL & SL, ouv 9h, ferm 22 h, ouv 1er fév au 3 déc

3 Hôtel Mi Hotelito CB @

plaza Mayor 16, 09259 Viloria de Rioja (mihotelito@mihotelito.es 947-585-225 & 676-390-240 www.mihotelito.es) 6 ch, 70 €, 77 à 88 € supp 25 €, 6 €, 16.50 à 27 € sur résa, fermé nov à fin fév

4 Albergue privée San Luis de Francia @

Roberto y Maricarmen, carretera Quintanilla sn, 09259 Villamayor del Río (947-580-566 & 659-967-967 alberguesanluisdefrancia@hotmail.com) poss résa, 26 pl, ch 4 pers, 5 €, 3 €, 8 €, sandwiches, LL & SL, ouv 13h, départ 8h, ouv début mars à mi-oct et BS sur résa pour groupes *(sur la route de Quintanilla del Monte, à 200 m du camino)*

5 Restaurante Casa León, carretera Burgos 1 (947-580-237) 14 à 40 €, épicerie fine, fermé lun, 2 semaines en jul et de Noël au 15 jan

6 Centro de turismo tural La Aldea Encantada CB

Ana Maria, barrio de Arriba 102, 09259 Quintanilla del Monte (947-580-484 & 650-951-903 informacion@laaldeaencantada.es & anamcrv@hotmail.com www.laaldeaencantada.es) 6 ch, 39 €, 50 €, 75 €, 89 €, 3.50 à 7 €, 12 à 15 €, poss massages, chiens acceptés (prévenir), gratuit (minimum) de Santo Domingo à Agés pour les hôtes qui restent pour plusieurs étapes, ouv tte l'année *(juste avant d'arriver à Villamayor, prendre la petite route à droite vers Quintanilla del Monte sur 900 m)*

Plan 30
N
E
S
O
Alt 940 m
La Loma
16
17
Tosantos
BU 704
N 120
Alt 825 m
Rio Palomar
Rio Tirón
Belorado
Alt 894 m
1
2
3
4
5
6
7
8
9
10
11
12
13
14
15
18
Alt 863 m
4.9
BU 813
Villambístia
3.4
50 m en contrebas
de l'église
San Miguel
de Pedrosa
BU V 8104
Tous services,
tous commerces
Alt 1040 m
Cabeza balza
1 km
1 cm = 375 m

Plan 30

1 Albergue Paroissial
Association helvétique des Amis de Saint Jacques, calle El Corro, 09250 Belorado (947-580-085) 24 pl en dortoir, donativo, et donativo, , ouv 13h, ferm 22h, ouv mai à nov *(à côté de l'église Santa María)*

2 Albergue turistico El Corro (municipal de gestion privée) @
calle Mayor 68, 09250 Belorado (albergueelcorro@gmail.com 947-581-419 & 629-507-470 www.alberguemunicipalelcorro.net) poss résa, 45 pl en 4 dortoirs, 6 à 10 €, 3 €, 8 €, , LL & SL, piscine, poss massages, ouv 11h, 14h en hiver, ferm 22h, ouv tte l'année

3 Hostal-Restaurant-Bar-Albergue privée A Santiago CB @
camino de Redoña, 09250 Belorado (947-562-164 & 677-811-847 www.a-santiago.es albergueasantiago@hotmail.com) poss résa, 96 pl en 8 dortoirs 8-16 pers, 5 à 7 €, LL & SL // Chambres, 12 ch, 30 €, 40 €, 55 €, 3 €, 10 € // piscine, atelier de réparation // fermé Toussaint à mars

4 Albergue-Restaurante Cuatro Cantones @
calle Hipolíto López Bernai 10, 09250 Belorado (cuatrocantones@hotmail.com www.alberguecuatrocantones.com 947-580-591 & 696-427-707) poss résa, 60 pl en 5 dortoirs, 6 à 10 €, 3.50 €, 10 à 11 € (servi à 19h30), , LL & SL, piscine, poss massages, ouv 11h, 14h en hiver, ferm 22h, fermé nov à fév

5 Albergue privée El Caminante CB
Belén, calle Mayor 36, 09250 Belorado (g.caminante@hotmail.com 947-580-231 & 656-873-927 www.alberguecaminante.es) poss résa, 22 pl en dortoir, 5 € // 8 ch, 35 à 45 € // 3 €, 10 €, LL & SL, ouv 10h à 22h, fermé oct à mars

6 Pensión Casa Waslala CB @
Paul et Belmalyn Melman, calle Mayor 57, 09250 Belorado (947-580-726 & 647-102-254 casawaslala@gmail.com www.casawaslala.com) 3 ch, 25 €, 42 €, DP 45.50 €, 82 €, 7 €, LL, ouv mi-mars à nov

7 Pensión Tane @
avenida Logroño 15, 09250 Belorado (632-004-926 pension_tane@yahoo.es) 4 ch, 30 €, 3 €, 9 €, , LL & SL, ouv tte l'année

8 Pensión Toni CB
Antonia, calle Redecilla 7, 09250 Belorado (informacion@pensiontoni.com 947-580-525 & 616-010-808 www.pensiontoni.com) 5 ch, 31 €, 40 à 47 €, 60 €, 75 €, blanchisserie, ouv tte l'année

9 Hotel Jacobeo** CB @
calle Generalisimo 3, 09250 Belorado (contacto@hoteljacobeo.net 947-580-010 www.hoteljacobeo.net) 16 ch, 45 à 54.50 €, 58 à 65.50 €, 78 à 85 €, 5.50 € à partir de 6h45, resto fermé vacances Noël, hôtel ouv tte l'année

10 Hotel rural Verdeancho CB
Elsa María López, calle El Corro 11, 09250 Belorado (947-580-261 & 659-484-584 info@casaverdeancho.com www.casaverdeancho.com) 7 ch, 40 à 42 €, 56 €, 78 €, 96 €, 5 €, LL & SL, ouv avr à nov

11 Hotel-Restaurante Belorado* CB @
avenida de Burgos 3, 09250 Belorado (informacion@hotelbelorado.com 947-580-684 www.hotelbelorado.com) 11 ch, 30 €, 45 €, 55 €, 3 €, 11 €, hôtel ouv tte l'année, resto fermé dim soir

12 Nombreux bars, restaurants et commerces dans le centre

13 Centre de Santé (947-580-660)

14 Oficina de Turismo, plaza Mayor (info@belorado.org 947-580-815 www.belorado.es) ouv mer à sam 10h30 à 15h et 16h à 20h

15 Taxi Castroviejo, 09250 Belorado (947-580-045 & 606-899-340 & 649-452-571) transport pèlerins et bagages de Santo Domingo à Burgos

16 Albergue San Francisco de Asís
Accueil chrétien, José Luis, calle Santa Marina, 09258 Tosantos (947-580-371) 30 pl en dortoir, donativo, matelas au sol, pas de lits, et donativo, ouv tte la journée, ouv mi-mars à mi-nov
- Prière proposée après le dîner, oratoire

17 Bar El Castaño dos Santos, sandwiches, plats chauds, ouv 8h, fermé lun matin

18 Albergue municipal San Roque-Bar @
09258 Villambístia, 14 pl, , LL & SL, *(en cours de changement de gérance)*

N
O
E
S
Plan 31
Ocón de Villafranca
Espinosa
del Camino
1
2
San Felices
de Oca
N 120
3.5
BU 703
Villafranca
Montes de Oca
3
4
5
6
7
8
9
à côté de
l'église
Fuente de
Mojapan
Montes de Oca
12.6
Alto de la
Pedraja
Alt 1163
1 km
1 cm = 375 m
sello

Plan 31

1 Albergue privée la Campana

José Mir Fonseré (Pepé), 09258 Espinosa del Camino (678-479-361) poss résa la veille, réservé pèlerins à pied avec sac à dos allant jusqu'à Santiago, 10 pl en mini-dortoir, DP obligatoire 17 €, peu de chauffage, ouv 13h ferm 22h, fermé nov à fév *(sous réserve de changement de propriétaire)* *(à la sortie du village)*

2 Bar La Cantina-Albergue privée de Espinosa

Javi et Toni, 09258 Espinosa del Camino (947-582-036 & 630-104-925) 10 pl en 3 ch, 5 €, 2.40 €, 9 €, sandwiches, ouv 7h été, ouv tte l'année *(dans le village)*

3 Albergue municipal @

Maite y Rosa, calle Mayor 17, 09257 Villafranca Montes de Oca (691-801-211 nuevoalberguemunicipal@gmail.com) 60 pl en 4 dortoirs, 5 € été, 7 € hiver, , ouv tte la journée, ferm 22h ou 22h30, ouv tte l'année

4 (hôtel) CB

Hôtel***-Restaurant-Bar-Albergue San Anton Abad-Posada del Camino

09257 Villafranca Montes de Oca (947-582-150 hotelsanantonabad@gmail.com www.hotelsanantonabad.com) 14 ch, 60 €, 70 €, supp 20 € (inclus), 12 à 15 €, fermé début déc au 15 mars // Albergue, 41 pl en 2 dortoirs, 5 à 10 €, 3 ch de 30 à 45 €, 4 à 8 €, fermé Toussaint au 15 mars

5 Casa rural La Alpargatería CB

calle Mayor 2, 09257 Villafranca Montes de Oca (alpargateria@hotmail.com 686-040-884 www.casaruralalpargateria.com) 8 ch, 20 €, 36 € (inclus), , LL & SL (pour groupes), poss massages sur résa, ouv tte l'année, infos au Bar El Pájaro (pavé nro 7)

6 Bar-Tienda-Pensión Jomer CB

09257 Villafranca Montes de Oca (947-582-146) 6 ch, 45 à 50 €, 4 €, 10 €, sandwiches, , ouv tte l'année

7 Bar-Restaurant-Pensión El Pájaro CB

carretera principal, 09257 Villafranca Montes de Oca (947-582-029) 7 ch, 18 €, 36 €, , 10 à 12 €, ouv tte l'année

8 Bar-Restaurant Mesón Alba, calle Briviesca 17, 10 € à partir de 19h, ouv à partir de 7h, fermé lun en hiver

9 Ravitaillement :

- Panadería La Pedraja, dépannage-ravitaillement, fermé Noël et Nouvel An
- Alimentación Oca, calle Mayor 7, ouv HS 9h15 à 14h et 16h à 20h, BS 12h à 14h, ouv tte l'année, 7/7 sauf dim en BS

Plan 32
N
E
S
O
sello
Hiniestra
en face
du refuge
San Juan
de Ortega
Alt 1040 m
Alt 1100 m
1
2
3
4
5
@
BU V 7017
Montes de Oca
N 120
1 km
1 cm = 375 m

Plan 32

1 Monasterio de San Juan de Ortega

Fundacion Diper, 09199 San Juan de Ortega (947-560-438) 60 pl en 3 dortoirs, 5 à 7 €, LL, ouv 12h30, ferm 22h, ouv mars à Toussaint

2 Hostal rural La Henera

Manuel, 09199 San Juan de Ortega (606-198-734 manuel@sanjuandeortega.es www.sanjuandeortega.es) poss résa, 10 ch, 40 à 45 €, 50 à 55 €, 3 à 4 €, ouv mars à Toussaint

3 Bar Marcela, sandwiches et assiettes garnies, ouv 9h à 22h, parfois fermé en hiver

4 Messe et bénédiction des pèlerins l'été 18h, église ouv tte la journée

5 @ Point Internet sur la place

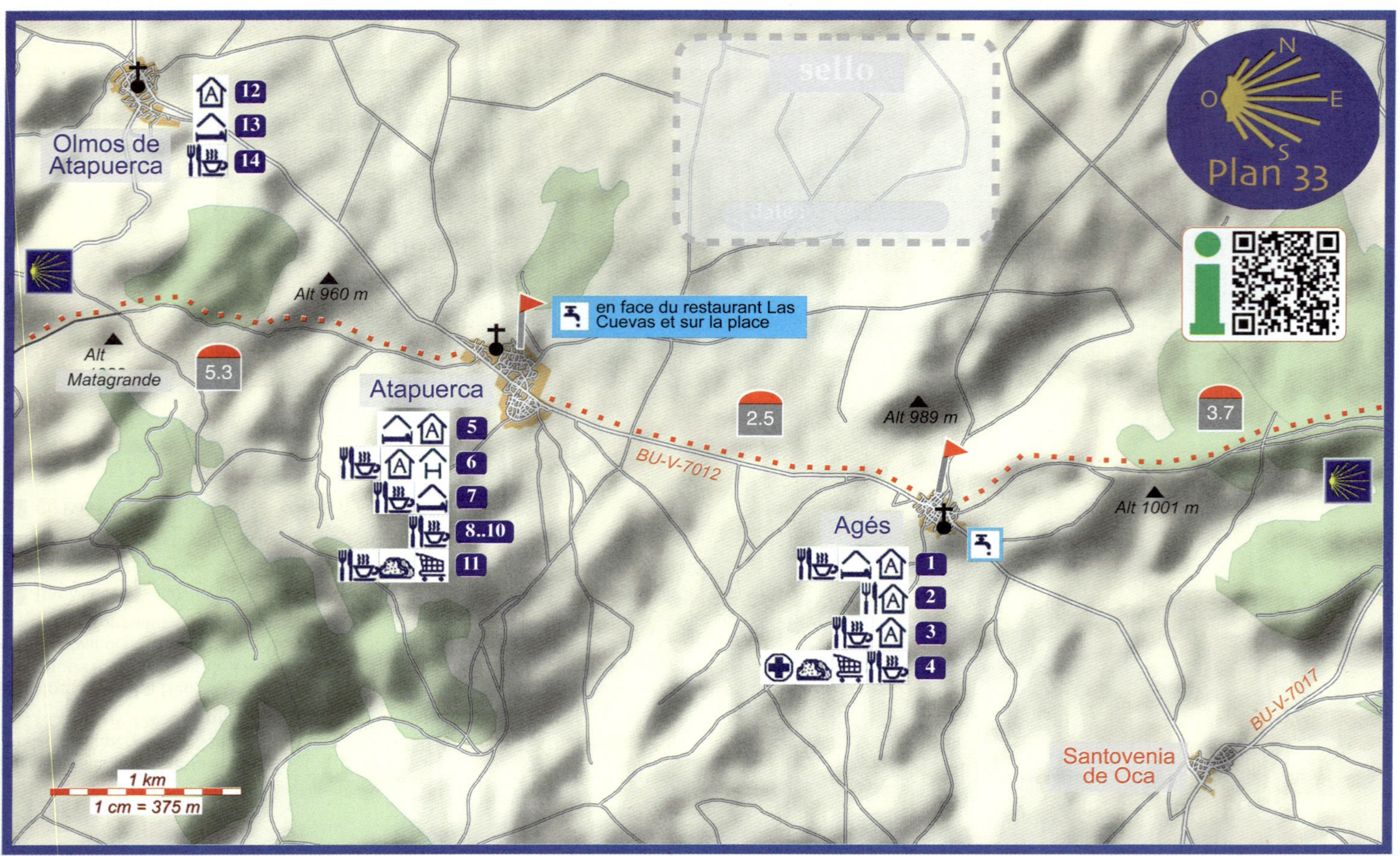

Plan 33
N
E
S
O
sello
date
Olmos de Atapuerca
12
13
14
Alt 960 m
Alt
Matagrande
5.3
en face du restaurant Las Cuevas et sur la place
Atapuerca
5
6
7
8..10
11
2.5
BU-V-7012
Alt 989 m
Agés
1
2
3
4
3.7
Alt 1001 m
BU-V-7017
Santovenia de Oca
1 km
1 cm = 375 m

Plan 33

1 Albergue privée-Restaurante San Rafael
Ana Maria et Carlos, calle Camino de San Juan de Ortega, 09199 Agés (947-430-392 & 661-263-289 ✉ alberguesanrafael2010@hotmail.com) poss résa, 10 pl en 2 dortoirs, 10 € // 15 matelas au sol, 8 € // 3 ch, 36 €, 45 €, LL & SL // 3 €, 10 à 12 € (poss végétarien et sans gluten), BS résa nécessaire

2 Albergue privée El Pajar-Casa Roja @
José Luis, calle Paralela del Medio 12, 09199 Agés (947-400-629 & 699-273-856 ✉ info@elpajardeages.es www.elpajardeages.es) El Pajar, poss résa, 34 pl en ch 4-10 pers, 9 € // Casa Roja, pas de résa, 30 pl en ch 6-10 pers, 5 € // 3 €, 10 € (paëlla), LL & SL, ouv tte la journée, ouv mars à mi-nov

3 Albergue-Taberna de Agés CB @
Pedro, calle del Medio 19, 09199 Agés (www.alberguedeages.com 947-400-697 & 660-044-575) poss résa, 36 pl en 1 dortoir, 8 €, 3 €, 10 €, sandwiches, LL & SL, ouv 11h, ferm 23h, départ 6h à 9h, fermé 15 jan au 15 fév

4 Tienda-Bar El Alquimista @
calle Ochabro 2 (947-400-692), 8 €, sandwiches, assiettes garnies 6.50 €, salades, dépôt de pain, ouv 6h été, ouv mars à nov, 5h à 8h suivant saison à 21h
- Autre Tienda en projet pour 2015, ouv HS

5 Albergue El Peregrino
Rocio García, carretera 105, 09199 Atapuerca (✉ rocio@albergueatapuerca.com 661-580-882 www.albergueatapuerca.com) 36 pl en dortoir 6 pers, 8 € // 6 ch, ou 35 € //, LL & SL, chiens acceptés (jardin), ouv 13h, ferm 22h, départ 8h, fermé Toussaint au 1er mars

6
Hotel*** rural-Bar-Restaurante Papasol-Albergue La Hutte
Jacqueline Vézy Lamas, calle en Medio 36, 09199 Atapuerca (947-430-320 ✉ papasol@burgosturismorural.com www.burgosturismorural.com) 8 ch, 38 à 44 €, 53 à 60 €, supp 12 €, 6 €, 12 à 15 € // La Hutte, 18 pl en dortoir, pas de résa, nuit 5 €, chauffage sommaire en hiver // ouv tte l'année

7 Pensión-Restaurante-Bar El Palomar CB
calle la Revilla 22, 09199 Atapuerca (✉ elpalomardeatapuerca@gmail.com 947-400-675 www.elpalomardeatapuerca.es) 4 ch, 40 €, 60 €, 80 € (inclus), 10 à 13 €, pensión ouv Rameaux à Toussaint, resto ouv mars à déc

8 Restaurante Comosapiens, camino de Santiago 24 et 26 (947-430-501) 12 à 20 €, fermé soirs sauf week-end, fermé mer BS, fermé jan

9 Restaurante-Bar Asador Las Cuevas, calle Bajera 3 (947-430-481) 10 à 14 €, à partir de 19h, fermé lun soir, fermé 22 déc à mi-jan

10 Bar Cantina de Atapuerca, carretera sn (947-430-323) 10 à 12 €, ouv à partir de 9h, fermé 22 déc au 1er fév

11 Panadería-Cafetería-Tienda Las Cuevas, ouv HS, poss à partir de 7h

12 Albergue turistico municipal
Eva (661-026-495 & 649-157-547) poss résa, 21 pl en dortoir, 8 €, , LL, pour réserver et si l'albergue est fermée, contact Casa Los Olmos (pavé 13)

13 Casa rural Los Olmos
Eva, calle Real 24, 09199 Olmos de Atapuerca (✉ losolmoscasarural@gmail.com http://losolmoscasarural.wix.com/atapuerca 661-026-495) 4 ch, ou 55 à 75 € (inclus), ouv tte l'année

14 Bar Mesón Los Hidalgos (947-430-524) sandwiches, 10 à 14 €, fermé lun, fermé 3 semaines nov

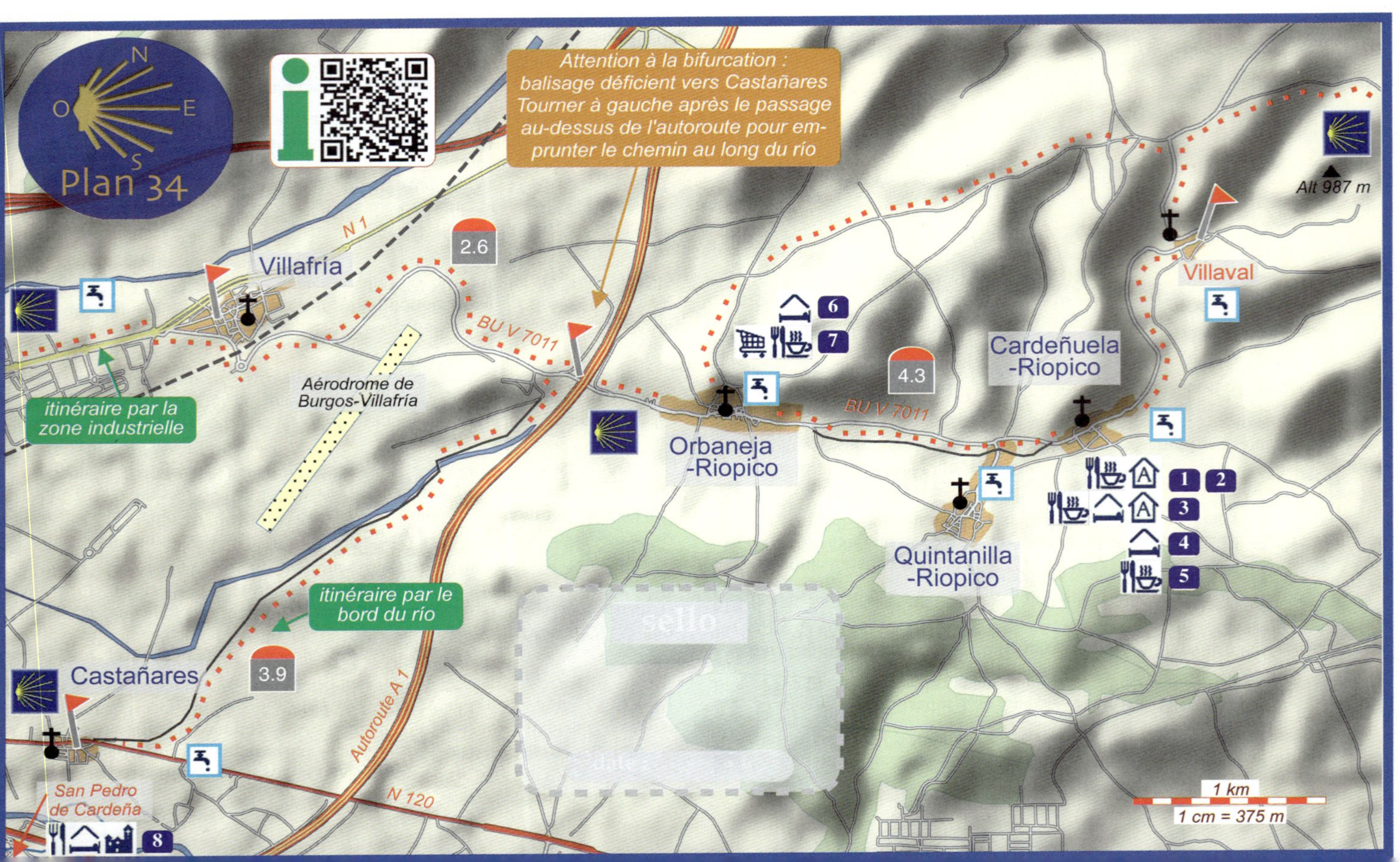

Plan 34
N
O
E
S
Attention à la bifurcation : balisage déficient vers Castañares Tourner à gauche après le passage au-dessus de l'autoroute pour emprunter le chemin au long du río
Alt 987 m
Villaval
Cardeñuela
-Riopico
Orbaneja
-Riopico
Quintanilla
-Riopico
Villafría
Castañares
San Pedro
de Cardeña
Aérodrome de
Burgos-Villafría
itinéraire par la zone industrielle
itinéraire par le bord du río
N 1
BU V 7011
Autoroute A 1
N 120
2.6
4.3
3.9
1
2
3
4
5
6
7
8
sello
1 km
1 cm = 375 m

Plan 34

1 Bar La Parada-Albergue municipale de Cardeñuela
José Manuel, calle Santa Eulalia, 09192 Cardeñuela-Ríopico (646-249-597) 16 pl en ch 4 pers, 5 €, 2 €, 8 €, LL, fermé 2 semaines déc

2 Albergue privée-Bar Via Mínera @
Carlos, calle la Iglesia 1, 09192 Cardeñuela-Ríopico (652-941-647 albergueviaminera@gmail.com www.albergueviaminera.blogspot.com) poss résa, 24 pl en ch 4 pers, 5 à 8 € // 2 ch, DP 41 € // 2.50 € à partir de 5h30, 9 € servi à 19h, dépannage-ravitaillement, LL & SL, ouv 1er avr à Toussaint *(16 pl supp en 2 dortoirs, nuit 5 €, piscine, jacuzzi, en projet pour 2015)*

3 Bar-Albergue privée Santa Fe CB @
Miriam, calle Los Huertos 3, 09192 Cardeñuela-Ríopico (626-352-269 alberguesantafe@hotmail.com www.baralberguesantafe.com) poss resa, 10 pl, 8 €, 2 ch, 25 €, 35 €, 2 €, 8 à 10 €, LL & SL, ouv tte l'année *(8 pl supp en 2 ch en projet pour 2015)*

4 Casa rural La Cardeñuela
Belén, calle vía Minera sn, 09192 Cardeñuela-Ríopico (610-652-560 & 620-385-008 www.toprural.com/lacardenuela) 3 ch, 25 €, 50 € (inclus), , LL, fermé nov à mars, sauf résa

5 Bar-Bocatería San Miguel, sandwiches, plats chauds, ouv avril à oct

6 Casa rural Fortaleza
Juan Miguel Gomes Álvarez, calle principal 31, 09192 Orbaneja-Ríopico (ruralfortaleza@gmail.com www.casaruralfortaleza.com 947-22-53-54 & 678-116-570 & 666-010-551) 6 ch, 35 €, 50 €, 60 €, LL, ouv tte l'année

7 Bar Río Pico, sandwiches, plats chauds, dépannage-ravitaillement, ouv 8h, ferm lun

8 Abadia Cisterciense Santa María de los Martíres
San Pedro de Cardeña, Castrillo del Val, 09193 Burgos (947-290-033 spc-hospederia@hotmail.com www.cardena.org) résa nécessaire, 24 ch, donativo, ferm 20h, fermé Noël au 2 jan
- Réservé aux pèlerins désirant effectuer une retraite spirituelle *(7 km au sud de Castañares. De là, on peut rejoindre directement Burgos (Plan 35))*

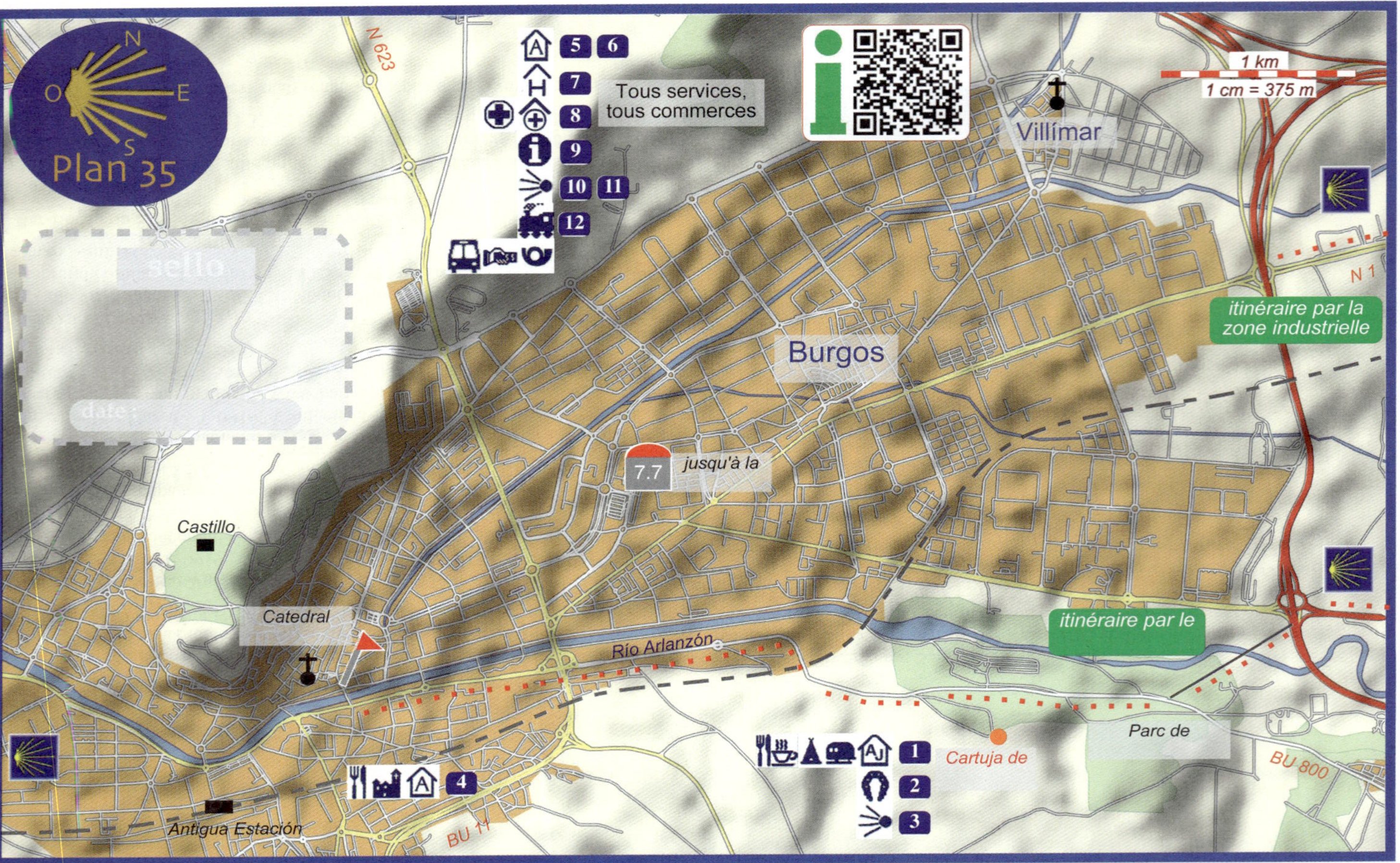

N
O
E
S
Plan 35
sello
date :
N 623
5 6
7
Tous services,
tous commerces
8
9
10 11
12
1 km
1 cm = 375 m
Villímar
N 1
itinéraire par la
zone industrielle
Burgos
7.7
jusqu'à la
Castillo
Catedral
Río Arlanzón
itinéraire par le
Parc de
Cartuja de
1
2
3
BU 800
4
Antigua Estación
BU 11

Plan 35

1 Camping Fuentes Blancas-Restaurant-Bar
carretera Burgos-Cartuja de Miraflores km 3.5, 09000 Burgos (947-486-016 ✉ info@campingburgos.com www.campingburgos.com) 265 pl, tente 11 à 16 €, bungalow (BS seulement) 34 à 40 €, 76 à 90 € // Albergue, 60 pl en 3 dortoirs, nuit 9 €, 10 à 12 €, LL & SL, dépannage-ravitaillement, piscine en été, ouv tte l'année

2 Centro ecuestre Miraflores
09193 Burgos (659-480-737) pré ou box (20 à 25 €) *(à proximité de la Cartuja de Miraflores)*

3 Cartuja de Miraflores (947-252-586 www.cartuja.org) ouv semaine 10h15 à 15h et 16h à 18h, dim et festivos ouv à partir de 11h, fermé mer, entrée donativo

4 Albergue Emaús (*ce n'est pas la communauté d'Emmaüs*)
Accueil chrétien, parroquia San José Obrero, calle San Pedro de Cardeña 31 bis, 09002 Burgos, priorité pèlerins à pied, 20 pl, ch 4-6 pers, 5 €, et , part aux frais, SL, ouv 12h, ferm 20h, départ 8h, ouv Rameaux à Toussaint
- Messe proposée à la paroisse avant le dîner, prière proposée après le repas
- Chapelle avec adoration
- BS accueil sur résa pour groupes chrétiens, écrire à ✉ peregrinosemaus@gmail.com *(Barrio La Quinta, à l'entrée de Burgos par le rio. En face de l'hôtel Cardeña, au bout de la calle Diego San Victores)*

5 Casa de los Cubos, albergue municipal @
Association des Amis du Camino de Burgos, calle Fernan Gonzálezz 28, 09003 Burgos (947-460-922) 150 pl, nuit 5 €, LL & SL, ouv 12h été, 14h30 BS, ferm 22h30 été, 22h BS, départ 8h, ouv tte l'année *(derrière la cathédrale)*

6 Albergue Hospital de Santiago y Santa Catalina "Divina Pastora" @
Association des commerçants de Burgos, calle Lain Calvo 10, 09003 Burgos (947-207-952) réservé pèlerins à pied, 16 pl, 5 €, LL & SL, ouv 11h, ferm 22h, ouv 1er avr à Toussaint
- Chapelle Divina Pastora au-dessous du refuge, messe tous les jours 20h et bénédiction du pèlerin *(en centre ville)*

7 Hotel** Norte y Londres-Posada del Camino CB
plaza Alonso Martínez 10, 09003 Burgos (947-264-125 ✉ info@hotelnorteylondres.com www.hotelnorteylondres.com) 50 ch, 40 à 60 €, 45 à 68 €, supp 15 €, 6 €, ouv tte l'année, réception 24h/24

8 Centre de Santé (947-281-800 & 947-221-477)

9 Offices de tourisme :
- Office de Tourisme de la province de Castilla y León, plaza Alonso Martínez 7 bajo, 09003 Burgos (947-203-125 ✉ oficinadeturismodeburgos@jcyl.es www.turismocastillayleon.com) fermé Noël et Nouvel An
- Office de Tourisme de la ville de Burgos, calle Nuño Rasura 7, 09003 Burgos (947-288-874 ✉ infoturismo@aytoburgos.es www.aytoburgos.es) ouv tte l'année

10 Cathédrale ouv 9h30-10h à 18h-18h30, 3.50 €

11 Musée Monasterio Santa María la Real de las Huelgas
calle de los Compases sn, 09001 Burgos, ouv semaine 10h à 13h et 16h à 17h30, dim et fêtes 10h30 à 14h, fermé lun, entrée 6 € *(voir plan suivant)*

12 Gare RENFE de Burgos (Rosa de Lima) : attention, située à 4 km dans la zone industrielle, vers le nord

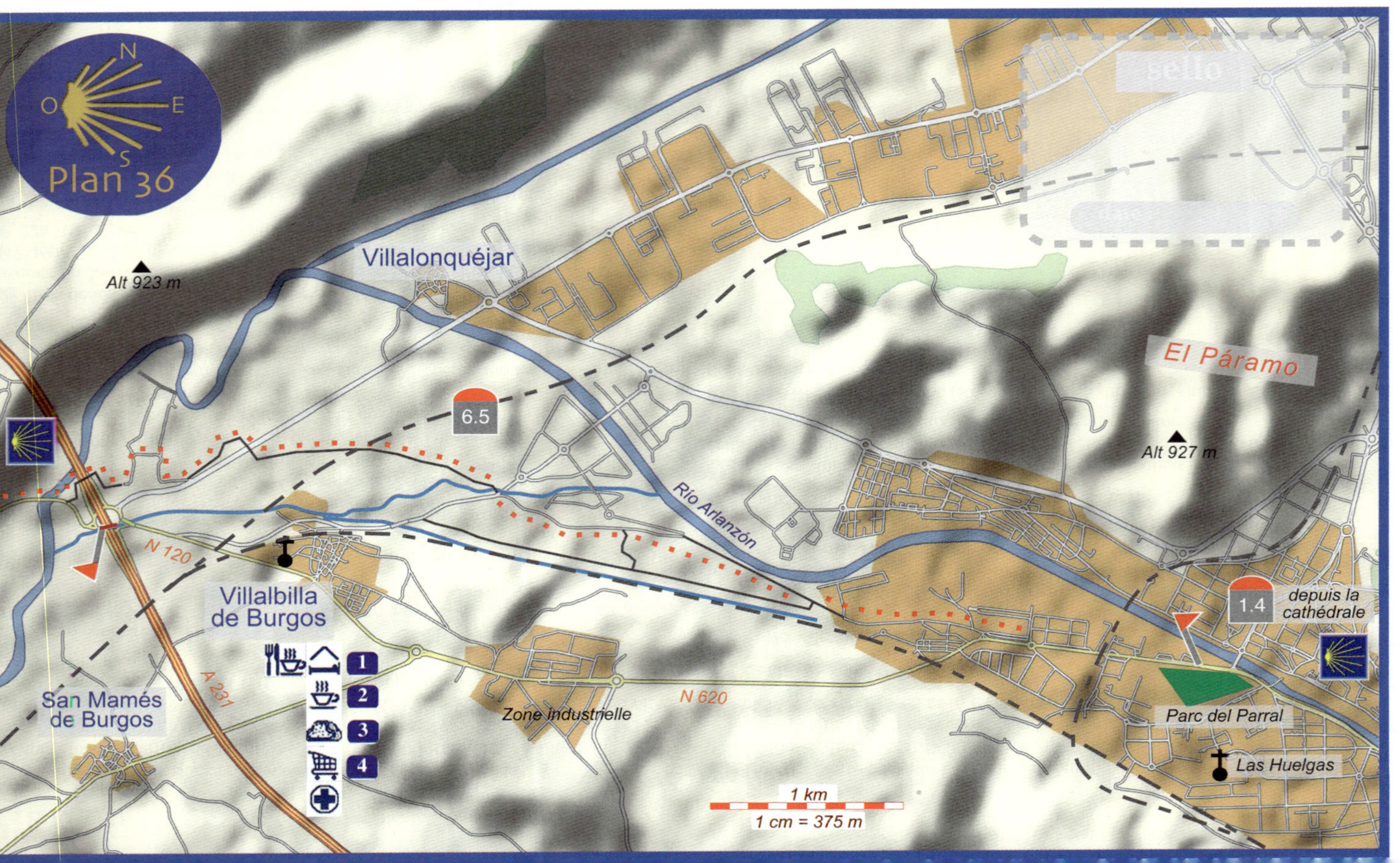

Plan 36
N
O
E
S
Alt 923 m
Villalonquéjar
6.5
El Páramo
Alt 927 m
Río Arlanzón
1.4
depuis la cathédrale
N 120
Villalbilla de Burgos
1
2
3
4
A 231
San Mamés de Burgos
Zone industrielle
N 620
Parc del Parral
Las Huelgas
1 km
1 cm = 375 m

Plan 36

1 Pensión-Bar-Tomasa
calle Estación sn, 09197 Villalbilla (947-291-265) 9 ch, 25 €, 35 €, 10 €, bar fermé lun et sep

2 Bar Esther, fermé mer et Bar de socios (horaires variables)

3 Panadería J. Tobar, calle Sagrado Corazón de Jesús 20, ouv 6h à 15h, fermé dim

4 Alimentation, ouv lun au sam matin

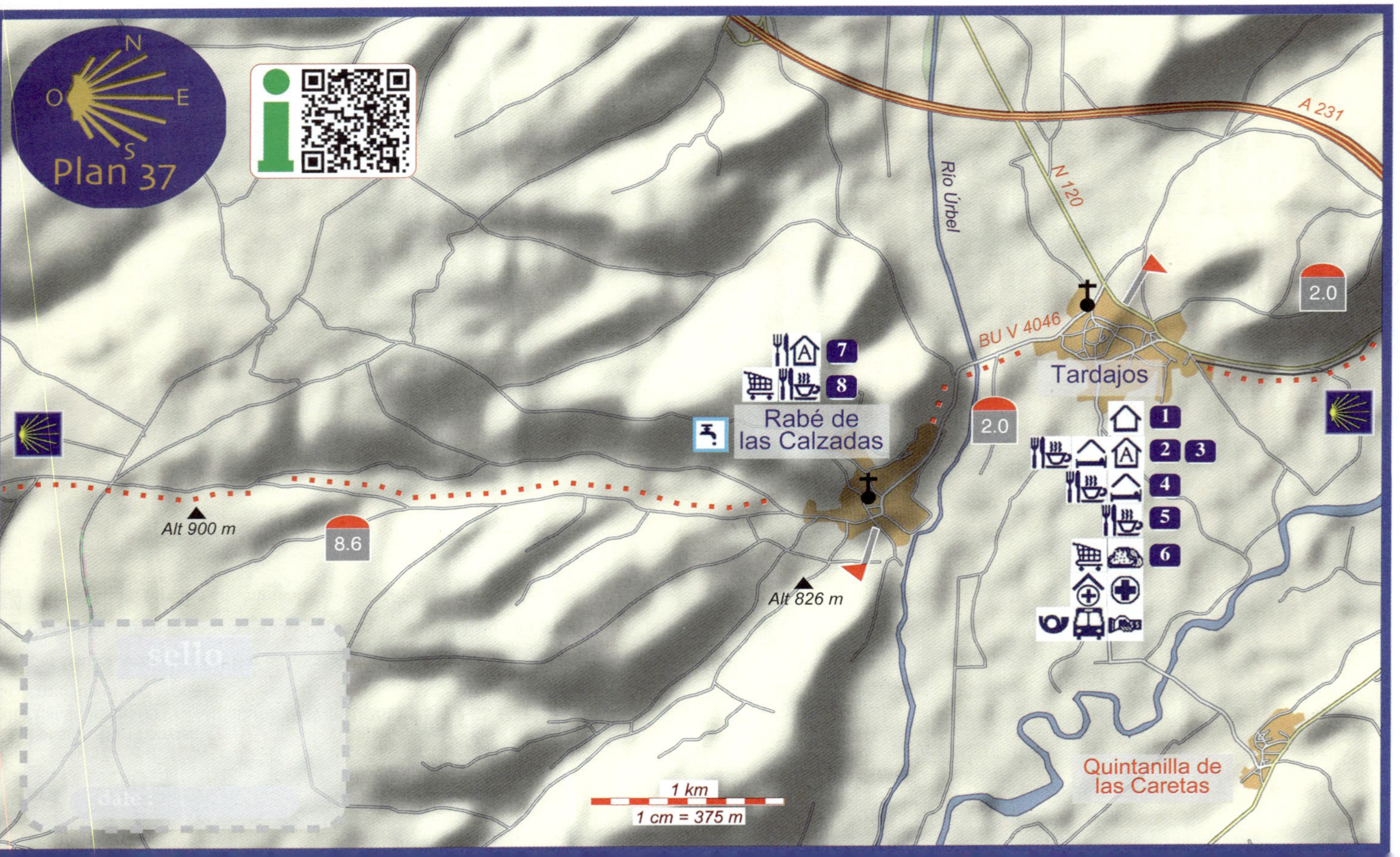

N
O
E
S
Plan 37
A 231
N 120
Río Úrbel
BU V 4046
Tardajos
2.0
2.0
1
2
3
4
5
6
7
8
Rabé de
las Calzadas
Alt 900 m
8.6
Alt 826 m
sello
1 km
1 cm = 375 m
Quintanilla de
las Caretas

Plan 37

1 Refugio municipal de Tardajos
Association des Amis du Camino de Madrid, calle Asunción sn, 09130 Tardajos (mairie 947-451-189) 16 pl en 3 dortoirs, donativo, ouv 19 mars à Toussaint, ouv 15h, ferm 22h *(dans le village)*

2 CB
Bar-Restaurante-Albergue touristique La Fábrica
Cristina, calle La Fábrica 7, 09130 Tardajos (www.alberguelafabrica.com 646-000-908) 14 pl en dortoir, 12 € // 6 ch, 30 à 35 €, 2.50 €, 10 €, LL & SL, ouv tte l'année *(prendre à droite avant le calvaire, avant d'arriver au village, et suivre les indications sur 300 m)*

3 Bar-Restaurante-Albergue La Casa de Beli
José et Orcajo, calle Pozas sn, 09130 Tardajos (joseaorcajo@gmail.com 686-938-646) 50 pl en dortoirs et 8 ch
- ouverture prévue printemps 2015 (au centre du village)

4 Pensión Mari-Bar Ruíz
calle Pozas s/n, 09130 Tardajos (947-451-125 saralonso87@gmail.com) 6 ch, 15 à 20 €, 20 €, 30 €, 2.50 €, 9.50 €, ouv tte l'année (pas de chauffage)

5 Bar El Camino
calle del Mediodia 20, sandwiches, assiettes garnies, , ouv 7h

6 2 tiendas de alimentación et 2 boulangeries

7 Albergue privée Libéranos Domine
Clementina, plaza Francisco Riberas 10, 09130 Rabé de las Calzadas (695-116-901 clementinadelatorre@gmail.com www.liberanosdomine.com) poss résa, 24 pl, ch 4-8 pers, 8 €, 2.50 €, du soir 8 €, sandwiches, LL & SL, ouv 12h30 à 22h, ouv tte l'année

8 Bar-Tienda, sandwiches, ouv HS à partir de 6h, BS à partir de 13h

Plan 38
N
O
E
S
Vers Isar (3km) et
Villanueva de Argaño (5km)
Río Hornazuela
BU V 4043
Arroyo Orbaneja
1
2
3
4
5
6
7
8
9
10
Alt 947 m
Alt 921 m
Alt 919 m
Alt 924 m
Alt 933 m
Hornillos
del Camino
Hormaza
5.8
1 km
1 cm = 375 m

Plan 38

1 Albergue El Alfar de Hornillos
Santi et Pili, calle Cantarranas 8, 09230 Hornillos del Camino (619-235-930 & 654-263-857 ✉ elalfardehornillos@gmail.com www.elalfardehornillos.es) poss résa, 20 pl en dortoirs 4-10 pers, 8 €, 3 €, 8.50 € (paëlla, servi à 19h30), LL & SL, , poss location de vélos entre Burgos et León, ouv Rameaux à Toussaint
- Bar-restaurant en projet pour 2015

2 Albergue Meeting Point
Laura, calle Cantarranas 3, 09230 Hornillos del Camino (608-113-599 ✉ info@hornillosmeetingpoint.com www.hornillosmeetingpoint.com) poss résa, 32 pl en dortoirs 4-10 pers, 8 €, 3 €, *en projet pour 2015*, LL, , , ouv 10h, ferm 22h, ouv tte l'année
- chambres individuelles en projet pour 2015

3 Albergue municipale
Inma, plaza de la Iglesia, 09230 Hornillos del Camino (689-784-681 ✉ info@hornillos.alberguemunicipal.com) 32 pl en dortoirs 10-12 pers, 5 €, , LL, ferm 22h, ouv tte l'année *(près de l'église)*

4 Casa rural-Albergue La Casa del Abuelo
Mari Carmen, calle Real 44, 09230 Hornillos del Camino (661-869-618 & 659-855-326 ✉ lacasadelabuelo4@gmail.com) 5 ch, 45 € 60 € // 7 pl en dortoir, 15 € (inclus), (produits du jardin offerts), LL, ouv tte l'année

5 Bar-Restaurante Casa Manolo, calle Real 16, 10 €, service 13h à 15h et 18h à 21h, ouv 19 mars à Toussaint

6 Alimentación Area, sandwiches, dépôt de pain, ouv avr à mi-oct, ouv 7h30 HS

7 Bar-Restaurante-Casa rural La Consulta de Isar CB
calle Real, 09130 Isar (✉ laconsultadeisar@gmail.com www.consultadeisar.com 947-450-288 & 699-536-764) 5 ch, 35 à 40 €, 42 à 52 €, 58 à 60 €, 65 à 70 €, 2.50 à 7 €, 9 à 13 €, Hornillos, poss prix groupes, ouv tte l'année

8 Tienda et Panadería

9 Hostal-Bar-Restaurante Las Postas CB
avenida Rodríguez de Valcarce, 09654 Villanueva de Argaño (947-450-156 & 653-757-367 ✉ laspostas1877@telefonica.net www.laspostas.es) 8 ch, 33 €, 44 €, 54 €, 6.60 €, 12 €, piscine, Hornillos, fermé Noël, Nouvel An et fév

10 Casa rural El Molino @
Milagros Alcalde Diez, carretera Estepar-Vilviestre km 2, Vilviestre de Muñó, 09230 Hornillos del Camino (✉ elmolinodelcamino@gmail.com 947-560-302 & 616-812-292 & 610-749-181) résa souhaitée, 9 ch, 36 €, 48 € (inclus), soir 15 € (produits de la ferme), LL & SL, Hornillos, ouv tte l'année *(le moulin se trouve sur le río Hormazuela : prendre le chemin qui va plein sud sur 6 km en passant par Hormaza)*

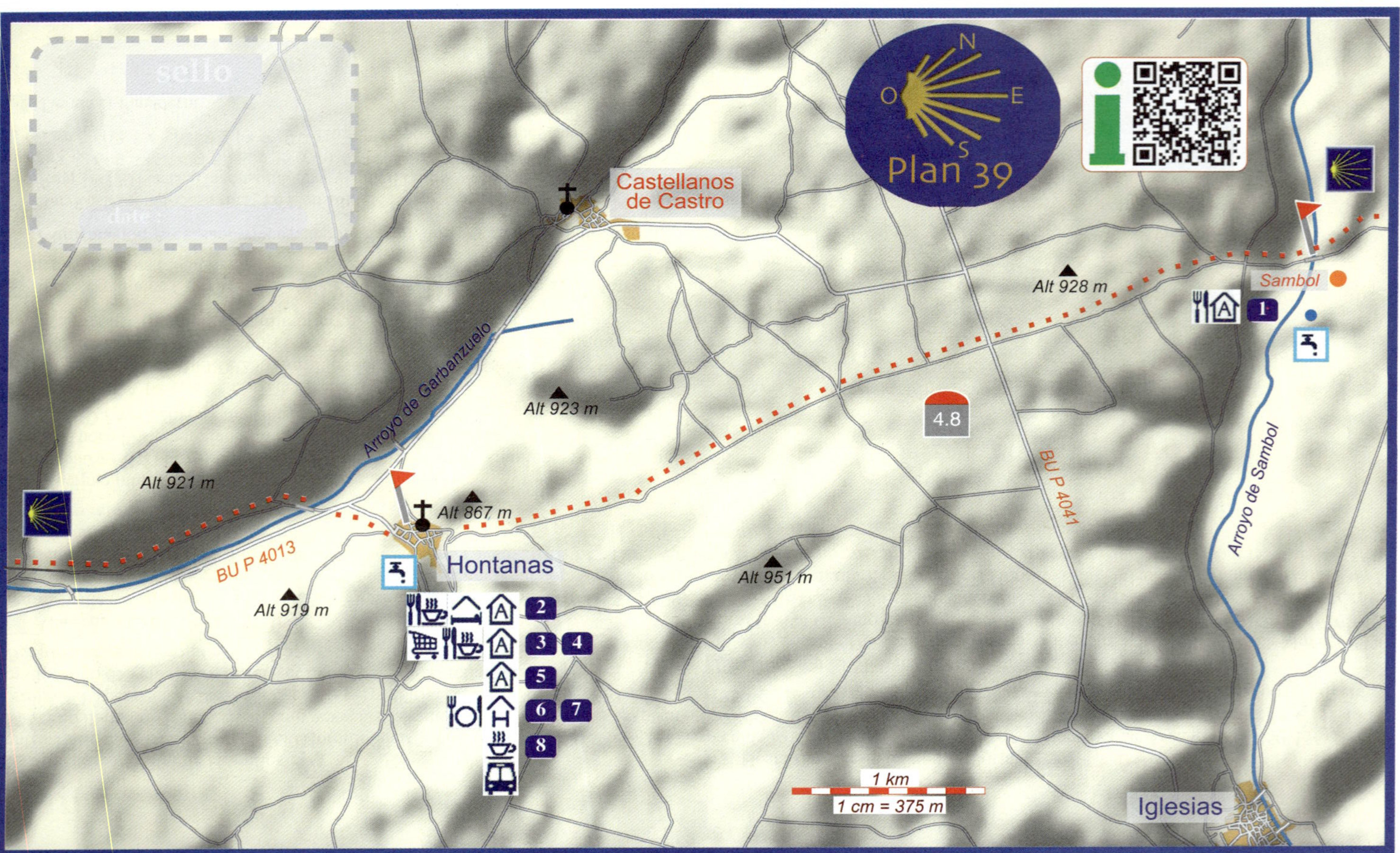

sello
date
N
O
E
S
Plan 39
Castellanos
de Castro
Sambol
1
Alt 928 m
Arroyo de Garbanzuelo
Alt 923 m
4.8
Alt 921 m
Alt 867 m
BU P 4041
Arroyo de Sambol
BU P 4013
Hontanas
Alt 951 m
Alt 919 m
2
3
4
5
6
7
8
1 km
1 cm = 375 m
Iglesias

Plan 39

1 Albergue de Sambol
Esther, 09227 Iglesias (606-893-407) poss résa, 12 pl en dortoir, 5 €, 2.50 €, 7 €, , ouv avr à oct

2 Albergue-Restaurante-Bar El Puntido CB
Marí Carmen, calle La Iglesia 6, 09227 Hontanas (contacto@puntido.com 947-378-597 & 636-781-387 www.puntido.com) poss résa, 40 pl en ch 2-12 pers, 5 €, // 5 ch, 25 €, 30 € // 2 €, 9.50 €, LL & SL // Bar ouv 6h été, dépannage-ravitaillement, albergue ouv 11h, ferm 21h, ouv mars à fin nov

3 Albergue privée Santa Brigida-Bar-Tienda
Liliana, 09227 Hontanas (609-164-697 & 628-927-317 lilianaborroto@yahoo.es www.alberguesantabrigida.com) poss résa, 56 pl en 9 ch, 7 €, 2 €, été 10 € servi 19h30, , LL & SL, ouv 11h à 22h // Bar-Tienda, sandwiches, plats chauds 5 à 10 €, ouv 6h30 // ouv 1er avr à mi-oct

4 Albergue privée Juan de Yepes-Bar-Tienda
Felix, 09227 Hontanas (felixrodrigo444@hotmail.com 609-164-697 & 653-243-385) poss résa, 56 pl en 9 ch, 7 €, 2 €, été 10 € servi 19h30, , LL & SL, ouv 11h à 22h // Bar-Tienda, sandwiches, plats chauds 5 à 10 €, ouv jusqu'à mi-oct *(en projet, ouverture prévue 1er avr 2015)*

5 Albergue municipale de gestion privée Antiguo Hospital San Juan Peregrino
calle Real 26, 09227 Hontanas (653-243-385) 55 pl en dortoirs 7-21 pers, 5 €, , piscine, ouv 13h, ouv tte l'année

6 Casa rural-Restaurante El Descanso CB @
Pilar Gutíerrez, calle Real 16, 09227 Hontanas (947-378-521 & 606-137-989 & 947-377-035 info@casaeldescanso.com www.casaeldescanso.com) 8 ch, 30 €, 35 €, 45 €, 2 €, 9 €, LL & SL, ouv tte l'année

7 Hostal-Restaurante Fuentestrella CB
Azucena, calle Mayor de Europa, calle de la Iglesia, 09227 Hontanas (947-377-261 & 646-612-530 fuentestrella@yahoo.es www.fuentestrella.com) 7 ch, 25 à 30 €, 35 à 45 €, 55 € (inclus), 10 €, ouv mars à nov

8 Bar de la Piscina, ouv 15 jun au 15 sep

L'arc de San Antón

Plan 40
N
O
E
S
5.6
3.5
BU P 4013
BU 404
BU 400
BU 410
BU 401
BU V 4012
BU V 4014
Arroyo de Villajos
Arroyo de Garbanzuelo
Arroyo de Villaquirán
Alt 922 m
Alt 916 m
Alt 910 m
Château
Santa Maria
del Manzano
Couvent
San Antón
Castrojeríz
Villaquirán
de la Puebla
1
2..4
5
6
7..9
10
11
12
13
14
15
16
17
18
19
sello
date :
1 km
1 cm = 375 m

Plan 40

1 Albergue Hospital de peregrinos de San Antón
Ovidio Campo (grand pèlerin), Hospitaleros Voluntarios, 09110 Castrojeriz, 12 pl, donativo, et donativo, eau froide, pas d'électricité, ouv mai à sep

2 Albergue municipale San Esteban @
Paco, plaza Mayor, 09110 Castrojeriz (mairie 947-377-001) 35 pl en dortoir, donativo 5 €, , ouv 14h, ferm 22h30, départ 8h, ouv tte l'année

3 Refugio municipal de San Juan
Asociación Amigos de los Refugios, calle Cordón, 09110 Castrojeriz (947-377-400 castrojeriz.refugio@gmail.com), 30 pl en dortoir, donativo, nuit + . donativo, poss camper été, ouv 13h, 16h BS, ferm 22h30, ouv Rameaux à oct

4 Albergue privée Casa Nostra @
Juanjo, calle Real de Oriente 52, 09110 Castrojeriz (encastrojeriz@hotmail.com 947-377-493) poss résa la veille, 26 pl en 3 dortoirs, 5 à 6.50 €, 3.50 €, , LL & SL, ouv 12h, ferm 22h, fermé mi-déc à mi-jan

5 Camping-Albergue-Casa rural Camino de Santiago @
calle Virgen del Manzano sn, 09110 Castrojeriz (info@campingcamino.com 947-377-255 & 658-966-743 www.campingcamino.com) Camping et Albergue, 30 pl en 1 dortoir, 6 €, DP 18 €, tente 14.25 €, ouv 1er mars au 15 nov // Casa rural, 3 ch, 25 €, 30 à 35 €, bungalow 65 €, 95 €, , ouv tte l'année // 3.50 €, 10 €, LL & SL, dépannage-ravitaillement

6 Albergue privée E Ultreia @
José y Olga, calle Real de Oriente 77, 09110 Castrojeriz (699-672-901 albergue.ultreia.castrojeriz@gmail.com) 28 pl, 10 € (inclus), 3 ch, 38 à 40 €, 4 €, 10 €, ouv mars à nov

7 Hotel**-Restaurante Iacobus CB @
Ovidio Campo (grand pèlerin), paseo Puerta del Monte, 09110 Castrojeriz (947-378-647 & 607-922-127 hotel@iacobuscastrojeriz.com www.iacobuscastrojeriz.com) 12 ch, 39 €, 59 €, 79 €, 2 ch partagées 4-6 pers, 20 € (draps et serviettes inclus), 5 €, 10 €, fermé mi-déc à mi-mars *(sous la plaza Mayor)*

8 Hostal**-Restaurante-Bar El Mesón CB
Eduardo Francés, calle Cordón, 09110 Castrojeriz (947-378-610 www.laposadadecastrojeriz.es info@laposadadecastrojeriz.es) 7 ch, 25 €, 35 €, supp 14 €, 5 €, 10 à 14 €, fermé 23 déc au 16 jan

9 Hotel**-Restaurante La Cachava CB @ *(tarifs 2014)*
calle Real 93-95, 09110 Castrojeriz (www.lacachava.com info@lacachava.com 947-378-547) 10 ch, 37 €, 55 €, 75 €, 85 € (inclus), 10 €, LL & SL, poss taxi, ouv 15 mars à Toussaint

10 Hostal*-Bar El Manzano
avenida Colegiata sn, 09110 Castrojeriz (hostalelmanzano@hotmail.com 947-378-618 & 620-782-768) 5 ch, 25 €, 35 €, 2.60 €, sandwiches, ouv avr à Toussaint à partir de 6h en été *(à côté de l'église Santa Maria del Manzano)*

11 Hotel*** La Posada-Posada del Camino CB
Eduardo Francés, calle Landelino Tardajos 3, 09110 Castrojeriz (947-378-610 info@laposadadecastrojeriz.es www.laposadadecastrojeriz.es) 21 ch, 43 €, 64 €, 78 €, supp 14 €, 5 €, fermé 23 déc au 16 jan

12 Hotel Emebed Posada @
Gloria, plaza Mayor 5, 09110 Castrojeriz (emebed@emebedposada.com 639-750-202 & 947-377-268 www.emebedposada.com) 10 ch, 45 à 50 €, 65 à 100 €, à 110 à 140 € (inclus), 18 €, LL & SL, ouv mi-avr à mi-oct

13 Casa rural El Veredero
calle Real de Oriente 72, 09110 Castrojeriz (info@elveredero.com 696-985-329 & 677-644-427 www.elveredero.com) 6 ch, 30 €, 38 €, 50 €, 3.50 €, LL & SL, ouv mars à oct

14 Casa Grevillea
calle Real de Oriente 36 sn, 09110 Castrojeriz (www.casagrevillea.com.au 947-378-644 & 648-855-716 casa@casagrevillea.com.au) 3 ch, 35 €, 40 €, 60 €, ouv mai à oct, BS sur résa ferme

15 plusieurs restaurants et bars

16 Ravitaillement : 3 épiceries avec dépôt de pain

17 Office de Tourisme, Ayuntamiento, plaza Mayor 1, 09110 Castrojeriz (947-377-001 ayto@castrojeriz.es www.castrojeriz.es) ouv jun à sep 8h à 15h en semaine

18 Ecuries de la Junta, accueil chevaux

19 Taxi Jesus (947-377-032 & 696-443-722) minibus, transport bagages et vélos

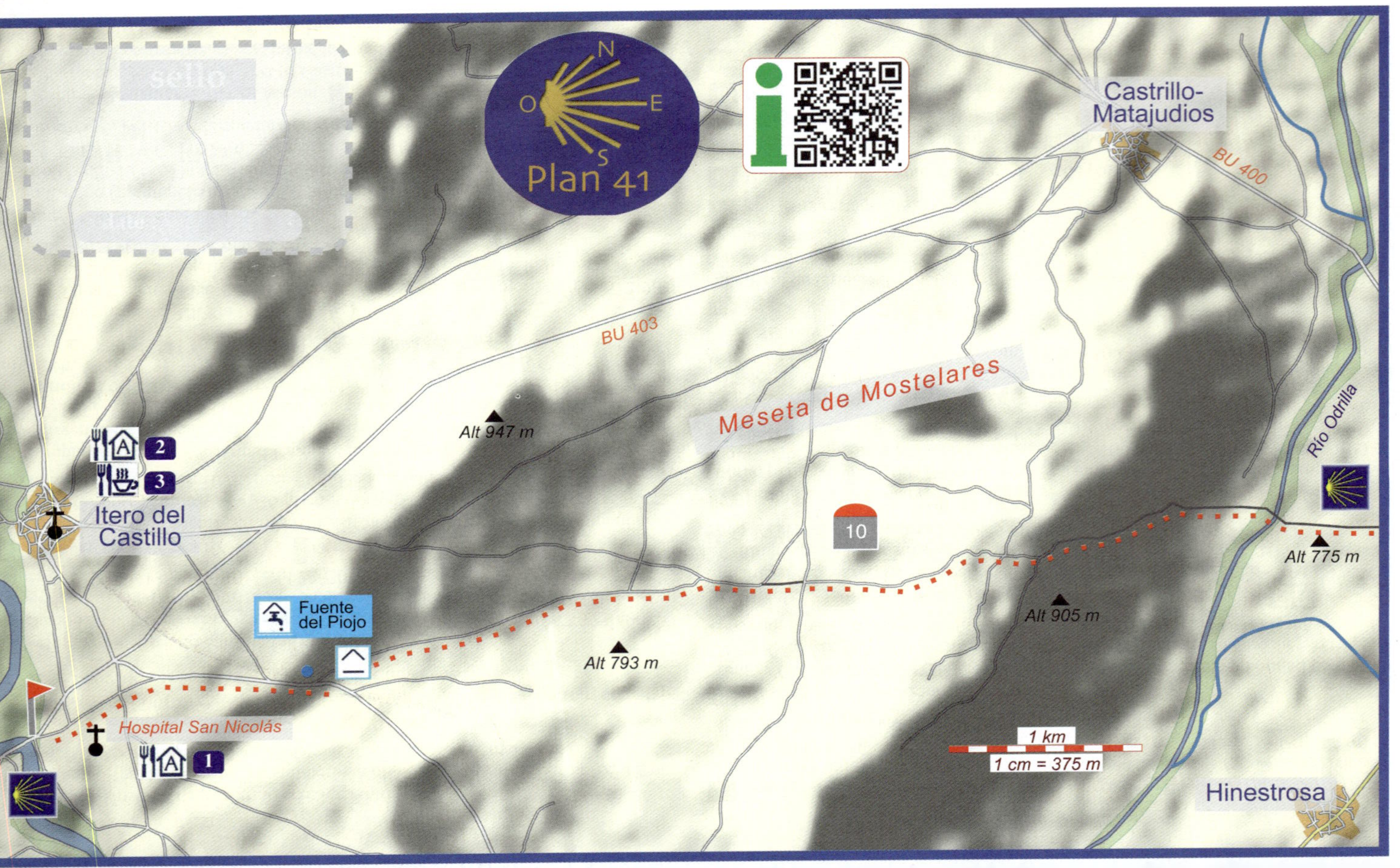
sello
Plan 41
N
E
S
O
Castrillo-
Matajudios
BU 400
BU 403
Meseta de Mostelares
Río Odrilla
Alt 947 m
2
3
Itero del
Castillo
10
Alt 775 m
Fuente
del Piojo
Alt 905 m
Alt 793 m
Hospital San Nicolás
1
1 km
1 cm = 375 m
Hinestrosa

Plan 41

1 Albergue Hospital San Nicolás

Accueil chrétien, Confraternité italienne Saint Jacques de Perugia. 09107 Itero del Castillo, 12 pl en dortoir, nuit, et donativo, ouv 16h, ferm 22h, ouv jun à sep, albergue très simple dans une ancienne chapelle restaurée, pas d'électricité - Lavement des pieds avant le dîner *(sur le chemin juste avant de passer le puente Fitero)*

2 Albergue municipal de gestion privée

Toni, 09107 Itero del Castillo (albergueiterodelcastillo@gmail.com 697-335-012 & 642-213-012) 12 pl en dortoir, 8 €, 3 €, 8 €, LL, ouv tte l'année, clés au Bar municipal (pavé 3) si fermé *(à 1 km du chemin, après la fuente del Piojo prendre la piste à droite)*

3 Bar municipal, sandwiches, assiettes garnies, dépannage-ravitaillement, ouv 13h

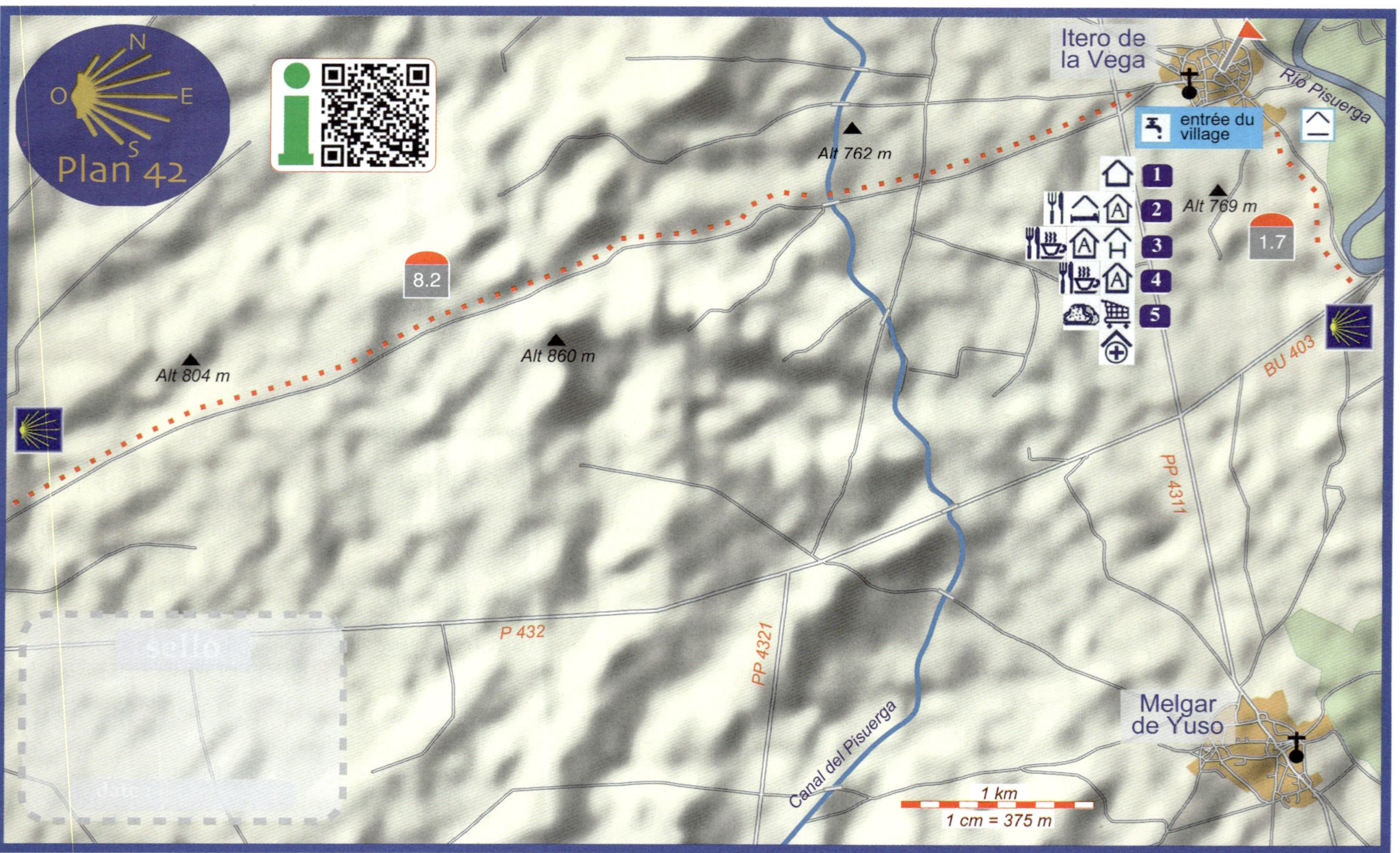

N
O
E
S
Plan 42
Itero de la Vega
Río Pisuerga
entrée du village
1
2
3
4
5
Alt 769 m
1.7
Alt 762 m
8.2
Alt 860 m
Alt 804 m
BU 403
PP 4311
P 432
PP 4321
Canal del Pisuerga
Melgar de Yuso
1 km
1 cm = 375 m
sello

Plan 42

1 Refugio municipal

Pilar González, plaza Mayor, 34468 Itero de la Vega (605-034-347) 13 pl en dortoir, 5 €, , ouv tte la journée, ouv tte l'année

2 Pensión-Albergue privée Hogar del Peregrino

José Maria et Blanca, calle Santa Maria, 34468 Itero de la Vega (979-151-866 & 616-629-353 alberguehogardelperegrino@hotmail.com www.hogardelperegrino.com) poss résa, 4 ch, 12 €, 2 €, 9 €, , LL, ouv tte l'année, si fermé demander à côté au supermercado

3 CB

Albergue-Hostal-Bar-Restaurante-Tienda Puente Fitero

Señor Gaillardo Tapia, 34468 Itero de la Vega (979-151-822) poss résa, 22 pl en 2 dortoirs, 6 € // 8 ch, 30 €, 40 €, 48 € // 2.50 €, 10 €, LL & SL, ouv tte l'année *(à l'entrée du village)*

4 Albergue privée-Bar La Mochila

Irais Lopez Capa, calle Santa Ana 3, 34468 Itero de la Vega (979-151-781 & 609-513-454 euloman@hotmail.com www.albergueitero.com) poss résa, 28 pl en ch 2-8 pers, 6 à 10 €, 2 à 4 €, 6 à 8 €, , sandwiches 2 à 3 €, LL & SL, ouv tte la journée, ouv tte l'année

(1 ch en projet pour 2015)

5 Supermercado Nuestra Señora de la Piedad, calle Santa Maria, dépôt de pain, ouv à partir de 8h30, sonner si le supermercado est fermé, fermé dim après-midi

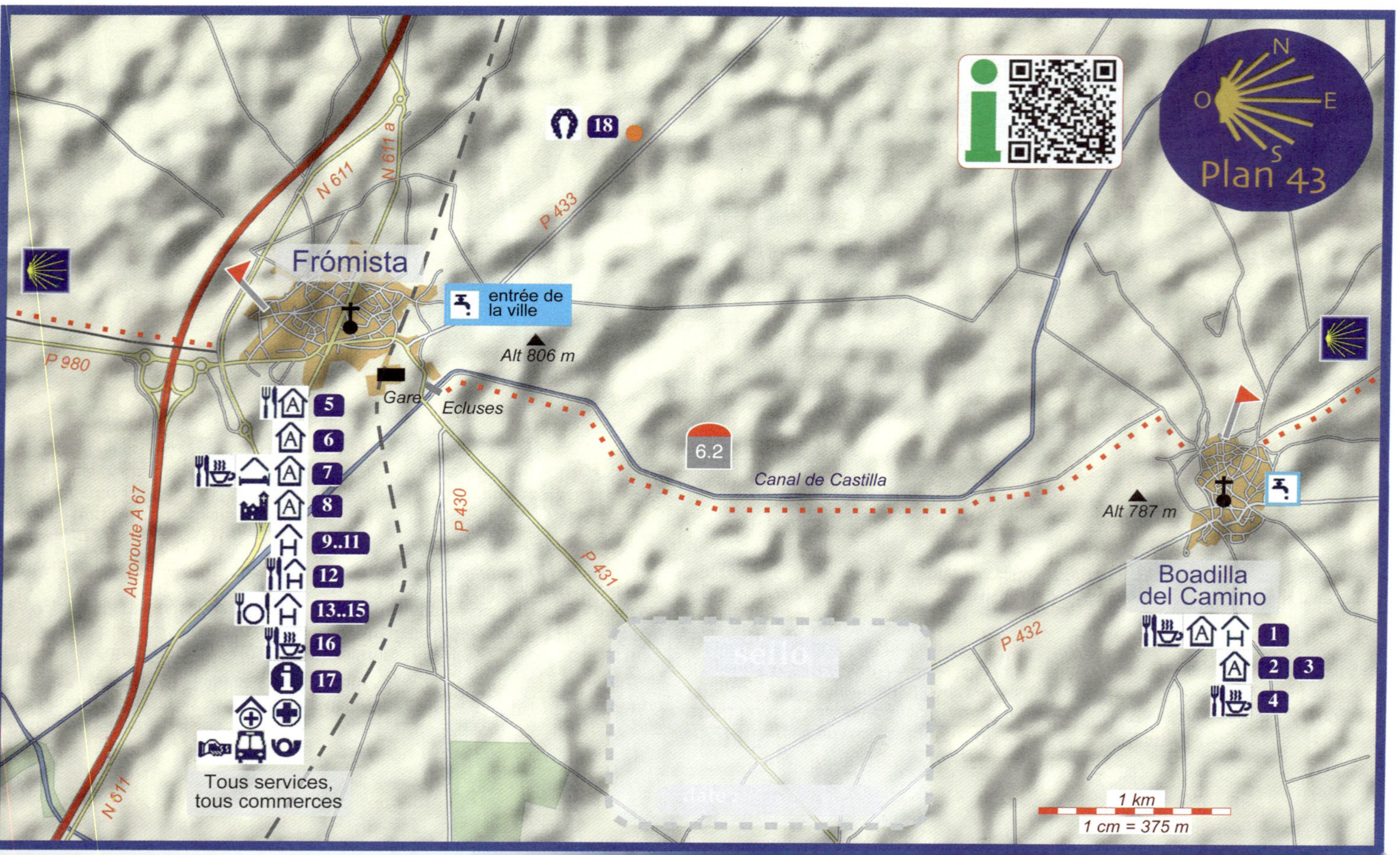

Plan 43
N
E
S
O
Frómista
entrée de la ville
Alt 806 m
Gare
Ecluses
6.2
Canal de Castilla
Alt 787 m
Boadilla del Camino
1
2
3
4
5
6
7
8
9..11
12
13..15
16
17
18
Tous services, tous commerces
P 980
N 611
N 611 a
P 433
P 430
P 431
P 432
Autoroute A 67
1 km
1 cm = 375 m

Plan 43

1 @
Albergue privée-Restaurante-Hotel rural En el Camino
Eduardo, plaza El Rollo, 34468 Boadilla del Camino (979-810-284 & 619-105-168 boadillaman@hotmail.com www.boadilladelcamino.com) poss résa, 70 pl en 4 dortoirs, 7 € // 16 ch, 35 €, 45 €, 3 €, 9 €, sandwiches, LL & SL, piscine, ouv tte la journée, ouv 1er mars à déc

2 Albergue municipale, 34468 Boadilla del Camino (mairie 979-810-390) 12 pl, 4 €, parfois fermé en BS, se renseigner à l'étape d'avant

3 Albergue Putzu, Las Bodegas 9, 34468 Boadilla del Camino, 16 p., 7 €, , parfois fermé BS

4 Bar municipal, 10 €, sandwiches, parfois fermé BS

5 Albergue*** privado turístico Estrella del Camino @
avenida del Ejercito Español, 34440 Frómista (www.alberguestrelladelcamino.com albergueestrelladelcamino@hotmail.com 979-810-399 & 625-687-045 & 653-751-582) poss résa, 32 pl en 3 dortoirs, 8 à 9 €, 3 €, 8 €, LL & SL, fermé déc à fév

6 Albergue municipale de gestion privée de Frómista
Carmen Calvo, plaza de San Martín (carmen-hospitalera@live.com 979-811-089 & 686-579-702) poss résa, 56 pl en 7 dortoirs, 8 à 9 €, 2.50 €, LL & SL, ouv 12h, ferm 22h, en hiver ouv 15h à 21h, fermé mi-déc à fin jan

7 Albergue privée Canal de Castilla-Mesón Infanta Leonor @
José, Estación (info@albergueperegrinosfromista.com 979-810-193 & 693-465-737 www.albergueperegrinosfromista.com) poss résa, poss rester plusieurs jours, 20 pl en 1 dortoir, 7 €, DP 18.50 € // 4 ch, 25 à 28 €, 30 €, supp 10 € // 4 €, 8 à 10 €, LL & SL, fermé pour travaux hiver 2014-2015 *(4 ch supp en projet pour 2015, 40 €, 50 €)*

8 Betania, accueil chrétien familial Lourdes Lluch, avenida del Ejército Español 26 1°B (638-846-043 betaniafromista@gmail.com) 5 pl, donativo, ouv déc à fév quand les autres albergues sont fermées, résa souhaitée

9 Hostal Camino de Santiago @
Mila, calle Francesa 26 (www.hostalcaminodesantiago.es 979-810-053 & 979-810-282 hostalcamino@hotmail.com) 10 ch, 25 à 34 €, 45 à 48 €, 60 à 66 €, 3 à 4 €, prix pèlerin selon saison, fermé Noël

10 Pensión Hostel Fromista @
Mila, calle Carremonzón 2, 1°(www.hostalcaminodesantiago.es 979-810-282 & 696-009-803 hostalcamino@hotmail.com) 4 ch, 30 à 35 €, ouv Rameaux à Toussaint *(en projet, ouverture prévue printemps 2015)*

11 Hotel rural Casa San Telmo
calle Martín Veña 8 (centroruralsantelmo@yahoo.es 979-811-028 & 617-885-744 www.centroruralsantelmo.com) 9 ch, 35 €, 45 €, 55 €, 65 €, 70 €, LL, fermé nov à fév

12 Hotel*-Cafetería San Martín CB
San Martín 7 (979-810-000 www.hotelsanmartin.es info@hotelsanmartin.es) 19 ch, 38 €, 50 €, 6 €, (soir) 10 €, ouv 8h, fermé Noël et jan

13 CB
Hotel*** Doña Mayor-Restaurante L'Esclusa, calle Francesa 8 (979-810-588 & 685-723-286 reservas@hoteldonamayor.com www.hoteldonamayor.com) 12 ch, 59.50 €, 69.50 €, supp 30 €, 9 €, 13 à 18 €, fermé nov à mars

14 Hostal San Pedro-Restaurante Villa de Fromista CB
Ana, avenida del Ejercito Español 8 y 22 (hostalsanpedro2010@gmail.com 979-810-016 & 637-410-771 www.villadefromista.es) 14 ch, 35 à 40 €, 45 à 50 €, 65 €, 2.50 €, 11 à 18 €, servi de 13h à 16h et de 18h à 21h, resto fermé 15 déc au 15 jan, hostal fermé nov à mars sauf groupes sur résa

15 Hostal-Restaurante-Bar El Apostol CB
Miriam, avenida del Ejercito Español 5 (informacion@hostalelapostol.com 679-749-138 www.hostalelapostol.com) 7 ch, 35 à 40 €, 43 à 48 €, 62 €, 3 €, 11 €, fermé Noël à fin jan et mer BS

16 Nombreux restaurants et bars

17 Office de Tourisme, avenida Ingeniero Ribera (citfromista@yahoo.es 979-810-180 www.citfromista.com) ouv festivos matin, ouv tte l'année

18 Hípica Castilla Verde
carretera Frómista à Lantadilla (979-810-888 & 630-034-726 & 658-537919 www.castillaverde.es info@castillaverde.es) accueil chevaux, poss dépannage camping pour les cavaliers *(après l'écluse, avant le tunnel, prendre à droite la P 433 et suivre le fléchage)*

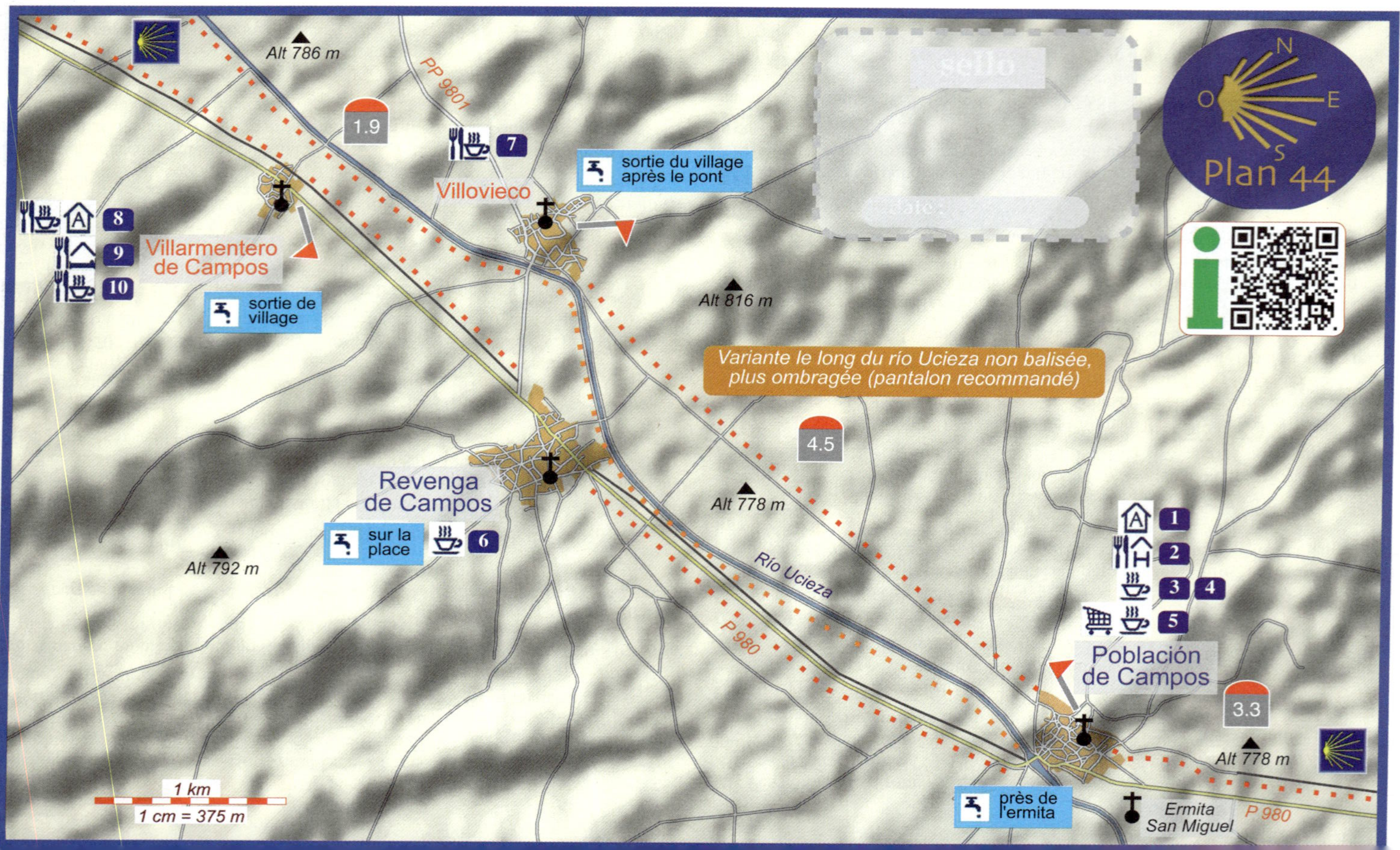

Plan 44
N
E
S
O
sello
date :
Alt 786 m
PP 9801
1.9
7
sortie du village
après le pont
Villovieco
8
9
10
Villarmentero
de Campos
sortie de
village
Alt 816 m
Variante le long du río Ucieza non balisée,
plus ombragée (pantalon recommandé)
4.5
Revenga
de Campos
Alt 778 m
sur la
place
6
Alt 792 m
Río Ucieza
1
2
3
4
5
P 980
Población
de Campos
3.3
Alt 778 m
1 km
1 cm = 375 m
près de
l'ermita
Ermita
San Miguel
P 980

Plan 44

1 Albergue municipal

gestion privée (Centro de turismo rural), paseo del Cementerio, 34449 Población de Campos (979-811-099) 18 pl en dortoir, 5 €, , ouv tte l'année

2

Hotel rural Amanecer en Campos

Inmaculada et Marí Carmen Marcial, calle Francesas 3, 34449 Población de Campos (info@amanecerencampos.com www.amanecerencampos.com 979-811-099 & 685-510-020) 14 ch dans Centro de turismo rural (neuf), 30 €, 45 €, 7 ch dans maisons anciennes, 20 €, 2.50 €, 9 €, LL & SL, ouv tte l'année

3 Bar Los Cigüeños, fermé jours fériés BS

4 Bar Arrabal

5 Bar-Tienda El Paso, ouv 7h, , sandwiches, fermé matin BS

6 Bar Angeles, fermé matin

7 Bar Villovieco, sandwiches, ouv HS

8 Albergue privée-Bar

Jesus ou Ana, calle José Antonio 2, 34449 Villarmentero de Campos (629-178-543) poss résa, 20 pl en 2 dortoirs et 15 pl en tipis et hamacs, 6 € // 2 cabanes 2 pers, 18 €, , 8 €, ouv 10h à 22h, fermé nov à mars

9 Casa rural La Casona de Doña Petra CB

Luis, calle Ramón y Cajal 14, 34449 Villarmentero de Campos (979-065-978 & 655-939-858 & 639-104-547 lacasonadepetra@gmail.com www.casonadepetra.com) 12 ch, 35 €, 50 €, 65 €, 80 €, 5 €, 15 € (réservé aux hôtes), poss prêt ou location , piscine en été, BS résa nécessaire

10 Bar Chiringuito, , sandwiches, assiettes garnies

Ermita San Miguel

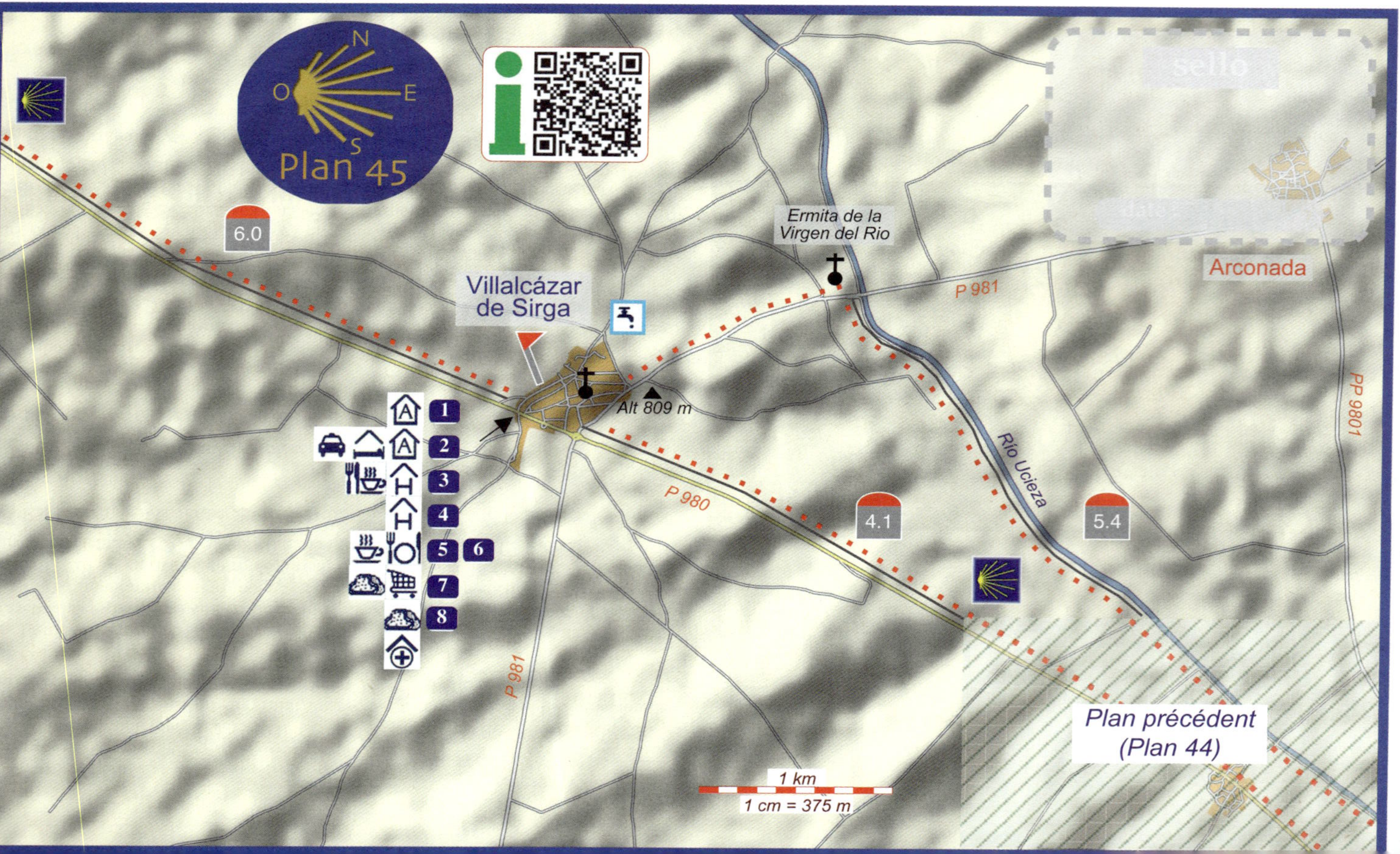
N
O
E
S
Plan 45
6.0
Villalcázar
de Sirga
Ermita de la
Virgen del Rio
Alt 809 m
1
2
3
4
5
6
7
8
P 981
P 980
4.1
Río Ucieza
5.4
Arconada
PP 9801
Plan précédent
(Plan 44)
1 km
1 cm = 375 m
sello

Plan 45

1 Albergue municipale Casa del Peregrino
Hospitaleros Voluntarios, plaza del Palacio, 34449 Villalcázar de Sirga (mairie 979-888-041) 18 pl en dortoir, , donativo, douche chaude 1 €, , ouv 14h, ferm 23h, ouv Rameaux à oct

2 @
Albergue privée Don Camino-Casas rurales Aurea et Federico
Mariano Garrido Castro, Ronda 1 et 3, 34449 Villalcázar de Sirga (979-888-163 & 620-399-040 aureafederico@hotmail.com www.casa-aurea.es) Albergue, poss résa jusqu'à 14h en été, 26 pl en dortoirs 5-7 pers, 7 €, LL, fermé déc à fév // Casas rurales, 10 ch, 40 à 45 €, , ouv tte l'année // piscine en été // accueil au Bar Tasca Don Camino, poss taxi

3 Hostal-Bar Las Cantigas* CB
Paco, calle Condes de Toreno sn, 34449 Villalcázar de Sirga (979-888-027 info@hostallascantigas.com www.hostallascantigas.com) 5 ch, 30 €, 40 €, 2.50 à 5.50 €, 10 €, assiettes garnies 8 €, sandwiches, ouv 8h, ouv tte l'année

4 Hostal Infanta Doña Leonor* CB
calle Condes de Toreno 1, 34449 Villalcázar de Sirga (979-888-118 & 650-381-070 info@hostal-infantaleonor.com www.hostal-infantaleonor.com) 9 ch, 32 €, 40 €, 55 €, 65 €, 2.50 €, ouv 15 avr à Toussaint

5 Restaurant-Bar Tasca Don Camino @ calle Real 23, 10 €, ouv à partir de 9h en été, fermé déc à fév *(à côté de l'albergue privée)*

6 Restaurantes Mesón Los Templarios & Mesón Villasirga, plaza Mayor (979-888-089 & 979-888-022) 15 € ou carte, HS, ouv 7/7 midi et soir, en BS ouv midi en semaine, ven, sam et dim le soir, fermé Noël à fin jan

7 Panadería-Tienda Nuestra Señora del Río, ouv 10h à 14h et 18h30 à 19h30

8 Pastelería-Confitería La Perla Alcazareña, normalement, nous n'indiquons pas les pâtisseries... mais là... surtout spécialités aux amandes

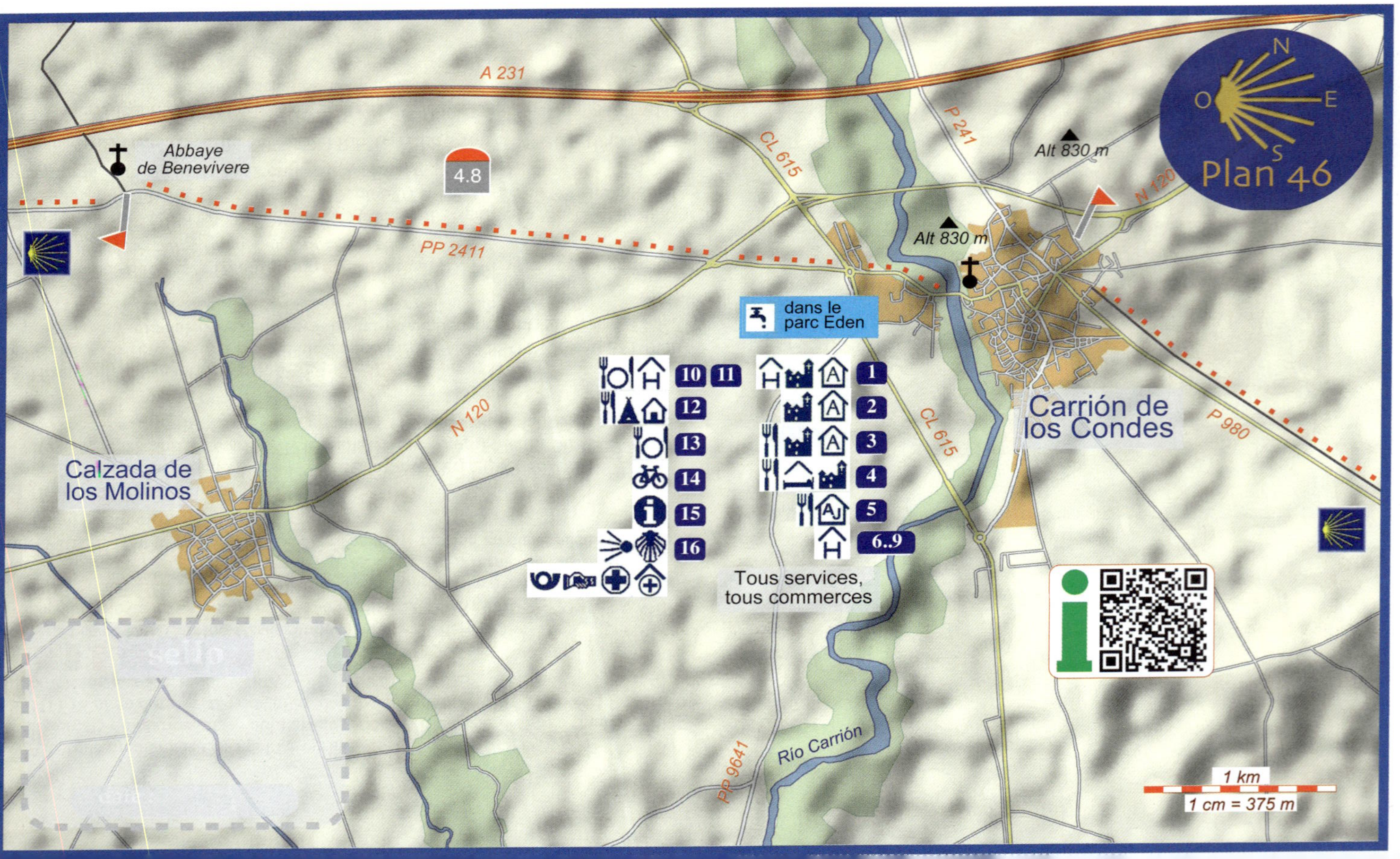
Plan 46
N
E
S
O
A 231
P 241
Alt 830 m
N 120
Abbaye
de Benevivere
4.8
CL 615
Alt 830 m
PP 2411
dans le
parc Eden
Carrión de
los Condes
P 980
CL 615
N 120
Calzada de
los Molinos
1
2
3
4
5
6..9
10
11
12
13
14
15
16
Tous services,
tous commerces
PP 9641
Río Carrión
1 km
1 cm = 375 m

Plan 46

1 Monasterio de Santa Clara, Albergue-Hospedería
Accueil chrétien, Madres Clarisas, calle Santa Clara 1, 34120 Carrión de los Condes (979-880-837) Albergue, poss résa, 29 pl en ch 2-16, nuit 5 à 7 € // Hospedería, 9 ch, nuit 22 €, 44 € ouv 11h à 15h et 17h à 20h, départ 8h, fermé déc à fév
- Messe 9h, vêpres 19h en été

2 Albergue del Collegio Espiritu Santo @
Accueil chrétien, Filles de la Charité de Saint Vincent de Paul, calle San Juan 4, 34120 Carrión de los Condes (979-880-052 espiritusanto@hijasdelacaridad.org www.hijasdelacaridad.org) poss résa, 97 pl en 7 dortoirs, 5 €, , LL, ouv 11h30 à 22h, ouv tte l'année *(à côté du centre de santé)*
- Oratoire, prière proposée 17h30

3 Albergue paroissiale Santa Maria @
Accueil chrétien, Sœurs Augustines, calle del Clerigo Pastor, 34120 Carrión de los Condes (979-880-768) 52 pl en 4 dortoirs, 5 €, , partagé avec les sœurs HS, LL & SL, ouv 12h, ferm 22h, départ 6h à 8h, fermé 1er nov au 1er mars

- Messe et bénédiction des pèlerins 20h semaine, 19h dim, 17h à 19h été, rencontre spirituelle et musicale

4 Casa de Espiritualidad Nuestra Señora de Belén-Hospedería
Accueil chrétien, Hermanas Filipenses, Leopoldo María de Castro 6, 34120 Carrión de los Condes (979-880-031 cdadcarrion@rfilipenses.com) résa souhaitée, 75 ch, DP 25 €, 58 €, ouv tte l'année *(derrière l'église Nuestra Señora de Belén)*

5 Albergue Juvenil Río Carrión @ plaza Martín Campagnat 1, 34120 Carrión de los Condes (info@albergueriocarrion.com 979-881-063 & 609-202-863 www.albergueriocarrion.com) groupes uniquement, résa nécessaire, 200 pl en dortoirs 2-12 pers, à partir de 13 €, DP à partir de 19 € piscine, chapelle

6 Hostal* Santiago CB
plaza de los Regentes 8, 34120 Carrión de los Condes (979-881-052 & 699-204-349 www.hostalsantiago.es) 16 ch, 30 à 35 €, 40 à 45 €, 50 à 60 €, 60 à 75 €, 90 €, 2 €, LL & SL, fermé déc à fév

7 Hostal Albe CB calle Esteban Collantes 21, 34120 Carrión de los Condes (hostalalbe@hotmail.com www.hostalalbe.es 979-880-913 & 699-094-185) 8 ch, 28 à 34 €, supp 10 €, , fermé 2 semaines sep

8 Casa Tía Paula
Victoria Grande, calle Obispo Souto, 34120 Carrión de los Condes (979-880-331 & 626-443-200 tiapauladelafuente@gmail.com www.casatiapaula.es) studios, 40 à 65 €, , LL, résa souhaitée, ouv tte l'année

9 Pensión El Resbalon calle Fernán Gómez 19, 34120 Carrión de los Condes (979-880-433) 7 ch, 15 à 18 €, 22 à 25 €, 30 à 35 €, ouv avr à sep

10 CB
Hôtel****-Restaurant Real Monasterio San Zoilo-Posada del Camino
calle Souto, 34120 Carrión de los Condes (979-880-050 hotel@sanzoilo.com www.sanzoilo.com) 54 ch, 50 à 64 €, 70 à 230 €, 80 à 230 €, 9 €, 35 € à la carte, fermé mi-déc à Noël, 1er jan, et mi-jan à mi-fév

11 Hostal*-Restaurante La Corte
Rosa et Alberto, calle Santa María 36, 34120 Carrión de los Condes (979-880-138 agencias@hostalrestaurantelacorte.com www.hostalrestaurantelacorte.com) 16 ch, 36 à 45 €, 45 €, 55 €, 6 à 8 € à partir de 6h, 11-12 €, ouv avr à sep

12 Camping municipal**-Cafetería El Eden
calle Tenerías 1, 34120 Carrión de los Condes (ciudaddecarrion@hotmail.com 609-461-249) 56 pl, tente 16 €, 6 cabanes 30 €, 3 €, 11 à 18 €, LL, piscine à proximité en été, ouv 1er avr à Toussaint

13 Plusieurs restaurants et bars dans le centre

14 Cycles Atelier Juanito, réparation vélos, calle Las Cercas

15 Office de Tourisme
Museo Contemporaneo, callejon de Santiago (979-880-931 & 979-880-932 turismo@carriondeloscondes.es www.carriondeloscondes.es) ouv tte l'année, BS lun à ven 10h à 14h, HS lun au ven 10h à 14h et 17h à 19h

16 Monasterio de San Zoilo, Centro de estudios y documentación del Camino
Real Monasterio de San Zoilo, calle Souto (info@bibliotecajacobea.org 979-880-902 www.bibliotecajacobea.org)
- Bibliothèque et visite du monastère, ouv 10h30 à 14h et 16h30 à 20h en été, 16h à 18h en hiver, fermé lun BS, fermé nov au 1er mars

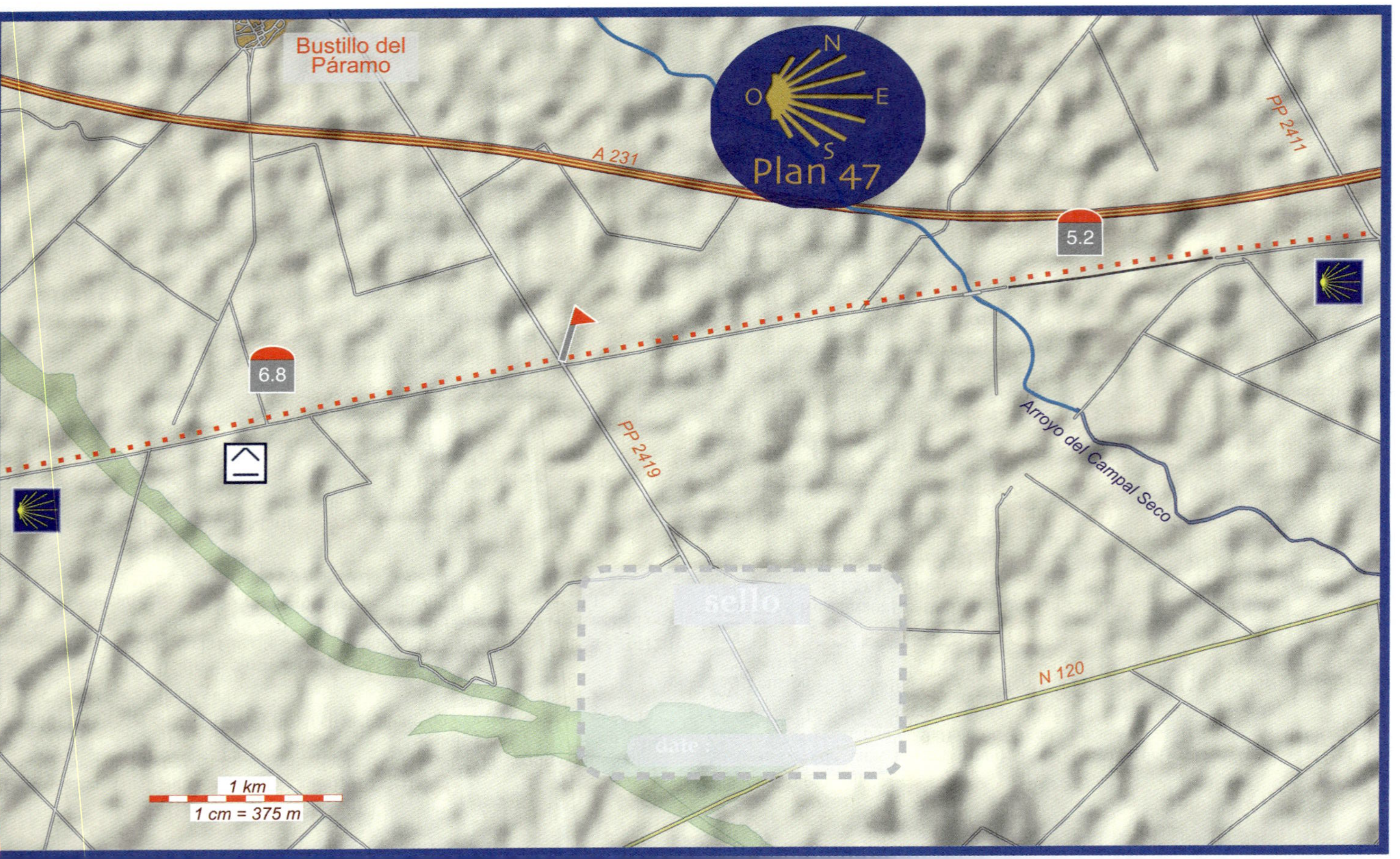
Bustillo del
Páramo
N
O
E
S
Plan 47
A 231
PP 2411
5.2
6.8
PP 2419
Arroyo del Campal Seco
sello
date :
N 120
1 km
1 cm = 375 m

Plan 47

Faire des réserves d'eau pour cette étape !

En 1673, le moine Domenico Laffi, cheminant sur la Meseta, a donné les derniers sacrements à un pèlerin qui était en train de se faire bouffer par un nuage de criquets.
De source sûre, ce pauvre pèlerin n'avait pas de miam-miam-dodo... Certains diront qu'il n'y a aucun rapport, mais on peut quand même se poser la question...

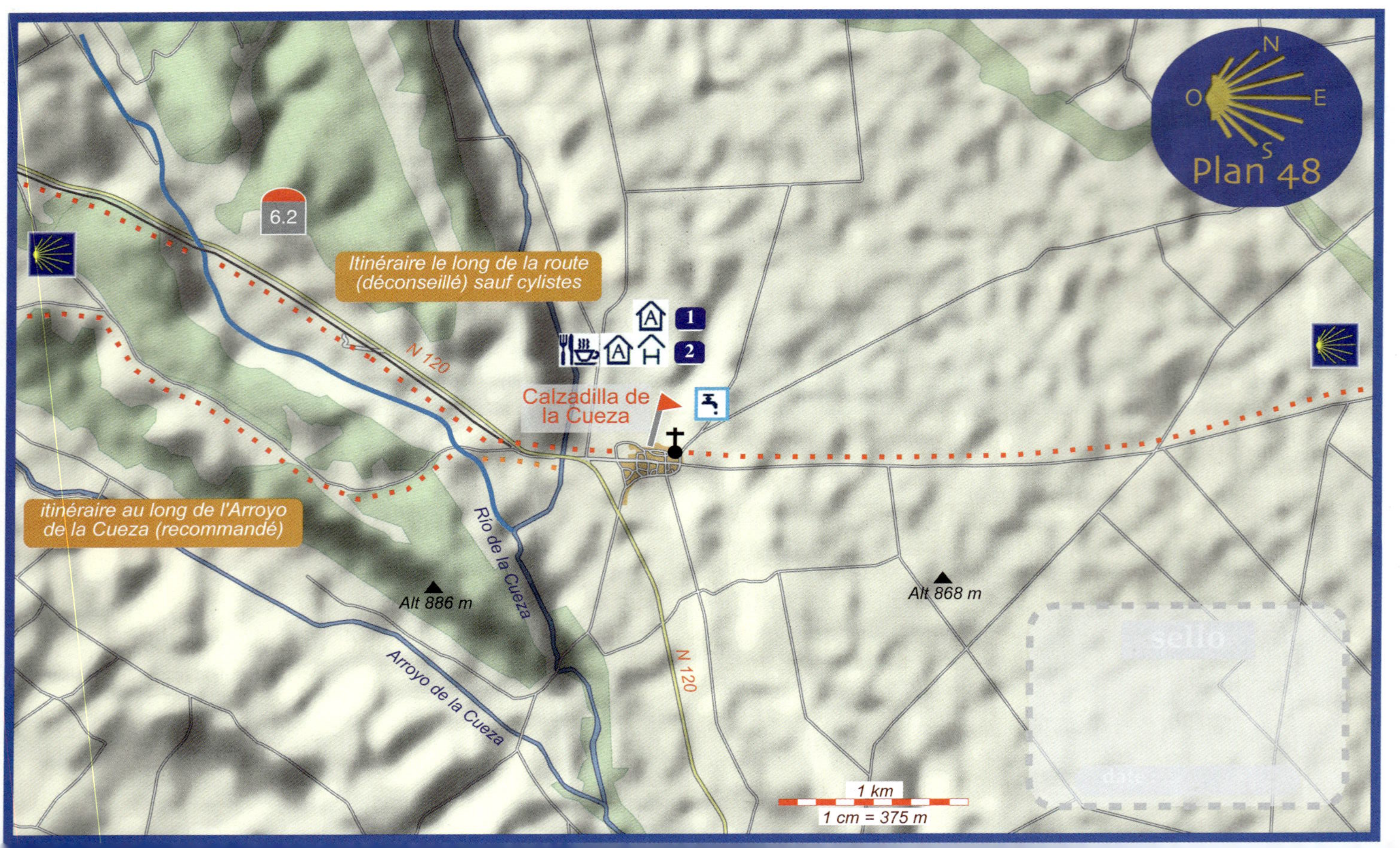

N
O
E
S
Plan 48
6.2
Itinéraire le long de la route (déconseillé) sauf cylistes
1
2
N 120
Calzadilla de la Cueza
itinéraire au long de l'Arroyo de la Cueza (recommandé)
Río de la Cueza
Alt 886 m
Alt 868 m
Arroyo de la Cueza
N 120
sello
1 km
1 cm = 375 m

Plan 48

1 Albergue municipal de Calzadilla de la Cueza

Pablo et Alvaro, calle Mayor 1, 34309 Calzadilla de la Cueza (670-558-954 & 979-883-006 ✉ municipiocalzadilla@outlook.es) Albergue, 34 pl en dortoir, 5 €, LL & SL, ouv 11h été, ferm 22h, BS résa nécessaire

2 CB

Hostal-Bar-Restaurante-Albergue privée Camino Real

Cesar Acero Adamez, 34309 Calzadilla de la Cueza (979-883-187 & 616-483-517 ✉ cesaracero2004@yahoo.es www.hostalcaminoreal.es) Albergue, 74 pl en dortoir 20-36 pers, 7 €, LL & SL, ouv 6h en été, 7h BS, si l'albergue est fermée demander les clés au bar // Hostal-Restaurante, 26 ch, 30 €, 40 €, 55 €, 3 à 7 €, 10 €, sandwiches, piscine en été, fermé 20 déc au 1er fév

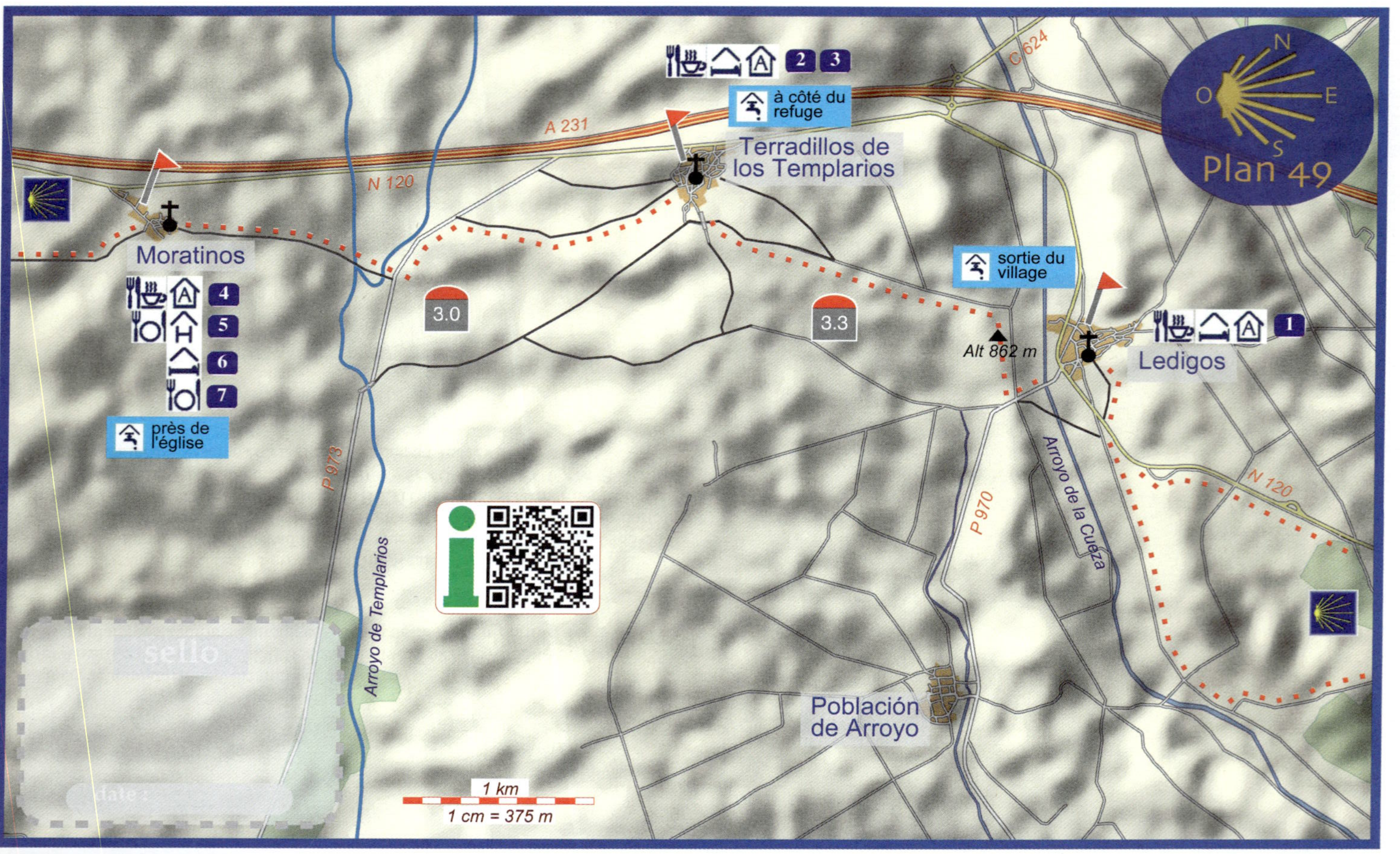
Plan 49
N
E
S
O
C 624
A 231
N 120
2
3
à côté du refuge
Terradillos de los Templarios
Moratinos
4
5
6
7
près de l'église
3.0
3.3
sortie du village
Alt 862 m
1
Ledigos
P 973
P 970
Arroyo de la Cueza
N 120
Arroyo de Templarios
Población de Arroyo
sello
date :
1 km
1 cm = 375 m

Plan 49

1 Albergue privée-Bar-Restaurant El Palomar @
Ana Pérez, calle Ronda de Abajo, 34347 Lédigos (979-883-605 & 979-883-614) poss résa, 40 pl en 2 dortoirs, 6 à 7 € // 5 ch, 18 € (draps inclus) // 2.50 €, 9 €, , bar ouv 7h en été, albergue ouv 10h, ouv mars à déc

2 Albergue privée-Bar-Restaurant Jacques de Molay @
Marisa Pérez, calle Iglesia, 34349 Terradillos de los Templarios (979-883-679 & 657-165-011 yacquesdemolay@hotmail.com) poss résa, 49 pl en ch 2-10 pers, 8 à 10 €, 3 €, 10 €, dépannage-ravitaillement, LL & SL, ouv 7h à 22h, fermé mi-déc à fév

3 Albergue privée-Cafetería Los Templarios CB @
Maria Antonia, Saldaña 13, 34349 Terradillos de los Templarios (979-065-968 & 667-252-279 www.alberguelostemplarios.com alberguelostemplarios@hotmail.com) poss résa, 52 pl en mini-dortoirs, 8 à 10 € // 6 ch, 28 €, 36 € // 3 €, 10 €, LL & SL, ouv 6h en été, ouv Rameaux à oct

4 Albergue-Bar-Restaurante Hospital San Bruno @
Associazione Bresciana Amici del Cammino di Santiago, Bruno Bernoni (pèlerin), calle Ontanón 9, 34349 Moratinos (brunobernoni@gmail.com 979-061-465 & 672-629-658 www.hospitalsanbruno.com) poss résa, 18 pl, 9 € // 1 ch, 45 € // à partir de 7h, 9.50 à 12 €, LL, fermé fév et mars

5 Hostal-Restaurante Moratinos CB @
Daniel (pèlerin), calle Real 12, 34349 Moratinos (979-061-466 & 638-222-720 info@hostalmoratinos.es www.hostalmoratinos.es) 5 ch, 40 €, 50 €, 60 €, , 12.50 €, jacuzzi, ouv tte l'année

6 Peaceable Kingdom
Rebekah et Patrick, accueil familial chrétien, calle Ontanon 2, 34349 Moratinos (979-061-016 rebrites@yahoo.com) 4 pl, donativo, ouv en hiver et quand les autres hébergements du village sont fermés ou complets, prévenir si possible

7 Restaurante-Bar-Bodega El Castillo de Moratinos, Las Bodegas, 10 € (avec pigeon, lapin et d'autres spécialités rares dans les "menus peregrinos" !), à partir de 9h, fermé lun, et Noël à fin fév

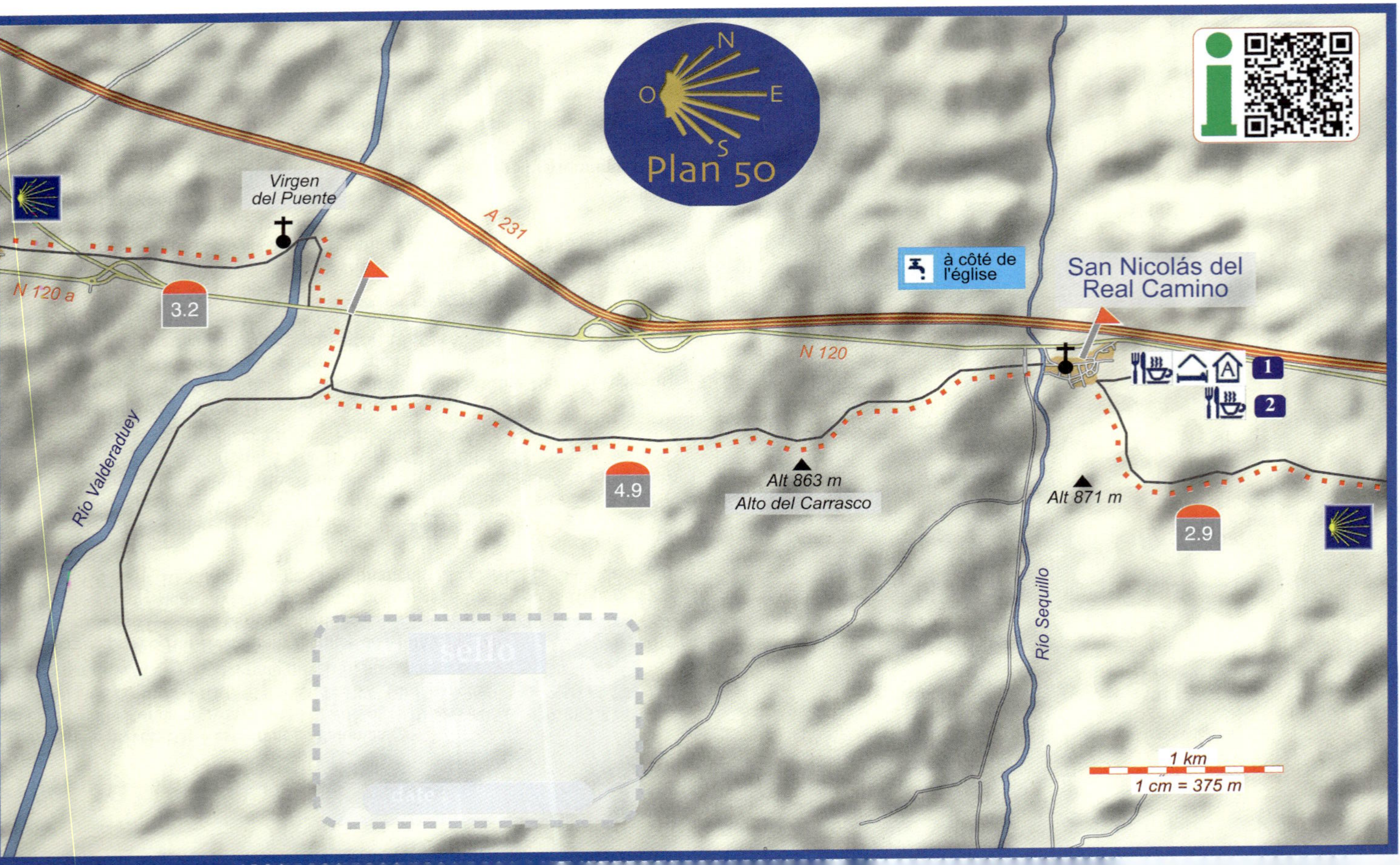
Plan 50
N
E
S
O
Virgen del Puente
A 231
N 120 a
3.2
N 120
4.9
Alt 863 m
Alto del Carrasco
à côté de l'église
San Nicolás del Real Camino
1
2
Alt 871 m
2.9
Río Valderaduey
Río Sequillo
1 km
1 cm = 375 m

Plan 50

1 Bar-Restaurant-Albergue privée Alberguería Laganares @
Marisa, plaza de la Iglesia, 34349 San Nicolás del Real Camino (979-188-142 & 629-181-536 ✉ laganares@yahoo.es www.alberguelaganares.com) poss résa, 20 pl, ch 4-6 pers, 8 €, 2.50 €, 10 €, sandwiches, LL & SL, ouv tte la journée à partir de 7h, ouv mi-mars à Toussaint

2 Bar Casa Barrunta, 7 à 13 €, sandwiches, ouv tte l'année, fermé lun

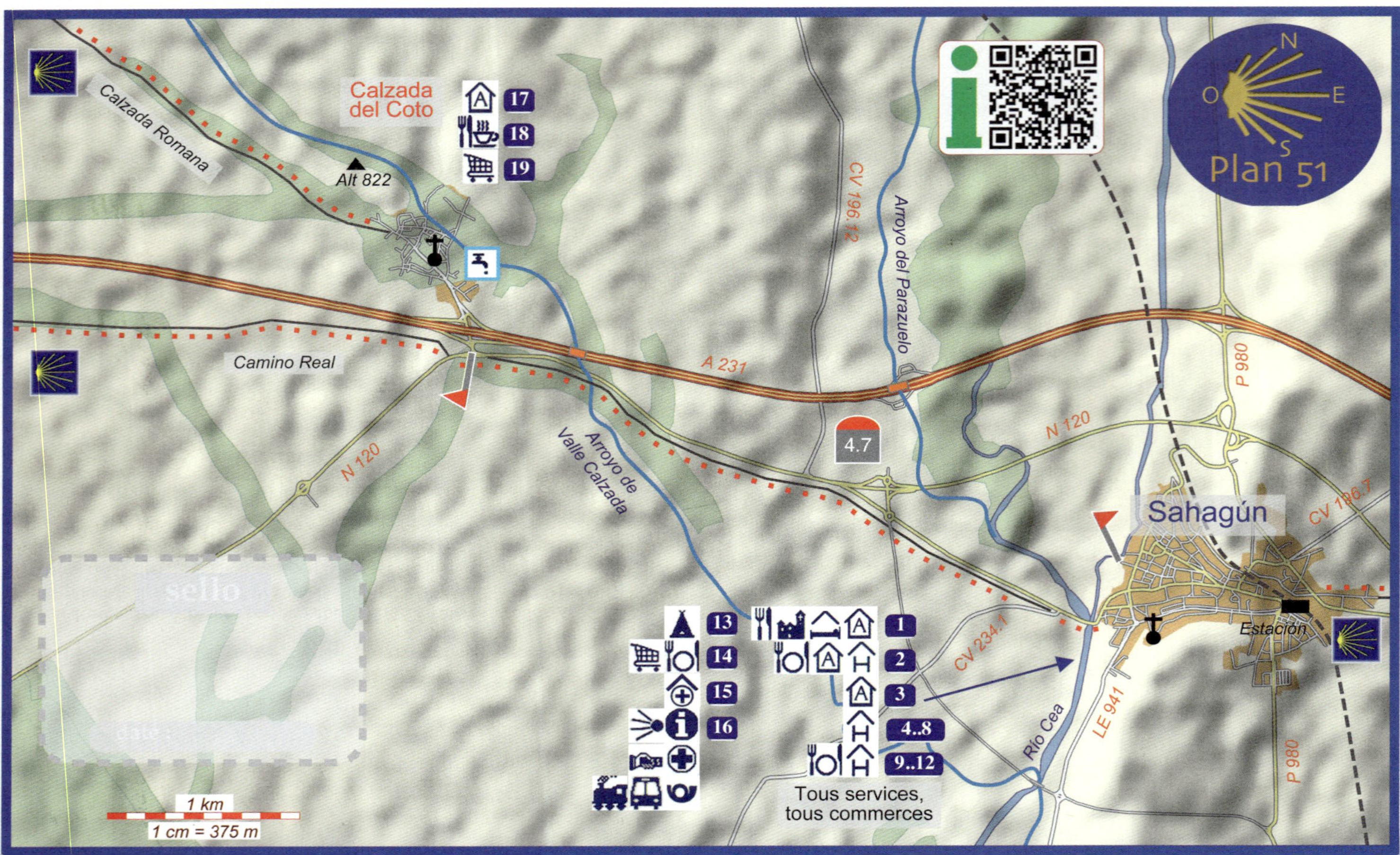

Plan 51
N
E
S
O
Calzada del Coto
17
18
19
Calzada Romana
Alt 822
Camino Real
A 231
CV 196.12
Arroyo del Parazuelo
4.7
N 120
N 120
Arroyo de Valle Calzada
P 980
P 980
Sahagún
CV 196.7
Estación
CV 234.1
LE 941
Río Cea
1
2
3
4..8
9..12
13
14
15
16
Tous services, tous commerces
sello
date :
1 km
1 cm = 375 m

Plan 51

1 Albergue-Hospedería Monasterio de la Santa Cruz @
Accueil chrétien, calle Antonio Nicolás 40, 24220 Sahagún (987-781-139 hospederiasantacruz@hotmail.es www.hospederiasantacruz.net) Albergue, 30 pl en ch 2 ou 4 pers, DP 15 à 20 € // Hospedería, 7 ch, poss résa, DP 30 €, 54 €, LL & SL, ouv 11h à 21h30, ouv mi-avr à mi-oct
- chapelle, vêpres et bénédiction des pèlerins 19h, laudes et messe 8h30

2 CB @
Hostal-Restaurante-Albergue privée Viatoris, Estanislao Linares González, travesía del Arco, 24220 Sahagún (987-780-975 aaocho@hotmail.com www.viatoris.es) poss résa, 48 pl en 6 dortoirs, 7 €, , LL & SL, réparation vélos à proximité, poss massages, ouv mars à Toussaint // Hostal, 19 ch, 20 à 27 €, 35 à 40 €, 50 à 55 €, 3 €, 10 € (poss végétarien), ouv mars à Toussaint *(après l'hôtel Puerta de Sahagún, continuer jusqu'au rond-point, et tourner à gauche)*

3 Albergue municipale Cluny @
Iglesia de la Trinidad, 24220 Sahagún (987-781-015) 64 pl en dortoir, 5 €, , LL, loc draps, en hiver, albergue 16 pl, calle Antonio Nicolás, ouv 12h à 22h30, départ 8h30, ouv tte l'année

4 Hostal* La Bastide du Chemin CB @
Anthony Fernández, calle Arco 66, 24220 Sahagún (info@labastideduchemin.es 987-781-183 & 633-237-165 www.labastideduchemin.es) 9 ch, 28 €, 36 à 40 €, supp 8 €, 5 €, fermé fin nov au 1er avr

5 Pensión Los Balcones del Camino
Carmen, calle Juan Guaza 2 (au coin de l'avenida Constitución) 24220 Sahagún (losbalconesdelcamino@gmail.com www.losbalconesdelcamino.com 987-780-145 & 676-838-212) 3 ch, 35 €, 45 €, 63 € (inclus), , ouv tte l'année

6 Pensión Casa Arturo Miguel Vaquero Conde, calle Arco 72, 24220 Sahagún (987-780-912 & 626-687-134 & 686-789-137 info@ctrarturo.es www.ctrarturo.es) 3 ch, 50 €, supp 10 €, , ouv tte l'année

7 Hostal Pacho CB avenida Constitución 86, 24220 Sahagún (987-780-775) 10 ch, 15 à 18 €, 25 à 35 €, fermé BS

8 Hostal Alfonso VI CB calle Antonio Nicolas 4, 24220 Sahagún (987-781-144 www.hostalalfonsovi.com hostalalfonsovi@hotmail.com) 14 ch, 25 à 35 €, 35 à 40 €, supp 10 €, , fermé BS

9 Hostal**-Cafetería Escarcha CB
calle Regina Franco 12, 24220 Sahagún (987-781-856 www.hostalescarcha.com escarcha_17@hotmail.com) 14 ch, 20 €, 30 à 44 €, 36 à 50 €, 3.50 €, plats chauds, sandwiches, blanchisserie, ouv tte l'année

10 Hostal**-Restaurante La Codorniz CB
avenida Constitución 97, 24220 Sahagún (info@hostallacodorniz.com 987-780-276 www.hostallacodorniz.com) 40 ch, 35 à 40 €, 45 à 50 €, 65 €, 4.50 €, 12 €, blanchisserie, ouv tte l'année

11 Hostal**-Restaurante El Ruedo CB
plaza Mayor 1, 24220 Sahagún (987-781-834 www.restauranteelruedo.com info@restauranteelruedo.com) 5 ch, 30 à 35 €, 50 à 55 €, supp 16 € (inclus), 10 € (semaine), resto fermé jeu, fermé nov

12 CB
Hotel*** Puerta de Sahagun-Restaurantes El Silo y El Peregrino, calle Burgos, 24220 Sahagún (info@hotelpuertadesahagun.com www.hotelpuertadesahagun.com 987-781-880) 90 ch, 28 à 43 €, 45 à 72, supp 25 €, poss prix pèlerin selon saison, 7 €, 10.50 €, blanchisserie, ouv Rameaux à nov

13 Camping Pedro Ponce** @ N120, km 1.2, 24220 Sahagún (campingsahagun@hotmail.com www.villadesahagun.es 987-780-415) 140 pl, tente 11.50 €, bungalows 50 €, LL, piscine, bar, dépannage-ravitaillement, ouv mars à Toussaint *(à la sortie de la ville)*

14 Nombreux restaurants et commerces d'alimentation

15 Centre de Santé (987-781-291)

16 Office de Tourisme, Iglesia de la Trinidad (otsahagun@hotmail.com 987-781-015 www.sahagun.org) ouv 11h à 14h et 16h à 20h
- Iglesia la Peregrina, Centro de interpretación del Camino, fermé lun

17 Nuevo Albergue municipal San Roque @
Hospitaleros Voluntarios, calle Real sn, 24342 Calzada del Coto, 36 pl en dortoir, donativo, , ouv tte la journée, ouv tte l'année

18 Bar Buca, calle Norte 10, , 8 €

19 Ravitaillement, Spar, plaza del Ayuntamiento, dépôt de pain, fermé dim et festivos BS

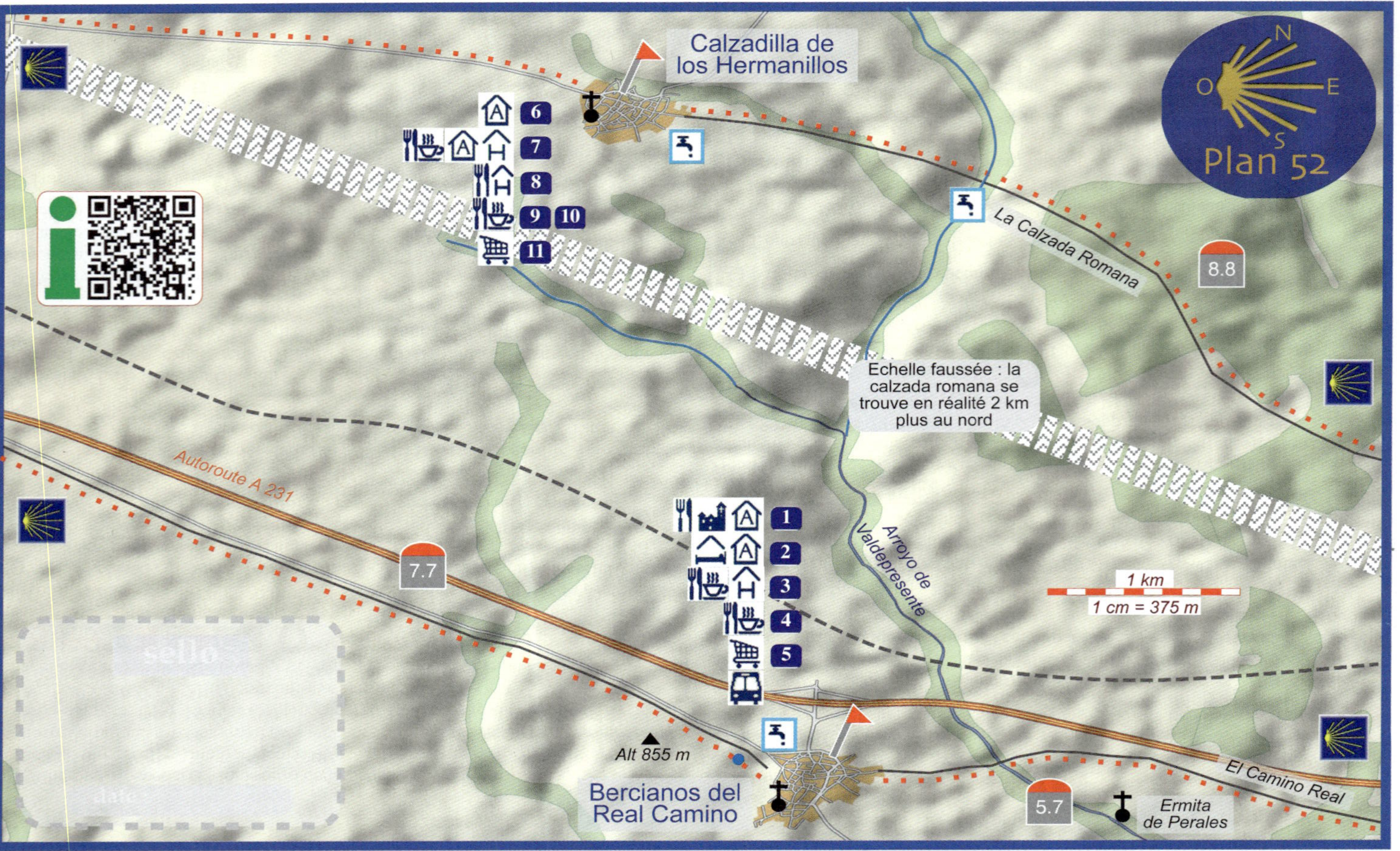
Plan 52
N
E
S
O
Calzadilla de los Hermanillos
La Calzada Romana
8.8
Echelle faussée : la calzada romana se trouve en réalité 2 km plus au nord
Arroyo de Valdepresente
1 km
1 cm = 375 m
Autoroute A 231
7.7
5.7
Alt 855 m
Bercianos del Real Camino
Ermita de Perales
El Camino Real
1
2
3
4
5
6
7
8
9
10
11

Plan 52

1 Albergue paroissiale Casa Rectoral

Accueil chrétien, Associación de Hospitaleros Voluntarios, calle santa Rita 11, 24325 Bercianos del Real Camino (987-784-008) 46 pl en dortoir, donativo, poss et en été donativo, ouv tte la journée, ouv avr à Toussaint

- Prière proposée au coucher du soleil

2 Albergue privée Santa Clara

Rosa Fures, calle Iglesia 3, 24325 Bercianos del Real Camino (987-734-314 & 605-839-993 alberguesantaclara@hotmail.com) 10 pl, donativo // 4 ch, 25 à 30 €, 30 € // 3 €, poss en hiver donativo quand le resto est fermé, , LL & SL, fermé 20 jul au 20 aou

3 Hostal-Restaurante-Bar Rivero* CB

calle Mayor 12, 24325 Bercianos del Real Camino (hostalrivero@hotmail.com 987-784-287) 8 ch, 26 à 30 €, 35 à 40 €, 50 €, 4 €, à partir de 7h en été, 10 €, ouv 8h été, fermé hiver

4 Bar Cleto, plaza Trinquete, ouv 9h, sandwiches sam, fermé mer et BS

5 Spar, calle Mayor, ouv tte l'année, ouv festivos

6 Albergue municipale San Bartolomé

Hospitaleros Voluntarios, calle Mayor 28, 24343 Calzadilla de los Hermanillos (mairie El Burgo Ranero 987-330-013) 26 pl, ch 3-4 pers, donativo, , LL & SL, ouv tte la journée, ouv tte l'année, en hiver demander les clés en face

7 Hostal-Albergue privée-Restaurante-Bar Via Trajana CB @

Angelines García, calle Mayor 24343 Calzadilla de los Hermanillos (987-337-610 & 600-220-104 info@albergueviatrajana.com www.albergueviatrajana.com) poss résa, 3 ch 2-4 pers, nuit 15 € (draps & serviettes inclus) // 5 ch, 35 € // 3 à 5 € à partir de 7h, 10 €, LL & SL, ouv avr à oct

8 Hotel** rural Casa El Cura @

Emilia Santamarta, carretera 13, 24343 Calzadilla de los Hermanillos (987-337-647 & 619-137-764 lacasaelcura@yahoo.es www.lacasaelcura.com) 7 ch, 35 €, 50 €, 65 €, 5 €, 12 €, sandwiches, plats chauds, LL & SL, fermé déc et jan

9 Bar, Era 1, sandwiches

10 Bar Venancio, calle Mayor 14, fermé matin, mer et nov

11 Tienda

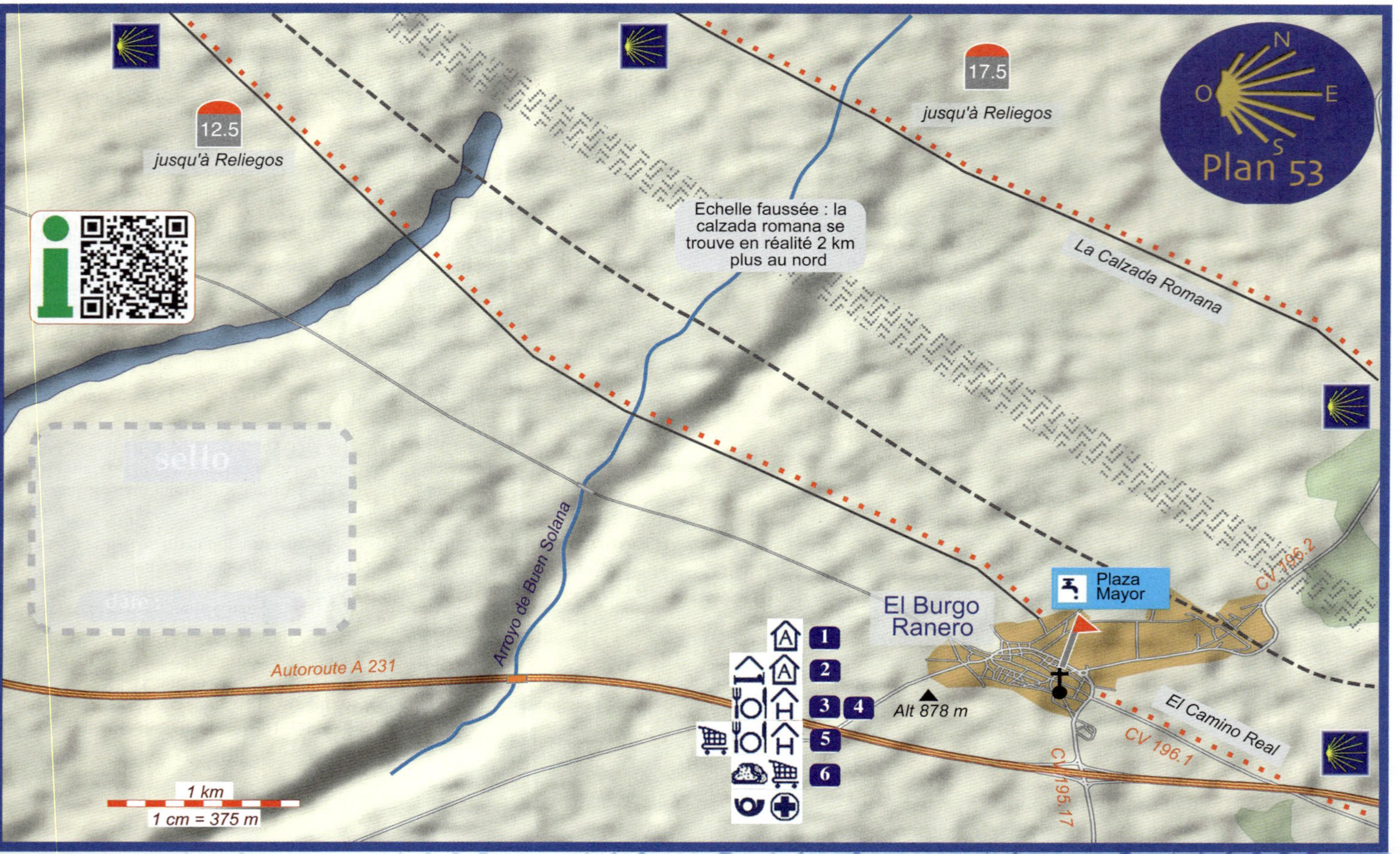

Plan 53
N
E
S
O
17.5
jusqu'à Reliegos
12.5
jusqu'à Reliegos
La Calzada Romana
Echelle faussée : la calzada romana se trouve en réalité 2 km plus au nord
Arroyo de Buen Solana
El Burgo Ranero
Plaza Mayor
CV 196.2
CV 196.1
CV 195.17
El Camino Real
Alt 878 m
Autoroute A 231
1
2
3
4
5
6
sello
1 km
1 cm = 375 m

Plan 53

1 Albergue municipale Domenico Laffi @

Associación de los Hospitaleros Voluntarios, plaza Mayor 1, 24343 El Burgo Ranero (mairie 987-330-023 & albergue 987-330-047) 28 pl en dortoir, donativo, LL & SL, ouv 13h, ferm 22h HS, BS si l'albergue est fermée demander les clés à la Tienda Pili (pavé 6) dans la même rue ou à la mairie, ouv tte l'année

2 Albergue privée La Laguna** @

Santiago Grañeras Cavallero, La Laguna 12, 24343 El Burgo Ranero (607-163-982) 24 pl en dortoir, 8 €, // bungalows 2 pers, 12 € // 5 ch, 30 €, 40 €, LL, ouv 13h, ferm 22h HS, ouv mars à nov

3 Hostal rural-Bar Piedras Blancas CB @

calle Fray Pedro 32, 24343 El Burgo Ranero (987-330-094 & 662-427-833 piedrasblancasrural@hotmail.com) poss résa, 11 ch, 30 €, 45 €, 65 € // 3 à 6 € à partir de 6h30, 10 €, LL & SL, fermé dim BS et jan

4 Hostal-Restaurante-Bar Peregrino* CB @

calle Fray Pedro 36, 24343 El Burgo Ranero (jumeca07@hotmail.com 987-330-069) 10 ch, 30 €, 45 €, 65 €, , 10 €, blanchisserie, ouv tte l'année

5 Hotel-Restaurante Castillo El Burgo-Station service CB @

autovia km 34, 24343 El Burgo Ranero (reservas@castillogrupo.com 987-330-403 www.castillogrupo.com) 10 ch, 33 €, 53 €, , 10.50 à 13 €, dépannage-ravitaillement, ouv 24/24 tte l'année

6 Tienda Pili, dépôt de pain

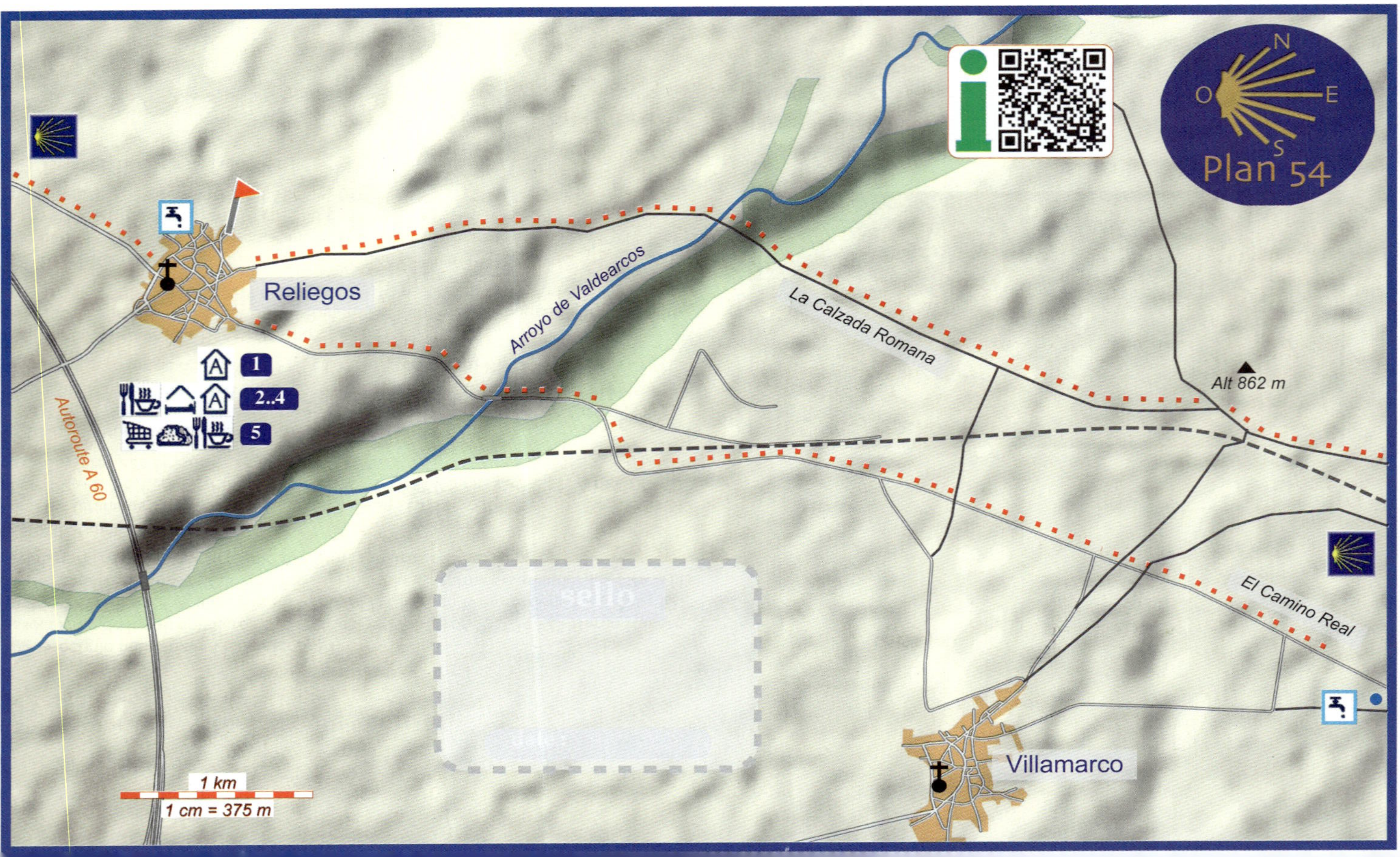
Plan 54
N
E
S
O
Reliegos
1
2..4
5
Arroyo de Valdearcos
La Calzada Romana
Alt 862 m
El Camino Real
Villamarco
sello
Autoroute A 60
1 km
1 cm = 375 m

Plan 54

1 Albergue municipale Don Gaiferos
Illuminada et Laudelino Rodríguez, calle Don Gaiferos, 24339 Reliegos de las Matas (686-527-505) 44 pl en 2 dortoirs, 5 €, , ouv 12h, ferm 22h30, si l'albergue est fermée, demander les clés au nro 13 de la même rue (calle Escuelas). ouv tte l'année

2 Albergue privée-Bar-Restaurante La Parada
calle Escuelas 7, 24339 Reliegos de las Matas (alberguelaparada@gmail.com 987-317-880 www.alberguelaparada.com) poss résa, 36 pl en 6 dortoirs, 7 € // 2 ch, 30 € // , 9.50 €, , LL & SL, dépannage-ravitaillement, fermé vacances Noël et sam BS

3 Albergue privée-Bar-Restaurante Piedras Blancas II
Santiago Grañera, calle Cantas sn, 24339 Reliegos de las Matas (607-163-982 & 987-190-627) 12 pl en dortoir, 9 € // 2 ch, 30 €, 40 à 45 € // 3 €, 10 €, LL & SL, ouv mars à fin oct

4 Albergue Gíl-Bars Gíl I & Gíl II
calle Cantas 28, 24339 Reliegos de las Matas (987-317-804 bodegagil@hotmail.es) 6 pl en dortoir, nuit 10 € // 2 ch, 30 €, 15 € // au bar Gíl II, 9 €, LL & SL, ouv 7h30

5 Bar La Torre, plaza La Barrera, plats chauds, dépannage-ravitaillement, dépôt de pain

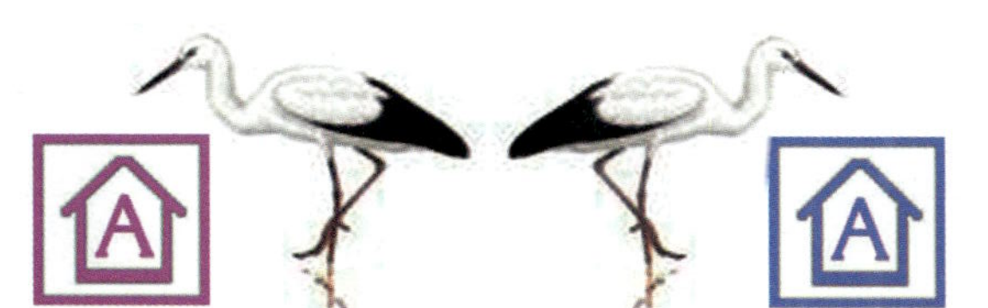

Les hispanisants, hispanophones, hispanophiles, doivent fulminer depuis le départ de Roncevaux, en lisant les pages de ce miam-miam-dodo, sur la faiblesse grammaticale de son texte et la pauvreté linguistique de ses auteurs.
En effet, l'albergue de peregrinos, cette institution si typique du royaume d'Espagne, est systématiquement affublée du genre féminin. Or, doivent se gausser nos savants lecteurs, chacun sait bien qu'en castillan, "Albergue" est masculin. On dit "bonito alergue" et non pas "bonita albergue".
Alors, bien qu'étant quelquefois des jean-foutre notoires, voici par quelle pirouette lexicale sont passés les auteurs pour accréditer leur félonie syntaxique. D'abord ils se sont abîmés en contemplation devant plusieurs albergues, y cherchant quelques traces de protubérances masculines ou d'avantages féminins qui auraient justifié le sexe de l'albergue. Hélas sans succès... Naturellement, si un gros moustachu sort de l'albergue en vous menaçant avec un bâton, vous penserez que c'est un albergue masculin. Si au contraire une jolie soubrette aux yeux de braise franchit le seuil, vous énoncerez qu'il s'agit à l'évidence d'une albergue féminine. Mais ce sont là des arguments subjectifs.
Alors, après s'être longuement concertés, et avec l'accord de leurs psychiatres respectifs, ils en ont conclu qu'une albergue était désespérément asexuée, bien que s'étant curieusement multipliée ces dernières années.
Restait donc le sens de l'esthétique, qui est à la phrase ce que le bon sens est à la raison. Réfléchir à ce qui est le plus beau dans la langue française, et qui ne heurtera point les papilles optiques d'un locuteur français, même gorgé de chorizo ? Ecrira-t-on "un joli albergue" ou bien "une jolie albergue" ? A vous de juger, amis pèlerins.
Nous avons laissé parler notre cœur, consulté astralement Michel de Montaigne et Marguerite Duras, et finalement choisi la seconde solution.

Note de l'éditeur : trop de soleil, trop de vin de la Rioja...

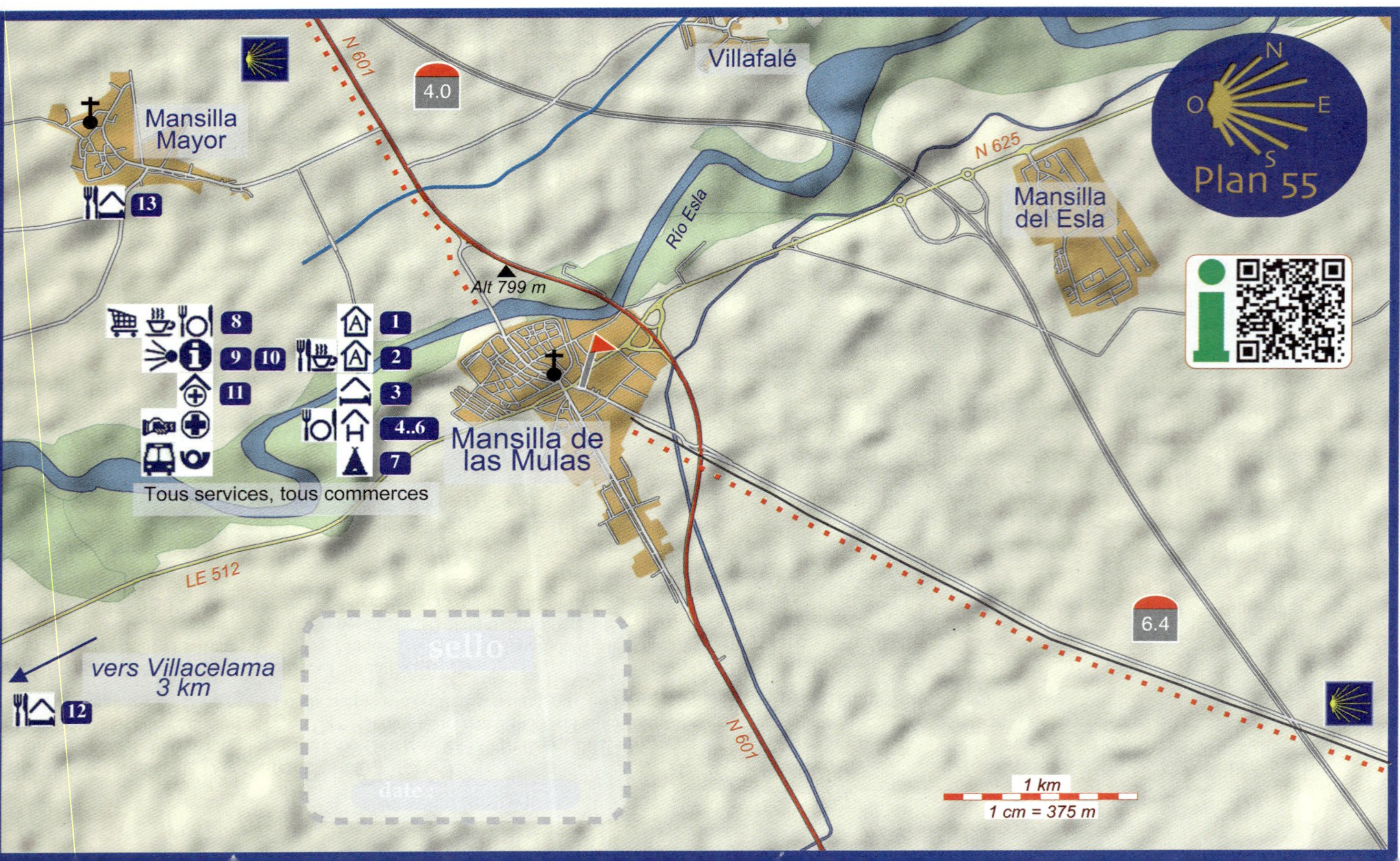
Plan 55
N
E
S
O
Villafalé
Mansilla Mayor
Mansilla del Esla
Mansilla de las Mulas
Río Esla
N 601
N 625
LE 512
4.0
6.4
Alt 799 m
1
2
3
4..6
7
8
9
10
11
12
13
Tous services, tous commerces
vers Villacelama 3 km
sello
date
1 km
1 cm = 375 m

Plan 55

1 Albergue municipale @
Laura, calle del Puente 15, 24210 Mansilla de las Mulas (661-977-305 alberguemansilla@gmail.com) 80 pl en 8 dortoirs, 5 €, , LL & SL, ouv 12h, ferm 23h, fermé 20 déc au 1er mars

2 Albergue privée-Restaurant-Bar El Jardín del Camino @
Olga Brez, camino de Santiago 1, 24210 Mansilla de las Mulas (987-310-232 & 600-471-597 olgabrez@yahoo.es) poss résa, 36 pl, 8 € (10 € en hiver), 3.50 €, 10 €, DP 20 €, poss camping, LL & SL, ouv 12h, ferm 22h30, fermé nov au 5 déc et lun BS (*10 ch 40 à 50 € en projet pour 2015*)

3 Pensión de Blanca
avenida Picos de Europa 4, 24210 Mansilla de las Mulas (626-003-177 & 676-191-829 info@lapensiondeblanca.com www.lapensiondeblanca.com) 7 ch, 25 €, 40 €, 60 €, ouv tte l'année

4 Hostal-Restaurante Alberguería del Camino CB @
calle Concepción 12, 24210 Mansilla de las Mulas (987-311-193 albergueria@alberguerіadelcamino.com www.albergueriadelcamino.com) 4 ch, 38 €, 56 €, supp 10 €, 3.60 € à partir de 7h, 10 €, resto fermé dim soir et lun, hostal et resto fermés vacances Noël sauf résa

5 Hotel** rural-Restaurante El Puente CB @
calle del Puente 11 et 13 & calle Mesón 12, 24210 Mansilla de las Mulas (987-310-762 htrelpuente@gmail.com www.ctrelpuente.com) 12 ch, 32 à 35 €, 46 à 55 €, 60 €, 3 à 5 €, 9.50 €, fermé sam BS, fermé 20 déc au 10 jan

6 Hostal-Restaurante El Postigo CB
calle Los Mesones 12, 24210 Mansilla de las Mulas (hostalpostigo@gmail.com 987-310-921 www.elpostigo.com) 9 ch, *(en cours de changement de gérance)*

7 Camping municipal Esla C-2
paraje Fuente de los Prados, 24210 Mansilla de las Mulas (987-311-800) tente 15 €, LL, ouv 15 jun au 15 sep

8 Nombreux bars, restaurants et commerces d'alimentation

9 Office de Tourisme, plaza del Convento San Agustin (987-310-012 otmansilladelasmulas@hotmail.com www.ayto-mansilla.org) ouv semaine sainte, et jun à sep, BS voir à l'Albergue municipale (pavé 1)

10 Museo Etnografico, calle San Agustin 1 (plaza del Convento)(www.etnoleon.com 987-311-923) 3 €, fermé lun, ouv tte l'année

11 Centre de Santé (987-311-175) 24h/24

12 Hotel** rural Astura
plaza Iglesia 6, 24217 Villacelama (687-564-504 info@asturarural.com www.asturarural.com) 7 ch, 50 €, 75 € (inclus), (sur résa) 12 à 15 €, Mansilla, poss baignade en été, ouv mars à nov

13 Casa rural Joaco
calle Padre Llorente 1, 24217 Mansilla Mayor (casajoaco@casajoaco.com 987-310-062 & 676-900-688 www.casajoaco.com) 5 ch, 55 €, 66 € (inclus), familial 13.20 €, , LL & SL, ouv tte l'année

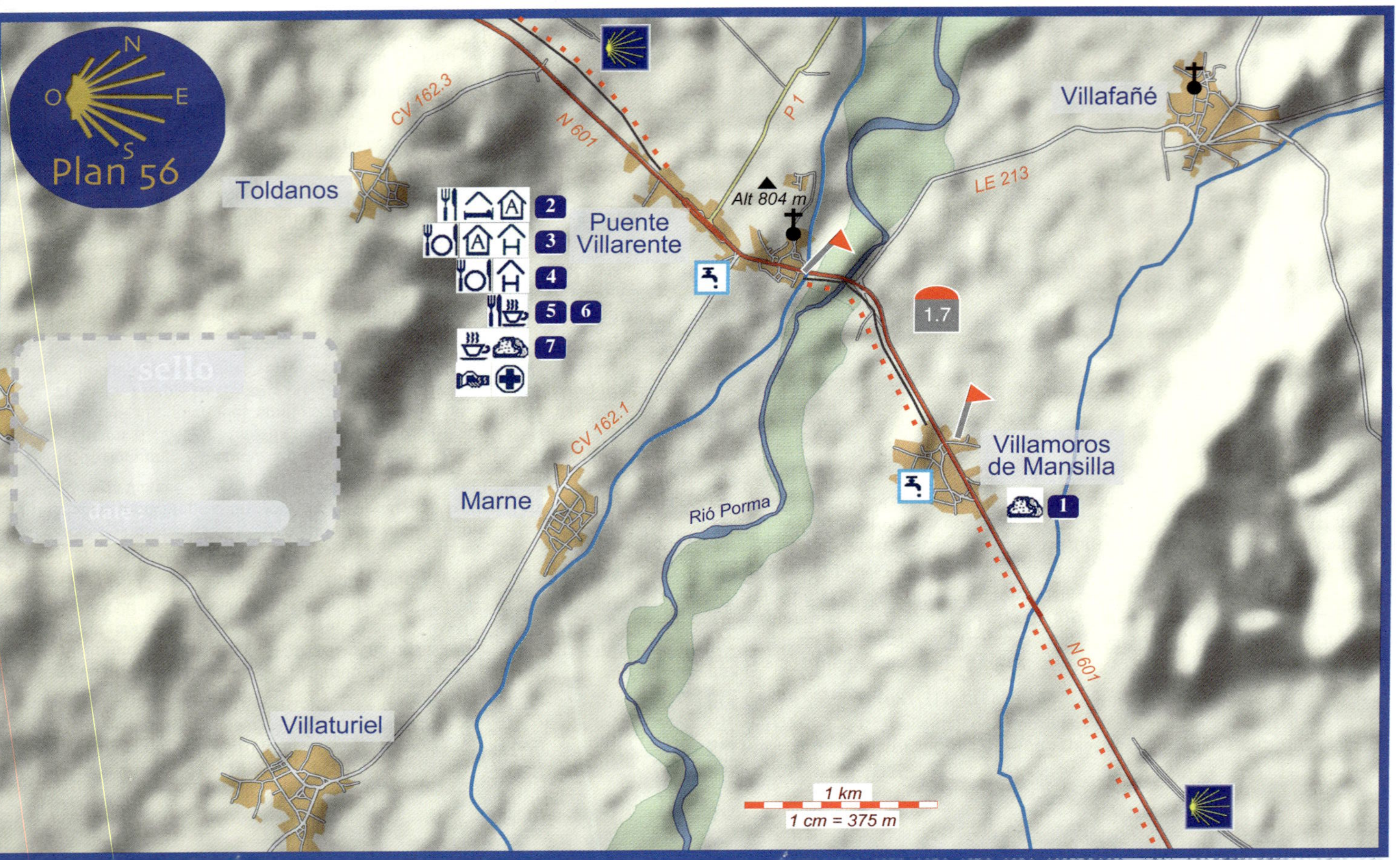

N
O
E
S
Plan 56
Toldanos
CV 162.3
N 601
P 1
Alt 804 m
Puente
Villarente
2
3
4
5
6
7
LE 213
Villafañé
1.7
sello
CV 162.1
Marne
Rió Porma
Villamoros
de Mansilla
1
Villaturiel
N 601
1 km
1 cm = 375 m

Plan 56

1 Panadería Miguelez, avenida Madrid 15, ouv 9h à 22h, fermé Noël et 1er jan

2 Albergue privée San Pelayo @
Julio García, calle El Romero 9, Puente Villarente, 24226 Villarente (987-312-677 & 650-918-281 ✉ alberguesanpelayo@hotmail.com www.alberguesanpelayo.com)
poss résa (nécessaire en hiver), 64 pl en 4 dortoirs, 8 € (+ 2 € en hiver)
// 10 ch, 30 €, 40 €, 55 €, 3 €, 10 €, LL & SL, ouv 12h, ferm 22h, BS résa nécessaire

3 Albergue privée-Hostal-Restaurante El Delfín Verde
Ines y Antolina Torre, carretera general 601 n°15, Puente Villarente, 24226 Villarente (✉ hostaleldelfinverde@gmail.com www.complejoeldelfinverde.es 987-312-065)
Albergue, 20 pl en dortoirs 4-10 pers, 5 €, ouv mars à Toussaint // Hostal-Restaurante, 15 ch, 20 à 30 €, 40 à 45 €, 60 €, , 10 €, piscine en été, ouv mars à Toussaint

4 Hostal-Restaurante La Montaña* CB @
camino de Santiago 17, Puente Villarente, 24226 Villarente (987-312-161
✉ roberto@hostalrestaurantelamontana.es www.hostalrestaurantelamontana.es)
20 ch, 27 €, 45 €, 66 €, 2 à 4 €, 10 à 15 €, ouv tte l'année

5 Restaurant-Bar Avellaneda, camino de Santiago 139, 10 €, ouv 6h30, fermé sam et Noël

6 4 bars

7 Panadería-Pastelería-Cafetería El Horno de Eladia, camino de Santiago 4, ouv 7h, fermé jeu après-midi BS

Salut à la compagnie

Salut à la compagnie
de cette maison !
Je vous souhaite une bonne soirée,
du bien à foison.
Nous sommes d'un pays étrange,
Venus dans ce lieu,
Pour vous faire la demande
De la part à Dieu.

Merci à tous ceux ici
Qui nous ont accueillis,
Qui nous ont ouvert leur porte
Et nous ont souri.
A ceux qui ont cheminé
Pour nous rencontrer,
Nous écouter, et rêver,
A tous grand merci.

Que jamais la maladie,
Le chagrin, le deuil,
N'assombrissent votre vie,
Ne vous laissent seuls.
Nous prierons la Sainte Vierge,
Saint Jacques, et les Trois Rois,
Que nous fassent à tous la grâce
Que les puissions voir.

Si votre cœur est en joie
Soyez généreux.
Le bon Dieu vous le rendra
Quand serez aux cieux.
Et si malgré nos prières,
Vous n'êtes pas heureux.
Venez alors nous rejoindre
Sur les chemins bleus

Chanson traditionnelle et Marie-Virginie Cambriels,
extrait du Carnet de chansons de pèlerins
(voir Bibliographie)

Plan 57
N
E
S
O
Cordillos de
la Sobarriba
sello
Valdefresno
Villaseca de
la Sobarriba
Corbillos de
la Sobarriba
Paradilla de
la Sobarriba
CV 162.6
CV 162.10
CV 162.2
N 601
Rocade
3.9
1.5
4.6
1
2
3
4
Valdelafuente
Arcahueja
fuente
(lavoir)
Sanfelismo
Alt 850 m
1 km
1 cm = 375 m

Plan 57

1 Bar-Restaurante-Albergue privée La Torre CB

calle La Torre 1, 24227 Arcahueja (✉ info@alberguetorre.es 987-205-896 & 669-660-914 www.alberguetorre.es) poss résa, 22 pl en 2 dortoirs, 8 €, DP 18 € // 4 ch, 25 €, 35 €, 45 € // 3 €, 9 €, sandwiches, LL & SL, du 15 nov au 15 mars, ouv sur résa uniquement *(à côté de l'église)*

2 Hotel-Restaurante Camino Real*** CB @

N 601 km 320, 24227 Arcahueja (987-218-134 ✉ reservas@hotelcaminoreal.com www.hotelcaminoreal.com) 44 ch, 52 €, 65 € (inclus), 12 à 18 €, hôtel ouv tte l'année, resto fermé soir de Noël

3 Restaurante Las Pallozas

calle del Molino (987-269-133) 12 à 30 €, fermé lun, 15 jours jun et oct, BS ouv week-ends et ponts

4 Restaurant-Bar El Pradillo, N 601 km 319.6, 10 €, fermé mar, ouv festivos, ouv 8h

Dixit un pèlerin désenchanté tripatouillant ses ampoules :

« Sur le camino, toutes les belles envolées philosophiques ou spirituelles descendent très vite vers les doigts de pied au niveau du sparadrap »

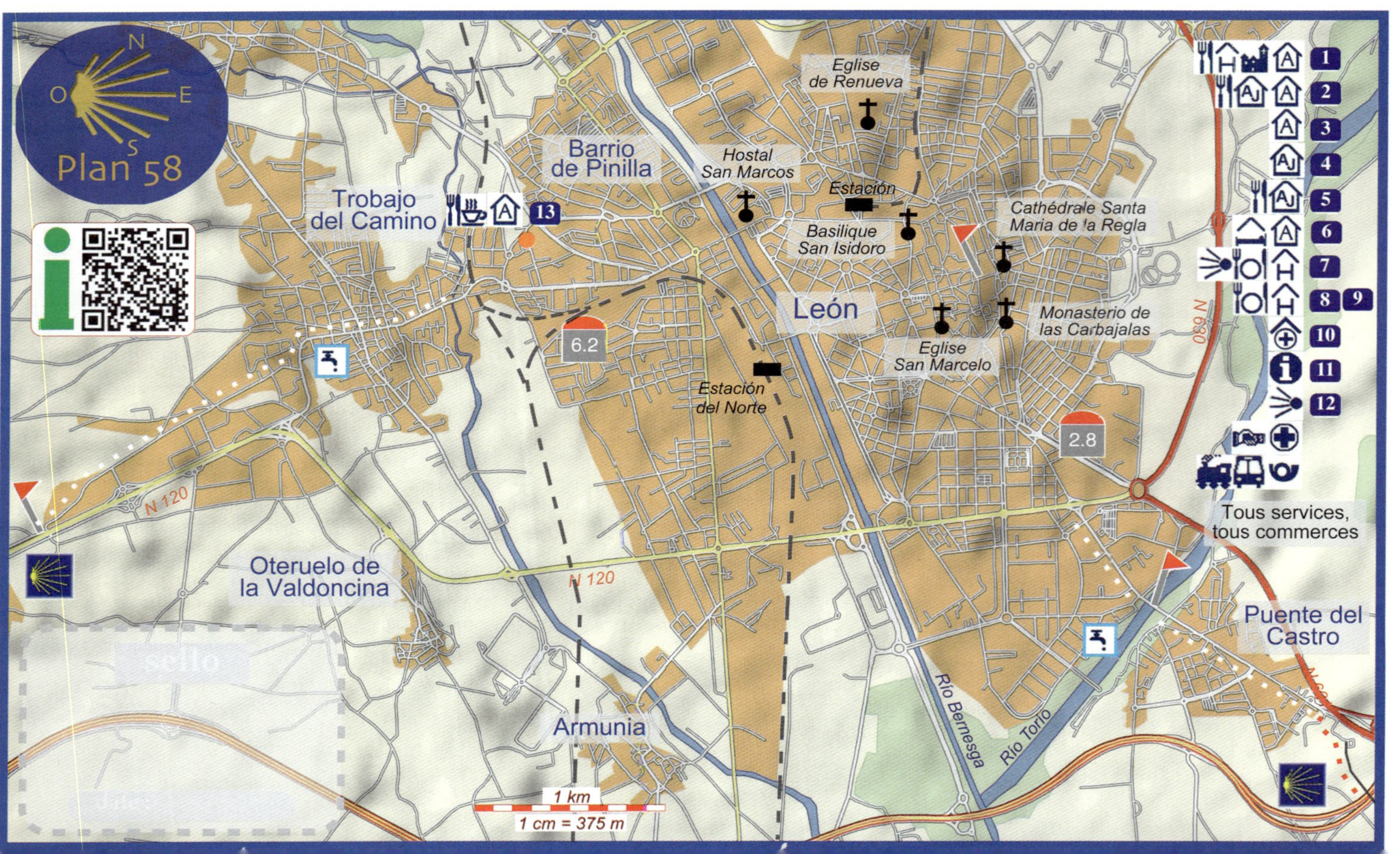
N
O
E
S
Plan 58
Trobajo
del Camino
13
Barrio
de Pinilla
Hostal
San Marcos
Eglise
de Renueva
Estación
Basilique
San Isidoro
Cathédrale Santa
Maria de la Regla
León
Monasterio de
las Carbajalas
Eglise
San Marcelo
6.2
Estación
del Norte
2.8
1
2
3
4
5
6
7
8
9
10
11
12
N 630
Tous services,
tous commerces
N 120
N 120
Oteruelo de
la Valdoncina
Puente del
Castro
Río Bernesga
Río Torío
Armunia
1 km
1 cm = 375 m
sello

Plan 58

1 Albergue-Hospedería Monasterio Santa María de Carvajal
Accueil chrétien, plaza Santa María del Camino 11, 24001 León // Albergue, Sor Ana Maria (sorperegrina@hotmail.com) 140 pl en 3 dortoirs (hommes, femmes et groupes), 5 €, LL & SL, ouv tte l'année, ouv 11h, ferm 21h30, départ 8h // Hospedería*** Pax (registro@hospederiapax.com www.hospederiapax.com 987-344-493) 20 ch, 45 à 80 €, supp 16.50 €, 8 €, 12 à 15 €, ouv tte l'année
- poss assister messe et vêpres 19h, complies et bénédiction des pèlerins 21h30, laudes 8h30, chapelle dans l'hospedería

2
Albergue San Francisco de Asís-Residencia de estudiantes Fundación Ademar
avenida Alcalde Miguel Castaños 4, 24000 León (fundacionademar@ademar.com 987-215-060 & 637-439-848 www.ademar.com/fademar) poss résa, 144 pl en ch de 6 pers en été, sinon 50 pl, 10 €, 13 ch, 30 €, 2 €, 6 €, LL & SL gratuits, ouv tte l'année

3 Albergue privée Santo Tomás de Canterbury
avenida de la Lastra 63, 24005 León (alberguesantotomas@terra.com 987-392-626 www.alberguesantotomas.com) poss résa, 36 pl en ch de 10-14 pers en été, 8 €, 9 ch 35 €, 30 €, 40 €, 3.50 €, , LL & SL, poss prêt , poss taxi, ouv 10h à 22h, ouv fév à nov *(à côté de la station de bus)*

4 Albergue Juvenil Miguel de Unamuño
calle san Pelayo 15, 24003 León (info@residenciaunamuno.com 987-233-010 & 987-230-168 & 601-377-423) résa conseillée , 28 ch 2-4 pers, 10 à 15 €, LL & SL, réception 9h à 23h, ouv 24/24, ouv jul à sep *(à côté de la cathédrale)*

5 Albergue Juvenil Doña Sancha
calle Corredera 2, 24004 León (donasancha-ij@jcyl.es www.reaj.com 987-203-009) résa nécessaire, accueil de groupes, 78 ch, 12 € (inclus), DP 13.50 à 17.50 €, sur résa, LL, piscine, ouv 16h, ferm 20h, ouv jul ou aou

6 Albergue Hostel Como en Casa
Lola y Marcelo, calle Legión VII 6, 6° gauche, 24003 León (info@hostelcomoencasa.com www.hostelcomoencasa.com 685-508-958 & 609-582-298) poss résa, 7 ch, 16-17 €, 42 à 46 €, 57 à 60 €, 64 à 68 €, 4 €, , LL & SL, réception 8h à 14h et 16h30 à 20h, ouv tte l'année *(à côté de la cathédrale)*

7 Parador***** de León
plaza de San Marcos 7, 24001 León (leon@parador.es www.parador.es 987-237-300 & résa 902-547-979) 195 ch, à partir de 140 €, 40 €, tarif pèlerin -15 %, et tarifs par âge, blanchisserie, résa nécessaire pour tarifs spéciaux

8 Posada Regia-Posada del Camino
calle Regidores 9-11, 24003 León (987-213-173 marquitos@regialeon.com www.regialeon.com) 36 ch, 54 à 70 €, 59 à 130 €, supp 20 à 30 €, en semaine suivant saison, 8 €, 22 €, hôtel ouv 7/7, resto fermé dim

9 Très nombreux hôtels et restaurants en ville

10 Centre de Santé (987-211-311)

11 Office de Tourisme de la province de León
plaza de la Regla 2 (oficinadeturismodeleon@jcyl.es www.turisleon.com 987-237-082) ouv festivos
Office de Tourisme de la ville de León, plaza de San Marcelo sn, 24003 León (987-878-327 ou 987-878-336 turismo@aytoleon.es www.leon.es) ouv tte l'année

12 Museo de la Real Colegiata de San Isidoro, ouv mar au sam, HS 9h à 20h et dim matin 9h à 14h, BS 10h à 13h30 et 16h à 18h30, fermé Noël et Nouvel An
- Cathédrale et Musée de la Cathédrale, 5 €, ouv lun au ven, 9h30 à 13h30 et 16h à 19h, sam, dim et fêtes horaires variables, ferm dim et festivos, fermé Noël et Nouvel An

13 Albergue Casa Simón-Bar-Restaurant
Maria, calle Guzmán el Bueno, 54, 24000 Trobajo del Camino (987-807-552 info@alberguecasasimon.es www.alberguecasasimon.es) poss résa, 32 pl en 2 dortoirs, 16.50 € (inclus), DP 25 €, LL & SL, poss prêt pour aller au centre-ville, ouv tte l'année

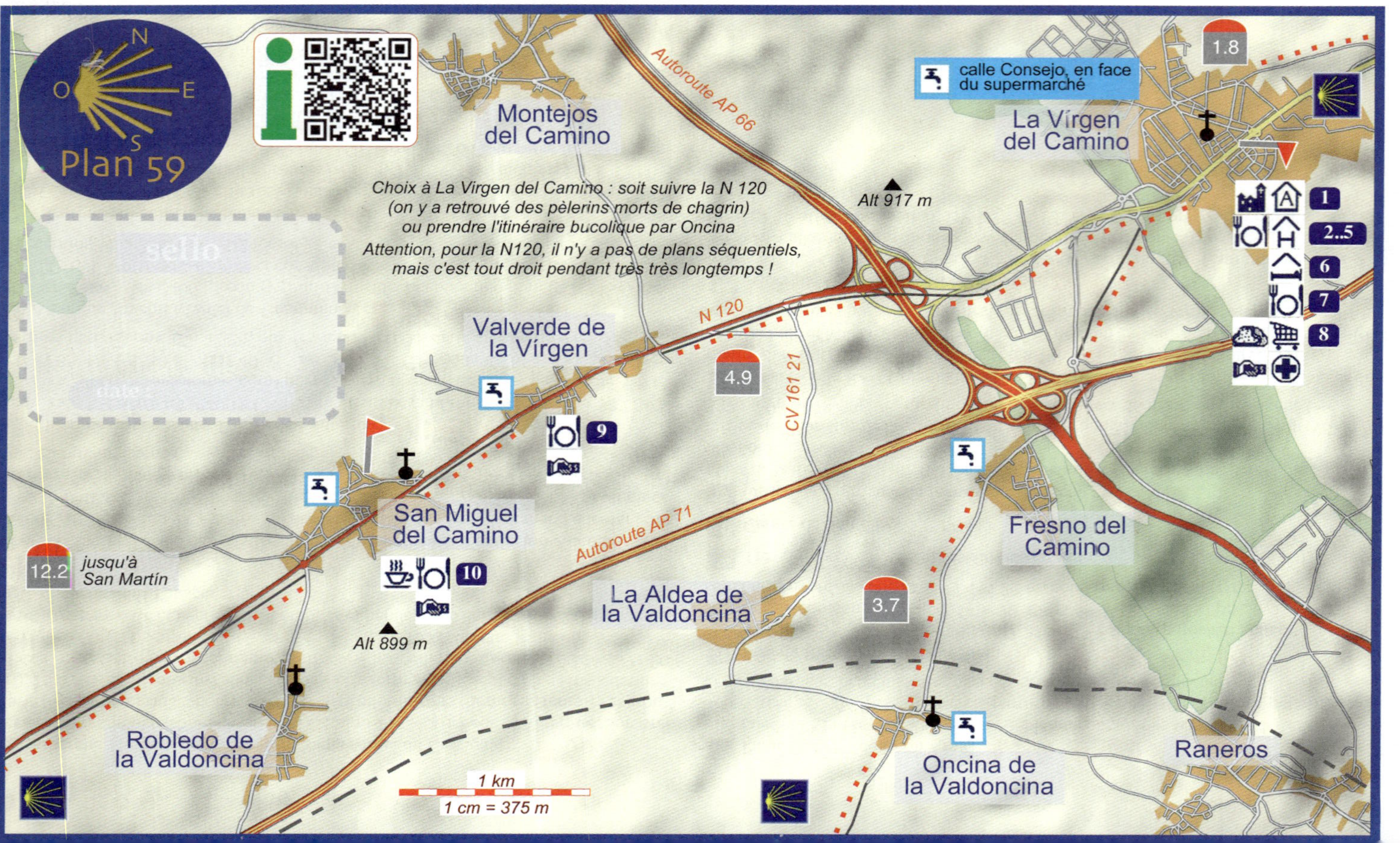

N
O
E
S
Plan 59
sello
date
Montejos
del Camino
Choix à La Virgen del Camino : soit suivre la N 120
(on y a retrouvé des pèlerins morts de chagrin)
ou prendre l'itinéraire bucolique par Oncina
Attention, pour la N120, il n'y a pas de plans séquentiels,
mais c'est tout droit pendant très très longtemps !
Autoroute AP 66
Alt 917 m
calle Consejo, en face
du supermarché
La Vírgen
del Camino
1.8
1
2.5
6
7
8
N 120
4.9
CV 161 21
Valverde de
la Vírgen
9
San Miguel
del Camino
10
Alt 899 m
12.2
jusqu'à
San Martín
Autoroute AP 71
La Aldea de
la Valdoncina
3.7
Fresno del
Camino
Robledo de
la Valdoncina
1 km
1 cm = 375 m
Oncina de
la Valdoncina
Raneros

Plan 59

1 Albergue municipale Don Antonino y Doña Cinia
Padres dominicanos, camino de Villacedré 16, 24198 La Virgen del Camino (987-302-800 alberguevirgen@gmail.com) 40 pl en 2 dortoirs, 6 €, , LL & SL, ouv 12h, ferm 23h, départ 8h, ouv avr à oct *(à côté du sanctuaire)*

2 Hotel** Villapaloma-Restaurante El Brasero CB
avenida de Astorga 47, 24198 La Virgen del Camino (villapaloma@argored.com 987-300-990 www.villapaloma.es) 44 ch, 32 à 35 €, 45 à 60 €, 60 €, 2.50 €, 10 € (soir uniquement), fermé vacances Noël

3 Hostal*-Restaurante Julio Cesar-Bar Pablo CB
calle Cervantes 6, 24198 La Virgen del Camino (987-302-044) 14 ch, 20 à 25 €, 40 €, 54 €, 2.50 à 4 €, 9 à 12 €, ouv tte l'année

4 Hostal*-Restaurante Central CB
German Vazquez, avenida de Astorga 85, 24198 La Virgen del Camino (987-302-041 info@hotelrestaurantecentral.com www.hotelrestaurantecentral.com) 29 ch, 20 €, 40 €, supp 10 €, 3.50 € à partir de 6h30, 10 €, ouv tte l'année

5 Hostal** Plaza y San Froilán-Cafetería CB
avenida de Astorga 96, 24198 La Virgen del Camino (987-302-019 & 666-042-560 caminohp@hotmail.com www.hostalesplaza-sanfroilan.com) 31 ch, 25 à 41 €, 45 à 48.50 €, supp 17 €, 3 €, 10 à 12 €, ouv tte l'année

6 Pensión Soto CB
avenida de Astorga 5, 24198 La Virgen del Camino (987-802-925) 31 ch, 24 à 30 €, ouv tte l'année

7 Restaurants :
- Bar-Restaurante El Peregrino, Aspona-León, calle Pablo Diez Fernández 7 (987-302-434) sandwiches, plats chauds, 10 €
- Restaurante Marisquería Astúrias, calle Cervantés 5 (987-300-005) 9 à 12 €

8 Plusieurs commerces d'alimentation, avenida de Astorga

9 Restaurante Mesón El Yugo, La Carrera 6, à la carte, fermé lun, fermé Noël et Nouvel An et 15 jours sep

10 Restaurante-Bar El Rincón de Julia, calle de la Fuente 7, 10 €, fermé mardi

Sur une piste de la Tierra de Campos

Un grand-père nous interroge :
- « De donde veneis ?»
- « De Francia con el burro ? »
- « Si ! »
- « Ay, Vírgen santíssima ! »
et de se signer trois fois...

(Extrait de Un chemin d'étoiles, à pied avec un âne et en musique, du Puy-en-Velay à Saint-Jacques-de-Compostelle, par M.-V. Cambriels, ORION, voir bibliographie)

N
O
E
S
Plan 60
N 120
AP 71
Alt 902 m
6.3
CV 161 33
Barrio de la Estación
Chozas de Arriba
Chozas de Abajo
Villadangos del Páramo
(sur la N 120, 7.6 km après San Miguel del Camino), plan 59
2
3..5
6
7
8
1
1 km
1 cm = 375 m
sello

Plan 60

1 Bar municipal de socios, Centro social 1

2 Albergue municipale de Villadangos @
ONG Proyecto Joven León, carretera León-Astorga sn, 24392 Villadangos del Páramo (albergue@proyectojovenleon.org www.alberguevilladangos.es 987-102-910 & 664-410-385) 54 pl en dortoir 6-30 pers, 5 €, , LL, ouv 11h30, ferm 22h, poss transport de bagages depuis León, ouv tte l'année

3 Hostal*-Restaurante Avenida II-Hotel** Avenida III CB @
carretera León-Astorga km 17, 24392 Villadangos del Páramo (987-390-151 info@hotelavenidaiii.com www.hotelavenidaiii.com) 65 ch, 35 €, 40 à 48 €, 70 à 75 €, parfois prix pèlerins suivant dispos et saison, 3.50 €, 12 €, ouv tte l'année *(2 km avant le centre du village, hôtel routier à 500 m du Camino dans zone industrielle)*

4 Hostal-Bar-Restaurante Libertad** CB
calle Padre Ángel Martínez Fuertes 25, 24392 Villadangos del Páramo (987-390-123) 24 ch, 35 €, 45 €, 60 €, 2 à 8 €, 12 à 14 €, BS fermé sam, fermé vacances Noël

5 Hostal** Alto del Paramo-Bar-Restaurante Camino de Santiago
carretera León-Astorga km 18, 24391 Villadangos del Páramo 15 ch *(fermé, sous réserve de reprise)*

6 Camping Camino de Santiago Cat-2 CB
N120 km 324, 24392 Villadangos del Páramo (987-680-253 info@campingcaminodesantiago.com www.campingcaminodesantiago.com) tente 16.50 €, LL, piscine, ouv mi-mars à fin sep

7 Tienda Gelin, N 120, fermé sam après-midi et dim BS, fermé 1er au 15 oct

8 Panadería García, calle Real 44, BS fermé dim

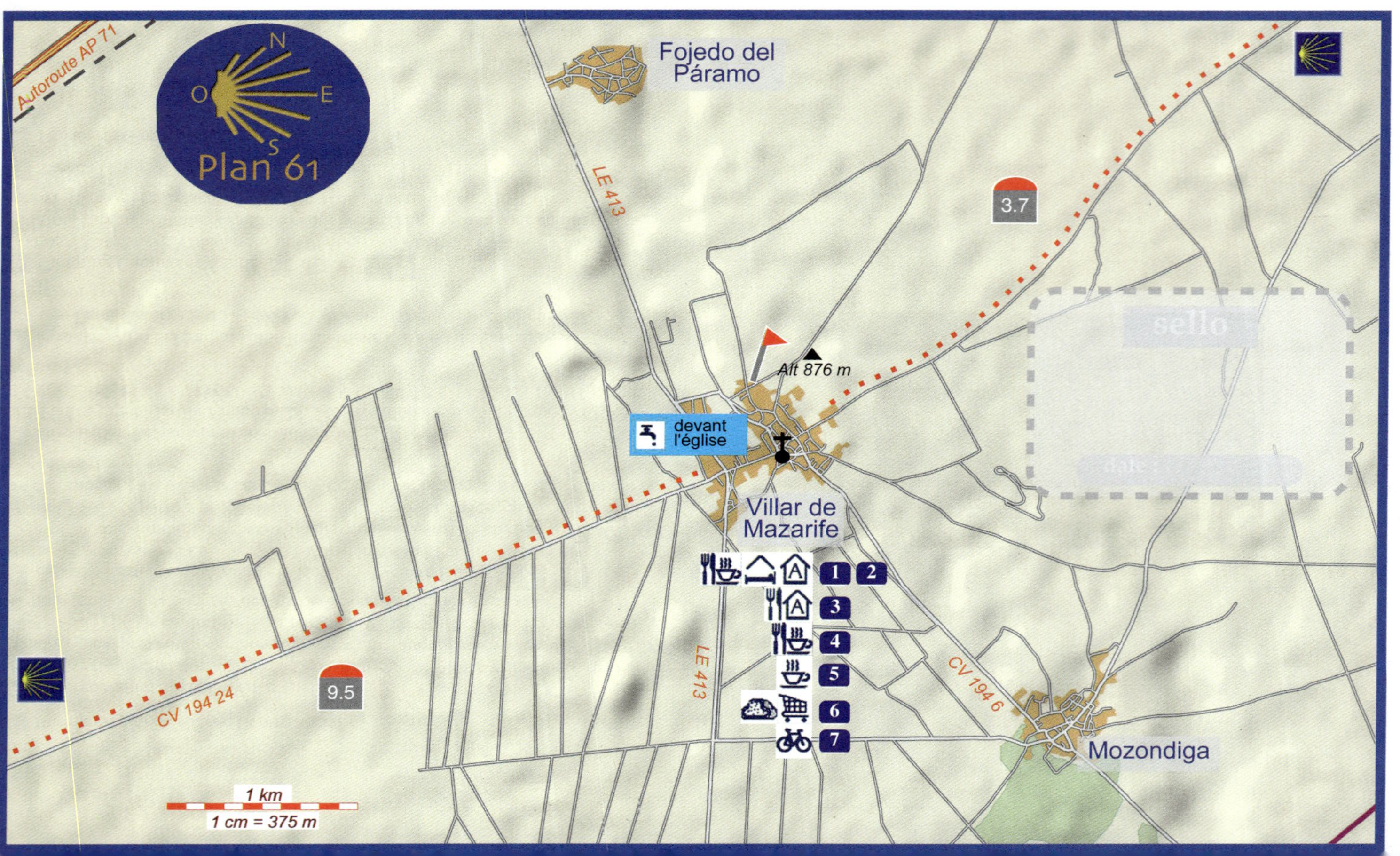
Plan 61
N
E
S
O
Autoroute AP 71
Fojedo del Páramo
LE 413
3.7
sello
Alt 876 m
devant l'église
Villar de Mazarife
1
2
3
4
5
6
7
CV 194 6
Mozondiga
9.5
CV 194 24
1 km
1 cm = 375 m

Plan 61

1 Albergue privée-Restaurante-Bar Tío Pépe CB @
Loli, calle El Teso de la Iglesia 2, 24392 Villar de Mazarife (987-390-517 & 636-794-889 reserva@alberguetiopepe.es www.alberguetiopepe.es) poss résa, 20 pl, ch 2-6 pers, 9 €, 3 € à partir de 7h en été, 10 ch, 20 €, 40 à 50 €, 9 à 10 €, sandwiches, LL, fermé déc à fév, fermé lun BS, ouv tte la journée à partir de 6h30, ferm 23h *(à côté de l'église)*

2 @
Albergue privée-Bar-Restaurante San Antonio de Padua
Pépe, calle León 33, 24392 Villar de Mazarife (www.alberguesanantoniodepadua.com 987-390-192 alberguesanantoniodepadua@hotmail.com) poss résa, 52 pl en ch 8-35 pers, 8 à 10 €, 5 ch, 30 à 50 €, 4 €, 9 € (végétarien), LL & SL, poss massages sauf hiver, ouv 5h30 en été, ouv tte l'année

3 Albergue privée Casa de Jesús @
Jesús, calle Corujo 11, 24392 Villar de Mazarife (refugiojesus@hotmail.com 987-390-697 & 686-053-390) 50 pl en dortoirs 2-10 pers, 5 €, 2.50 à 3 €, 9 €, , LL & SL, ouv tte la journée, ouv tte l'année

4 Bar La Torre, carretera Valcabado, sandwiches et plats chauds, fermé mar matin

5 Bar Rosy, carretera Valcabado, ouv tte l'année

6 Ravitaillement :
- Tienda de alimentación, camino 1, ouv dim matin HS
- Supermercado Spar, fermé sam après-midi BS, ouv dim 12h à 12h30
- Panadería Impavinaz, calle Rosario 4, ouv 9h

7 Garage, poss réparation vélos

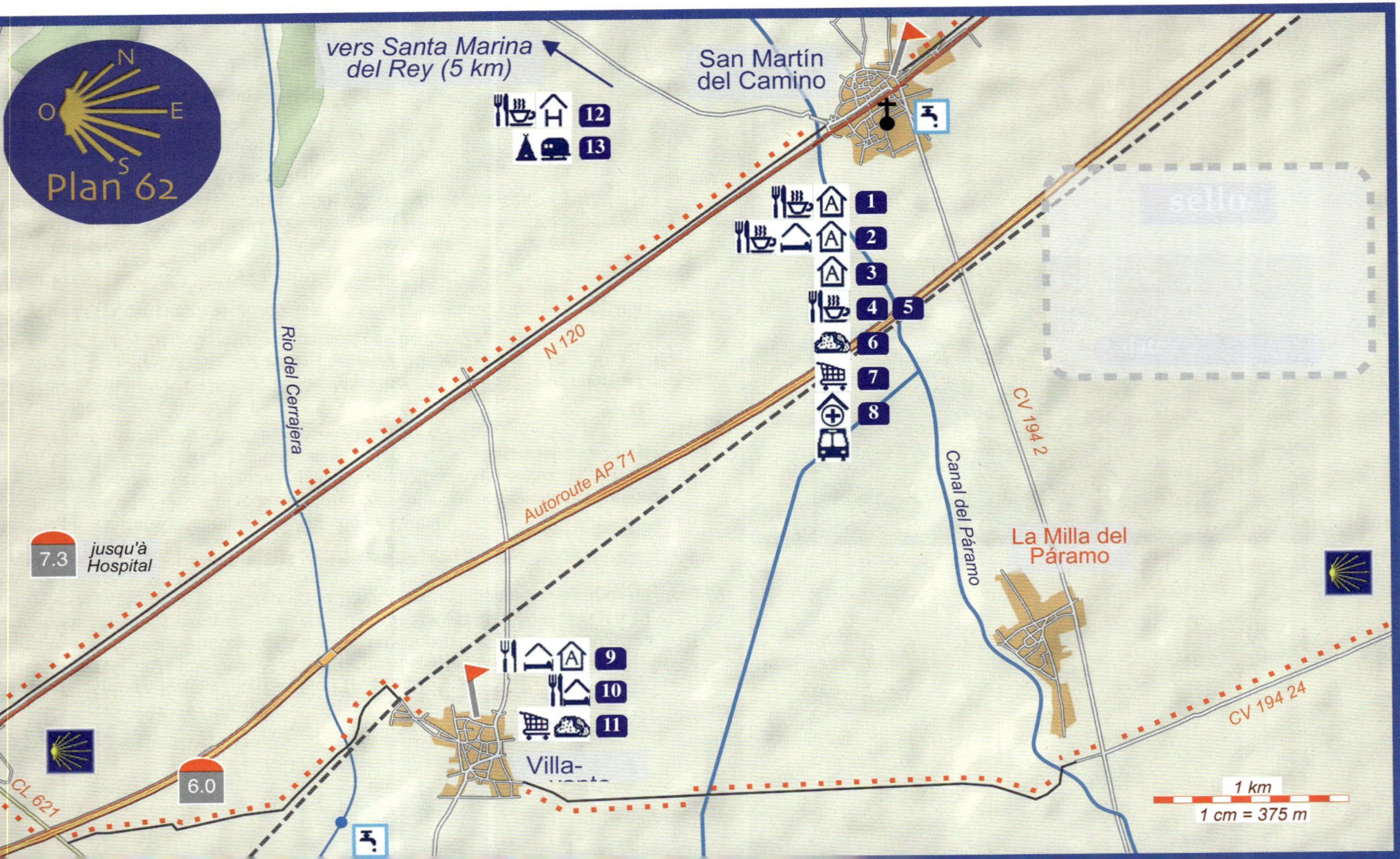
Plan 62
N
E
S
O
vers Santa Marina
del Rey (5 km)
San Martín
del Camino
1
2
3
4
5
6
7
8
12
13
N 120
Rio del Cerrajera
Autoroute AP 71
Canal del Páramo
CV 194 2
La Milla del
Páramo
CV 194 24
7.3
jusqu'à
Hospital
9
10
11
Villa-
6.0
CL 621
1 km
1 cm = 375 m

Plan 62

1 Albergue-Bar-Restaurante Vieira @
Amelia, 24393 San Martín del Camino (✉ amelianievesalbergue@hotmail.com 987-378-565 & 620-671-864) poss résa, 40 pl en ch 2-8 pers, 7 €, 4 €, 10 € (produits du jardin, poss végétarien), sandwiches, LL & SL, ouv tte l'année *(à l'entrée de San Martín)*

2 Bar-Albergue Santa Ana
Sonia Martínez, carretera Astorga 3, 24393 San Martín del Camino (987-378-653 & 680-917-423 ✉ martinez_sonia@hotmail.com) poss résa, 54 pl en 3 dortoirs, 6 € // 13 ch 1-3 pers, nuit 10 € // 3 €, 9 €, sandwiches, , LL & SL, ouv tte l'année

3 Albergue de la Junta Vecinal @
Sonia Martínez, 24393 San Martín del Camino, 60 pl, 4 €, , ouv tte l'année

4 Bar Los Picos @, 9.50 €, ouv 7h30

5 Bar Cubano, carretera León-Astorga 58, sandwiches

6 Panadería Cérez, calle Eras 7, fermé dim

7 Tienda, ouv dim matin

8 Centre de Santé (987-378-663)

9 Albergue privée touristique Santa Lucía-Bar @
Carmen, calle del Pradico, 24393 Villavante (www.alberguesantalucia.es 987-389-105 & 692-107-693 ✉ alberguesantalucia@hotmail.es) poss résa, 28 pl, 8 € // 3 ch, 22 à 40 € // 3 €, 8 € (soir), LL & SL, poss massages, ouv avr à Toussaint *(à l'entrée du village)*

10 Casa rural Molino Galochas CB @
Mercedes, Molino Galochas, 24393 Villavante (✉ info@molinogalochas.com 987-388-546 & 629-963-870 www.molinogalochas.com) 6 ch, DP 40 €, 70 à 80 € (inclus), bungalow 4-5 pers, 20 €, (bungalow seulement), sandwiches, LL & SL, ouv tte l'année *(à la sortie du village)*

11 Panadería Martínez, calle Real 15, ouv 7/7 le matin

12 Hostal Salones Victoria CB
24393 Santa Marina del Rey (✉ info@salonesvictoria.net www.salonesvictoria.com 987-377-011) 8 ch, 30 €, 50 €, 65 €, 3 € (inclus BS), 10 à 16 €, San Martín, ouv tte l'année

13 Camping Ruviejo CB @
avenida Polideportivo 11, 24393 Santa Marina del Rey (987-377-280), tente 15 €, ouv Rameaux à oct

Plan 63
N
O
E
S
Vallin de Lobos
Valdeiglesias
2.3
Alt 888 m
Santibáñez de Valdeiglesias
19
20
16
17
18
Villares de Órbigo
Alt 827 m
San Feliz de Órbigo
2.8
LE-420
Choix : suivre la N 120 (monotone) ou passer par le chemin tranquille deVillares et Santibañez
Canal de Villares
Arroyo del Gorgullón
5.0
alternative cyclistes le long de la N 120
Hospital de Órbigo
Rio Orbigo
Puente de Órbigo
1
2
3
4
5
6
7
8
9..11
12
13
14
15
Tous services, tous commerces
N-120
LE-422
AP 71
1 km
1 cm = 375 m
sello
date :

Plan 63

1 Casa rural Lar la Puente
Susana Sarmiento Fernández, paso Honroso 15, 24286 Puente de Órbigo (639-468-069 & 987-361-100 susarmiento@terra.com) résa souhaitée, 6 ch, 20 à 25 €, 40 €, 5 €, , LL, ouv tte l'année

2 Pensión-Bar-Restaurante Alicia CB
Alicia, avenida de la Constitución 53, 24286 Puente de Órbigo (987-388-349) 3 ch, 20 €, 40 €, 4 €, 11 €, ouv 7h été, 8h BS

3 Bar-Restaurante Flamingo, carretera León-Astorga 5 (987-388-016) 8 à 12 €, fermé dim sauf jul-aou

4 Albergue paroissiale Karl Leisner-San Juan Bautista @
Don Manuel González, calle Álvarez Vega 32, 24286 Hospital de Órbigo (987-388-444 www.alberguekarlleisner.com) 100 pl en dortoirs 4-12 pers, 5 €, , ouv tte la journée, tte l'année

5 Albergue privée San Miguel @ Pedro Jesús (pèlerin), calle Alvarez Vega 35, 24286 Hospital de Órbigo (info@alberguesanmiguel.com 987-388-285 & 609-420-931 www.alberguesanmiguel.com) poss résa, 40 pl en 2 dortoirs, 7 à 8 €, 1 ch 30 €, 2 € à partir de 6h été, , LL & SL, salle de peinture, ouv 11h, ferm 22h, départ 10h, fermé nov à mars

6 Albergue Verde privée @
Mincho et Sara (pèlerins), avenida Fueros de León, 24286 Hospital de Órbigo (www.albergueverde.es 689-927-926 oasis@albergueverde.es) poss résa, 26 pl en 2 dortoirs, 9 €, + (soir) donativo (végétarien, produits bio et du jardin), LL & SL, poss yoga, poss massages HS, salle de méditation, fermé fév

7 Albergue turístico La Encina-Restaurante la Ribera CB @
avenida Suero de Quiñones sn, 24286 Hospital de Órbigo (www.complejolaribera.com 987-361-087 & 606-306-836 segunramos@hotmail.com) poss résa, 16 pl en 4 ch, 9.50 €, 3 ch 40 €, 3 à 4.50 €, 8.50 à 10 €, LL & SL, piscine, ouv tte l'année

8 Bed & Breakfast El Caminero
Maria Carmen, calle Sierra Pambley 56, 24286 Hospital de Órbigo (987-389-020 & 619-870-069 info@elcaminero.es www.elcaminero.es) 4 ch, 45 €, 50 €, 70 à 85 €, 7.50 €, sur résa 25 €, blanchisserie, réception 13h à 22h, BS résa nécessaire, fermé fév

9 Hostal rural-Restaurante Nuestra Señora de Lourdes
calle Sierra Pambley 40, 24286 Hospital de Órbigo (987-388-253 & 639-001-024 nuestrasenoradelourdes@hotmail.com www.nuestrasenoradelourdes.es) 9 ch 1-3 pers, 20 à 30 €, 40 à 50 €, 60 à 70 €, , 10 €, LL, fermé vac. Noël

10 Hostal**-Restaurante Don Suero de Quiñones
calle Álvarez Vega 1, 24286 Hospital de Órbigo (don.suero@hotmail.com 987-388-238) 11 ch, 40 à 50 €, 60 à 70 €, , fermé mi-oct à mi-nov

11 Hostal**-Restaurante-Station service Paso Honroso CB @
N 120 km 335, 24286 Hospital de Órbigo (987-361-010 www.elpasohonroso.com hotel@elpasohonroso.com) 37 ch, 32 €, 47 €, 60 €, 4 € à partir de 7h semaine, 8h week-end, 10 à 13 €, fermé vacances Noël

12 Camping Don Suero de Quiñones Cat-2
Terrenos de la Vega, 24286 Hospital de Órbigo (camping@hospitaldeorbigo.com 987-361-018) 200 pl, tente 12 €, bungalows BS uniquement 60 €, sandwiches, LL & SL, dépannage-ravitaillement à partir Rameaux, piscine proche, ouv 7/7 mai à sep, ouv uniquement week-ends et vacances Rameaux à mai et sep // Restaurant-Bar *(500 m à droite à la sortie du pont)*

13 Plusieurs restaurants et bars

14 Ravitaillement : 2 tiendas et 2 panaderias

15 Information touristique (mairie 987-388-206 www.hospitaldeorbigo.com)

16 Albergue privée de Villares @
Christine, calle Arnal 21, 24286 Villares de Órbigo (987-132-935 & 622-713-833 info@alberguevillaresdeorbigo.com www.alberguevillaresdeorbigo.com) poss résa, 18 pl en mini-dortoirs, 7 €, 2 ch, 20 à 30 €, , (soir) donativo, , LL & SL, ouv 11h, ferm 23h, fermé mi-déc au 1er fév

17 Bar Piris, 5 à 9 €, sandwiches, ouv 6h30 été, service 11h30 à 14h et 18h30 à 21h, fermé lun BS et 15 jours nov

18 Tienda Majo, dépôt de pain à partir de 10h, ouv festivos

Suite données Santibáñez page suivante.../...

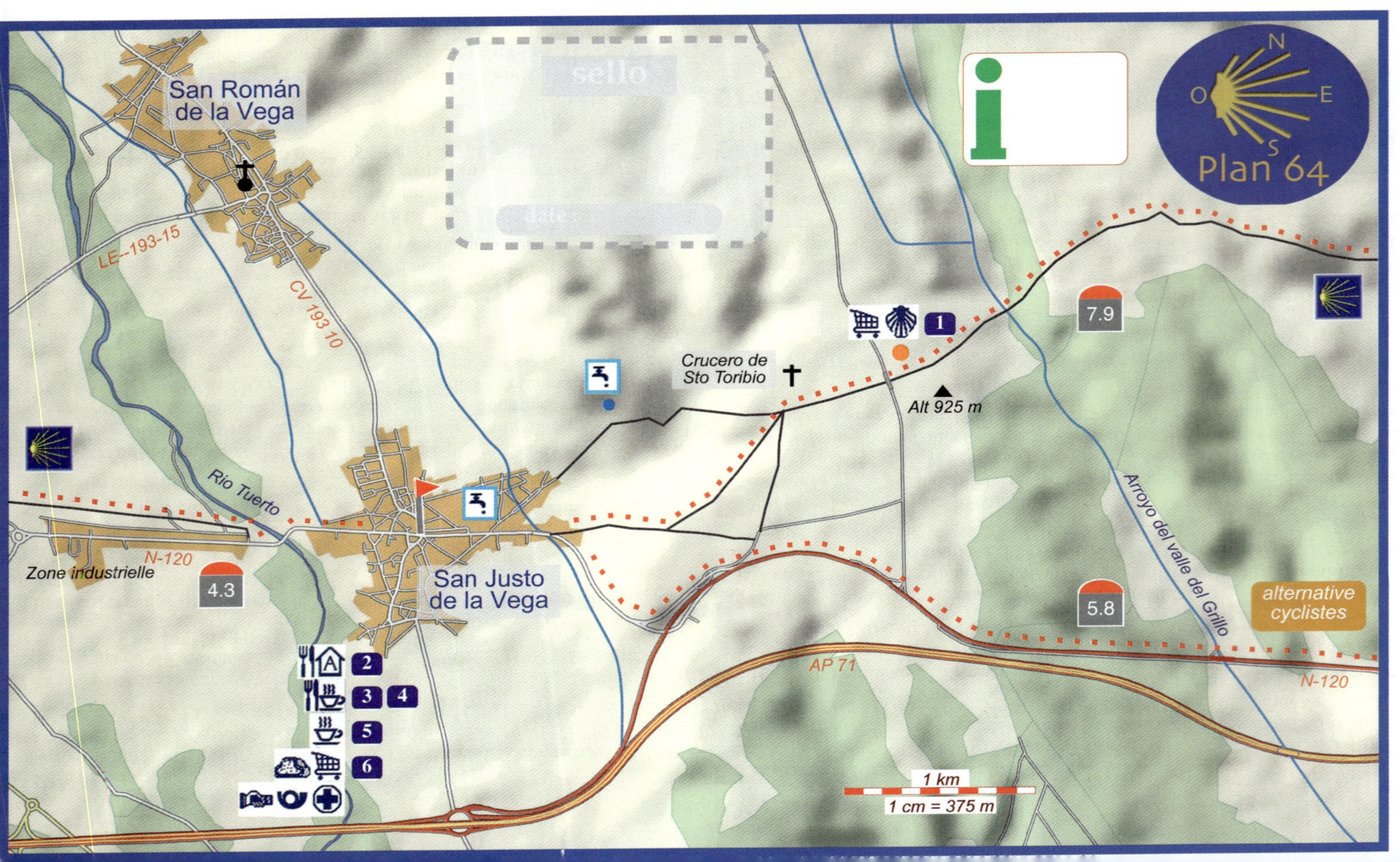

Plan 64
N
E
S
O
sello
date
San Román de la Vega
LE-193-15
CV 193 10
Crucero de Sto Toribio
Alt 925 m
1
7.9
Rio Tuerto
San Justo de la Vega
Zone industrielle
N-120
4.3
2
3
4
5
6
AP 71
5.8
Arroyo del valle del Grillo
alternative cyclistes
1 km
1 cm = 375 m

Plan 64

…/… Suite données Santibáñez

19 Albergue paroissiale de Santibañez
Accueil chrétien, caromonte bajo 3, 24288 Santibañez de Valdeiglesias (987-377-698) 20 pl en ch 4-6 pers, 5 €, +, donativo, ouv mars à oct
- Messe des pèlerins 20h

20 Albergue Camino Francés-Bar Cafeteria
Elena et Belén, Calle Real 68, 24288 Santibañez de Valdeiglesias (987-361-014 ✉ alberguecaminofrances@gmail.com www.alberguecaminofrances.com) 14 pl en 2 dortoirs, nuit 7 €, 1 ch, 30 €, 8 €, , LL & SL, ouv avr à oct

****

1 Casa de los Dioses, dépannage-ravitaillement, donativo

2 Refugio Amanecer
Germán, calle Real 61, 24600 San Justo de la Vega (✉ germanmalaga@hotmail.com 622-566-468) 11 pl, nuit, , , donativo, ouv tte l'année *(infos sous réserve)*

3 Cafetería-Bar Ideal, sandwiches

4 Bar La Playa del Camino, sandwiches, ouv 15 jun au 15 sep *(à la sortie du village, près de la rivière)*

5 Cafetería Oasis, calle Real 66, sandwiches, ouv 7h30

6 Ravitaillement :
- 2 Panaderías
- Supermercado Aliprox, fermé dim et jours fériés
- Tienda Ana, plaza de la Constitución 5, fermé sam après-midi et dim

Voulez-vous accueillir un pèlerin ?

Chanson originale de la région de Foix (Bélesta), traduite de l'occitan, extraite du carnet de chansons de pèlerins (Orion, voir biblio)

Voulez-vous accueillir un pèlerin, Madame, Madame ?
Voulez-vous accueillir un pèlerin, pour l'amour de Dieu ?
Mettez-vous donc derrièr' la port', pauvre homme, pauvre homme,
Mettez-vous donc derrièr' la port', pour l'amour de Dieu.
Les oies me mordraient, Madame, Madame !…
Mettez-vous donc sous l'escalier, pauvre homme…
Lorsqu'on balaierait, on me salirait.
Mettez-vous donc au milieu de la maison
Quand les servantes me verraient, Madame, madame,
Quand les servantes me verraient, ell' riraient de moi !
Mettez-vous donc au coin du feu…
Quand le feu flamberait, il me brûlerait…
Eh bien ! Allez-vous-en au lit, …
Merci bien, je vais y aller…
Avez-vous bien dormi cette nuit… ?
Toutes les puces m'ont piqué…!
Eh bien ! Allez vous faire f…!

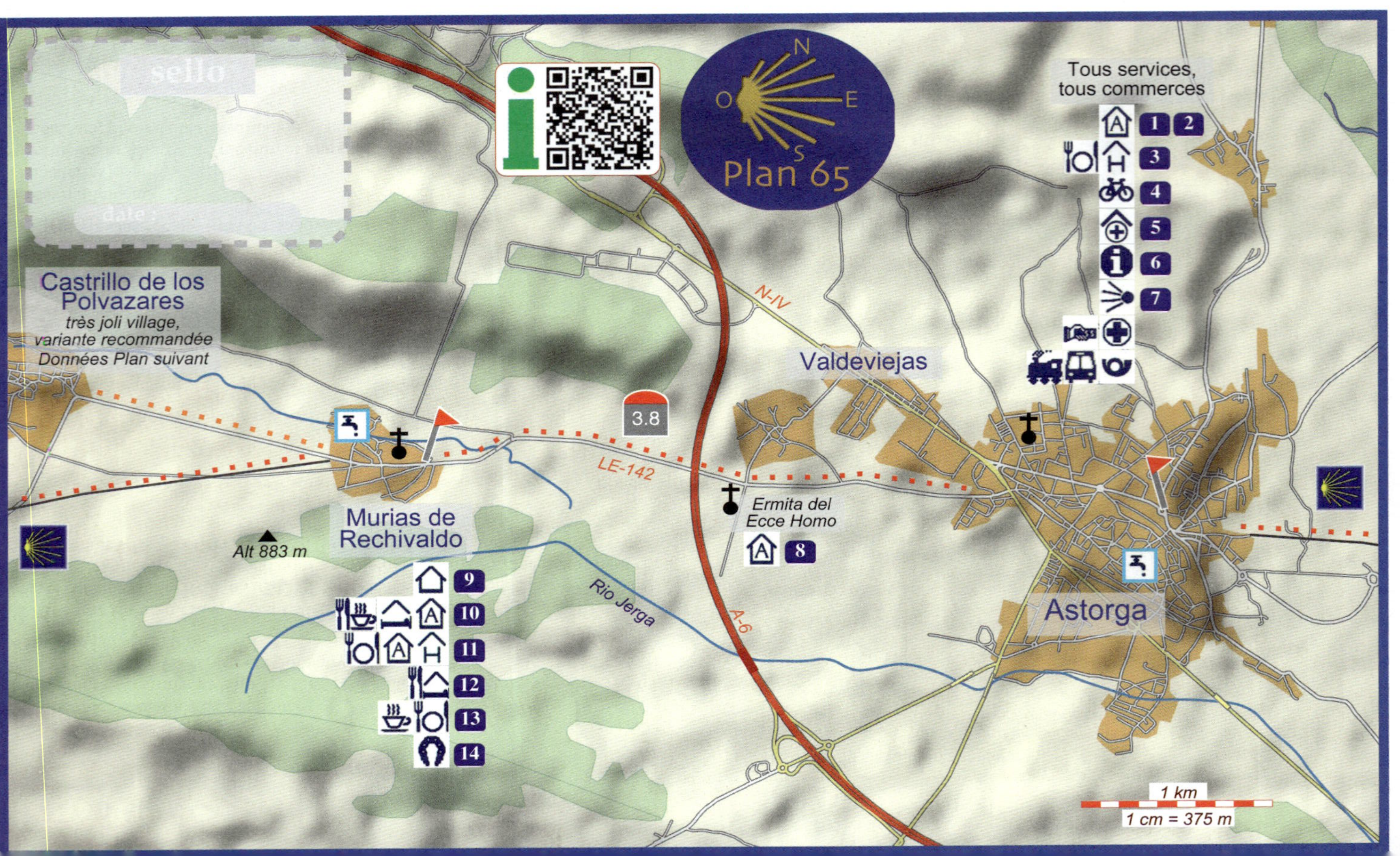
sello
date :
Plan 65
N
O
E
S
Tous services,
tous commerces
1
2
3
4
5
6
7
Castrillo de los
Polvazares
très joli village,
variante recommandée
Données Plan suivant
N-IV
Valdeviejas
3.8
LE-142
Ermita del
Ecce Homo
8
Murias de
Rechivaldo
Alt 883 m
9
10
11
12
13
14
Rio Jerga
A-6
Astorga
1 km
1 cm = 375 m

Plan 65

1 Albergue publico Siervas de María CB @
Association des amis de Saint Jacques de Astorga, plaza San Francisco 3, 24700 Astorga (asociacion@caminodesantiagoastorga.com www.caminodesantiagoastorga.com 987-616-034 & 618-271-773) 164 pl, ch 2-22 pers, 5 €, , LL & SL, ouv 11h, ferm 22h, départ 6h à 8h, ouv tte l'année *(à l'entrée d'Astorga)*
- Oratoire

2 Albergue privée San Javier @
Hospitaleros Voluntarios, Asociación Astura de amigos del Camino, Porteria 6, 24700 Astorga (987-618-532 alberguesanjavier@hotmail.com www.sanjavier.com) 95 pl en dortoirs, 8 à 9 €, 4 €, , LL & SL, ferm 22h30, départ 8h30, ouv Rameaux à Toussaint *(à côté de la cathédrale)*

3 CB @
Hotel**** Spa Ciudad de Astorga-Posada del Camino
calle de los Sitios 7, 24700 Astorga (reservas@hotelciudaddeastorga.com 987-603-001 www.hotelciudaddeastorga.com) 33 ch, BS 55 €, 66 à 80 €, 9 €, 15 €, LL & SL, ouv tte l'année

4 Motos HT Sport, calle Santiago Crespo 6 (987-602-768) réparation vélos, fermé sam après-midi

5 Centre de Santé (987-617-810)

6 Office de tourisme, plaza Eduardo de Castro, (987-618-222 turismo@ayuntamientodeastorga.com www.ayuntamientodeastorga.com) fermé dim après-midi et lun BS

7 Catedral, plaza Eduardo de Castro, ouv au public 9h à 10h30 en semaine et 11h à 13h dimanches et fêtes (gratuit). En-dehors de ces horaires, visite possible en passant par le Musée Diocésain (entrée 3 € ou 4 € avec le Palacio Gaudi et Musée des chemins), ouv 11h (10h été) à 14h et 16h à 18h (20h été), fermé dim après-midi et lun BS
- Museo Romano et Musée du chocolat, ouv 10h30 à 14h et 16h30 à 19h (Museo Romano 16h à 18h BS, 17h à 19h30 HS), entrée 2.50 à 4 €, fermé dim après-midi et lun, musée du chocolat fermé jusqu'en fév

8 Albergue municipal Ecce Homo
Ramiro y Marta, Antiguas Escuelas, 24700 Valdeviejas (620-960-060 & 626-733-658) poss résa, priorité pèlerins à pied, 10 pl, 5 €, , dépannage-ravitaillement, ouv mars à nov, BS clés chez un voisin *(à 150 m à droite de la chapelle)*

9 Albergue municipal
Vicente Alonso, Antiguas Escuelas, 24718 Murias de Rechivaldo (987-691-150) 20 pl en dortoir, 5 €, poss camper l'été, pas de chauffage, ouv tte la journée, ferm 22h30, ouv mars à oct

10 Albergue privée-Bar Las Aguedas CB @
Isidoro González, 24718 Murias de Rechivaldo (987-691-234 & 636-067-840 lasaguedas@yahoo.es www.lasaguedas.com) Albergue, poss résa, 40 pl en 2 dortoirs, 9 € (+ 3 € pour chauffage l'hiver), 3.50 €, draps-serviettes 3 €, (soir) 9 €, sandwiches, LL & SL, ouv mars à nov, BS ouv pour groupes sur résa // 5 ch, 35 €, 45 à 50 € (inclus), chambres ouv tte l'année

11 Hostería-Albergue-Restaurante Casa Flor CB @
Kiko et Flor, carretera Santa Colomba 52, 24718 Murias de Rechivaldo (987-603-148 & 609-478-323 & 654-012-838 rodkiko@gmail.com www.hosteriacasaflor.com) Albergue, 25 pl en 3 dortoirs, 10 € // 8 ch, 45 €, 3 €, 10 €, BS résa nécessaire, fermé vacances Noël

12 Hostal rural La Veleta
plaza Mayor 1, 24718 Murias de Rechivaldo (ctr_laveleta@hotmail.com 616-598-133 www.laveleta.net) 7 ch, 38 €, 53 €, 70 € (inclus), 10 €, LL & SL, ouv tte l'année

13 Restauration :
- Restaurante Mesón Asturum-El Rancho, carretera Santa Colomba (987-619-270 & 676-945-585) 10 à 15 €, fermé mer BS, ouv tte l'année
- Restaurante Casa Botas, Amado et Mari Carmen, plaza Mayor 4 (987-691-168) 9 à 17 €, BS ouv uniquement week-ends et festivos, fermé vacances Noël
- Bar Felix, 9 à 15 €, sandwiches, ouv tte l'année

14 Accueil chevaux José Manuel López Picorell, camino la Chana 1 (618-648-293) écurie et pré, donativo

Plan 66
N
E
S
O
sello
1
2
3
4
5
6
Castrillo de los Polvazares
9
10
11
El Ganso
4.6
Alt 1000 m
CV-192-4
Rio Jerga
4.9
7
8
Santa Catalina de Somoza
Pedredo
LE-142
Santa Colomba de Somoza (Plan 67)
1 km
1 cm = 375 m

Plan 66

1 Albergue de la Junta Vecinal
calle Jardín, 24718 Castrillo de los Polvazares (655-803-706 & 987-691-060) 7 pl, 5 €, , pas de chauffage, ouv 12h à 22h, mars à oct

2 Hostal**-Restaurante Cuca la Vaina CB @
calle Jardín sn, 24718 Castrillo de los Polvazares (987-691-034 & 649-988-254 ✉ informacion@cucalavaina.es www.cucalavaina.es) 7 ch, 40 €, 50 à 60 €, supp 13 € (inclus), 12 à 17 €, resto fermé lun (sauf résa) et 1er au 20 jan

3 Hostal rural-Restaurante Casa Coscolo CB
Pedro, calle de la Magdalena 1, 24718 Castrillo de los Polvazares (987-691-984 & 619-280-540 ✉ casacoscolo@hotmail.com www.casacoscolo.com) 8 ch, 40 €, 50 à 60 €, supp 10 € (inclus), 16 €, resto fermé lun sauf résa, hôtel et resto fermés vacances Noël, 1 semaine fév, 1 semaine jun

4 Restaurant Entrepiedras, calle Real 29 (696-010-600) 11 à 18 €, fermé mar sauf aou, fermé 22 déc au 1er fév

5 Restaurant Casa Juan Andres, calle Juan José Cano 16 (987-691-971) 12 à 20 €, fermé mer et 23 déc au 1er fév

6 Accueil chevaux centre équestre dans le village, prévenir votre hébergement, participation aux frais

7 Albergue-Hostal rural Hospedería San Blas CB @
Ruben Merino, calle Real, 24718 Santa Catalina de Somoza (987-691-411 & 637-464-833 ✉ hospederiasanblas@gmail.com www.hospederiasanblas.com) poss résa, 20 pl en 2 dortoirs, 5 € // 8 ch, 30 €, 35 à 40 €, 45 à 50 € // 4 €, 8.50 à 14 €, sandwiches, LL & SL, Bar ouv 6h été, 8h hiver, albergue ouv 13h, ferm 22h30, ouv tte l'année

8 Albergue-Hostal rural El Caminante CB @
calle Real 2, 24718 Santa Catalina de Somoza (987-691-098 & 638-102-837 ✉ casperete@telefonica.net www.elcaminante.es) 20 pl en 2 dortoirs, 5 € (+ 3 € en hiver pour chauffage) // 12 ch, 20 €, 35 à 45 €, 50 à 60 €, 60 €, 2 à 4 €, 9 à 14 €, LL & SL, ouv 7h été, fermé Noël

9 Albergue Gabino
Aaron, calle Real 9, 24718 El Ganso (660-912-823 ✉ alberguegabino@hotmail.es) poss résa, 31 pl en 3 dortoirs, 8 €, 3 ch, 45 €, 50 €, , LL & SL, ouv mars à nov

10 Bar Merendero La Barraca, assiettes garnies, 8 à 10 €, ouv 7h30, ouv mai à Toussaint

11 Bar Mesón Cowboy, sandwiches, plats chauds, ouv mars à nov

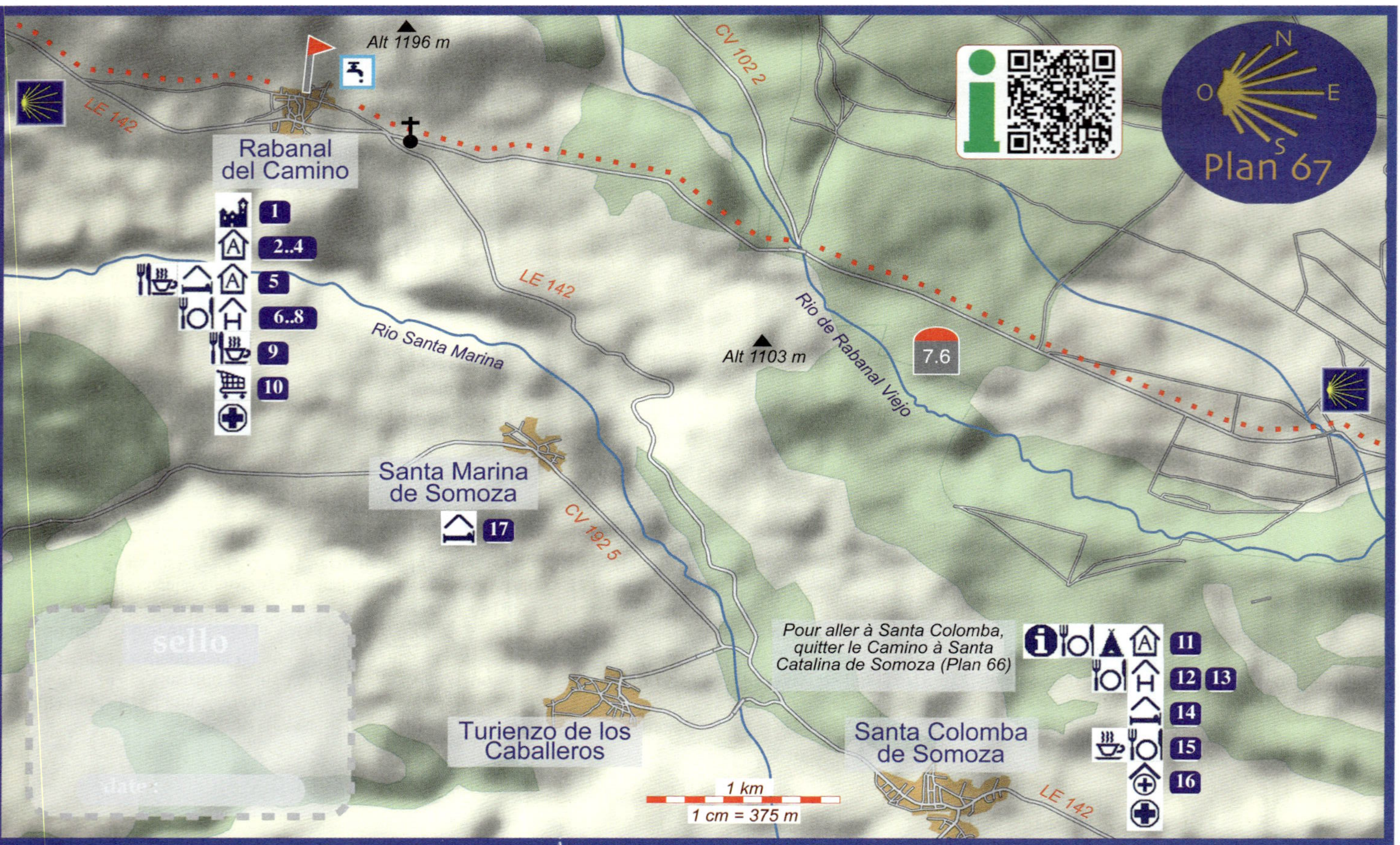

Plan 67
N
E
S
O
Alt 1196 m
LE 142
Rabanal
del Camino
1
2..4
5
6..8
9
10
CV 102 2
LE 142
Rio Santa Marina
Alt 1103 m
Rio de Rabanal Viejo
7.6
Santa Marina
de Somoza
17
CV 192 5
Pour aller à Santa Colomba,
quitter le Camino à Santa
Catalina de Somoza (Plan 66)
11
12
13
14
15
16
Turienzo de los
Caballeros
Santa Colomba
de Somoza
1 km
1 cm = 375 m
LE 142
sello
date :

Plan 67

1 Monasterio Benedictino San Salvador de Monte Irago
24722 Rabanal del Camino (987-631-528 ✉ monteirago@gmail.com www.monteirago.com) hospedería à disposition des pèlerins souhaitant une halte de silence et de prière, résa souhaitée, min 3 nuits, consulter le frère hôtelier sur place - Poss assister aux offices des moines (vêpres 19h, complies et bénédiction des pèlerins 21h30, 7h30 laudes, 9h messe semaine, 12h dimanche)

2 Albergue Gaucelmo
Confraternity of Saint James, Calvario 4, 24722 Rabanal del Camino (987-631-647 www.csj.org.uk ✉ alisonraju@btopenworld.com) priorité pèlerins à pied, 44 pl en dortoir en été, donativo, 6h30 en été, , poss camper, ouv 14h, ferm 22h, départ 8h, ouv avr à Toussaint

3 Albergue La Senda (Antiguo Tesín) @
Ivan et Angela, calle Real sn, 24722 Rabanal del Camino (669-167-038 & 696-819-060 ✉ alberguelasenda@hotmail.com) poss résa, 34 pl en ch 4-12 pers, 5 à 7 €, , LL & SL, poss camper, ouv 10h, ferm 22h, ouv avr à mi-oct

4 Albergue de la Junta Vecinal Hospitaleros Voluntarios, plaza Jeronimo Morán Alonso, 24722 Rabanal del Camino, 32 pl en 2 dortoirs, 4 €, , LL & SL, ouv 12h, ferm 22h, ouv avr à Toussaint

5 Albergue privée-Bar del Pilar @
Isabel Rodríguez Morán, plaza Jeronimo Morán Alonso, 24722 Rabanal del Camino (987-631-621 & 616-089-942 ✉ rabanalelpilar@hotmail.com) poss résa, 72 pl en dortoirs, 5 € // 4 ch, 35 € // 8 €, assiettes garnies 6 €, , LL, ouv tte l'année // Bar fermé BS, ouv tte la journée, ferm 23h

6 Hostal-Restaurante rural La Posada de Gaspar CB
calle Real 27, 24722 Rabanal del Camino (✉ laposadadegaspar@hotmail.com 987-691-079 & 987-631-629 www.laposadadegaspar.com) 14 ch, 41 €, 54 €, 68 €, 3.50 à 7 € à partir de 7h, 11 €, LL & SL, fermé jan et fév

7 Hostal-Restaurante El Refugio CB @
calle Real 74, 24722 Rabanal del Camino (987-631-592 ✉ info@hostalelrefugio.es www.hostalelrefugio.es) 16 ch, 35 €, 50 €, supp 15 €, 6 €, 11 € servi à partir de 13h et 19h, ouv 7h, BS résa nécessaire, fermé fév

8 Bar-Chambres Posada El Tesín @
calle Real, 24722 Rabanal del Camino (✉ posadaeltesin@hotmail.com 652-277-268 & 635-527-522) 4 ch, 35 €, 43 €, 56 €, 2.50 à 7 €, 9 €, LL & SL, ouv Rameaux à fin oct

9 La Taberna del Pueblo, sandwiches, plats chauds, ouv tte l'année

10 3 Tiendas de alimentación, dont 1 au moins ouv tte l'année

11 @
Albergue-Camping Santa Colomba-Restaurante-Point Information touristique
Patricia, carretera Astorga-Ponferrada km 15, 24722 Santa Colomba de Somoza (✉ campingsantacolomba@gmail.com 652-795-627 & 622-112-949) 12 pl, 8 €, tente 12 €, 12 € // ouv 1er jun à 1er oct

12 Hotel rural-Restaurante Casa Pepa CB @
Laura Alonso Nieto, calle Mayor 2, 24722 Santa Colomba de Somoza (✉ correo@casapepa.com 987-631-041 & 679-339-774 www.casapepa.com) 6 ch, 65 €, 80 à 93 €, 109 à 121 € (inclus), 15 €, fermé vacances Noël

13 Hotel rural Molinero de Santa Colomba CB
Ricardo Fuente, calle de la Iglesia 19, 24722 Santa Colomba de Somoza (987-631-591 & 610-058-021 ✉ elmolinerodecolomba@wanadoo.es) 6 ch, 35 € (inclus), 40 €, 9 €, poss location , Santa Catalina ou Rabanal, ouv tte l'année

14 Casa rural El Hontanar @
Rosa María, calle Antonio Perez Crespo, 24722 Santa Colomba de Somoza (✉ elhontanar@hotmail.com 987-631-022 & 649-436-839) 3 ch, 28 €, 44 €, 5 €, , LL & SL, ouv tte l'année

15 Restaurante-Bar Mesón El Artesano (987-631-109) 9 à 10 €, fermé jeu après-midi et vacances Noël

16 Centre de Santé (987-631-010)

17 Casa rural La Casina de la Fuente
Lorenza de Cabo Andrés, La Fuente sn, 24722 Santa Marina de Somoza (www.lacasinadelafuente.es ✉ casarural@lacasinadelafuente.es 987-635-103 & 619-608-777) résa souhaitée, loue maison 2 ch 80 € (inclus), , LL, entre Hospital de Órbigo et Rabanal (prix selon distance), ouv tte l'année

Plan 68
N
O
E
S
1
2
3
4
5
6
7
Manjarín
Alt 1451 m
Alt 1490 m
Ermita de Santiago
Cruz de Ferro
Foncebadón
Alt 1440 m
Alt 1394 m
LE 142
4.1
5.5
Le chemin entre Rabanal (Plan 67) et El Acebo (Plan 69) est souvent tracé sur de nouveaux sentiers en forêt à quelques mètres de la route
sello
1 km
1 cm = 375 m

Plan 68

1 Albergue parroquial Domus Dei de Foncebadón @
Accueil chrétien, Amigos del Camino de Santiago del Bierzo, Eglise, 24722 Foncebadón, 18 pl en dortoir, nuit, et , donativo, ouv tte la journée, ouv avr à Toussaint
- Prière proposée le soir

2 Albergue privée La Posada del Druida
David, calle Real sn, 24722 Foncebadón (696-820-136) 20 pl en 3 dortoirs, 7 €, LL & SL, ouv mars à oct

3 Albergue associative Monte Irago-Mini-Tienda La Tasca @
calle Real sn, 24722 Foncebadón (alberguemonteirago@hotmail.com 695-452-950) 34 pl en 2 dortoirs, 5 €, 3.50 € à partir de 6h en été, 7h en hiver, soir 9 € servi à 19h (paëlla végétarienne), 1 €, LL & SL, poss massages et yoga, ouv tte l'année

4 Albergue privée-Hostal Convento de Foncebadón CB @
José Nicolás Blanco, calle Real sn, 24722 Foncebadón (658-974-818 conventodefoncebadon@telefonica.net) poss résa, 20 pl en 2 dortoirs (ancienne écurie sans fenêtres), DP 16 € // 12 ch, 40 €, 50 €, 60 €, 3 € à partir de 7h, 10 €, ouv mars à nov

5 Bar-Tienda-Pensión El Trasgu de Foncebadón
José Luis, calle Real, 24722 Foncebadón (eltrasgudefoncebadon@gmail.com 637-451-149) dépôt de pain, assiettes garnies, 3.50 €, HS ouv 6h à 22h, fermé hiver *(pensión en projet pour mars 2015, 2 ch, 25 €, ouv tte l'année)*

6 Restaurante-Bar La Taberna de Gaia
Enrique Notario (987-636-005) 5 à 26 €, cuisine médiévale et traditionnelle, service 12h à 20h, ouv mai à Toussaint, fermé lun, BS ouv week-ends et ponts, fermé déc à mi-jan

7 Refugio de los Templarios
Tomas Martínez de Paz, 24413 Manjarín, 20 pl en dortoir, poss , donativo, ouv tte la journée, ouv tte l'année
- Refuge très "médiéval", poss prendre un café et se réchauffer devant la cheminée, ce qui est souvent appréciable après le passage du Col de Irago, donativo

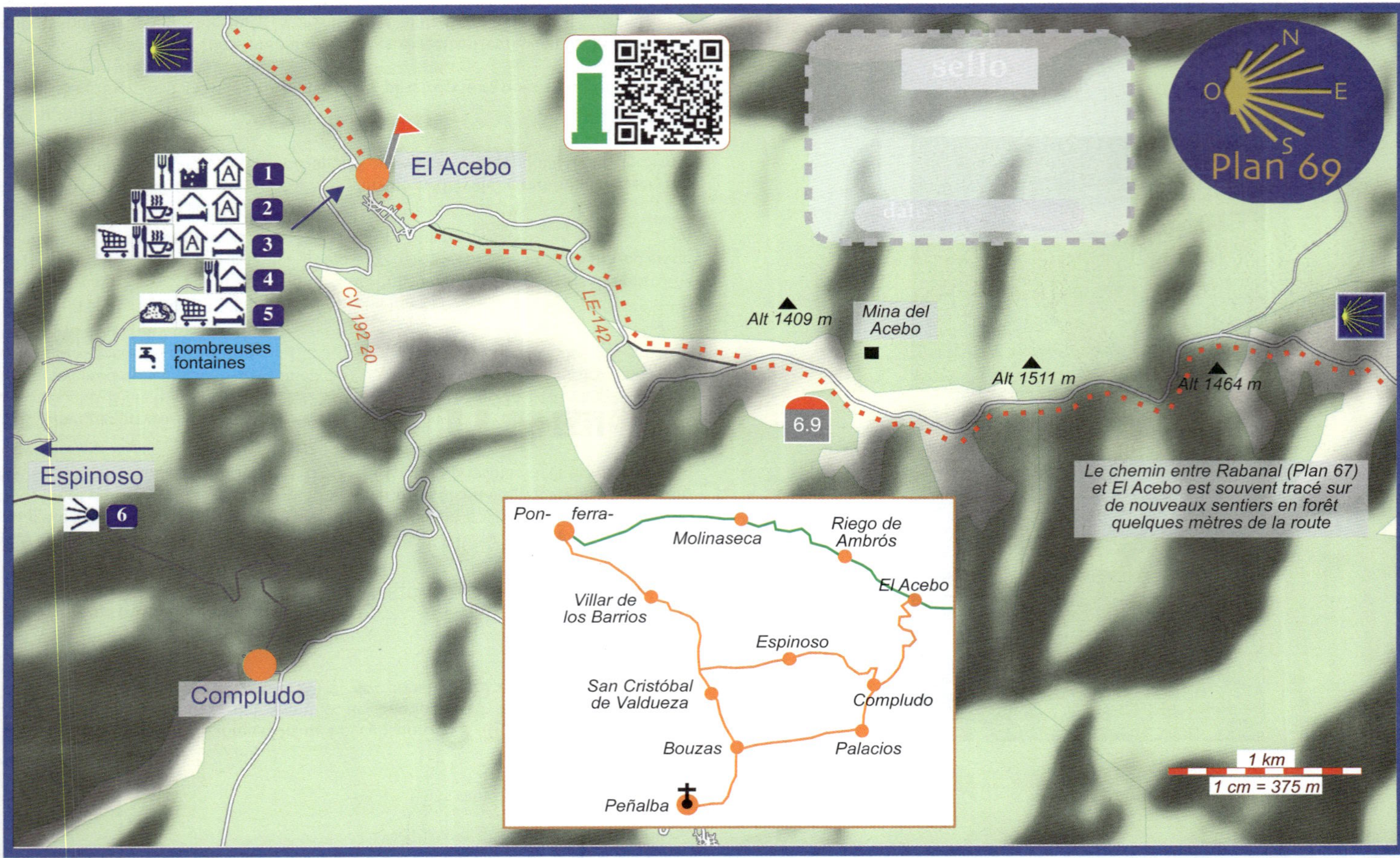
Plan 69
N
E
S
O
sello
El Acebo
1
2
3
4
5
nombreuses fontaines
Espinoso
6
Compludo
CV 192 20
LE-142
Alt 1409 m
Mina del Acebo
6.9
Alt 1511 m
Alt 1464 m
Le chemin entre Rabanal (Plan 67) et El Acebo est souvent tracé sur de nouveaux sentiers en forêt quelques mètres de la route
Pon- ferra-
Molinaseca
Riego de Ambrós
El Acebo
Villar de los Barrios
Espinoso
San Cristóbal de Valdueza
Compludo
Bouzas
Palacios
Peñalba
1 km
1 cm = 375 m

Plan 69

1 Albergue paroissiale @

Accueil chrétien, plaza del Sagrado, 24413 El Acebo, 20 pl, donativo, (soir) et donativo, ouv 13h30, ferm 22h, ouv avr à Toussaint
- Prière souvent proposée après le dîner

2 @

Albergue privée-Restaurante-Bar El Acebo

Gumersindo Flórez, 24413 El Acebo (mesonelacebo@hotmail.com 987-695-074 www.mesonelacebo.es) poss résa, 18 pl en dortoir (7 pl + 11 pl en 2 autres sites), 7 € // 2 ch, 24 €, 36 € // 10 à 14 €, à partir de 7h, sandwiches, LL & SL, ouv 7h, fermé mi-déc à mi-fév

3 CB @

Casa rural-Albergue-Bar-Tienda La Casa del Peregrino

calle Real 67-69, 24413 El Acebo (987-057-875 lacasadelperegrino@gmail.com www.lacasadelperegrino.es) 4 ch, 35 €, 50 €, 75 € (inclus), 12 €, poss location , fermé début nov à début mars
- Albergue, carretera Compludo sn, (albergueIacasadelperegrino@gmail.com 987-057-793 www.alberguelacasadelperegrino.es) 96 pl en 12 dortoirs, 10 €, 4 € // 3 ch, 45 €, 50 €, 60 € (inclus), (soir, servi à partir de 18h30) 10 €, LL & SL, piscine, ouv 11h, ferm 23h, // Tienda, ouv 11h à 21h, réception 24h/24, fermé vacances Noël

4 Casa rural La Trucha del Arco Iris @

Jaime Mas Calafell, calle La Cruz 10, 24413 El Acebo (987-695-548 latruchaacebo@gmail.com www.casaruralacebo.com) 3 ch, 35 €, 45 €, 65 € (inclus), soir 10 € (végétarien et bio), LL, ouv tte l'année

5 Tienda-Casa rural La Rosa del Agua

Cintia et Manolo, calle Real 52, 27413 El Acebo (larosadelagua@hotmail.com 616-849-738 www.larosadelagua.com) 4 ch, 35 à 40 €, 45 à 50 €, 75 €, 90 à 110 € (inclus), fermé nov à fév // Tienda de alimentación, dépôt de pain, sandwiches, boissons fraîches, ouv 7/7 *(à l'entrée du village)*

6 A visiter : village et église mozarabe de Peñalba de Santiago. Poss dormir à Espinoso et Peñalba (casas rurales) et manger à Compludo, Espinoso et Peñalba *(à El Acebo, prendre la route vers Compludo, Espinoso, Bouzas, Peñalba (1 étape). Le lendemain on peut rejoindre Ponferrada directement par Bouzas, San Cristobal de Valdueza, Vilar de los Barrios. Il y a environ 20 km de Penãlba à Ponferrada (Valle del Silencio))*

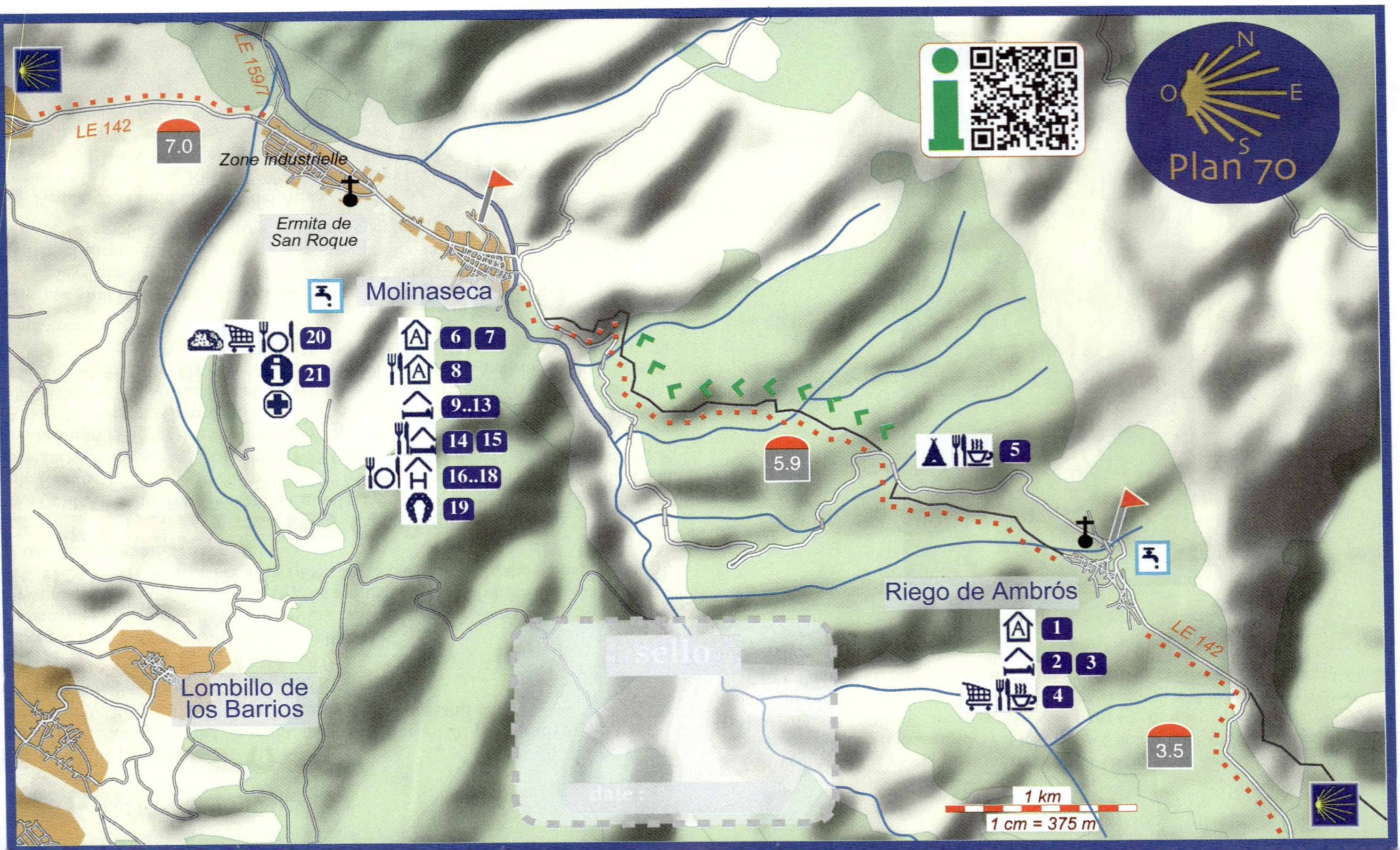

N
O
E
S
Plan 70
LE 142
LE 159/7
7.0
Zone industrielle
Ermita de
San Roque
Molinaseca
6
7
8
9..13
14
15
16..18
19
20
21
5.9
5
Riego de Ambrós
1
2
3
4
LE 142
3.5
Lombillo de
los Barrios
sello
date :
1 km
1 cm = 375 m

Plan 70

1 Albergue Santa Maria Magdalena
Pedro Gabella, calle Real, 24413 Riego de Ambrós (987-695-190 & 696-482-873) 30 pl en dortoir, 5 €, , LL & SL, ouv 12h30, ferm 22h30, ouv mars à oct

2 Pensión Riego de Ambrós
carretera Astorga 3 (987-695-188 & 616-123-557 ✉ pilarvinambres@gmail.com) 4 ch, 20 à 25 €, 35 à 40 €, 3 €, , ouv Rameaux à mi-déc

3 Casa rural El Horno
calle Real (687-932-699) 4 ch, résa nécessaire, 30 €, , fermé BS

4 Restaurante-Bar Ruta Santiago calle Real sn, 10 €, dépannage-ravitaillement, fermé Noël

5 Restaurante-Bar El Jardín de Anduriña
carretera Riego de Ambrós-Molinaseca, à partir de 8h. 8.50 à 12 €, BS ouv week-ends seulement, poss camping

6 Albergue municipale San Roque @
Alfredo Alvarez Pérez (pèlerin), calle Manuel Fraga Iribarne, 24413 Molinaseca (615-302-390 ✉ alfredomolinaseca@hotmail.com) priorité pèlerins à pied, 30 pl en dortoir, nuit 5 €, poss camper en été, , LL & SL, ouv **13h, ferm 23h, ouv tte l'année -Temple bouddhiste dans le jardin**
(à la sortie du village dans l'ancienne chapelle Saint-Roch)

7 Albergue privée Rubi @
calle Manuel Fraga Iribarne, 24413 Molinaseca (✉ info@defloriana.com 987-453-146 www.defloriana.com) 14 pl, 8 € *(contact Hotel de Floriana (pavé 18))*

8 Albergue privée Santa Marina @
Cristina, calle Manuel Fraga Iribarne, 24413 Molinaseca (615-302-390 ✉ chrismolinaseca@hotmail.com) poss résa, 38 pl en dortoirs 10-12 pers, 7 €, soir) 8 €, 3 €, LL & SL, ouv **12h, ferm 22h30, départ 8h, ouv mars à nov**
(avant l'albergue municipale)
(projet pour 2015 : 8 ch, 20 € *albergue Santa Marina II, 35 pl, plaza la Iglesia)*

9 Casa rural San Nicolás
Elias et Laura, calle la Iglesia 43, **24413 Molinaseca** (✉ casasannicolas@gmail.com 987-453-138 & 654-341-802 www.casaruralsannicolas.org) 6 ch, 40 à 45 €, 2.50 à 6.50 €, , LL, infos à la Tienda Elias au n°38 de la rue, ouv tte l'année

10 Casa rural Casa María
Raquel Fernández, calle Iglesia 25, 24413 Molinaseca (987-453-160 & 618-965-525 ✉ reservas@molinasecamaria.com www.molinasecamaria.com) 5 ch, 40 €, ouv tte l'année

11 Casa rural del Reloj
María Antonia López Balboa, travesia Fraga Iribarne sn, 24413 Molinaseca (987-453-124 & 647-376-261 ✉ antonio@antonio.rojo.com www.molinaseca.com) 6 ch, 30 €, 35 à 40 €, 50 € (inclus), , LL & SL, ouv tte l'année

12 Casa rural El Camino
Alejandro, calle Real 5 et El Pisón 3, 24413 Molinaseca (987-409-629 & 653-504-330 www.molinasecaelcamino.com ✉ molinaseca@gmail.com) 7 ch, 40 €, 58 €, , LL & SL, ouv tte l'année

13 Hostal El Horno CB
calle del Soto 3, 24413 Molinaseca (✉ reservas@hostalelhorno.com 987-453-203 www.hostalelhorno.com) 7 ch, 42 €, 50 €, LL & SL, ouv tte l'année

14 Casa rural La Pájara Pinta
calle Real 30, 24413 Molinaseca (✉ casaruralpajarapinta@hotmail.es 987-453-040 & 657-915-858 www.casaruralpajarapinta.es) 8 ch, 35 €, 45 à 55 € (inclus), supp 15 €, 10 €, LL & SL, fermé déc

15 Casa rural Pichín
calle Fraga Iribarne, 24413 Molinaseca (✉ casapichin@gmail.com 987-453-162 & 655-469-017 www.casapichin.com) 4 ch, 40 €, 10 €

16 CB @
Hotel-Restaurante La Posada de Muriel-Posada del Camino
Javier, plaza del Santo Christo sn, 24413 Molinaseca (✉ info@laposadademuriel.com 987-453-201 www.laposadademuriel.com) 7 ch, 40 €, 60 à 65 €, supp 20 € 5 à 8 €, 10 € service continu, LL & SL, ouv 7h, ouv tte l'année

17 Hostal**-Restaurante El Palacio CB
El Palacio 16, 24413 Molinaseca (987-453-094 ✉ info@casaelpalacio.com www.casaelpalacio.com) 15 ch, 35 à 45 €, 42 à 55 €, 55 à 70 €, 70 à 85 €, 5 à 8.50 €, 9 à 12 €, LL & SL, hôtel ouv tte l'année, resto fermé fév

Suite données Molinaseca page suivante …/…

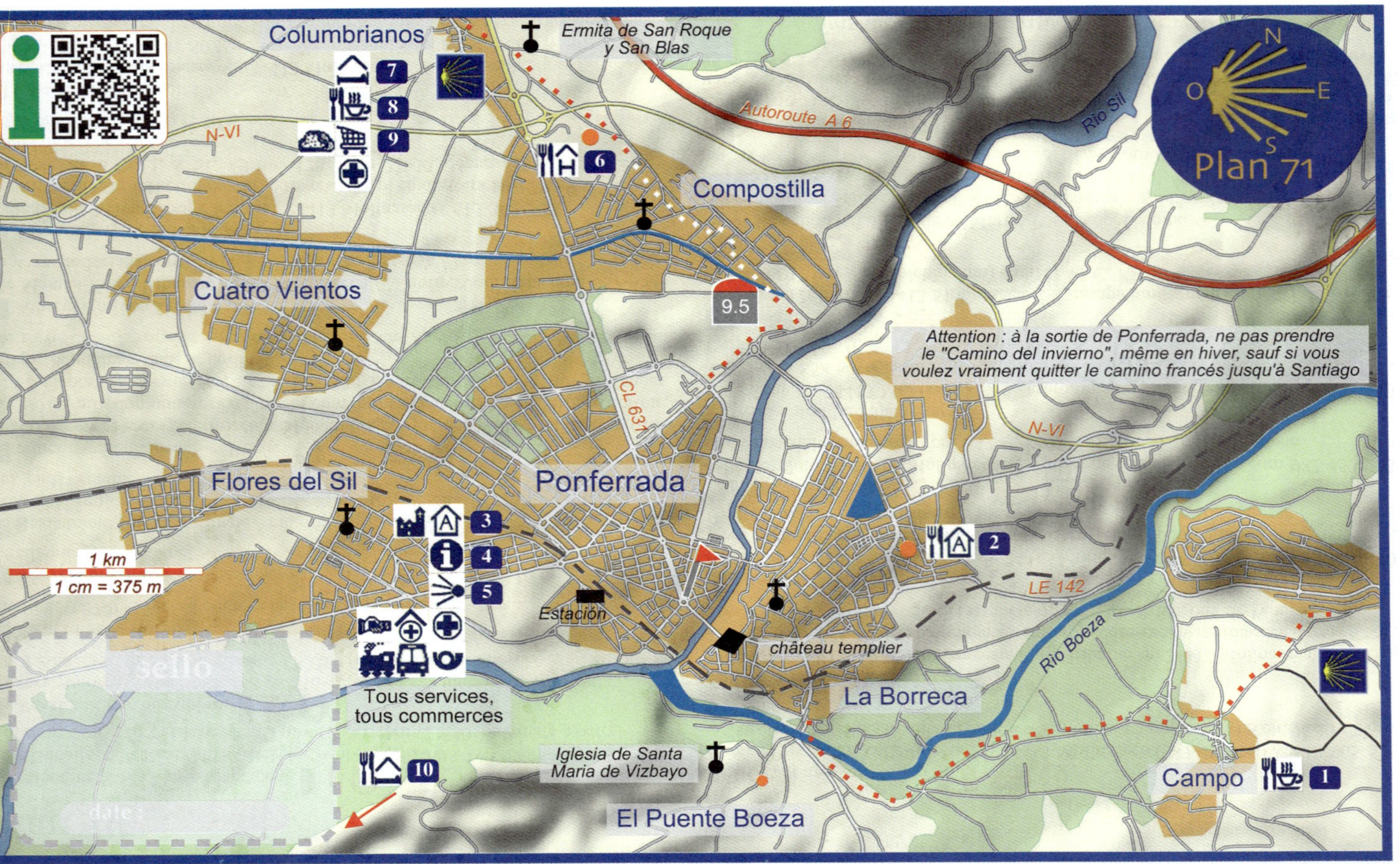
Plan 71
N
E
S
O
Columbrianos
Ermita de San Roque
y San Blas
Autoroute A 6
Rio Sil
N-VI
Compostilla
9.5
Cuatro Vientos
Attention : à la sortie de Ponferrada, ne pas prendre le "Camino del invierno", même en hiver, sauf si vous voulez vraiment quitter le camino francés jusqu'à Santiago
CL 631
N-VI
Flores del Sil
Ponferrada
1 km
1 cm = 375 m
Estación
LE 142
Rio Boeza
château templier
La Borreca
Tous services,
tous commerces
Iglesia de Santa
Maria de Vizbayo
El Puente Boeza
Campo
sello
date :
1
2
3
4
5
6
7
8
9
10

…/… Suite données Molinaseca

18 Hotel***-Restaurante de Floriana CB
avenida Fraga Iribarne, 24413 Molinaseca (✉ info@defloriana.com 987-453-146 www.defloriana.com) 22 ch, 55 €, 65 €, supp 20 €, 8 €, 17 € soir à partir de 21h30, ouv tte l'année

19 Ecuries Municipales : Albergue municipale San Roque (pavé 6)

20 8 restaurants et plusieurs commerces d'alimentation

21 Oficina de Turismo, plaza Garcia Rey (987-453-085 ✉ fmartin@molinaseca.org www.molinaseca.ccbierzo.net) ferm lun et mar, ouv jun à sep, BS uniquement le week-end, expo Caminos de peregrinaciones extraeuropeos

Plan 71

1 Bar

2 Albergue privée Alea @
Esperanza et Amelia, calle Teleno 33, 24400 Ponferrada (987-404-133 & 660-416-251 ✉ info@alberguealea.com www.alberguealea.com) 18 pl en 4 ch, 11 €, 3 €, 7 €, LL & SL, ouv 13h, ferm 22h, ouv mars à nov *(de Molinaseca, suivre la route LE 142 vers Ponferrada sans passer par Campo)*

3 Albergue paroissiale San Nicolás de Flue @
Don Miguel & Hospitaleros voluntarios, accueil chrétien, calle de la Loma sn, 24400 Ponferrada (987-413-381 ✉ peregrinosflue@terra.com) 180 pl en 3 dortoirs et 4 ch 4 pers, donativo, , LL & SL, ouv 13h, 15h en hiver, ferm 22h30, départ 8h, ouv tte l'année
- Temps de prière commun proposé en été le soir ou le matin, bénédiction des pèlerins
- Chapelle del Carmen, ouv tte la journée, messe à la Encina ou à la chapelle

4 Office de tourisme, calle Gil y Carrasco 4, 24400 Ponferrada (987-424-236 ✉ turismo@ponferrada.org www.ponferrada.org) ouv matin, dim et jours fériés, ouv festivos

5 Castillo Templario (987-402-244) calle Gil y Carrasco, entrée 6 €, ouv 10h à 14h, 16h30 à 20h30 (été), 11h à 14h et 16h à 18h BS, fermé dim après-midi et lun

6 Hotel-Restaurante Novo CB @
N VI, km 386, 24540 Fuentes Nuevas (987-424-441 ✉ info@hotelnovo.com www.hotelnovo.com) 56 ch, 30 €, 45 €, 60 €, , 10 €, fermé Noël et Nouvel An *(le chemin passe derrière l'hôtel)*

7 Casa rural El Almendro de Maria
calle Real 56, 24490 Columbrianos (633-481-100 ✉ crelalmendro@gmail.com www.elalmendrodemaria.com) 7 ch, 50 à 55 €, 70 à 75 € (inclus), , LL & SL, ouv tte l'année

8 Plusieurs bars dans la calle Real

9 Ravitaillement, Panadería *(près de la mairie)*, Tienda

10 Casa rural Camino Medulas CB
Bernardo Guerrero, avenida de Portugal 359, La Martína, 24400 Ponferrada (987-426-900 ✉ casarural@caminomedulas.com www.caminomedulas.com) poss résa, 32 ch, DP 40 à 45 €, LL & SL, Ponferrada, ouv tte l'année *(à 3.5 km du centre de Ponferrada. Suivre tout droit l'avenida de Portugal vers le quartier las Medulas)*

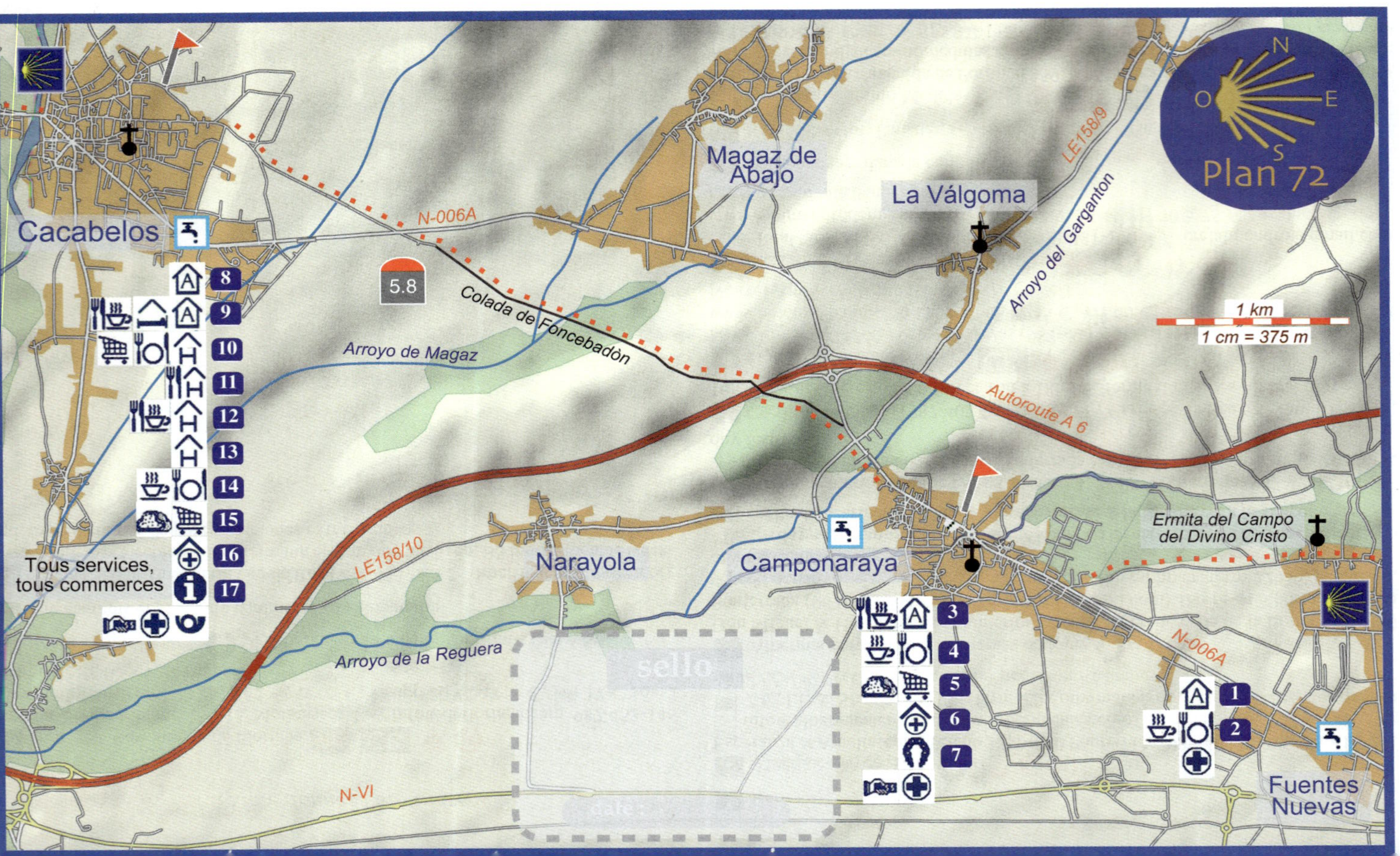

Plan 72
N
O
E
S
1 km
1 cm = 375 m
Cacabelos
Magaz de Abajo
La Válgoma
Camponaraya
Narayola
Fuentes Nuevas
Ermita del Campo del Divino Cristo
Colada de Foncebadòn
Arroyo de Magaz
Arroyo del Garganton
Arroyo de la Reguera
N-006A
LE158/9
LE158/10
Autoroute A 6
N-VI
5.8
Tous services, tous commerces
1
2
3
4
5
6
7
8
9
10
11
12
13
14
15
16
17
sello

Plan 72

1 Albergue touristique privée El Camino
Beatriz, calle Médicos sin Frontera 8, 24540 Fuentes Nuevas (672-057-061 & 687-801-264 informacion@proyectohombreleon.org) 16 pl en ch de 4, 10 €, , LL & SL, ouv 12h, ferm 23h, départ 8h, ouv HS *(à côté de l'hôpital del Bierzo) (susceptible de ne pas rouvrir en 2015)*

2 Plusieurs bars et restaurants

3 Albergue touristique privée-Bar-Restaurante Naraya CB
Noelia et Patri, avenida de Galicia 506, 24410 Camponaraya (987-459-159 alberguenaraya@gmail.com www.alberguenaraya.es) 26 pl en 5 ch, 8 €, , 8 €, ouv 12h, ferm 23h, départ 8h, fermé BS *(à côté de l'hôpital del Bierzo)*

4 Plusieurs bars et restaurants

5 Ravitaillement :
- Supermercado Claudio, avenida del Bierzo 91
- Alimentación Otilia, ouv le matin, dim et festivos
- Panadería

6 Centre de Santé (987-450-354)

7 Accueil chevaux au champ de foire

8 Albergue municipal de gestion privée Las Angustias @
Esther, plaza del Santuario, 24540 Cacabelos (987-547-167) 70 pl en box de 2 pers, 5 €, LL & SL, dépannage-ravitaillement, poss massages, poss baignade été, ouv 12h, ferm 23h, départ 8h, ouv mai à début nov (pas de chauffage) *(dans l'enceinte de l'ancienne église de Las Angustias qui est située sur le plan suivant, à la sortie du village)*

9 Hostal*-Bar-Albergue-Pulperia La Gallega CB @
Rosa, calle Santa María 25, 24540 Cacabelos (hostalgallega@gmail.com 987-549-476 & 680-917-109 www.hostalgallega.com) 30 pl en ch 4-6, 10 €, 19 ch, 25 €, 40 €, 50 €, 4.50 € à partir de 7h été, 8h BS, 10 €, LL & SL, fermé 3 semaines fév

10 CB
Hôtel-Restaurant-Epicerie fine Moncloa de San Lazaro-Posada del Camino
calle Cimadevilla 97, 24540 Cacabelos (info@moncloadesanlazaro.com 987-546-101 www.moncloadesanlazaro.com) 8 ch, DP 100 à 150 €, 7 € à partir de 8h, carte, concerts les samedis soirs BS, fermé mardi BS, Noël et Nouvel An

11 Hotel*** Villa de Cacabelos CB @
avenida de la Constitución 12, 24540 Cacabelos (www.hotelvilladecacabelos.es reservas@hotelvilladecacabelos.es 987-548-148) 34 ch, 36 €, 52 €, 68 €, 84 € (inclus servi à partir de 6h), 12 €, ouv 24/24, fermé 10 déc au 8 jan

12 Pensión-Cibercafetería El Molino CB @
calle Santa María 10, 24540 Cacabelos (987-546-979) 4 ch, 22 à 25 €, 28 à 40 €, 3.50 à 5 €, plat chaud 6 à 10 € à tte heure, LL, fermé fin aou à mi-sep et mardi BS

13 Hostal** Santa María CB @
calle Santa María 20 A, 24540 Cacabelos (santamaria20sl@hotmail.com 987-549-588 www.hostalsantamaria.net) 20 ch, 30 €, 45 €, 58 €, , fermé vacances Noël

14 Nombreux restaurants et nombreux bars

15 Commerces d'alimentation, plaza Mayor

16 Centre de Santé (987-549-262)

17 Bureau d'information touristique et Musée Archéologique
calle Las Angustias 24, 24540 Cacabelos (987-546-993 turismo@cacabelos.org www.cacabelos.org) ouv 10h à 14h et 17h à 20h30 été, 11h30 à 14h et 16h30 à 20h30 BS, fermé lun, ouv tte l'année

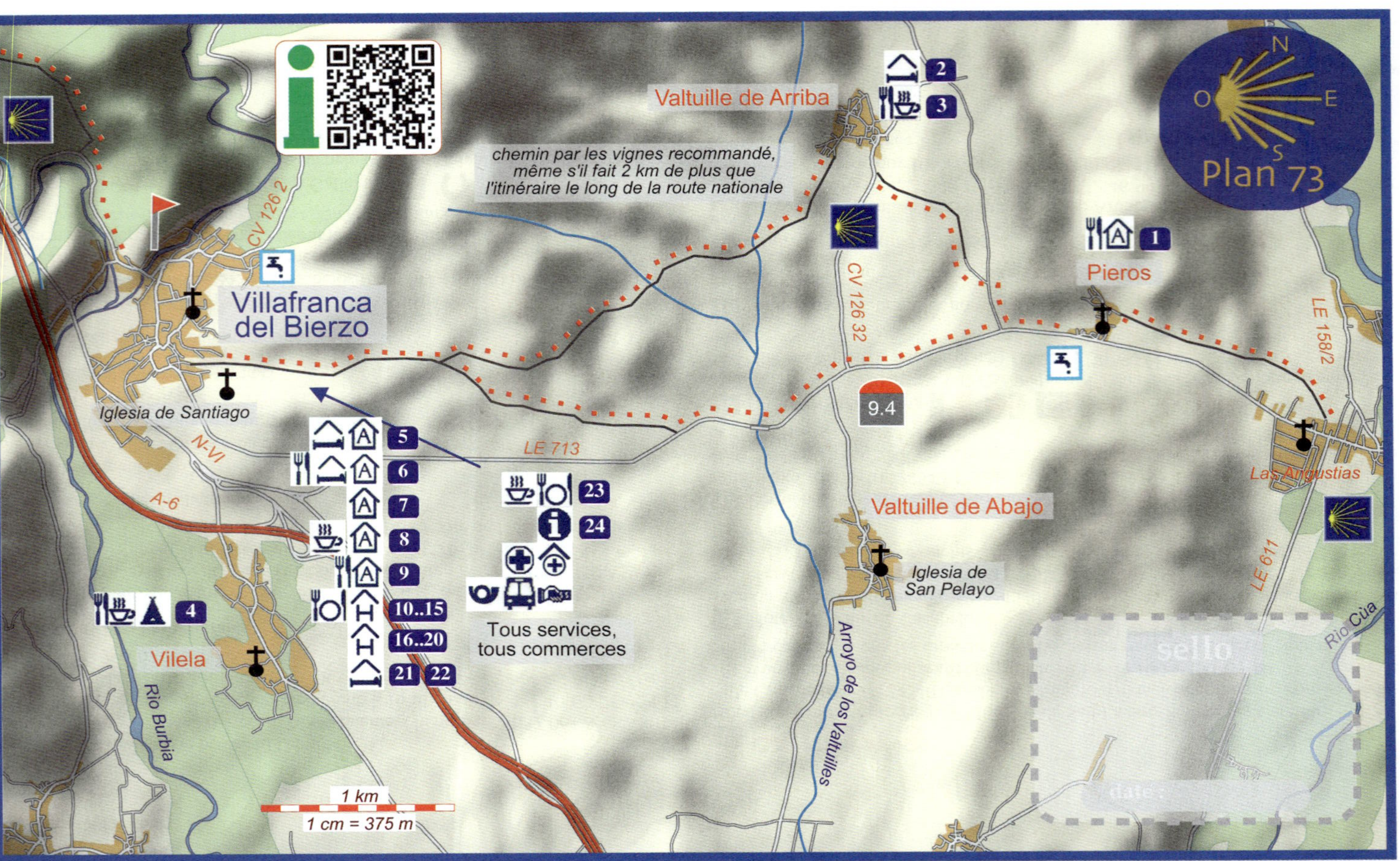

Plan 73
N
E
S
O
Valtuille de Arriba
2
3
chemin par les vignes recommandé,
même s'il fait 2 km de plus que
l'itinéraire le long de la route nationale
Pieros
1
Villafranca
del Bierzo
CV 126 2
CV 126 32
LE 158/2
Iglesia de Santiago
N-VI
A-6
LE 713
9.4
Las Angustias
5
6
7
8
9
10..15
16..20
21
22
23
24
Tous services,
tous commerces
Valtuille de Abajo
Iglesia de
San Pelayo
LE 611
4
Vilela
Rio Burbia
Arroyo de los Valtuilles
Rio Cúa
sello
date :
1 km
1 cm = 375 m

Plan 73

1 Albergue privée El Serbal y la Luna @
Mar, Güito et leurs enfants, 24547 Pieros (alberguedepieros@gmail.com 639-888-924 & 987-546-044) 18 pl, 5 €, 3 €, 8 € (végétarien), LL, salle de méditation, poss massages, 12h à 22h, fermé mi-nov à fév

2 Casa rural La Osa Mayor @
Maité Velasco, calle El Besal, 24547 Valtuille de Arriba (987-562-185 & 654-152-305 maitevel7@yahoo.es www.osamayor.es) résa souhaitée, 5 ch, 25 € (inclus), , LL, dépannage-ravitaillement, ouv tte l'année

3 Bar La Escuela, ouv saison (*sous réserve repreneur*) // Chiringuito, ouv en saison

4 Camping Brejeo Cat-2 @ calle Saavedra sn, Vilela, 24516 Villafranca del Bierzo (info@brejeo.com 987-542-025 www.brejeo.com) 45 pl, tente 12 €, sandwiches, LL & SL // Bar, 10 à 12 €, ouv tte l'année

5 Albergue privée La Piedra @ Unai et Livia, calle Espiritu Santo 14, 24516 Villafranca del Bierzo (amigos@alberguedelapiedra.com 987-540-260 www.alberguedelapiedra.com) poss résa, 26 pl en 2 dortoirs, nuit 8 €, 6 ch, à 20 à 24 €, 2 €, , LL & SL, poss massages, fermé déc à fév *(après le pont, à la sortie de Villafranca)*

6 Hospedería-Restaurante-Albergue*** San Nicolas El Real
Pedro et Charo, travesía San Nicolas 4, 24516 Villafranca del Bierzo (696-978-653 info@sannicolaselreal.com www.sannicolaselreal.com) poss résa, 30 pl en ch 10 pers, nuit 5 €, 30 pl en ch 3-4 pers, 8 €, // 15 ch, 50 €, 12 €, LL & SL, BS ouv sur résa *(monument historique)*

7 Albergue municipale
calle Campo de la Gallina, 24516 Villafranca (987-542-356) 53 pl en dortoir (+ 100 pl été dans collège), poss camping en été, 6 €, , LL & SL, ouv 12h, ferm 22h30, ouv mars à nov

8 Albergue privée Leo-Bodega-Bar CB
Ángela et Maria, calle Ribadeo 10, 24516 Villafranca del Bierzo (987-542-658 & 658-049-244 info@alberguelEo.com www.albergueleo.com) 24 pl en 5 ch, 10 €, 2 €, ouv 12h à 22h30, ouv mars à nov

9 Albergue privée Ave Fenix @
Jesús Jato, calle Santiago 10, 24516 Villafranca del Bierzo (987-540-229 refugioavefenix@wanadoo.es www.alberguefenix.com) priorité pèlerins à pied, 77 pl en dortoir, 5 €, 3 €, 7-8 €, transport bagages jusqu'à Triacastela, ouv 12h à 23h, tte l'année

10 Parador**** de Villafranca del Bierzo CB @
avenida Calvo Soltelo 28, 24516 Villafranca del Bierzo (villafranca@parador.es 987-540-175 & résa 902-547-979 www.parador.es) 36 ch, à partir de 70 €, 40 €, résa nécessaire pour tarifs spéciaux (voir site), fermé 3/11/14 au 06/03/15

11 Hotel**** Posada Las Doñas del Portazgo CB @
calle Ribadeo 2, 24516 Villafranca del Bierzo (987-542-742 info@elportazgo.es www.elportazgo.es) 17 ch, 55 à 64 €, 64 à 82 €, 114 à 134 €, 10 €, Casa Mendez, ouv tte l'année

12 Hostal-Restaurante Casa Mendez CB
Espiritu Santo 1, 24516 Villafranca del Bierzo (987-542-408) 12 ch, 37 à 46 €, 49 à 52 €, 65 à 70 €, 5 € (offert BS), 10 €, fermé Noël et Nouvel An

13 Hostal-Restaurante-Bar La Charola CB @ N VI, km 406, 24516 Villafranca del Bierzo (987-540-200 www.lacharola.org) 14 ch, 35 à 40 €, supp 10 €, 3 €, 10 €, ouv tte l'année *(à l'extérieur du village)*

14 Hostal-Restaurante Puerta del Perdon CB @
plaza de Prim, 24516 Villafranca del Bierzo (info@lapuertadelperdon.com www.lapuertadelperdon.com 987-540-614) 7 ch, 42 à 47 €, 55 à 65 €, 85 €, 100 € (inclus), 11 €, blanchisserie, resto fermé soir (sauf pour les hôtes) et lun, hostal et resto fermés 10 déc au 10 jan

15 Hostal Ultreia-Bar-Vinothèque CB
calle Puentecillo 8, 24516 Villafranca del Bierzo (www.hostalultreia.com info@hostalultreia.com 987-540-391) 4 ch, 35 €, 40 à 50€, 60 à 65 €, 3.50 à 5 €, sandwiches, ouv Rameaux à mi-avr

16 Hôtel Posada Plaza Mayor CB
plaza Mayor 4, 24516 Villafranca del Bierzo (info@villafrancaplaza.com www.villafrancaplaza.com 987-540-620) 15 ch, 52 à 68.50 €, 66 à 85 €, supp 22 €, 7.50 €, pharmacie-musée dans l'hôtel, fermé nov à mars et Nouvel An

Suite données Villafranca page suivante.../...

3.5
vers Trabadelo par la montagne
10.0
de Villafranca à Trabadelo
N
O
E
S
Plan 74
Alt 872 m
Cerro real
N-VI
(alt 540 m)
Pereje
1
2
5.0
Rio Valcarce
A-6
sello
1 km
1 cm = 375 m
Villafranca del Bierzo

…/… Suite données Villafranca

17 Hostal** Burbia CB @
calle Fuente Cubero 13 (✉ reservas@hostalburbia.com www.hostalburbia.com 987-542-667) 5 ch, 1 p. 38 €, 2 p. 48 €, 3 p. 60 €, 1 p. supp 12 €, petit-déj. 3 € (offert BS), fermé Noël et Nouvel An

18 Hotel* San Francisco CB @
plaza Mayor 6, 24516 Villafranca del Bierzo (✉ hotelsanfrancisco@hotmail.com www.hotelsanfrancisco.org 987-540-465) 20 ch, 1 p. 36 à 45 €, 2 p. 46 à 62 €, 3 p. 73 à 83 €, petit-déj. 4 à 7 €, fermé nov à mi-mars

19 Hostal Tres Campanas CB
avenida Paradaseca 27, 24516 Villafranca del Bierzo (670-359-692 ✉ info@hostaltrescampanas.com www.hostaltrescampanas.com) 4 ch, 2 p. 55 à 65 €, 3 p. 99 €, 4 p. 89 €, petit-déj. 5 €, fermé Noël et Nouvel An

20 Hostal Cruce CB
calle Salvador 41, 24516 Villafranca del Bierzo (987-540-185 & 987-542-469 & 630-931-218) 13 ch, 1 p. 15 €, 2 p. 28 €, 3 p. 35 €, 4 p. 40 €, ouv mars à nov

21 Bed & Breakfast La Casa de Leo CB
calle Pena Picón, 24516 Villafranca del Bierzo (www.lacasadeleo.es 629-206-074) 4 ch, 2 p. 36 € (petit-déj. inclus) BS résa nécessaire

22 Casa rural La Llave CB
Manuel Vaquera, calle del Agua 37, 24516 Villafranca del Bierzo (987-542-739 & 648-030-888 ✉ lallaverural@gmail.com www.lallaverural.es) 4 ch, 1 p. 42 €, 2 p. 50 à 62 €, 3 p. 75 à 110 €, petit-déj. 4.50 à 7.50 €, sandwiches, ouv tte l'anné

23 10 restaurants et nombreux bars

24 Office de Tourisme, avenida Diez Ovelar 10
(987-540-028 ✉ turismo@villafrancadelbierzo.org www.villafrancadelbierzo.org) ouv tte l'année 10h à 14h et 16h à 20h (été), à 18h (BS)

Plan 74

1 Albergue de la Junta Vecinal
camino de Santiago 6, 24522 Pereje (987-540-138) 30 pl en dortoir, 1 p. 5 €, LL & SL, ouv tte la journée, si fermé demander clés à l'Hostal rural Las Coronas (pavé 2), ouv tte l'année

2 Hostal rural Las Coronas
calle Camino de Santiago, 24522 Pereje (987-540-138 & 699-512-004) 4 ch, 1 p. 36 €, 2 p. 46 €, 3 p. 56 €, repas 10 €, petit-déj., sandwiches, bar, LL, ouv 7h été, resto ouv tte l'année, BS midi seulement, chambres disponibles HS seulement

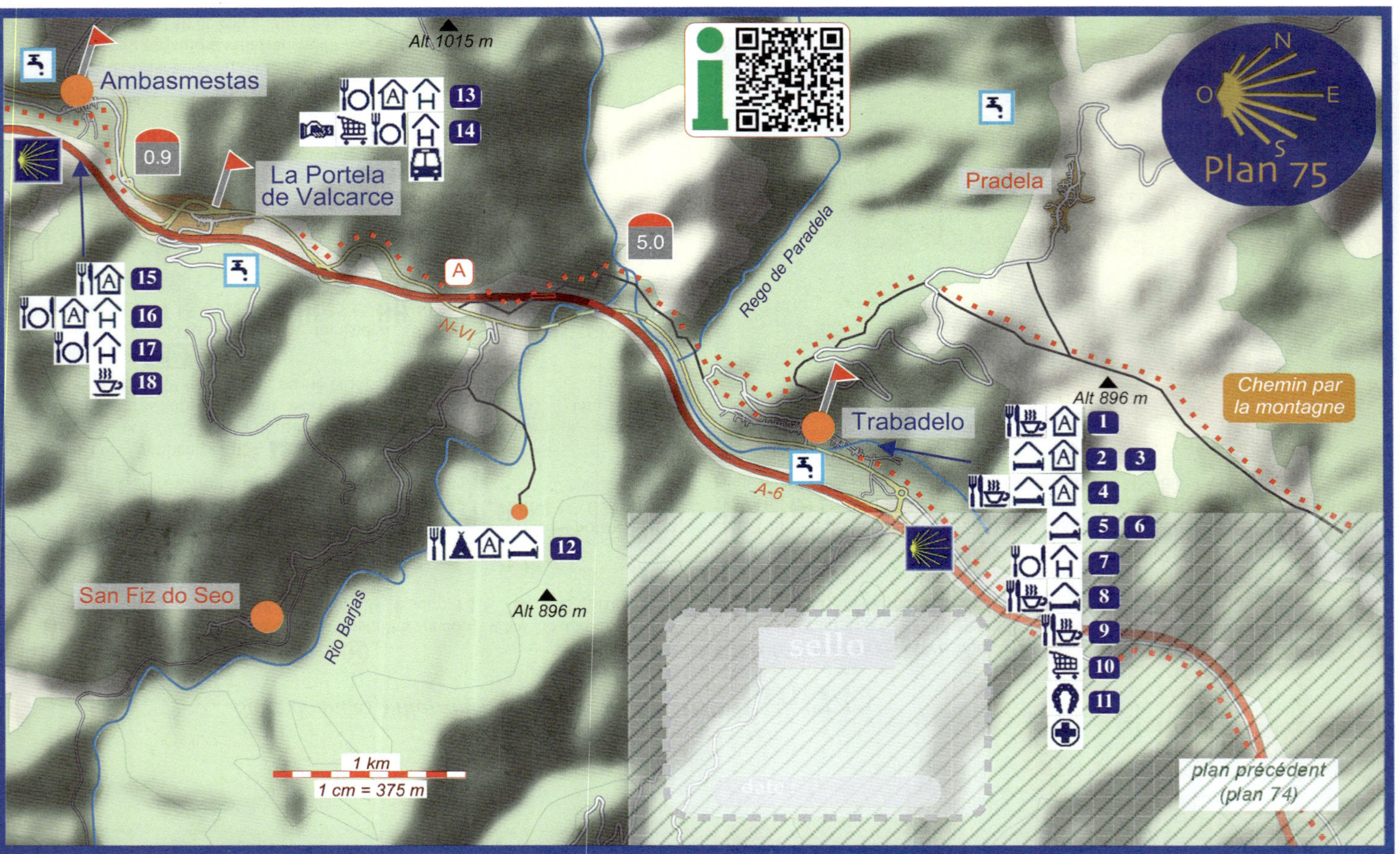

Plan 75
N
E
S
O
Ambasmestas
0.9
La Portela de Valcarce
Alt 1015 m
13
14
15
16
17
18
A
N-VI
5.0
Rego de Paradela
Pradela
Trabadelo
Alt 896 m
1
2
3
4
5
6
7
8
9
10
11
Chemin par la montagne
A-6
12
Alt 896 m
San Fiz do Seo
Rio Barjas
1 km
1 cm = 375 m
sello
plan précédent (plan 74)

Plan 75

1 Albergue municipal-Bar @
Ana et Esperanza, calle Camino de Santiago, 24523 Trabadelo (687-827-987 ✉ aytotrabadelo@terra.es) poss résa, 36 pl en ch 4-8 pers, 6 €, , sandwiches, LL & SL, fermé nov à mars

2 Albergue parroquial de Trabadelo Remedios, calle la Iglesia (www.albergueparroquialtrabadelo.com ✉ arrifersa@hotmail.com 630-628-130) 20 pl en 3 ch, 5 €, 1 ch, 20 €, , LL & SL, BS ouv sur résa pour groupes

3 Albergue Camino y Leyenda
Carmen (www.alberguecaminoyleyenda.com ✉ alberguecaminoyleyenda@gmail.com 628-921-776 & 987-566-446) poss résa, 8 pl en 2 ch, 8 à 12 €, 4 ch, 28 €, , LL & SL, ouv avr à oct, BS sur résa pour groupes *(à côté de la mairie)*

4 CB @
Albergue privée Crispeta-Casa rural Los Arroxos-Restaurant-Bar
Pedro et Charo, calle Camino de Santiago 1 et 2 (696-978-653 & 620-329-386 ✉ os_arroxos@gmail.com www.osarroxos.com) poss résa, 32 pl en dortoirs 5-8 pers, 6 à 8 €, // 8 ch, 22 €, 44 €, 66 €, 4.50 €, 10 €, LL & SL, sauna et spa, BS ouv sur résa

5 Casa rural Pilar Frade
María Pilar, camino de Santiago sn (649-844-307) 5 ch, 30 à 40 €, , LL, ouv tte l'année

6 Casa rural Rosalia José Manuel Frade, camino de Santiago sn (696-978-652 ✉ info@casaruralrosalia.com www.casaruralrosalia.com) 2 ch, 45 €, , LL, ouv tte l'année

7 CB
Hostal**-Restaurante Estación de servicio Nova Ruta, carretera N VI km 415 (987-566-431 & 987-566-426 ✉ info@hostalnovaruta.com www.hostalnovaruta.com) 10 ch, 25 €, 45 €, 4.50 €, 10 €, fermé Noël

8 CB
Bar-Pensión El Puente Peregrino, Elly et Santiago, camino de Santiago 153 (987-566-500 & 680-236-345 ✉ elpuenteperegrino@yahoo.com) 3 ch, 30 €, 38 €, , 9 € (poss végétarien), ouv 1er mars à Toussaint

9 Restaurant-Bar As Callelas-Taberna Celta, 7h, 10 €, ouv tte l'année

10 Tienda de alimentación, camino de Santiago sn, ouv dim et festivos matin

11 Accueil chevaux, écuries de la Junta

12 Albergue-Camping Valle Do Seo-Restaurant La Hoja Verde
N VI km 417, route de San Fis do Seo, 24523 San Fis do Seo (987-566-428 & 606-673-536 ✉ info@campingvalledoseo.com http://campingvalledoseo.com)
Albergue, poss résa, 15 pl en 3 ch, 10 € // camping 45 pl, tente 13 à 15 € // Appartements 38.50 €, 50 à 60 €, 2.50 €, 10 € (produits bio), , LL, ouv mai à sep *(quand le chemin rejoint la N VI après Trabadelo (repère A du Plan), rebrousser chemin sur la N VI sur150 m, prendre à droite la route de San Fiz-do-Seo sur 200 m, puis suivre les indications sur 800 m)*

13 Albergue-Hostal rural El Peregrino @
Gervasio y Sonia, calle Camino de Santiago 5, 24524 La Portela de Valcarce (987-543-197 ✉ reservas@laportela.com www.laportela.com) poss résa, 27 pl en ch 2-4 pers, nuit 9 €, 6 ch, 25 €, 35 €, 4 €, 11 à 13 €, sandwiches, LL & SL, ouv 6h été, ouv 10 mars au 15 nov

14 Hotel***-Restaurante-Tienda-Station service Valcarce CB @
carretera N VI km 419, 24524 La Portela de Valcarce (987-543-180 ✉ hotel@grupovalcarce.com www.grupovalcarce.com) 51 ch, 30 €, 46 à 58 €, supp 12 €, 3 €, 13 €, vente produits régionaux, distributeur bancaire

15 Albergue privée das Animas @
Angel, Association des amis du Camino de Ambasmestas, calle Campo bajo 3, 24524 Ambasmestas (✉ das_animas@hotmail.com www.dasanimas.com 619-048-626) poss résa, 16 pl en 1 dortoir, 5 €, 3 €, (soir) 6 €, LL, ouv 13h, ferm 21h, départ 8h, ouv mars à nov

16 Hostal-Albergue-Restaurante Camynos CB
Gerardo & Javier, 24524 Ambasmestas (✉ camynos@gmail.com 609-381-412 www.camynos.es) 10 pl, 10 €, 3 ch, 35 €, 45 €, 4 €, 12 €, LL & SL, fermé 9 déc au 27 mars

17 Hotel rural Ambasmestas CB antigua N VI, 24524 Ambasmestas (✉ info@ctrambasmestas.com www.ctrambasmestas.com 987-543-247) 23 ch, 30 €, 45 €, 60 €, 75 €, 3 à 7 €, 10 €

18 Bar Rudeira,

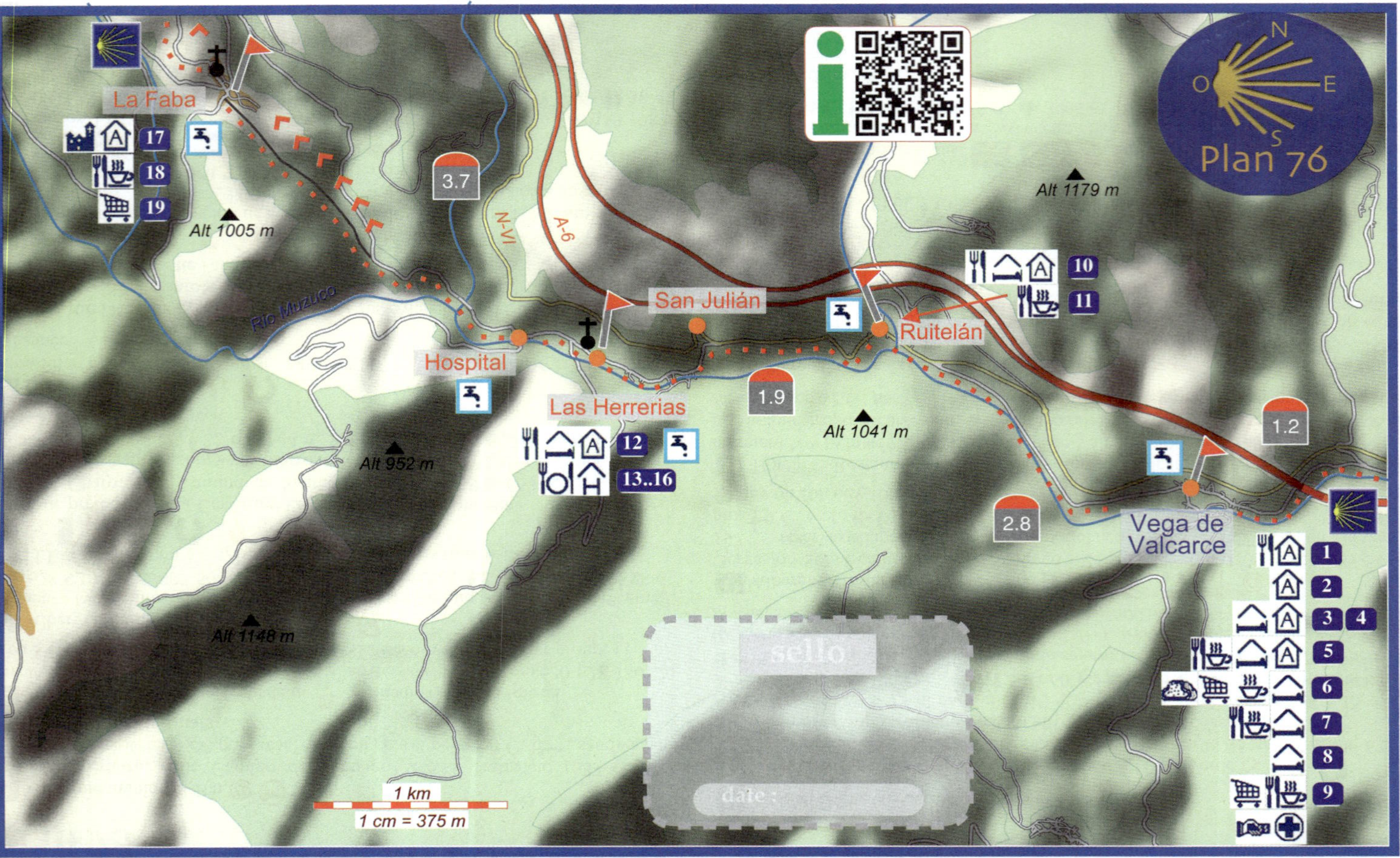

Plan 76
N
E
S
O
La Faba
17
18
19
Alt 1005 m
3.7
N-VI
A-6
Río Muzuco
Hospital
San Julián
Las Herrerias
12
13..16
Alt 952 m
1.9
Ruitelán
10
11
Alt 1179 m
Alt 1041 m
Alt 1148 m
2.8
1.2
Vega de Valcarce
1
2
3
4
5
6
7
8
9
sello
date :
1 km
1 cm = 375 m

Plan 76

1 Albergue privée El Roble (Antiguo Albergue do Brasil) @
carretera N VI km 426, 24520 Vega de Valcarce (elrobledevega@gmail.com) poss résa, 18 pl en dortoir, 5 €, 3 à 5 €, 9.50 €, LL & SL, poss baignade (rivière), ouv 6h30 à 22h30 été, ouv mars à oct *(à l'entrée du village) (prix 2014, susceptible de changer de gérance pour 2015)*

2 Albergue municipale
María, calle Pandelo sn, 24520 Vega de Valcarce, 64 pl en dortoirs 4-20 pers, 5 €, , LL & SL, poss massages été, ouv 13h à 21h, tte l'année

3 Albergue privée Santa Maria Magdalena
Matthew, Antigua N VI, 24520 Vega de Valcarce (987-543-230 & 628-736-18 alberguelamagdalena@yahoo.com 6) poss résa, 8 pl, 7 €, 3 ch, 26 €, 39 €, 50 €, donativo, , LL, ouv 13h, ouv tte l'année

4 Pensión-Albergue Fernández
plaza del Ayuntamiento 7 (987-543-027) poss résa, 16 pl en dortoir, 8 €, 7 ch 15 €, 2 ch 25 à 30 €, 45 €, , LL, ouv fév à déc

5 Bar-Restaurant-Albergue touristique Sarracín
Beatriz Vecín, carretera N VI 32, 24520 Vega de Valcarce (696-982-672 reservas@alberguesarracin.com www.alberguesarracin.com) 14 pl en dortoir, 10 €, 10 €, , LL & SL, fermé BS *(3 ch en projet pour 2015)*

6 Casa rural El Recanto-Panadería-Bar-Tienda Cerezales @
Blanca, N VI km 38, 24520 Vega de Valcarce (elrecanto@hotmail.com 987-543-202 www.elrecanto.com) 4 ch, 30 €, 44 €, 60 €, à partir de 5h, LL // Panadería-Bar-Tienda, ouv tte la journée à partir de 5h été, 7h hiver, ouv tte l'année

7 Restaurant-Bar-Chambres Mesón Las Rocas @
camino de Santiago, 24520 Vega de Valcarce (www.mesonlasrocas.es 987-543-208) 5 ch, 25 €, 35 à 40 €, 8 à 10 €, ouv 7h HS, fermé jan et fév

8 Casa rural Pandelo
Angustias González, calleja sn, 24520 Vega de Valcarce (987-543-033 & 636-180-862 casaruralpandelo@hotmail.com) 2 ch, 40 €, , LL, ouv tte l'année

9 Restauration et ravitaillement :
- Bar Refugio del Cazador, sandwiches, ouv 7h
- Restaurante El Español, carretera Antigua NVI, 10 €, sandwiches
- 2 tiendas

10 Albergue privée Pequeño Potala @
Luis Miguel y Carlos, 24520 Ruitelán (pequepotala@gmail.com 987-561-322) 34 pl en 3 dortoirs, 5 €, 3 ch, 30 €, 45 €, 3 €, 7 € (poss végétarien), LL & SL, poss massages shiatsu, ouv 13h, ferm 23h, ouv tte l'année

11 Bars :
- Bar Omega, ouv 9h à 21h, sandwiches, plats chauds, fermé oct à mai
- Bar Rosa, sandwiches, ouv tte l'année

12 Albergue privée Las Herrerias @
Myriam, 24526 Las Herrerías (654-353-940 myriamcm@yahoo.com) poss résa, 12 pl, 5 €, 3 ch, 15 à 20 €, 20 €, 3 €, 7 € (végétarien), LL & SL, ouv mars à fin oct

13 CB @
Hotel**** rural El Paraiso del Bierzo-Posada del Camino
carretera general sn, 24526 Las Herrerías (paraisojorge@gmail.com 987-684-137 & 629-928-260 www.paraisodelbierzo.com) 13 ch, 38 à 44 €, 49 à 59 €, supp 14 €, 3.50 à 7 €, 13 €, fermé jan

14 Pensión Restaurante A Casa do Ferreiro @
camino de Santiago 41, 24526 Las Herrerías (679-478-150 casadoferreiroherrerias@hotmail.com) 8 ch, 45 €, 70 €, 3 € à partir de 8h, 10 €, fermé nov à mars sauf week-ends et ponts *(infos sous réserve)*

15 Pensión-Restaurante Casa Polín
24526 Las Herrerías (987-543-039) 4 ch, 30 à 36 €, 3 €, 10 €, ouv tte l'année

16 Hostal-Restaurante El Capricho de Josana CB
camino de Santiago, 24526 Las Herrerías (987-119-300 & 644-448-204 www.elcaprichodejosana.com reservas@elcaprichodejosana.com) 12 ch, 39 €, 55 €, supp 18 € (inclus), 12 à 19 €, fermé fév

17 Albergue associative La Faba
Association allemande des amis de saint Jacques, 24526 La Faba (www.lafaba.de) 66 pl en dortoir, 5 €, donativo, , LL & SL, ouv 14h, ferm 22h, départ 8h30, ouv mars à mi-nov, prière proposée (franciscains en été), chapelle

18 Bar El Ultimo Rincón del Bierzo, 8.50 €, poss végétarien, fermé BS

19 Tienda de alimentación, ouv mars à oct

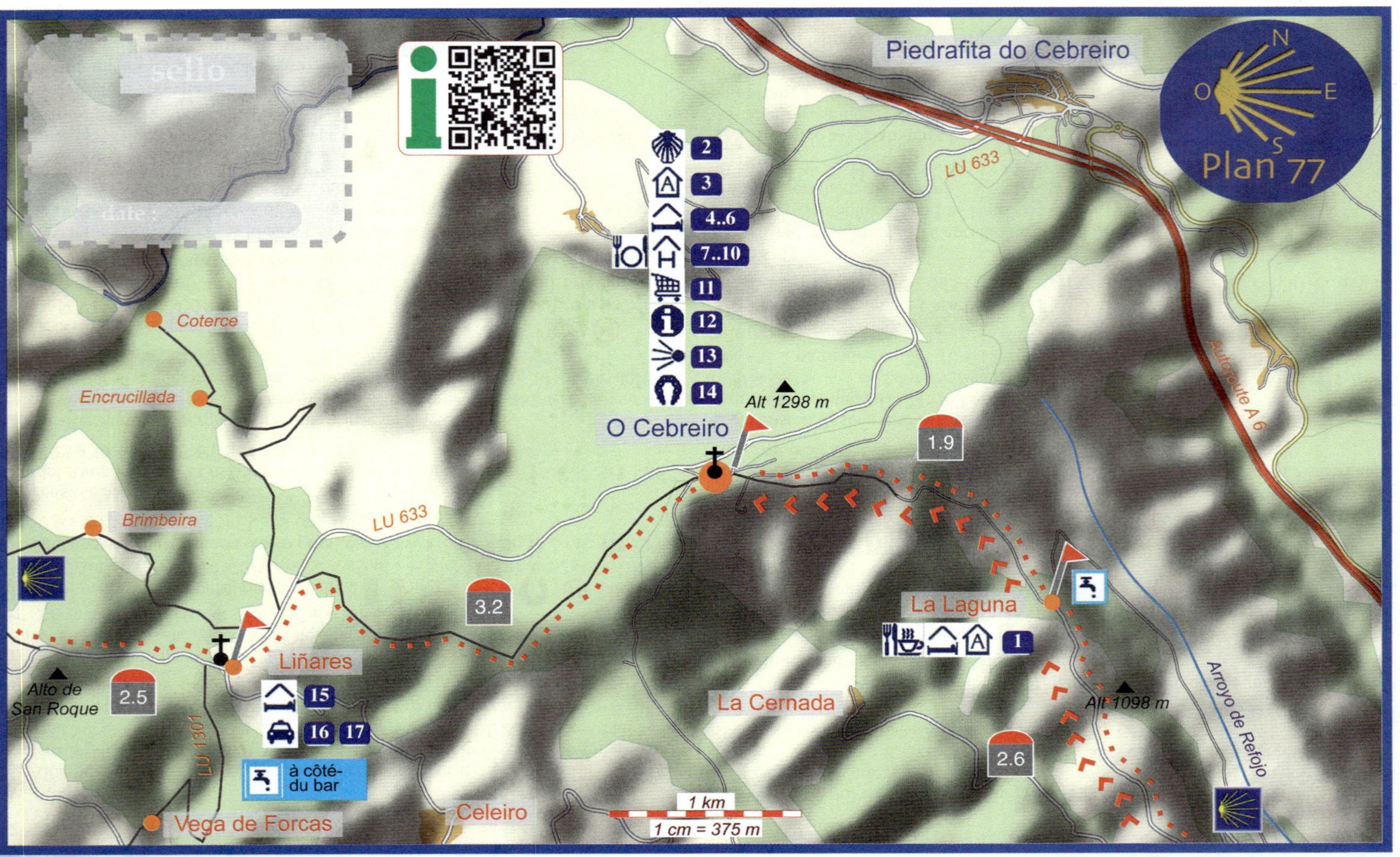
sello
date :
Piedrafita do Cebreiro
N
O
E
S
Plan 77
LU 633
Autoroute A 6
2
3
4..6
7..10
11
12
13
14
Alt 1298 m
O Cebreiro
1.9
Coterce
Encrucillada
Brimbeira
LU 633
3.2
La Laguna
1
Arroyo de Refojo
Alt 1098 m
Liñares
15
16
17
à côté-
du bar
Alto de
San Roque
2.5
LU 1301
Vega de Forcas
Celeiro
La Cernada
2.6
1 km
1 cm = 375 m

Plan 77

1 Albergue-Restaurante-Bar A Escuela @
Ludivina y Isidoro, 24526 La Laguna de Castilla (987-584-786 & 619-479-238 ✉ baralbergueescuela@hotmail.es) poss résa, 30 pl en ch 4-8 pers, 9 €, 2 ch 38 €, , 10 €, LL & SL, ouv 1er mars à fin nov

2 Messe 18h ou 19h à l'église du village suivie de la bénédiction des pèlerins (12h dim), église ouv 9h à 21h (BS de 10h à 20h), présence franciscaine

3 Albergue de la Xunta de Galicia
27671 O Cebreiro (660-396-809) priorité pèlerins à pied, 104 pl en dortoir, 6 €, pas de couvertures, sans ustensiles, LL & SL, ouv 13h, ferm 22h, ouv tte l'année

4 Casa rural Navarro CB
27671 O Cebreiro (982-367-007 ✉ info@casaturismoruralnavarro.com www.casaturismoruralnavarro.com) 3 ch, 40 €, infos à la boutique de souvenirs Grial, ouv tte l'année

5 Casa rural Frade
27671 O Cebreiro (982-367-104) 5 ch, 39 à 49 €, 55 €, ouv HS

6 Casa rural Valiña CB
27671 O Cebreiro (982-367-182 & 982-367-125) 5 ch, 39 €, 49 €, et à l'Hotel do Cebreiro (pavé 8), ouv tte l'année

7 Hostal rural-Restaurante A Venta Celta
Irene, 27671 O Cebreiro (667-553-006) 5 ch, 40 €, 3 €, 10 €, ouv 6h, ouv tte l'année

8 Hotel*-Restaurante do Cebreiro-Posada del Camino et Hospedería** San Giraldo de Aurillac CB @
27671 O Cebreiro (✉ informacion@hotelcebreiro.com www.hotelcebreiro.com 982-367-182) Hospederia, 6 ch, 45 €, 60 € // Hotel, 5 ch, 40 à 45 €, 50 à 55 €, 3.50 à 8 €, 10 à 13 €, ouv tte l'année

9 Hostal-Restaurante Casa Antón
27671 O Cebreiro (982-151-336) 4 ch, 40 à 49 €, , plats chauds, sandwiches, resto fermé lun BS, fermé Noël

10 Pensión-Restaurante Mesón Carolo*
27671 O Cebreiro (982-367-168) 10 ch, 40 €, 49 €, 4 €, 10 €, ouv 6h été, ouv tte l'année

11 Tienda de alimentación, Horreo, ouv HS

12 Information touristique (982-367-025) ouv lun au ven 11h à 18h, fermé sam et dim, parfois fermé BS

13 Musée Ethnographique ouv 7/7 11h à 18h, entrée libre, fermé lun

14 Accueil chevaux (982-367-007 www.grialia.com) infos à la boutique de souvenirs Grial ou Casa Navarro (pavé 4)

15 Casa rural Jaime
27671 Liñares (982-367-166) 4 ch, 40 €, 3 €, fermé 10 déc à l'Epiphanie

16 Taxi Ana et Rubio (670-681-832 & 626-587-796 ✉ taxi_ana@hotmail.com & taxiorubio@hotmail.com) 7 pl, transport pèlerins, bagages et vélos

17 Taxi Olga Fernández López, (982-546-059 & 620-436-833) transport pèlerins, bagages et vélos du Cebreiro à Portomarín

Plan 78
N
O
E
S
2.6
Fonfría
5
6
7
Alt 1329 m
Forcas
O Lago
LU 633
3.1
Busnullan
3
Sabugos
Padornelo
près de l'église
4
Alt 1337 m
Alto do Poio
Louzarela
sello
date :
A
1
2
Hospital da Condesa
3.2
Alt 1262 m
LU 633
1 km
1 cm = 375 m

Plan 78

1 Albergue de la Xunta de Galicia
Concepción Fonfría, 27670 Hospital da Condesa (660-396-810) 20 pl en 2 dortoirs, 6 €, sans ustensiles, LL, ouv 13h, ferm 22h, ouv tte l'année

2 Restaurante-Bar-Chambres Mesón O Tear
27671 Hospital da Condesa (982-367-183 & 618-387-592) 2 ch, 30 €, , 10 €, ouv 6h30 HS, 8h30 BS, BS ouv week-end seulement

3 Casa rural de Rodríguez
Sabugos, 27670 Piedrafita do Cebreiro (rodriguezsabugos@hotmail.com 982-367-162 & 636-116-333) 5 ch, 33 à 40 €, supp 10 €, 2.50 €, soir 10 €, , LL & SL, sur le chemin après Hospital *(après Hospital da Condesa, au km 11 (repère A du Plan), continuer à droite sur 800 m jusqu'à Sabugos)*

4 Hostal-Albergue-Restaurante-Bar Santa María do Poio CB
José, Alto do Poio, 27671 Hospital da Condesa (santamariadopoio@yahoo.es 982-367-167) 16 pl en 2 dortoirs, 9 € // 15 ch, 25 à 30 €, 35 à 40 €, 50 € // 3 à 4 €, 8 à 11 €, LL, ouv 6h30 HS, 8h BS, ouv tte l'année

5 CB
Albergue A Reboleira-Casa rural Casa Nuñez
Miguel Ángel et Lola, 27671 Fonfría (alberguefonfria@yahoo.es 982-181-271 & 659-826-559) poss résa, 56 pl en 2 dortoirs, 8 € // 8 ch 2-3 pers, 26 à 40 €, 39 à 50 €, 3 à 5 €, 9 €, sandwiches, LL & SL, poss transport bagages, ouv 6h été, fermé Toussaint à fév // Restaurant-Bar *(vers le km 22)*

6 Bar-Restaurant-Pensión-Albergue Casa Lucas CB
Jesus Lopez, 27671 Fonfría (690-346-740 & 669-585-807 fonfria25@gmail.com www.casadelucas.es) 6 pl, 7 €, 3 ch, 30 à 35 €, 3 €, 9 €, sandwiches, ouv 1er avr à mi-nov *(dernière maison du hameau)*

7 Casa rural Galego
27671 Fonfría (982-161-461 & 679-422-891) 3 ch, 25 €, 37 €, 3 €, 10 €, LL & SL, ouv tte l'année *(vers le km 16)*

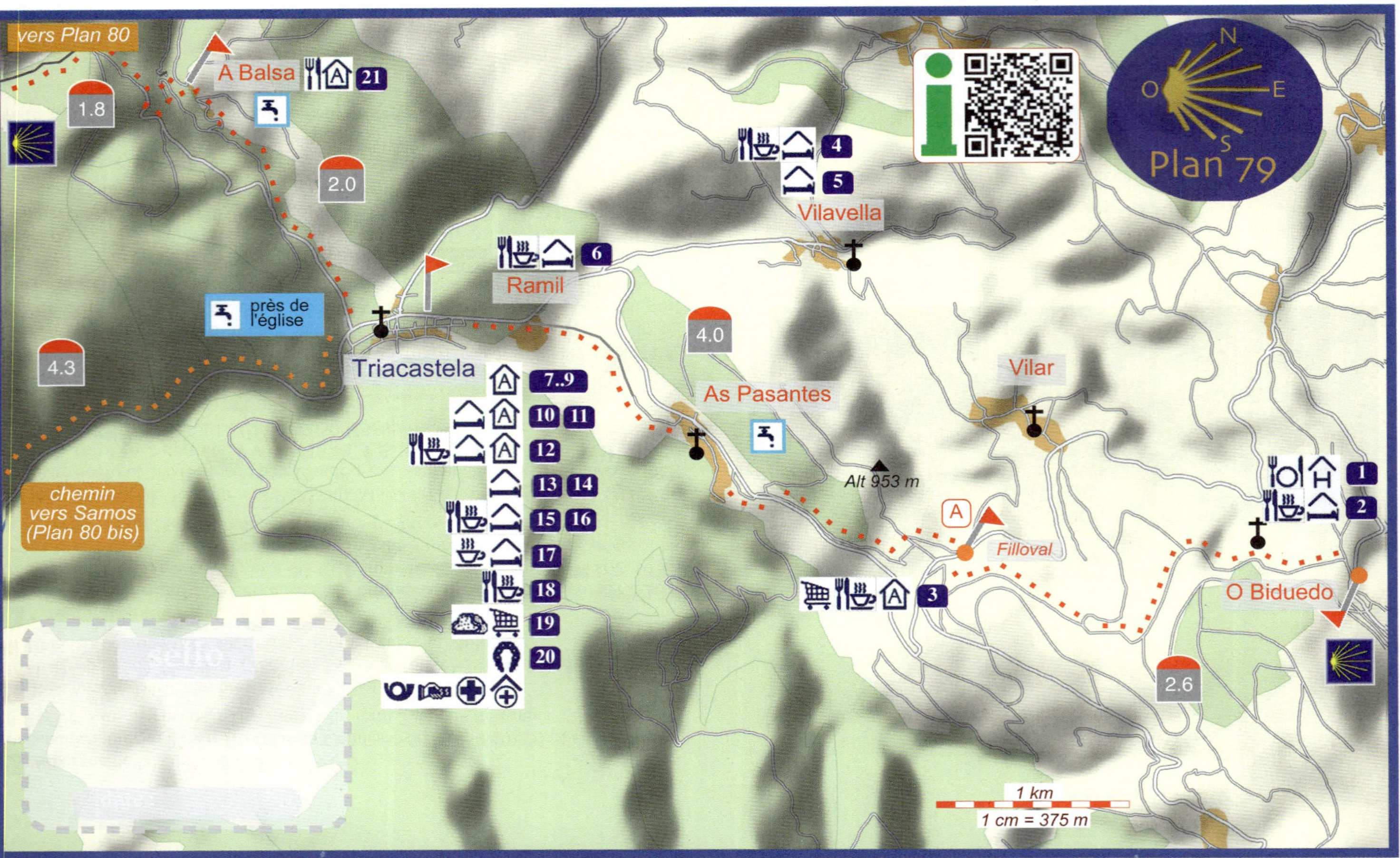

Plan 79
N
E
S
O
vers Plan 80
A Balsa
21
1.8
2.0
4
5
Vilavella
6
Ramil
près de l'église
Triacastela
4.3
7..9
10
11
12
13
14
15
16
17
18
19
20
4.0
As Pasantes
Vilar
chemin vers Samos (Plan 80 bis)
Alt 953 m
A
Filloval
3
1
2
O Biduedo
2.6
1 km
1 cm = 375 m

Plan 79

1 Hostal rural Casa Quiroga-Mesón Betularia @
27632 Viduedo (982-187-299) 9 ch, 35 €, 3 €, 10 €, ouv 6h en été, ferm 23h, ouv tte l'année

2 Casa rural-Bar Casa Xato 27464 Viduedo (982-187-301) 7 ch, 24 €, 30 €, 36 €, 4 €, 10 €, LL & SL, ouv tte l'année

3 Albergue Fillobal-Bar-Tienda Aira do Camiño
Toño, 27464 Fillobal (666-826-414 & 607-429-138 albergue.fillobal@yahoo.es) 16 pl en 2 ch, 9 €, 2 ch, 30 €, , LL & SL, assiettes garnies, fermé lun après-midi et mi-déc à mi-jan

4 CB Casa rural** Pacios-Restaurante Esther (Posada del Camino), María Isabel, 27632 Vilavella (casapacios@hotmail.com 982-548-158 & 982-548-455 www.casapacios.com) poss résa, 5 ch et 3 studios, 35 à 50 €, 70 €, 85 €, 4 €, dans les studios, piscine, Triacastela *(de Filloval (repère A du Plan), aller à Vilar, puis Vilavella, la Casa est à 500 m)*

5 Casa rural** da Veiga Veiga, 27632 Vilavella (982-548-156) 9 ch, 32 €, 4 €, ouv tte l'année *(de Filloval (repère A du Plan), aller à Vilar, puis Vilavella)*

6 Pensión García-Bar O Peregrino CB @
Ramil 8, 27630 Triacastela (982-548-024) 3 ch, 40 €, 3 €, 8 à 10 €, LL & SL, ouv 6h été, 8h hiver, pensión fermé BS, bar fermé déc à mars

7 Albergue de la Xunta de Galicia
(660-396-811) priorité pèlerins à pied, 56 pl en box 4 pers, 6 €, LL & SL, pas de couvertures, poss camper, ouv 13h, ferm 22h, ouv tte l'année *(à l'entrée du village)*

8 Albergue privée Aitzenea @ Lucita, plaza Vista Alegre 1 (aitzenea@arquired.es 982-548-129 & 670-452-476) poss résa, 38 pl en dortoirs 6-14 pers, 8 €, , LL & SL, ouv 10h, ferm 23h, ouv Rameaux à Toussaint

9 Albergue privée Refugio del Oribio @
Elvira, avenida Castilla 20 (albergueoribio@gmail.com 982-548-085 & 616-774-558 www.albergueoribio.netai.net) poss résa, 27 pl en 2 dortoirs, 8 à 9 €, , LL & SL, ouv tte la journée, ouv tte l'année

10 Albergue privée Berce do Camiño @
Consuelo, avenida Camillo José Cela 11 (982-548-127) poss résa, 27 pl en ch 2-6 pers, 8 €, , LL & SL, ouv tte l'année

11 Albergue** touristique privée A Horta de Abel @
María Isabel, rúa del Peregrino 12 (ahortadeabel@hotmail.com 982-548-158 & 608-080-556 www.ahortadeabel.com) poss résa, 14 pl en 2 dortoirs, 9 € // 3 ch 40 €, , LL & SL, ouv Rameaux à nov

12 Centro de turismo rural Complexo Xacobeo CB @
calle Luis Cadorniga Carro 8 (info@complexoxacobeo.com 982-548-037 www.complexoxacobeo.com) poss résa, 30 pl en 3 dortoirs, 9 €, 6 ch, 40 €, 3 à 6 €, 10 €, , LL & SL, ouv tte la journée à partir de 6h été, 7h hiver, fermé vacances Noël et jan

13 Casa Simón
plaza Iglesia 3 (982-548-438 & 646-474-625 casasimontriacastela@gmail.com) 4 ch, 35 €, 40 €, 50 €, LL & SL, ouv tte l'année

14 Casa Olga Olga, carretera de Bercerrea (982-548-134 & 660-264-170 vanfervass@hotmail.com http://casaolga.net) 4 ch, 32 à 40 €, 50 à 55 €, LL & SL, transport bagages jusqu'à Sarria, ouv tte l'année

15 Pensión-Restaurante-Bar Villasante avenida Camilo José Cela 7 (982-548-116) 12 ch, 30 €, 40 €, 3 à 5 €, 9 €, LL & SL, ouv avr à oct

16 Fonda-Restaurante Fernández @ travesía de la Iglesia 3 (982-548-118) 4 ch, 20 à 25 €, 30 €, 3 €, 8 à 10 €, fermé BS

17 Pensión**-Bar David CB @ avenida Camilo José Cela 8 (982-548-144 casadavidtria@yahoo.es http://.casadavidtriacastela.com) 7 ch, 35 €, 50 €, 65 €, 5 €, LL & SL, fermé Noël

18 Bar-Restaurante Río, calle Leoncio Cadorniga 1 (982-548-133) 10 €, ouv à partir de 6h été, fermé déc et jan

19 Ravitaillement : Supermercado Tandy, avenida de Castilla 20, ouv dim et festivos matin // Supermercado ACE, avenida de Castilla 10, fermé dim et festivos // Panadería Sanchez, avenida de Castilla, ouv 8h30, fermé dim et festivos

20 Accueil chevaux champ de foire

21 Albergue privée écologique El Beso
Jessica et Marijn, camino km 128, A Balsa, 27630 Triacastela (633-550-558 alberguelbeso@gmail.com) 12 pl, 8 €, + (végétarien) donativo, LL, poss camping, ouv tte la journée, tte l'année

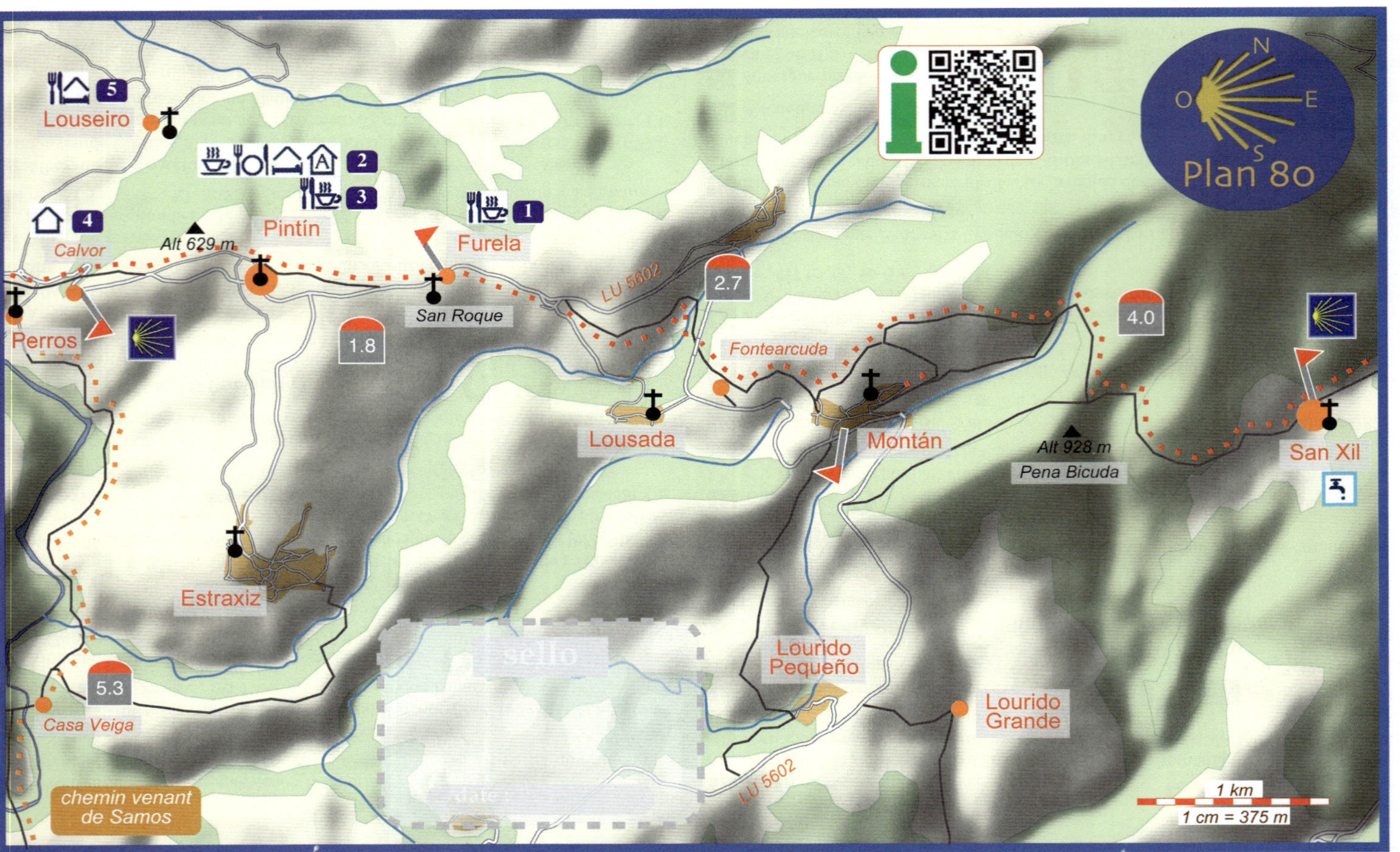

Plan 80
N
O
E
S
Louseiro
5
2
3
1
4
Calvor
Alt 629 m
Pintín
Furela
San Roque
Perros
1.8
LU 5602
2.7
Fontearcuda
Lousada
Montán
4.0
Alt 928 m
Pena Bicuda
San Xil
Estraxiz
sello
Lourido Pequeño
Lourido Grande
5.3
Casa Veiga
chemin venant de Samos
LU 5602
1 km
1 cm = 375 m

Plan 80

1 Bar Casa Do Franco, camino de Santiago km 120, sandwiches & plats chauds, ouv à partir de 8h30 été, fermé dim après-midi et BS

2 Pensión-Restaurante-Bar Casa Cines* CB @
Pintín 5, 27600 Sarria (✉ hotelcasacines@hotmail.com 982-167-939 & 685-140-635 & 685-140-636 www.casacines.com) 7 ch, 30 à 35 €, 35 à 50 €, 60 à 70 €, 3 €, 10 €, sandwiches, vont chercher et ramènent les pèlerins dormant à l'albergue de la Xunta de Calvor (pavé 4) qui souhaitent dîner au resto sur demande téléphonique (2 km), ouv 7h, fermé déc à mars

3 Arroceria Valle Aguiada, Pintín, paëllas, sandwiches, fermé jan

4 Albergue de la Xunta
María Jesús López Cereijo, Antiguas Escuelas, Calvor, 27619 Sarria (660-396-812) priorité pèlerins à pied, 22 pl en dortoir, 6 €, sans ustensiles, pas de couvertures, ouv 13h, ferm 23h, départ 8h, ouv tte l'année

5 Casa rural Pazo Torre do Barrio*** CB
Louseiro-San Martíño, 27619 Sarria (www.pazotorredobarrio.com 982-533-727 & 982-533-730 ✉ info@pazotorredobarrio.com) résa nécessaire, 9 ch, 53 €, supp 16 €, poss prix groupes, 4.50 à 6 €, 17 € (sur résa), ouv 15 mars au 15 nov
(au rond-point près de l'albergue de Calvor, prendre à droite vers Louseiro sur 1.5 km)
- Chapelle

Plan 80bis
N
E
S
O
vers Plan 80 (Perros)
chemin par Samos
Lourido
Lamas
Freituxe
3.1
2.0
4.9
Gontán
Río Sarria
Viladetrés
San Martiño do Real
Renche
Vigo do Real
San Cristovo do Real
Lusío
LU-633
Pascais
Samos
A
Vilachá
Foxos
Teiguín
CP-5601
Freixo
Escanlar
Rio de Ferreira
sello
date :
1 2 3 4 5 6 7 8..10 11 12 13 14 15 16 17
1 km
1 cm = 375 m

Plan 80 bis

1 Casa Arza
Reigosa, San Cristovo do Real, 27627 Renche (982-187-036) résa nécessaire, 9 ch, 35 €, supp 12 €, 4 €, du soir 3 à 10 € (produits de la ferme), , LL & SL, Triacastela, ouv tte l'année

2 Bar Fontal, sandwiches

3 Albergue de la Xunta de Galicia Casa Forte de Lusío
Rocío et Ana, Lusío 5, 27620 Samos (659-721-324 & 682-157-378) 60 pl en 4 dortoirs, 6 €, (quelques ustensiles), ouv tte l'année

4 Monasterio San Julián y Santa Basilissa-Albergue-Hospedería
Accueil chrétien, Padres Benedictinos, 27620 Samos (info@abadiadesamos.com 982-546-046 www.abadiadesamos.com) Albergue, 70 pl en dortoir, donativo, pas de chauffage, ouv 14h30, ferm 22h30, départ 8h, ouv tte l'année // Hospedería, 16 ch réservées aux hommes désirant faire une retraite, 35 € en pension complète (2 nuits minimum), ouv tte l'année
- Visite du monastère 3 €, 10h30 à 12h30 (dimanche 12h45 à 13h30) et 16h30 à 18h30, poss assister laudes 8h30, vêpres et bénédiction des pèlerins 19h30 en été, complies. Messe 18h30, été 20h, dim 9h30 et 12h

5 Albergue turístico Val de Samos @
Pedro Fontal, avenida Compostela 16, 27620 Samos (info@valdesamos.com 982-546-163 & 609-638-801 www.valdesamos.com) poss résa, 48 pl en 5 dortoirs, 9 à 11 €, loc draps, , LL & SL, ouv mi-avr à mi-oct

6 Hostal-Restaurante-Bar-Albergue Victoria CB @
calle El Salvador 4, 27620 Samos (982-546-022 & 667-622-533 hostalvictoriasamos@yahoo.es) 8 ch, 15 €, 25 à 45 €, supp 15 €, dortoir 8 pl, 9 €, 2 à 4.50 €, 10 €, blanchisserie, chiens acceptés (prévenir, + 5 €), ouv 6h été, resto fermé Noël à fév, hostal ouv tte l'année

7 Restaurante-Bar-Albergue Albaroque
Juan y Xulia Fernández, calle El Salvador 1, 27620 Samos (982-546-123 & 982-546-087 & 628-828-845 xuliacoco@hotmail.com www.albaroque.es) poss résa, 12 pl, 10 €, 2 ch, 20 à 30 €, 3 €, 10 €, service continu, LL & SL, fermé jan à mars

8 Domus Itineris
calle Salvador 3, 27620 Samos (contacto@domusitineris.com 982-546-088 www.domusitineris.com) 14 ch, 20 à 30 €, 30 à 40 €, LL & SL, ouv Rameaux à mi-nov

9 Casa rural Licerio*** calle Generalisimo 44, 27620 Samos (casalicerio@hotmail.com 982-546-012 & 616-191-117 www.casalicerio.com) 5 ch, 35 à 40 €, 3.50 €, , ouv tte l'année

10 Casa rural Casiña de Madeira
Antonio, calle Salvador 16, 27620 Samos (plataconde@hotmail.com 982-546-189 & 653-824-546) 2 ch, 36 à 40 €, fermé BS *(à côté de la chapelle wisigothique)*

11 Hotel-Restaurante-Bar A Veiga CB @
avenida Compostela 61, 27620 Samos (hotelaveiga@hotmail.com 982-546-052 ou 113 ou 042 www.hotelaveiga.com) 15 ch, 24 à 30 €, 35 à 40 €, supp 10 €, 3.50 à 5 €, 11 €, resto fermé 9 déc au 2 jan, ouv 7h été, 8h hiver, hôtel ouv tte l'année

12 Plusieurs restaurants

13 Cafetería Abadía, plaza de España 7 (982-546-184) sandwiches, fermé ven après-midi, ouv 5h30 été, 7h hiver

14 2 Tiendas et 1 Panadería

15 Taxi Dulce (982-546-027 & 696-920-214) transport pèlerins, bagages et vélos, du Cebreiro à Portomarin, 4 et 8 pl

16 Centre de Santé (982-547-002)

17 CB @
Casa ** de Díaz -Posada del Camino
Vilachá 4, 27620 Samos (casadediaz@galicia.com 982-547-070 & 619-164-748 www.casadediaz.com) 15 ch, 25 à 55 €, supp 15 €, 6.50 €, (soir sur résa) 14.50 €, piscine, BS ouv week-ends sur résa pour groupes *(1 km après Teguín (repère A du Plan) prendre la route vers Sarria sur 2.5 km, puis la route à droite vers Vilachá (entre le km 41 et le km 42) sur 800 m - Attention : Vilachá n'est pas sur le plan 81, il manque 2 km de la route vers Sarria entre ce plan-ci et le plan 81)*

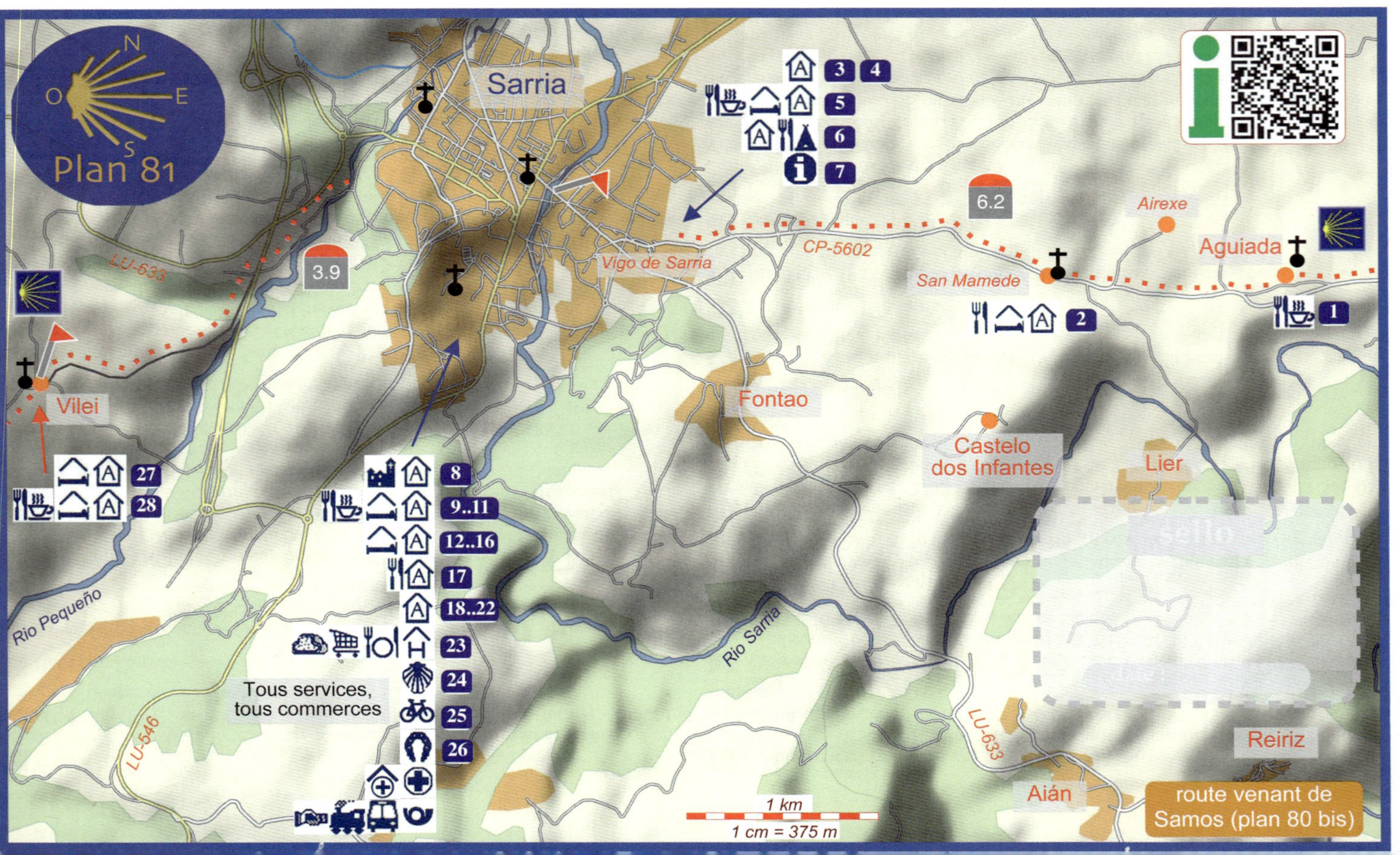

N
O
E
S
Plan 81
Sarria
Vigo de Sarria
CP-5602
6.2
3.9
San Mamede
Airexe
Aguiada
Vilei
LU-633
Fontao
Castelo dos Infantes
Lier
Reiriz
Aián
Rio Pequeño
Rio Sarria
LU-546
3
4
5
6
7
2
1
27
28
8
9..11
12..16
17
18..22
23
24
25
26
Tous services, tous commerces
1 km
1 cm = 375 m
route venant de Samos (plan 80 bis)

1 Bar Taberna do Camiño, Aguiada, 9 €, ouv 6h HS, 10h BS

2 Albergue Paloma y Leña CB @
Paloma et José Antonio, San Mamede, 27600 Sarria (palomaylena@gmail.com 982-533-248 & 658-906-816 www.palomaylena.com) poss résa, 20 pl en ch 4-8 pers, 10 €, 6 ch, 25 à 28 €, 38 € (inclus), 9 € (végétarien, servi à 19h30), LL & SL, chiens acceptés (prévenir), BS résa nécessaire

3 Albergue privée touristique Oasis @
Ines et Ivan, Vigo de Sarria 12, 27600 Sarria (reservas@albergueoasis.com 605-948-644 & 982-535-516 www.albergueoasis.com) poss résa, 27 pl en dortoirs 4-10 pers, 10 €, , LL & SL, ouv mars à oct, BS résa nécessaire

4 Albergue Alma do Camiño Mayte y Alejandro, Calle Calvo Sotelo (982-876-768 & 629-822-036 sarria@almadocamino.com www.almadocamino.com) poss résa, 96 pl en 10 dortoirs, 6.50 à 9 €, , LL & SL, ouv 15 fév au 15 déc

5 Albergue privée-Bar A Pedra @ Vigo de Sarria 19 (982-530-130 & 652-517-199 info@albergueapedra.com) poss résa, 15 pl en ch 3-4 pers, 9 à 10 €, 3 ch, 30 à 40 €, (soir uniquement) 8 €, , LL & SL, ouv mars à nov

6 Camping-Albergue Vila de Sarria @ camino de Santiago km 113 (info@campingviladesarria.com www.campingviladesarria.com 982-535-467 & 671-681-333) Albergue 12 pl sous tentes marabout, 6 €, 60 pl, tente 13 €, 9 à 10.50 €, LL, dépannage-ravitaillement, ouv Rameaux au 1er oct

7 Office de Tourisme, calle Vigo de Sarria 15 (turismo@sarria.es www.sarria.es 982-530-099) ouv BS lun au ven 9h à 18h (19h été), sam et dim 11h à 15h en saison, en BS l'office est transféré rúa da Merced, 5

8 Albergue Monasterio de la Magdalena @
Padres de la Merced, avenida de la Merced 60 (sarria@alberguesdelcamino.com 982-533-568 www.alberguesdelcamino.com) poss résa, 100 pl en 6 dortoirs, 10 €, , LL & SL, ouv 9h30, ouv Rameaux à Toussaint *(à la sortie de Sarria)*

9 Albergue internacional-Cafetería @
rúa Mayor 57 (982-535-109 info@albergueinternacionalsarria.es www.albergueinternacionalsarria.es) 38 pl en dortoirs 8-14 pers, à partir de 10 €, 2 ch, 45 €, 4 €, 9 €, sandwiches, LL & SL, ouv mi-mars à mi-oct

10 Albergue Credencial-Cafetería CB Iker et Mario, rúa do Peregrino (alberguecredencial@gmail.com www.alberguecredencial.es 982-876-455 & 639-722-878) 28 pl en 2 dortoirs, 7 à 9 €, 3.50 €, 10 €, LL & SL, ouv tte l'année

11 Albergue privée Matías-Bar-Restaurante-Locanda
Alessandro et Lara, rúa Mayor 4 et Conde Lemos 10 (626-152-046 & 982-534-285 anuman43@hotmail.com) 32 pl en dortoir, 10 €, 3 ch, 30 à 40 €, 5 €, 10 € (cuisine italienne), LL & SL, ouv Pâques à jan

12 Albergue Puente Ribeira CB
Javier, rúa do Peregrino 23 (info@alberguepuenteribeira.com 982-876-789 & 698-175-619) 41 pl en dortoirs 2-20 pers, 7 à 10 €, 3.50 €, LL & SL, ouv fév à Toussaint *(5 ch en projet pour 2015)*

13 Albergue privée Dos Oito Marabedis Adolfo, rúa Conde de Lemos. 23 (629-461-770 & 618-748-777) poss résa, 23 pl en ch 3-7 pers, 9 à 10 € (draps inclus), 2 ch, 25 €, , LL & SL, ouv 12h, ouv mai à oct

14 Albergue privée Los Blasones-Casagrande @ Aurora Gudin, rúa Mayor 31 (info@alberguelosblasones.com www.alberguelosblasones.com 600-512-565 & 982-530-666) résa par tél uniquement, 42 pl en ch 4-22 pers, 8 à 9 €, 4 ch, 10 à 18 €, , LL & SL, ouv 11h, fermé nov à fév, sf résa groupes

15 Albergue privée San Lázaro @ Marisa, San Lázaro 7 (982-530-626 & 659-185-482 & 677-763-881 www.alberguesanlazaro.com alberguesanlazaro@hotmail.com) 30 pl en 3 dortoirs, 10 €, 1 ch, 35 €, LL & SL, ouv avr à oct

16 Albergue privée Barbacoa del Camino @ Fanny et Javi, rúa Esqueiredos 1 (alberguebarbacoadelcamino@hotmail.com 619-879-476 & 603-412-052 www.alberguebarbacoadelcamino.com) poss résa, 14 pl en 2 ch, 8.50 à 10 €, 2 ch, 29 €, 3 €, , LL & SL, ouv 11h, ouv mars à oct

17 Albergue privée O Durmiñento CB @
Jorge Urrutia Baliño, rúa Mayor 44 (durmiento_sarria@hotmail.com 600-862-508 & 982-531-099) poss résa sauf jul-aou, 40 pl en dortoir 3-12 pers, 10 €, 10 €, LL & SL, ouv 11h, départ 9h, fermé déc et jan

18 Albergue touristique privée Don Álvaro @
Monica López Castedo, rúa Mayor 10 (info@alberguedonalvaro.com 982-531-592 & 686-468-803 www.alberguedonalvaro.com) poss résa, 40 pl en 4 dortoirs, 9 €, , LL & SL, poss massages, ouv 12h, fermé 1 mois BS

19 Albergue Mayor (privée) @ Luis, rúa Mayor 64 (685-148-474 & 982-535-09 alberguemayor@gmail.com 7) poss résa, 16 pl en mini-dortoirs, 10 €, , LL & SL, ouv 11h, départ 9h, fermé déc et jan

.../... Suite données Sarria et Vilei page suivante

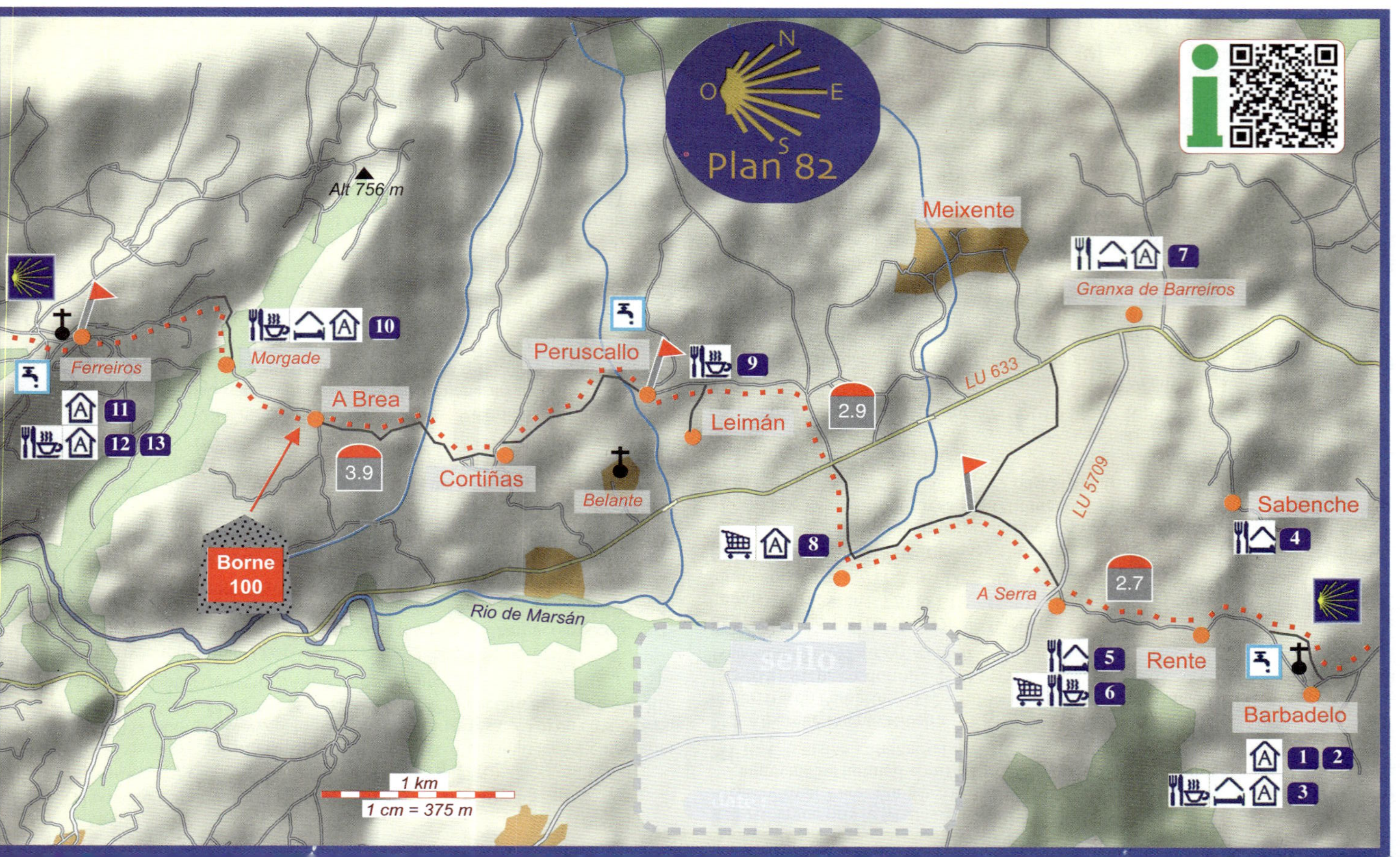

Plan 82
N
E
S
O
Meixente
Granxa de Barreiros
7
Alt 756 m
10
Morgade
Ferreiros
11
12
13
A Brea
3.9
Borne
100
Peruscallo
9
Leimán
2.9
Cortiñas
Belante
LU 633
8
LU 5709
Sabenche
4
A Serra
2.7
Rio de Marsán
5
6
Rente
Barbadelo
1
2
3
1 km
1 cm = 375 m
sello

.../... Suite données Sarria & Vilei

20 Albergue privée touristique Obradoiro, Beatríz, rúa Mayor 49 bajo (982-532-442 & 647-209-267 & 653-498-621 ✉ arte-san@hotmail.es) poss résa, 28 pl en 2 dortoirs, 8 €, , LL, ouv 11h à 23h, ouv Rameaux à oct, BS ouv résa groupes

21 Albergue privée Casa Peltre @
escalinata de la Fuente, 27600 Sarria (606-226-067 www.casapeltre.es) poss résa, 22 pl en dortoirs 4-14 pers, 10 €, , LL & SL, ouv mars à oct

22 Albergue de la Xunta Carmen, rúa Mayor 79 (660-396-813) 40 pl en dortoir, 6 €, sans ustensiles, LL & SL, ouv 13h, ferm 22h, ouv tte l'année

23 Nombreux hôtels, restaurants et commerces

24 Peregrinoteca, camino de Santiago km 111, avenida Benigno Quiroga 16 (982-530-190 ✉ info@peregrinoteca.com www.peregrinoteca.com) équipement du pèlerin et livres, ouv 7/7 8h à 21h HS, 10h à 14h et 16h30 à 20h30 BS

25 Vélos, Dos Ruedas, Antonio López, praza Galicia 41 (982-533-522) réparation

26 Accueil chevaux, champ de foire, s'adresser Office de Tourisme

27 Albergue turistico KM 108 to Santiago @
Javier y Fanny, Vilei, 27616 Barbadelo (✉ albergue108tosantiago@hotmail.com 634-894-524) poss résa, 12 pl en ch 2-4 pers, 8 à 15 €, 3 €, LL & SL

28 Albergue turistico-Bar-Restaurante Casa Barbadelo CB @
Antonio et José Antonio, Vilei (982-531-934 & 638-679-607 ✉ info@barbadelo.com www.barbadelo.com) poss résa, 48 pl en ch 8 pers, 9 €, 6 ch, 45 €, 55 €, 60 €, , 9 €, LL & SL, piscine, ouv mi-mars à fin oct

****

1 Albergue de la Xunta de Galicia
Cruz González, 27616 Barbadelo (660-396-814) priorité pèlerins à pied, 18 pl en dortoir, 6 €, sans ustensiles, LL & SL, ouv 13h, ferm 22h

2 Albergue privée O Pombal Antonio (686-718-732) poss résa, 12 pl en 1 dortoir, 9 €, , LL & SL, fermé oct à avr *(à côté de l'église)*

3 Restaurante-Albergue privée Casa de Carmen CB @
Pedro et Carmen, San Silvestre (982-532-294 & 606-156-705 www.acasadecarmen.es ✉ albergueacasadecarmen@gmail.com) poss résa, 22 pl en 3 dortoirs, nuit 9 €, 4 €, BS ouv sur résa pour groupes à partir de 6 pers // 2 ch, 35 € (inclus), 6 à 10 €, poss camping 3 €, ouv tte l'année *(200 m après l'albergue de la Xunta)*

4 Casa rural Caxigueiro** CB Sabenche 5 (618-951-344 & 982-534-020 & 669-459-453 ✉ casacaxigueiro@terra.com) 6 ch, 44 €, 55 à 66 €, supp 18 €, 106 €, 4 €, bio 16 €, fermé Noël

5 Casa rural Casa Nova de Rente** Rente (982-187-854 ✉ casaruralnovaderente@hotmail.com www.casanovaderente.com) 6 ch, 25 à 28 €, 30 à 38 €, 3.50 €, soir 10 €, LL & SL, fermé déc à fév

6 Bar-Tienda Casa Rica, Cantina da Serra, sandwiches, ouv 6h

7 CB @
Albergue turistico Granxa de Barreiros (ferme école) carretera Lugo-Portomarin km 54, Ortoa, 27612 Sarria (982-533-656 & 698-129-000 http://granxadebarreiros.com ✉ info@granxadebarreiros.com) résa nécessaire, 49 pl en ch 4-10 pers, 10 à 15 €, 2 ch, 32 €, 4 €, 8 €, loc draps, LL & SL, Sarria, Barbadelo ou Mercado da Serra, ouv tte l'année *(à A Serra, suivre LU 5709 à droite sur 1.7 km)*

8 Casa Albergue Molino de Marzan Leda, Camino km 103 (679-438-077 ✉ adm@molinomarzan.com www.molinomarzan.com) 16 pl, 10 €, , dépannage-ravitaillement, dépôt de pain, LL & SL, poss taxi, ouv mars à oct

9 Taberna da Serra, Estrada Vilamaior, , sandwiches, fermé lun après-midi

10 Bar-Pensión-Albergue Casa Morgade @ Marisa et Sinda, Morgade, Pinza (982-531-250 www.casamorgade.com ✉ casamorgade@casamorgade.com) poss résa, 1 ch 6 pers, 10 €, 5 ch 28 à 35 €, supp 12 €, , 8.50 €, sandwiches, LL & SL, ouv mi-mars à nov

11 Albergue de la Xunta de Galicia Primitiva, 27170 Ferreiros (982-157-496 & 660-396-815) priorité pèlerins à pied, 22 pl en dortoir, 6 € (pas de couvertures), sans ustensiles, LL & SL, ouv 13h, ferm 22h, ouv tte l'année

12 Albergue-Restaurante-Bar O Mirallos @
27170 Ferreiros (982-157-162 & 639-010-696) 10 pl en dortoir, donativo, 3.50 €, 9 à 11 €, poss camper, ouv 6h HS, 9h BS, ouv tte l'année

13 Albergue-Restaurante-Bar Mesón Casa Cruceiro CB Km 98, 27170 Ferreiros (982-541-240 & 639-020-064 ✉ casacruceiro@gmail.com) poss résa, 12 pl en dortoir, 10 €, 1 ch 40 €, LL & SL, ouv mi-mars à mi-nov // , 9 à 12 € (servi 11h à 22h), ouv 6h été, fermé déc à mars *(+12 pl en projet)*

Plan 83
N
E
S
O
Portomarín
17
18
6 .. 8
9.. 12
13
14
15
16
19
Tous services,
tous commerces
Santa Mariña
O Miño
LU-613
Grallás
San Pedro
5
3
Vilachá
5.9
A Parrocha
LU-633
As Cortes
Loio
4
Moutras
Alt 547 m
LU 4203
Mercadoiro
2
A Laxe
Moimentos
3.3
A Pena
As Rozas
1
Río Loio
1 km
1 cm = 375 m

Plan 83

1 Albergue privée Casa do Rego-Bar Lorenzo et Carol, A Pena 4, 27611 Paradela (casadoregopena@gmail.com 982-167-812 & 626-970-788 www.casadorego.com) poss résa, 6 pl, 10 €, 3 €, 10 € (poss végétarien), sandwiches, ouv Rameaux à oct *(2 ch en projet 2015)*

2 CB @ Albergue privée de Mercadoiro-Bar-Restaurant La Bodeguiña, José Miguel Martínez, Mercadoiro 2, 27611 Paradela (jose@mercadoiro.com www.mercadoiro.com 982-545-359) poss résa, 32 pl en ch 4-6 pers, 10 € // 2 ch, ou 35 à 40 € // 8.50 à 11.50 €, 3 €, sandwiches, fermé oct à début mars

3 @ Albergue privée Casa Banderas, Gordon, Vilachá, camino km 91.5, 27611 Paradela (www.casabanderas.com 982-545-391 & 607-431-277 info@casabanderas.com) poss résa, 8 pl, 10 à 15 €, 1 ch, 40 €, 4 € à partir de 6h30, 8 € (servi à 19h), LL & SL, ouv avr à oct

4 Hostal Mesón do Loyo CB LU 633, Loio, 27611 Paradela (mesondoloyo@hotmail.com 982-545-012 www.mesondoloyo.com) 10 ch, 30 à 35 €, 40 à 45 €, 3.50 € à partir de 8h, 9 €, LL & SL, Portomarín, ouv tte l'année

5 Albergue privée (982-545-012) *(16 pl, en projet, ouverture prévue printemps 2015)*

Portomarín

6 Albergue privée Porto Santiago @ Belén, calle Diputación 8 (info@albergueportosantiago.com www.albergueportosantiago.com 618-826-515) poss résa, 14 pl en dortoir, 10 € // 4 ch, 20 €, 30 € //, LL & SL, poss massages, BS résa nécessaire, ouv tte l'année

7 Albergue privée Ultreia @ Noemi, calle Diputación 9 (www.ultreiaportomarin.com info@ultreiaportomarin.com 982-545-067 & 676-607-292) poss résa, 14 pl, 10 €, 5 ch, 30 €, , LL & SL, ouv tte l'année

8 Albergue privée & pensión Manuel calle Rua do Miño 1 (manoloportomarin@hotmail.com 982-545-385 & 679-754-718 www.pensionmanuel.com) poss résa, 16 pl en 2 ch, 10 € // 4 ch, 25 €, 37.50 € //, LL & SL, ouv Rameaux à oct

9 Albergue de la Xunta de Galicia Tina Vázquez, carretera Lugo (660-396-816) 110 pl en 6 dortoirs, 6 €, sans ustensiles, LL & SL, ouv 13h, ferm 22h, ouv tte l'année

10 Albergue municipal (Mairie 982-545-070) 78 pl, 5 à 6 €, ouv pour groupes sur résa ou quand toutes les autres albergues sont complètes

11 Albergue privée Novo Porto Carmen, calle Benigno Quiroga 12 (982-545-277 & 610-436-736 novoportoalbergue@gmail.com www.alberguenovoporto.com) poss résa, 22 pl en 1 dortoir, 10 €, , LL & SL, ouv 1er avr à mi-nov

12 Albergue privée Folgueira @ Onelia, avda de Chantada 18 (982-545-166 & 659-445-651 www.alberguefolgueira.com info@alberguefolgueira.com) poss résa, 32 pl en 1 dortoir, 10 €, 2.50 €, , LL & SL, ouv tte l'année

13 Albergue privée-Cafetería Ferramenteiro @ rúa Chantada 3 (www.albergueferramenteiro.com info@albergueferramenteiro.com 982-545-362) 130 pl dortoir, 10 €, , sandwiches, plats chauds, draps 2 €, LL & SL, ouv tte la journée, BS ouv sur résa pour groupes

14 Albergue privée-Pensión-Bar El Caminante CB Asunción, rúa Sanchez Carro (pension_elcaminante@hotmail.com 982-545-176) poss résa sauf aou, 3 ch 4 pers, 10 € // 15 ch, 28 €, 42 €, 55 € //, , 9 € HS, LL & SL, ouv 12h, ferm 24h // Bar ouv 6h et tte l'année, logement ouv mai à oct

15 Albergue privée Villamartín-Hôtel Villajardín CB Pedro Rodriguez, rúa do Peregrino 11 (reservas@hotelvillajardin.com 982-545-054 & 606-669-272 www.alberguevillamartin.es) poss résa, 30 pl en 3 dortoirs, 10 €, , LL & SL, ouv 15 avr au 15 oct // 36 ch, 40 €, 50 à 70 €, 75 à 85 €, 90 €, (inclus), (soir) 10 à 12 €, ouv 15 mars au 31 oct

16 Plusieurs hôtels et restaurants, plusieurs commerces d'alimentation

17 Office de Tourisme (982-545-206 turismo@concellodeportomarin.es www.concellodeportomarin.es) ouv lun à ven 9h à 14h et 16h à 20h en été seulement

18 Accueil chevaux, au champ de foire (box)

19 CB Área de turismo rural-Camping Santa Mariña-Posada del Camino Santa Mariña 1 (www.casaruralsantamaria.com 982-545-105) Camping, tente 11 €, ouv HS // 12 ch, 45 €, 55 €, 75 €, 4 à 7 €, 13 €, ouv tte l'année *(à 750 m du centre de Portomarín, au bord du lac)*

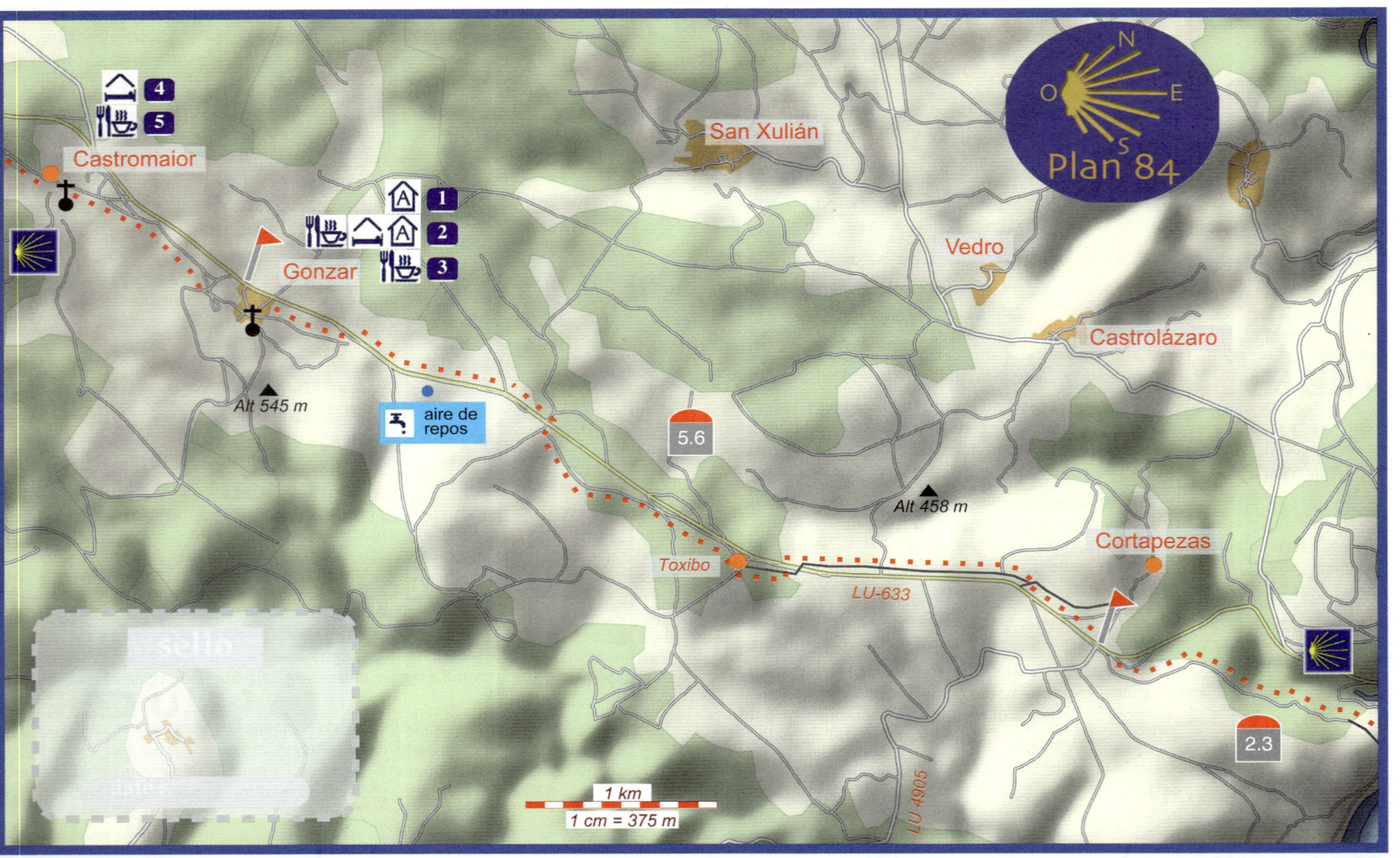
Plan 84
N
E
S
O
Castromaior
4
5
1
2
3
Gonzar
San Xulián
Vedro
Castrolázaro
Alt 545 m
aire de
repos
5.6
Alt 458 m
Toxibo
LU-633
Cortapezas
2.3
LU 4905
1 km
1 cm = 375 m
sello

Plan 84

1 Albergue de la Xunta de Galicia
María Elisa Fuente García, 27188 Gonzar (982-157-840 & 660-396-817) priorité pèlerins à pied, 28 pl en dortoir, 6 €, avec quelques ustensiles, LL & SL, ouv 13h, ferm 23h, départ 9h, ouv tte l'année

2 Bar-Restaurante-Albergue privée Casa García
Norberto García, 27188 Gonzar (982-157-842 & 670862-386) poss résa, 26 pl en 2 dortoirs, 10 € // 4 ch, 35 € // , 10 €, LL & SL, ouv 7h, ouv début mars à Toussaint

3 Bar Gonzar Descanso del Peregrino, 5 à 9 €, sandwiches, 2.50 €, ouv tôt pour les pèlerins de l'albergue de la Xunta (à côté), ouv Rameaux à Toussaint

4 Pensión Maruja
María Navia Gay, 27188 Castromaior (982-189-054) 4 ch, 15 à 20 €, 20 à 35 €, 30 à 40 €, ouv avr à oct

5 Bar O Castro, 10 €,

Plan 85
N
E
S
O
N-540
Rio de Irixe
Airexe
3.0
A
13
10
11
12
9
devant chaque refuge
Ligonde
5
6
LU 3301
LU 3305
Lagoa de Ligonde
3.5
C 535
3
4
aire de repos près de la chapelle
Ventas de Narón
7
Novelúa
8
Lodoso
sello
date :
N-640
O Hospital
1
2
LU 633
4.6
1 km
1 cm = 375 m

Plan 85

1 Albergue de la Xunta de Galicia
Digna, 27178 Hospital de la Cruz, priorité pèlerins à pied, 30 pl en dortoirs, 6 €, sans ustensiles, LL & SL, ouv 13h, ferm 22h, ouv tte l'année *(à la sortie du village)*

2 Hostal-Restaurante-Bar Labrador
Alto Hospital 2, 27178 Hospital de la Cruz (982-545-303 & 666-421-291 & 667-598-061) 9 ch, 33 €, 33 à 38 €, 3-4 €, 9 à 11 €, ouv 6h été, 7h30 hiver, fermé 2 semaines jan

3 Albergue privée-Restaurante-Bar Casa Molar @
Avenencio Fernández Rodríguez, Ventas 4, 27178 Ventas de Narón (696-794-507 casamolar_ventas@yahoo.es) Albergue, 20 pl en 2 dortoirs, 10 €, 2 ch 30 €, ouv mars à nov, BS résa nécessaire // Bar-restaurant, , 9 €, ouv 6h en été *(au km 77)*

4 Bar Plaza-Albergue privée O Cruceiro @
Adelina Vazquez, camino de Santiago km 77, Ventas 6, 27178 Ventas de Narón (658-064-917www.albergueocruceiro.blogspot.com) 22 pl en 2 dortoirs, 10 €, 2 ch, 30 à 40 €, 3.50 €, 9.50 €, sandwiches, LL & SL, poss taxi, ouv 6h été, 7h hiver, ouv mars à nov

5 Refugio Fuente del Peregrino
Accueil chrétien, Agapê international, Ligonde, 27568 Monterroso (www.lafuentedelperegrino.com) 10 pl en dortoir, donativo, poss et donativo, parfois fermé dim, ouv 13h, ferm 23h, ouv jun à aou

6 Albergue municipale Escuelas de Ligonde
Isabel, Ligonde, 27568 Monterroso (679-816-061) 20 pl en dortoir, 8 €, , LL & SL, ouv 13h, ferm 22h, ouv avr à nov

7 Albergue privée Nirvana Lodge
Felipe, Novelúa, 27568 Monterroso (678-702-060 f.alonsoalberti@telefonica.net www.nirvanalodge.net) 15 pl en dortoir, 10 €, 3 €, 7 €, LL & SL, Ligonde

8 Casa Roán-Casa Garde-Casa rural-Restaurante @
José et Maria Pilar, Sestelo 4, Lodoso, 27215 Monterroso (982-194-989 & 618-753-210 casaruralroan@gmail.com www.casaroan.com) 9 ch, 48 à 72 €, 5 €, 15 à 18 €, de Portomarín à Palas de Rei, poss transport bagages *(au repère A du Plan prendre à gauche la LU-3301 sur 3 km jusqu'à Lodoso)*

9 Restaurante-Bar Casa Marïluz, sandwiches, ouv Rameaux à Toussaint *(entre Ligonde et Eirexe)*

10 Albergue de la Xunta de Galicia
María Paz Gai Vila, Antiguas Escuelas, calle Eirexe 17, 27560 Eirexe, priorité pèlerins à pied, 18 pl en dortoir, 6 €, , LL & SL, poss camper, ouv 13h, ferm 22h, ouv tte l'année

11 Pensión-Albergue Eirexe
Cruz, Eirexe 18 (982-153-475 & 650-965-873 pensioneirexe@yahoo.es) 5 ch, 20 à 25 €, 30 à 35 €, 60 €, LL & SL, ouv 6h été, 8h hiver, ouv mai à nov

12 Bar-Restaurant Conde Waldemar @
(626-253-923) 10 €, service continu, ouv 6h été, 7h30 hiver, fermé vacances Noël

13 Pensión Rustica** Restaurante-Bar A Cantina
Maria Aurora, O Marco 1, 27178 Ligonde (www.acantinadomarco.com 982-173-398 & 629-030-284) 2 ch, 30 à 40 €, 2.50 €, 9 €, LL, Ligonde, fermé 2 semaines sep *(au repère A du Plan, prendre à droite la LU-3301 sur 2 km)*

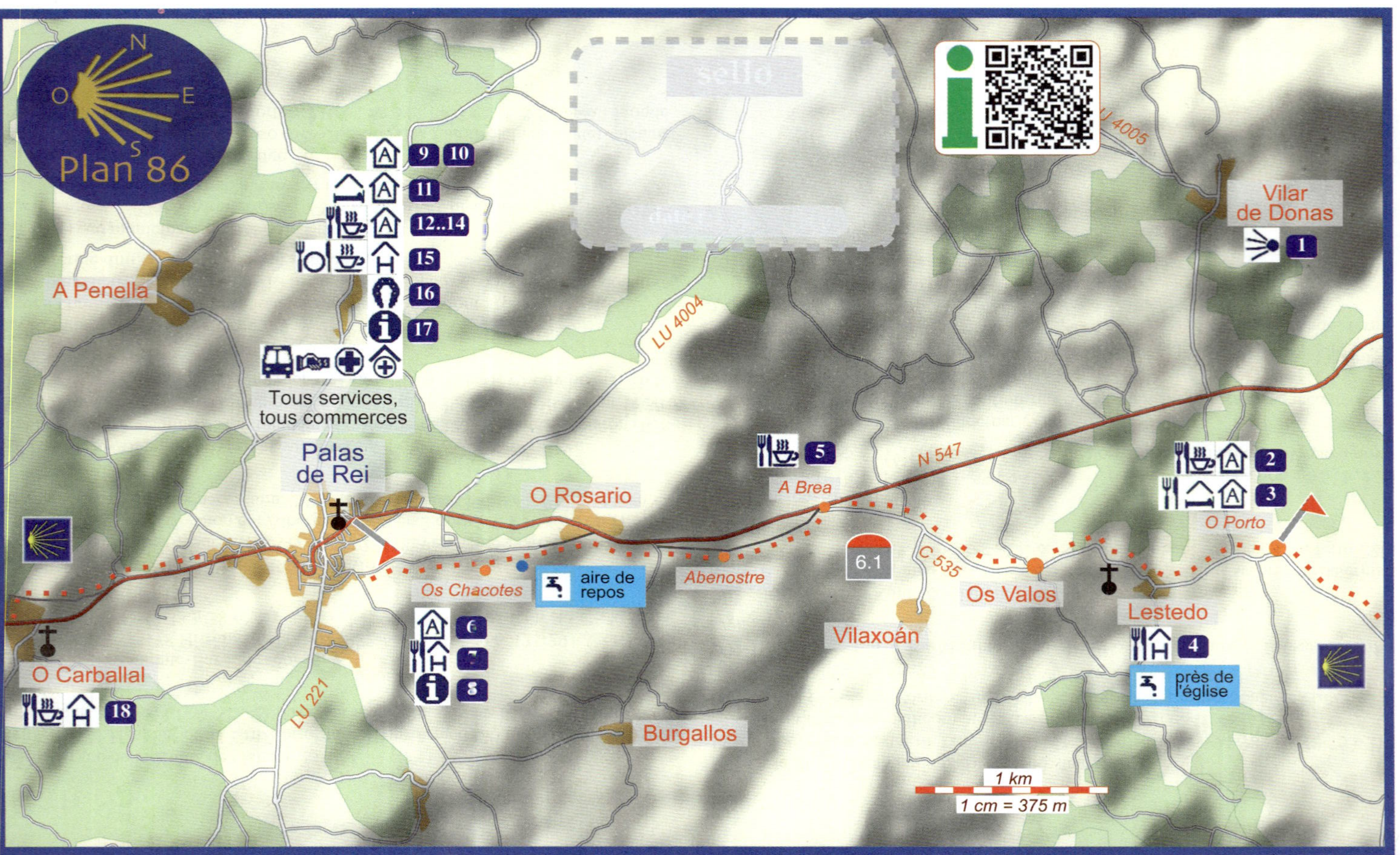

Plan 86
N
E
S
O
sello
9 10
11
12..14
15
16
17
Tous services,
tous commerces
A Penella
Palas
de Rei
O Rosario
LU 4004
U 4005
Vilar
de Donas
1
5
A Brea
N 547
2
3
O Porto
Os Chacotes
aire de
repos
Abenostre
6.1
C 535
Os Valos
Lestedo
4
près de
l'église
Vilaxoán
6
7
8
O Carballal
18
LU 221
Burgallos
1 km
1 cm = 375 m

Plan 86

1 Eglise de Vilar de Donas, (fresques) fermé lun *(2 km hors chemin)*

2 Albergue privée-Bar A Calzada
Julia, carretera Vilar de Donas, 27200 Lestedo (982-183-744) 10 pl en dortoir, 10 € (draps inclus), LL & SL, ouv avr à oct // Bar, 2.50 €, 8.50 € (produits du jardin), sandwiches, ouv tte l'année, ouv 8h

3 Albergue-Pensión A Paso de Formiga @ Carlota, Portos 4, 27204 Lestedo (618-984-605 apasodeformiga@hotmail.com) 8 pl, 10 €, 2 ch, 40 à 50 €, 60 €, , 10 €, LL & SL, ouv mars à oct

4 Hotel rural** Rectoral de Lestedo 27204 Lestedo (982-153-435 & 618-280-78 casarectorallestedo@gmail.com 6) 7 ch, 50 à 75 €, 60 à 85 €, 110 €, 7 €, 18 €, jacuzzi, ouv mars à nov

5 Mesón A Brea, carretera Lugo-Santiago km 31 (982-374-129) 9 €, fermé lun et vacances Noël

6 Albergue Os Chacotes de la Xunta de Galicia
calle As Lagartas sn, 27200 Palas de Rei (607-481-536) priorité pèlerins à pied, 112 pl en 3 dortoirs, 6 €, sans ustensiles, LL & SL, ouv tte l'année, ouv 13h à 22h *(1 km avant le centre de Palas de Rei)*

7 CB @
Complejo*** La Cabaña- Posada del Camino, calle Dr Pardo Ouro, 27200 Palas de Rei (complejolacabana@complejolacabana.com www.complejolacabana.com 982-380-750) 30 ch, 40 à 49 €, 55 à 69 €, 69 à 89 € (inclus), 10 €, LL & SL, piscine à proximité en été, ouv tte l'année

8 Point information touristique, Os Chacotes, ouv jun à sep

9 Albergue de la Xunta de Galicia
María Ramona García Rodríguez, carretera de Compostela 19, 27200 Palas de Rei (660-396-820) priorité pèlerins à pied, groupes refusés, 60 pl en 5 dortoirs, 6 €, sans ustensiles, LL & SL, ouv 13h, ferm 22h, départ 8h

10 Albergue privée Outeiro CB @
Manuel Busto, plaza de Galicia 25, 27200 Palas de Rei (982-380-242 & 630-134-357 info@albergueouteiro.com www.albergueouteiro.com) poss résa, 50 pl en 4 dortoirs, 10 €, , LL & SL, ouv mars à Toussaint, BS pour groupes sur résa

11 Albergue privée San Marcos @
Ana, travesia de la Iglesia sn, 27200 Palas de Rei (982-380-711 & 606-726-356 info@alberguesanmarcos.es www.alberguesanmarcos.es) poss résa, 60 pl en ch 6-8 pers, 10 €, 10 ch, 40 à 50 €, 60 €, 4 €, , LL & SL, fermé BS

12 Albergue privée-Bar-Restaurante Castro Juan, avenida Ourense 24, 27200 Palas de Rei (609-080-655 alberguecastro@yahoo.es www.alberguecastro.com) poss résa, 56 pl en ch 4-8 pers, 10 €, 3 €, 10 €, LL & SL, ouv tte l'année

13 Albergue privée-Cafetería Mesón de Benito @
rúa de Paz sn, 27200 Palas de Rei (alberguemesondebenito@gmail.com 982-103-386 & 636-834-065 & 667-232-184 www.alberguemesondebenito.com) 80 pl en 6 dortoirs, poss résa, 10 €, 3 €, 9 €, LL & SL, ouv mars à fin oct

14 Albergue privée-Restaurante El Buen Camino @
rúa do Peregrino 3, 27200 Palas de Rei (alberguebuencamino@yahoo.es 982-380-233 & 639-882-229 www.alberguebuencamino.com) poss résa, 41 pl en dortoirs 2-12 pers, 10 €, 4 €, 9 €, , LL & SL, ouv 6h30, accueil 12h, départ 8h30, ouv mars à Toussaint *(derrière la mairie)*

15 Hôtels, nombreux restaurants
- Hostal-Restaurante Vilariño, avenida de Compostela 16 (982-380-152 pensionvilarino@gmail.com) 15 ch
- Pensión-Restaurant Guntina, calle del Peregrino 4 (982-380-080) 26 ch
- Hospedaje-Bar Arcos, avenida de Compostela sn (982-380-399) 4 ch
- Bar-Pensión Plaza, avenida de Compostela 21 (www.pensionbarplaza.es 982-380-109 & 660-875-921 info@pensionbarplaza.es) 14 ch
- Hotel* Casa Benilde, calle del Mercado sn (www.hotelcasabenilde.com 982-380-717 info@hotelcasabenilde.com) 18 ch
- Pensión* Barcelona, avenida Compostela 39 (982-374-114) 11 ch
- Pensión Casa Curro, avenida Ourense 15 (pensioncasacurro@hotmail.com 982-380-044) 18 ch
- Pensión Maite, avenida de Compostela 32 et 90 (982-380-051 & 982-380-177) 6 ch
- Pensión Palas, calle Santirso (666-594-044 & 982-380-065 info@pensionpalas.es www.pensionpalas.es) 15 ch

Suite données Palas de Rei et Carballal page suivante.../...

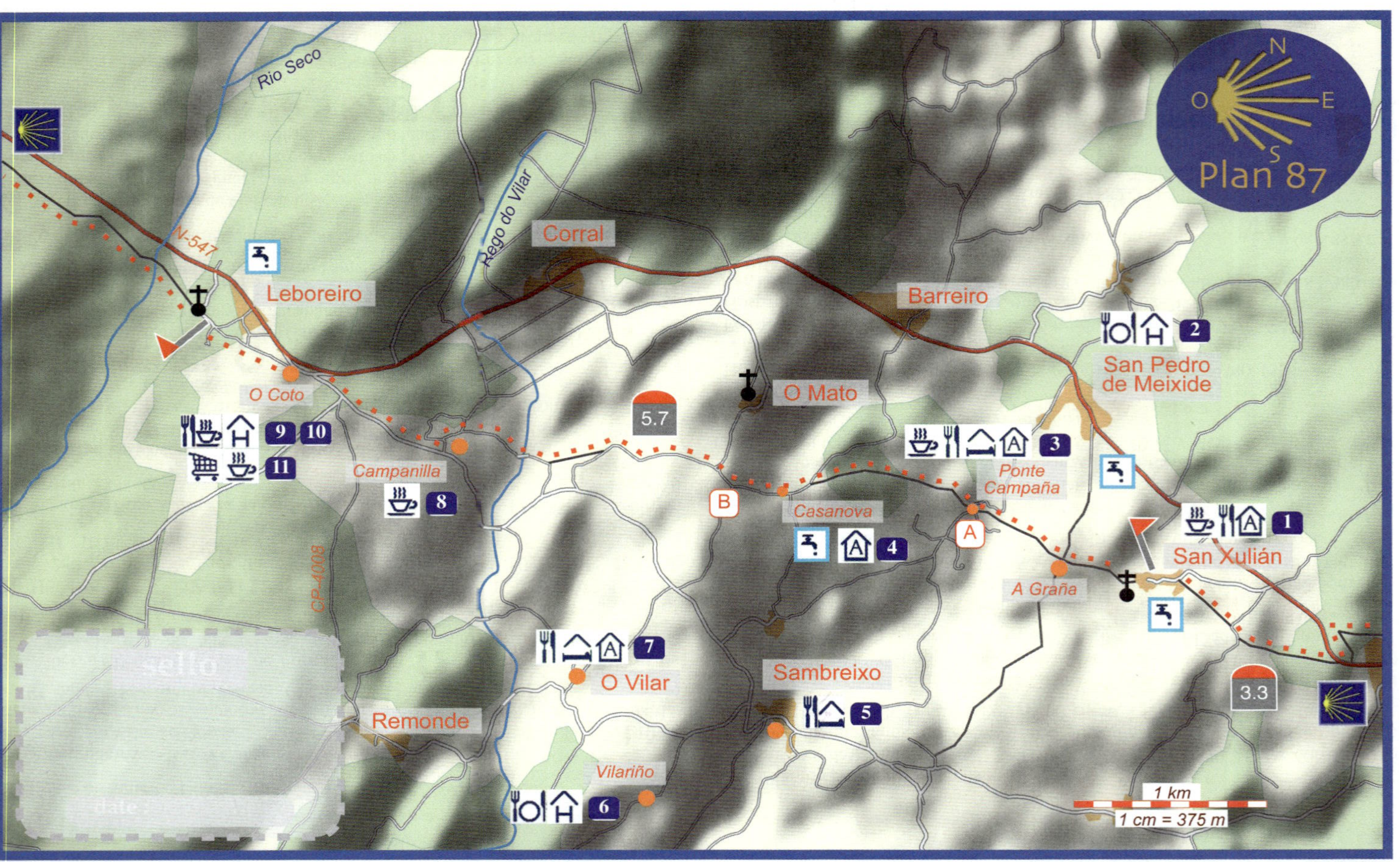
Plan 87
N
E
S
O
Rio Seco
N-547
Rego do Vilar
Corral
Leboreiro
Barreiro
San Pedro de Meixide
O Coto
O Mato
5.7
9
10
11
Campanilla
8
3
Ponte Campaña
B
Casanova
A
4
1
San Xulián
2
A Graña
CP-4008
7
O Vilar
Sambreixo
5
3.3
Remonde
Vilariño
6
sello
1 km
1 cm = 375 m

Plan 87

.../... Suite données Plan 86

16 Accueil chevaux au marché aux bestiaux

17 Office de Tourisme, Ayuntamiento (982-380-001 & 982-380-740 ✉ culturapalas@gmail.com www.concellopalasderei.es) ouv tte l'année le matin

18 Hostal Ponterroxan CB @
Roxan 109, Carballal, 27200 Palas de Rei (982-380-132) 18 ch, 30 €, 40 €, supp 15 €, 4 €, 10 €, LL & SL, ouv avr à nov

****

1 Albergue privée-Bar O Abrigadoiro
María Carmen y Miguel Angel, 27200 San Xulián (982-374-117 & 676-596-975 ✉ medeagomez@yahoo.es) poss résa, 18 pl en ch 4-7 pers, 10 à 12 €, 3.50 €, du soir 10 € servi à 20h, ouv tte la journée, ouv Rameaux à Toussaint

2 Restaurante-Hostal*** rural Pazo Mariñao CB
Amando Sande Agra, 27204 San Pedro de Meixide (982-380-302 ✉ pazo_de_meixide@hotmail.es www.pazomariñao.es) 6 ch, 49 à 59 €, 55 à 65 €, supp 19 €, 4.50€, 19 €, resto fermé lun et Hostal fermé nov à fév

3 Albergue privée Casa Domingo-Taberna Casa rural O Muiño de Campaña**
Gonzalo et Ana, Camino km 61, 27204 Ponte Campaña (982-163-226 & 630-728-864 & 650-381-823 www.alberguecasadomingo.com) poss résa (sauf aou), 18 pl en 2 dortoirs, 10 à 12 € // 3 ch, 28 €, 36 à 40 € // 3.50 €, 10 € (servi à 19h30), sandwiches, loc draps et couvertures, LL & SL, ouv Rameaux à Toussaint

4 Albergue de la Xunta de Galicia
Marí Carmen Morandeira Vázquez, 27200 Casanova (982-173-483) 20 pl en dortoir, 6 €, sans ustensiles, LL & SL, poss camper, ouv 13h, ferm 23h, ouv tte l'année *(à la sortie du village)*

5 Casa rural** Blanco CB
Maria, Sambreixo, 27203 Ponte Campaña (✉ informacion@casa-blanco.com 982-194-801 & 698-154-325 www.casa-blanco.com) 5 ch, 65 à 70 € (inclus), suite familiale ou 90 à 110 €, du soir à la carte, Palas, Casanova ou Campaña, fermé 1er nov au 15 mars *(à Ponte Campaña (repère A du Plan) prendre la route à gauche sur 1.8 km vers Sambreixo (ou encore prendre à gauche à l'albergue de Casanova). Le lendemain, on retrouve le chemin sans revenir sur ses pas par un chemin indiqué par vos hôtes.*

6 Hotel***-Restaurante Balneario Río Pambre
Vilariño, Sambreixo, 27203 Casanova (✉ info@balneariopambre.com 982-374-135 & 982-153-232 www.balneariopambre.com) 25 ch, 42 à 52 €, 52 à 72 € (inclus), 18 €, DP 82 à 102 € (massages inclus), piscine, hydromassages et massages, saunas, Palas de Rei // 2 pallozas à louer

7 Albergue touristique-Hostal rural A Bolboreta CB
Montserrat, Vilar de Remonde, 27203 Casanova (982-194-452 & 609-124-717 ✉ montse@abolboreta.com www.abolboreta.com) 8 pl en 2 mini-dortoirs, 13 € (draps+ inclus) // 8 ch, 27 €, 37 € (inclus), 9 €, poss rester plusieurs jours, LL & SL, albergue de Casanova, fermé mi-oct au 1er avril *(peu après l'albergue de la Xunta de Casanova (repère B du Plan) prendre la route à gauche vers O Vilar sur 1.5 km)*

8 Bar de Campanilla

9 Hostal** rural-Bar-Restaurante de los Somoza CB
Puri et Jesus, Coto-Leboreiro, 15808 Leboreiro (✉ casasomozamarijosé@gmail.com 981-507-372) 10 ch, 47 €, 55 €, supp 16.50 €, 6 à 8.50 €, 18 €, ouv 7h, fermé déc à fév // Bar

10 Hostal-Restaurante Die Zwei Deutsche, O Coto, 15809 Leboreiro (981-507-337) 14 ch, 30 €, 45 à 50 €, 70 à 75 €, 4 €, 10 €, ouv Rameaux à mi-oct

11 Bar-Tienda La Taberna O Coto

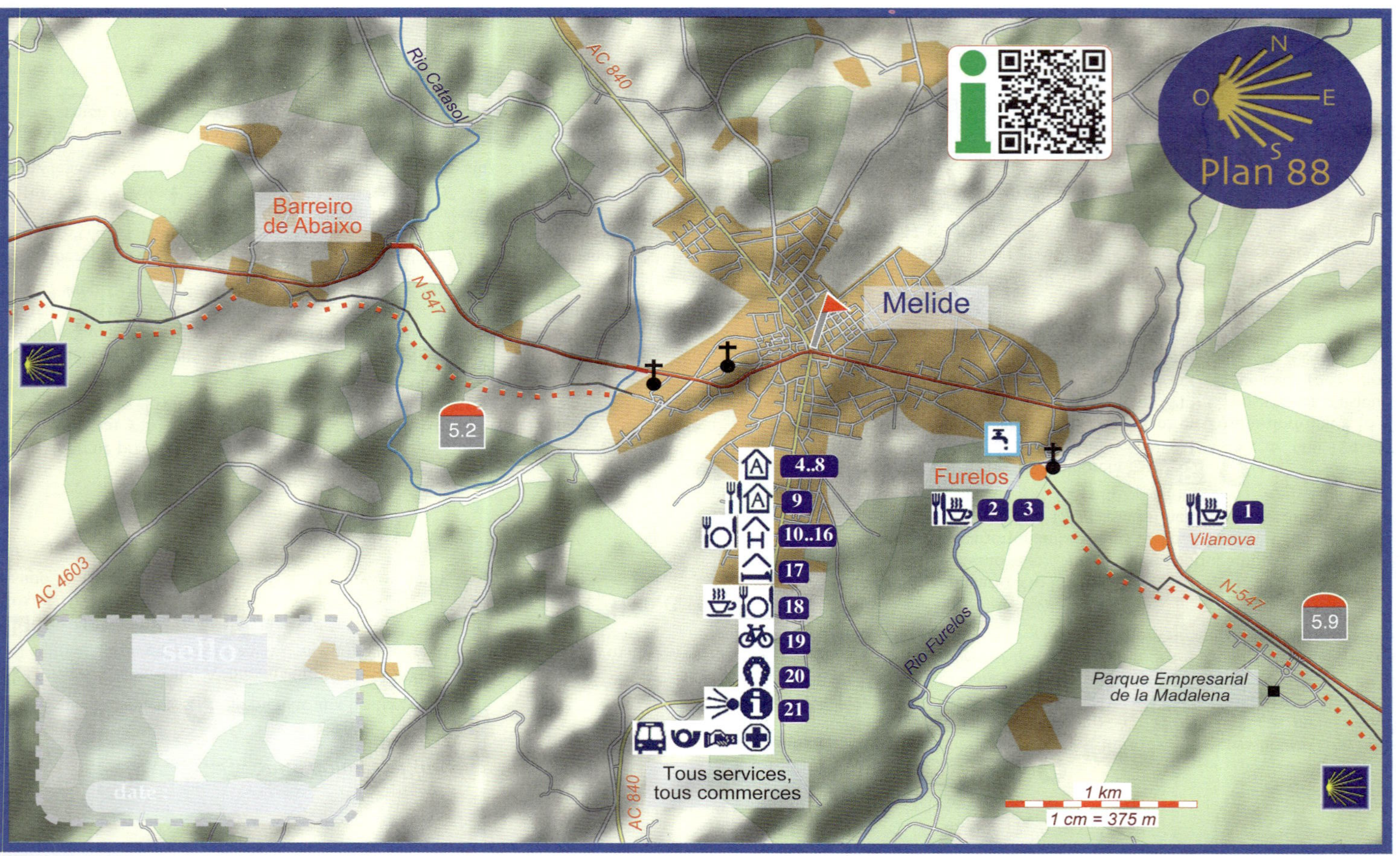

Plan 88
N
E
S
O
Barreiro de Abaixo
Rio Catasol
AC 840
N 547
Melide
5.2
AC 4603
sello
date :
4..8
9
10..16
17
18
19
20
21
Tous services, tous commerces
Furelos
2
3
Rio Furelos
1
Vilanova
N-547
5.9
Parque Empresarial de la Madalena
1 km
1 cm = 375 m

Plan 88

1 Restaurante-Bar Terra de Melide, Vilanova, N 547 (981-506-153) 3 €, 9 à 15 €, ouv 7h été, 9h hiver, fermé dim BS et vacances Noël

2 Bar Carrilo, sandwiches, fermé le soir

3 Bar Taberna Delmiro, sandwiches, ouv 8h30

4 Albergue de la Xunta de Galicia San Antonio, 15800 Melide, 156 pl en dortoir, 6 €, sans ustensiles, LL & SL, ouv tte l'année

5 Albergue privée touristique O Cruceiro @
Maite et Fernando, ronda de A Coruña (616-764-896 www.albergueocruceiro.es albergueocruceiro@yahoo.es) poss résa, 70 pl en ch 4-8 pers, 10 €, LL & SL, ouv 11h, ferm 23h, ouv mars à Toussaint

6 Albergue privée touristique Pereiro CB @
Emilio et Maria, calle Progresso 43 (981-506-314 alberguepereiro@gmail.com www.alberguepereiro.com) 40 pl en 3 dortoirs, 6 à 10 €, , LL & SL, ouv tte l'année

7 Albergue privée touristique San Antón CB @
David et Rocio, rua San Antonio 6 (www.alberguesananton.com 698-153-672 & 981-506-427 alberguesananton@gmail.com) 36 pl en 5 ch, 10 €, 2.50 à 4 €, sandwiches, , LL & SL, ouv mars à nov

8 Albergue privée touristique Vilela
Sandra Mejuto, rua San Antonio 2 (616-011-375 alberguevilela@gmail.com) 28 pl en ch 2-8 pers, à partir de 10 €, , LL & SL, ouv HS

9 Albergue* privée touristique Melide @
Abdo Boukrim, avenida Lugo 92 (alberguemelide@hotmail.com 981-507-491 & 627-901-552 www.alberguemelide.webs.com) 42 pl en 2 dortoirs, 10 € (draps inclus), 3 €, 8 €, LL & SL, ouv Rameaux à fin oct

10 Hotel-Pensión-Restaurante Xaneiro CB @
avenida de la Habana 43 et calle San Pedro 22 (hotel 981-506-140 pensión 981-505-015 hotel@xaneiro.com www.xaneiro.com) 26 ch, 25 à 35 €, 35 à 45 €, 50 à 60 €, 4 €, 8 €, LL & SL, ouv 7h, ouv tte l'année // Pensión, 11 ch, 30 à 40 €, ouv avr à oct

11 Hotel*-Restaurante Carlos CB @
avenida Lugo 119 (gestion@hc96.com www.hc96.com 981-507-633) 33 ch, 25 à 40 €, 40 à 50 €, supp 10 €, 6 €, 10 €, fermé vacances Noël

12 Hotel-Restaurante Pousada Chiquitín CB @
rúa San Antón 18 (info@pousadachiquitin.es www.pousadachiquitin.es 981-815-333) 15 ch, 30 à 35 €, 40 à 50 €, 55 à 75 €, 2.50 à 7 €, 12.50 à 20 €, fermé Noël et Nouvel An

13 Hospedaje-Restaurante-Bar Sony CB @
Manolo, carretera Santiago (sony@restaurantesony.com 981-505-473 www.restaurantesony.com) 30 ch, 20 à 27 €, 30 à 36 €, 40 à 45 €, 3.50 à 5 €, 9 €, ouv 7h semaine, 9h30 week-end, fermé vacances Noël

14 Hostal-Restaurante Continente CB
calle Luis Soane 8 (981-506-182 pedif@hotmail.com) 13 ch, 28 à 35 €, 3.30 €, 9 €, ouv tte l'année

15 Pensión-Restaurante-Bar El Molino
rúa Rosalia de Castro 15 et calle Froito Novo sn (981-506-048) 12 ch, 15 à 20 €, 25 à 30 €, 35 à 40 €, 2.50 €, 7.50 €, ouv tte l'année

16 Pensión-Cervezería Orois carretera Alexandre Boveda 13 (981-507-097 www.cervezeríaorois.es) 12 ch, 25 à 30 €, 3.50 €, 8 €, ouv tte l'année

17 Pensión** Berenguela CB cantón San Roque 2 (981-505-417 reservas@pensionberenguela.com www.pensionberenguela.com) 12 ch, 30 €, 40 €, supp 10 €, 6 €, LL & SL, ouv tte l'année

18 Restaurante-Bar Pulpería Ezequiel, avenida de Lugo (981-505-291) 9 à 13€ et nombreux autres restaurants

19 Vélos, Ciclos Isidro Rúa, Rúa Vázquez, avenida de Lugo 14 (981-505-203) réparation, ouv dim matin

20 Accueil chevaux champ de foire

21 Musée ethnographique (museomelide@telefonica.net 981-507-998) entrée gratuite et point d'information touristique (981-505-003 www.mtmelide.es) plaza del Convento, ouv 11h30 à 13h30 et 17h à 19h, ouv tte l'année, fermé dim après-midi et festivos

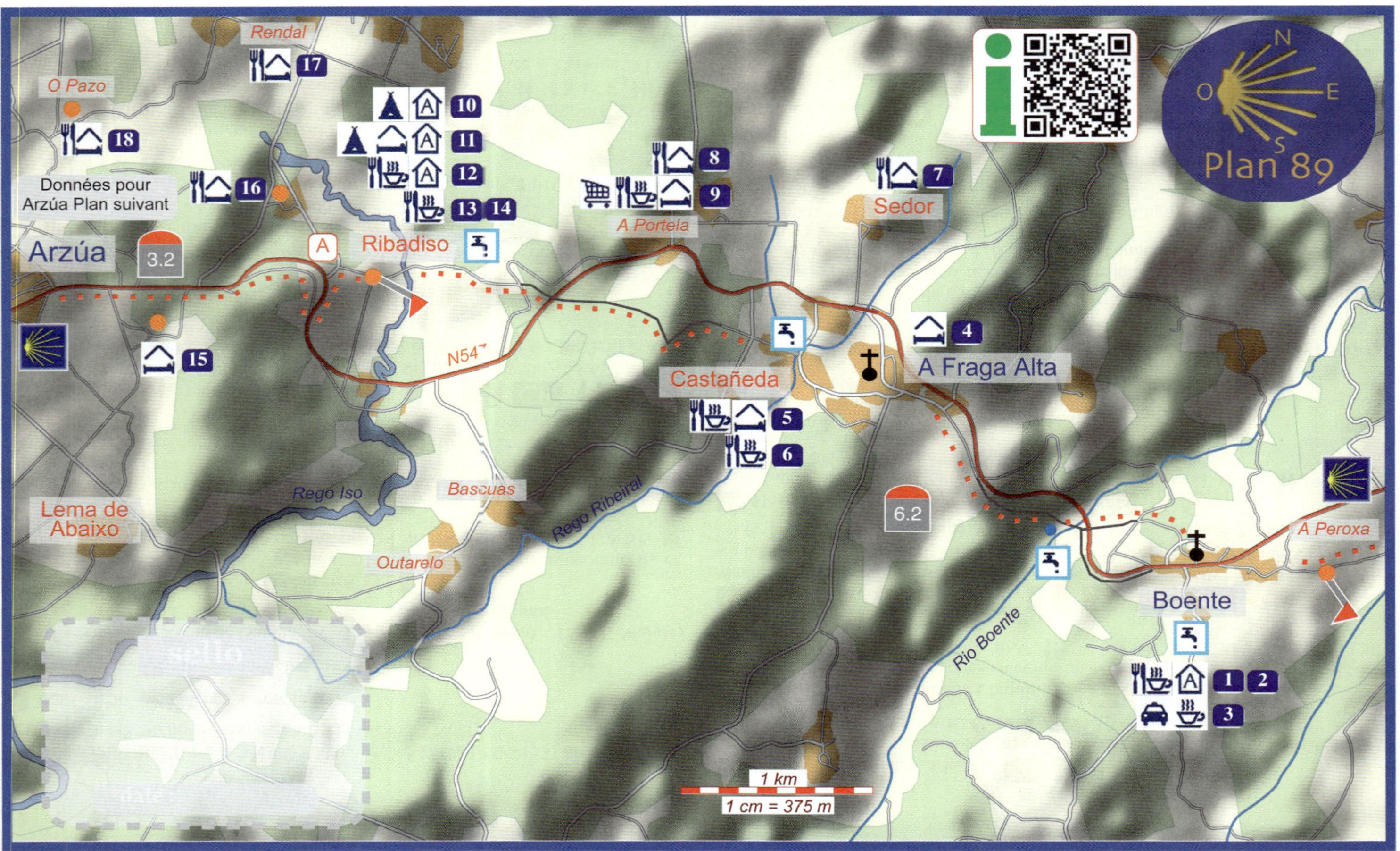
Plan 89
N
E
S
O
Sedor
7
A Portela
8
9
Rendal
17
10
11
12
13
14
Ribadiso
A
O Pazo
18
16
Données pour
Arzúa Plan suivant
Arzúa
3.2
15
N547
Castañeda
5
6
A Fraga Alta
4
6.2
Boente
1
2
3
A Peroxa
Rio Boente
Rego Ribeiral
Bascuas
Outarelo
Rego Iso
Lema de
Abaixo
1 km
1 cm = 375 m

Plan 89

1 Albergue privée-Bar Boente @ Boente sn, 15825 Arzúa (981-501-974 & 638-321-707 alberguebοente@hotmail.es) poss résa, 28 pl en 5 dortoirs, 10 à 11 €, 9 €, LL & SL, poss taxi, ouv mars à nov

2 Albergue-Bar Os Albergues @ Mariano y Josefina, Boente sn, 15825 Arzúa (981-501-853 os_albergues@hotmail.es) poss résa, 30 pl en ch 3-6 pers, 10 €, , 10 €, LL & SL, ouv mars à nov

3 Bar Bareta (981-506-058) sandwiches, poss taxi, ouv 3h été, 9h hiver, fermé 1 semaine sep

4 Casa rural La Calleja Maria, Fraga Alta, camino de Santiago km 43, 15825 Castañeda (605-787-382 lacalleja.es@gmail.com) 3 ch, 35 €, 45 € (inclus) , ouv tte l'année

5 Pensión-Bar Santiago 15825 Castañeda (981-501-711) 2 ch, 35 €, 40 à 44 €, 3.50 €, 9.50 €, LL *(prix 2014, changement de gérance prévu pour 2015)*

6 Bar No Camiño, sandwiches, ouv 8h été, 9h hiver, ferm lun soir BS et nov à mars

7 CB Casa Pazo de Sedor-Posada del Camino, Mercedes, Sedor, N547 km 57, 15825 Castañeda (info@pazodesedor.com www.pazodesedor.com 981-501-600 & 675-080-818) 14 ch, 52 à 65 €, 65 à 82 €, supp 22 €, 7 €, 17.50 €, blanchisserie, piscine, poss loc , fermé Noël aux Rameaux

8 Casa rural* Milia @ A Portela, N 547 km 58, 2, 15825 Castañeda (981-501-625 & 619-286-365 informacion@casamilia1.com www.casamilia1.com) 9 ch, 30 €, 35 à 45 €, (inclus), soir sur résa 15 €, LL & SL, ouv tte l'année

9 CB @ Bar-Tienda O Carballo da Portela-Pensión rural Casa Garea N547, 15825 Arzua (981-500-400 info@casagarea.es www.casagarea.es) 6 ch, 35 €, 40 €, 50 €, 4 €, 10 €, ouv tte l'année

10 Albergue de la Xunta de Galicia Dolores, 15810 Ribadiso de Baixo (981-501-185 & 660-396-823) 62 pl en 2 dortoirs, 6 €, sans ustensiles, poss camper, poss baignade en été, LL & SL, ouv 13h à 22h, ouv tte l'année

11 Albergue privée Los Caminantes I @ Milagros López, Ribadiso 16, 15810 Ribadiso de Baixo (981-500-295 & 647-020-600 info@albergueloscaminantes.com www.albergueloscaminantes.com) poss résa, 56 pl en 6 dortoirs, 10 €, 2 ch, 35 à 38 €, , LL & SL, poss camper, ouv mars à nov

12 Albergue privée Milpes-Cafeteria-Bar José et Aita, Ribadiso 7, 15810 Ribadiso de Baixo (981-500-425 & 616-652-276 alberguemilpes@gmail.com www.alberguemilpes.com) poss résa, 28 pl en 3 dortoirs, 10 €, 4 €, 9 €, LL & SL, fermé BS

13 Bar-Restaurant Mesón rural Ribadiso @ (981-501-185) 9 €, ouv à partir de 6h été, 7h30 hiver, fermé fin nov à mars *(juste après l'albergue)*

14 Bar Chiringuito, 8 €, ouv avr à nov *(à côté du río)*

15 Casa rural Fogar de Lecer CB carretera N547, Lema de Arriba sn, 15819 Arzúa (fogardelecer@yahoo.es 981-501-353 http://fogardelecer.blogspot.fr) 5 ch, 54 €, 75 € (inclus) (servi à partir de 8h), fermé BS *(sur le chemin)*

16 Casa rural Vaamonde* @ Traseirexe, Rendal, 15810 Ribadiso de Baixo (981-500-364 & 610-766-684 casavaamonde@gmail.com http://prvaamonde.comoj.com) 7 ch, 30 €, 37 à 40 €, supp 12 €, 4 €, soir 12 €, albergue de Ribadiso ou Arzua, ouv tte l'année *(après Ribadiso de Baixo (repère A du Plan) prendre à droite vers Rendal sur 500 m, puis à gauche au croisement. Le lendemain, continuer à gauche vers Arzúa)*

17 Casa rural Rei * Castromil, Rendal, 15810 Ribadiso de Baixo (981-191-507 & 678-200-644) 6 ch, 38 à 55 €, 4 €, soir 10 à 13 € sur résa, ouv tte l'année *(après Ribadiso de Baixo (repère A du Plan) prendre à droite vers Rendal sur 1 km)*

18 Casa rural Pazo de Santa María CB @ O Pazo, Ribadiso, 15810 Santa María de Arzúa (info@pazosantamaria.com 981-500-702 & 663-786-184 www.pazosantamaria.com) 16 ch, 75 à 88 €, 92 à 108 €, supp 28 € (inclus), 20 € sur résa, blanchisserie, poss massages, Arzua, ouv tte l'année

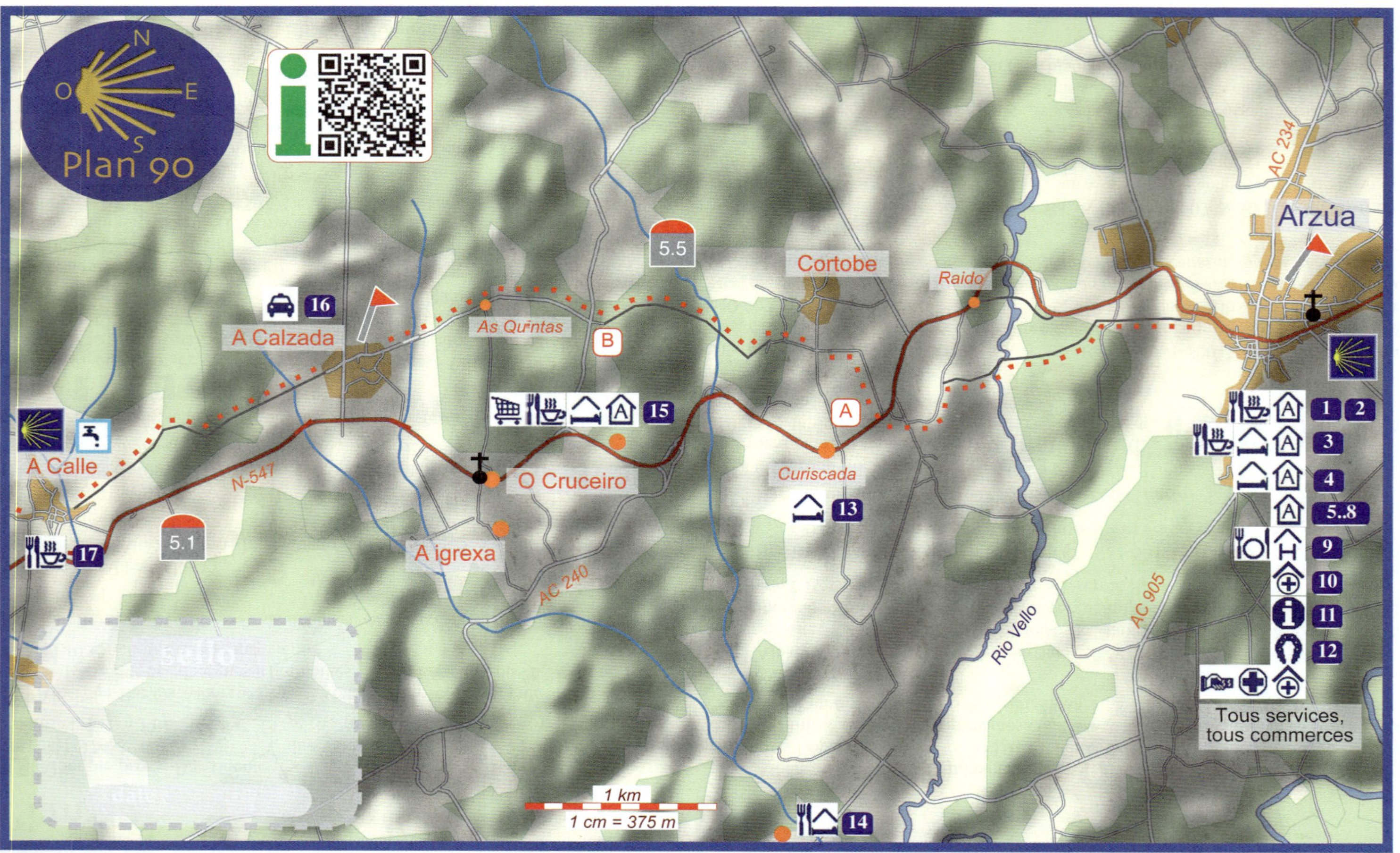

Plan 90
N
E
S
O
Arzúa
AC 234
1 2
3
4
5..8
9
10
11
12
Tous services, tous commerces
AC 905
Rio Vello
Raido
Cortobe
A
Curiscada
13
14
5.5
B
15
As Quintas
O Cruceiro
AC 240
A igrexa
A Calzada
16
N-547
5.1
A Calle
17
1 km
1 cm = 375 m

Plan 90

1 Albergue privée-Cafetería Ultreia @
Raquel, avenida de Lugo 126, 15825 Arzúa (www.albergueultreia.com 981-500-471 & 626-639-450 info@albergueultreia.com) poss résa, 31 pl en 3 dortoirs, 10 €, 3 €, sandwiches et assiettes garnies, 10 € (à toute heure, poss végétarien), , LL & SL, ouv mars à nov

2 Albergue privée-Restaurant-Bar Santiago Apostol @
Irma, avenida de Lugo 107, 15825 Arzúa (981-508-132 & 981-500-004 & 660-427-771 www.alberguesantiagoapostol.com santiagoapostolalbergue@hotmail.com) poss résa, 84 pl en 3 dortoirs, 10 à 12 €, 2.50 €, 9 €, , LL & SL, BS albergue ouv sur résa pour groupes, resto ouv tte l'année

3 Albergue privée Don Quijote-Pensión-Cafetería Rúa @
Manuel Rúa, calle Lugo 130, 15825 Arzúa (alberguedonquijote@hotmail.com www.alberguedonquijote.com 981-500-139 & 696-162-695) poss résa, 50 pl en 1 dortoir, 10 €, LL & SL, à partir de 5h30 été, BS ouv sur résa // Pensión, 19 ch, 25 à 33 €, 38 à 42 €, 45 à 52 €

4 Albergue de la Xunta de Galicia
calle Cima do Lugar 6, 15810 Arzúa (981-500-455 & 660-396-824) 46 pl en dortoirs, 6 €, sans ustensiles, LL & SL, ouv 13h, ferm 22h, départ 8h, ouv tte l'année

5 Albergue privée Los Caminantes II @
Milagros López, carretera Santiago 14, 15825 Arzúa (981-508-127 & 647-020-600 info@albergueloscaminantes.com www.albergueloscaminantes.com) poss résa, 26 pl en 1 dortoir, 10 €, , LL & SL, transport bagages, ouv 11h à 22h30, ouv mars à mi-nov

6 Albergue privée Vía Lactea @
calle Jose Antonio 26, 15810 Arzúa (vialacteaalbergue@hotmail.com 981-500-581 & 616-759-447 www.alberguevialactea.com) poss résa, 60 pl en dortoirs 12 pers, 10 à 12 €, draps 2 €, , , LL & SL, ouv tte l'année

7 Albergue privée de Selmo
Jorge et Tania, avenida de Lugo 133, 1510 Arzúa (981-939-018 info@oalberguedeselmo.com www.oalberguedeselmo.com) poss résa, 50 pl en dortoirs avec box de 4 pers, 10 €, , LL & SL, ouv Rameaux à mi-oct

8 Albergue privée da Fonte @
Pilar Segade, calle do Carmen 18, 1510 Arzúa (www.alberguedafonte.com 659-999-496 alberguedafonte@hotmail.com) poss résa, 20 pl en dortoirs 4-8 pers, 10 à 12 €, , LL & SL, BS ouv sur résa pour groupes

9 Plusieurs hôtels & restaurants

10 Centre de Santé (981-500-450)

11 Point d'information touristique, ouv en été

12 Accueil chevaux champ de foire

13 Casa rural da Curiscada
15819 Burres (981-815-003 & 699-973-454 casacuriscada@hotmail.com www.casacuriscada.com) 4 ch, 30 €, 50 €, 2 €, , LL & SL, piscine, ouv tte l'année *(au repère A du Plan, prendre la route à gauche sur 300 m)*

14 Casa rural Casa Assumpta @
Fondevila, 15825 Arzúa (casa-asumpta@hotmail.com 981-518-786 & 639-361-484 http://casaassumpta.blogspot.fr) 7 ch, 38 €, 46 à 75 €, supp 17 €, 6 €, 18 €, Arzua *(à 5 km de Arzua)*

15 Albergue privée-Cafetería-Tienda Camiño das Ocas @
Susana Sesto, Bebedeiro, N547 km 68.5, 15819 Burres (648-404-780 contacto@caminodasocas.com www.caminodasocas.com) poss résa, 28 pl en ch 4-10 pers, 10 €, 4 ch, 40 à 45 €, supp 10 €, 2.20 €, , sandwiches, plats chauds, LL & SL, dépannage-ravitaillement, ouv mars à nov *(1.2 km après Cortobe (repère B du Plan), prendre à gauche la route sur 500 m)*

16 Taxi José (608-981-630) 5 pl, transport personnes, bagages et vélos

17 Bar Casa Tía Dolores, A Calle, sandwiches, plats chauds, ouv 6h été, 7h BS, fermé déc à fév

Plan 91
N
E
S
O
Vilarmeao
3.8
4.5
A Brea
7
Raiña
As Ras
Cerceda
8
Loureiros
Abelenda
A Salceda
1
2
3
4..6
A Boavista
O Casal
Regas
N-547
Taboada
Santa Irene
9
10
11
San Miguel
Lago
A Toxa
sello
date
1 km
1 cm = 375 m

Plan 91

1 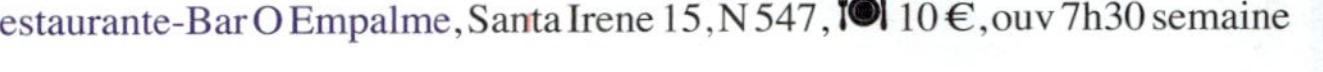 CB @
Albergue touristique-Hostal rural-Restaurant Pousada Salceda
camino de Santiago km 26, 15821 Salceda (✉ pousadadesalceda@gmail.com 981-502-767 www.pousadadesalceda.com) Albergue, poss résa, 8 pl en dortoir, 10 à 12 €, LL & SL // Hostal, 14 ch, 30 €, 40 €, 60 €, 80 €, 4 à 6 €, 9.50 €, fermé 2 semaines jan-fév

2 El Albergue de Boni privée
Boni, N 547 km 75.5, 15821 Salceda (✉ elalberguedeboni@gmail.com 618-965-907 www.facebook.com/albergueboni) poss résa, 30 pl en ch 4-6 pers, 10 €, LL, ouv 1er mars à mi-oct

3 Pensión-Bar Casqueiro II
N 547 km, 15821 Salceda (981-502-756 & 608-981-630) poss résa, 5 ch, 25 €, 40 €, , sandwiches, poss taxi, ferm déc et jan

4 Bar A Casa Verde, N 547, sandwiches, plats chauds, musique, ouv 7h30 semaine

5 Restaurante-Bar Mesón A Esquipa, carretera Santiago-Lugo, 8.50 à 12 €, ouv 7h30 semaine, fermé lun, fermé jan

6 Restaurante-Bar Casqueiro, carretera Santiago-Lugo

7 Albergue-Pensión The Way
Roger Bristow, Brea 26, 15823 San Miguel de Cerceda (✉ info@theway.org.es 981-502-990 & 628-120-202 www.theway.org.es) 8 pl, 12 à 15 €, 4 ch, 25 €, 35 à 45 €, 60 € (inclus), LL & SL, ouv 23 mars à fin oct

8 Albergue-Pensión-Bar O Mesón
N 547 km 78, Brea, 15821 San Miguel de Cerceda (981-511-040 ✉ pension-omeson@hotmail.com) poss résa, 10 pl en dortoir, 10 € (draps inclus) // 6 ch, 38 €, 50 €, 60 €, 3 €, 10 €, ouv 8h, BS fermé mardi

9 Albergue privée Santa Irene
Teresa, Laura et Cristina, camino de Santiago km 25.5, 15821 Santa Irene (981-511-000) poss résa, 15 pl en 2 dortoirs, 13 € (draps-serviettes inclus), 5 €, 10 €, LL & SL, ouv 12h à 22h, ouv Rameaux à oct *(avant l'albergue de la Xunta, de l'autre côté de la route)*

10 Albergue de la Xunta de Galicia
15821 Santa Irene (660-396-825) 36 pl en 4 dortoirs, nuit 6 €, sans ustensiles, LL & SL, pas de couvertures, ouv 13h, ferm 22h, ouv tte l'année

11 Restaurante-Bar O Empalme, Santa Irene 15, N 547, 10 €, ouv 7h30 semaine

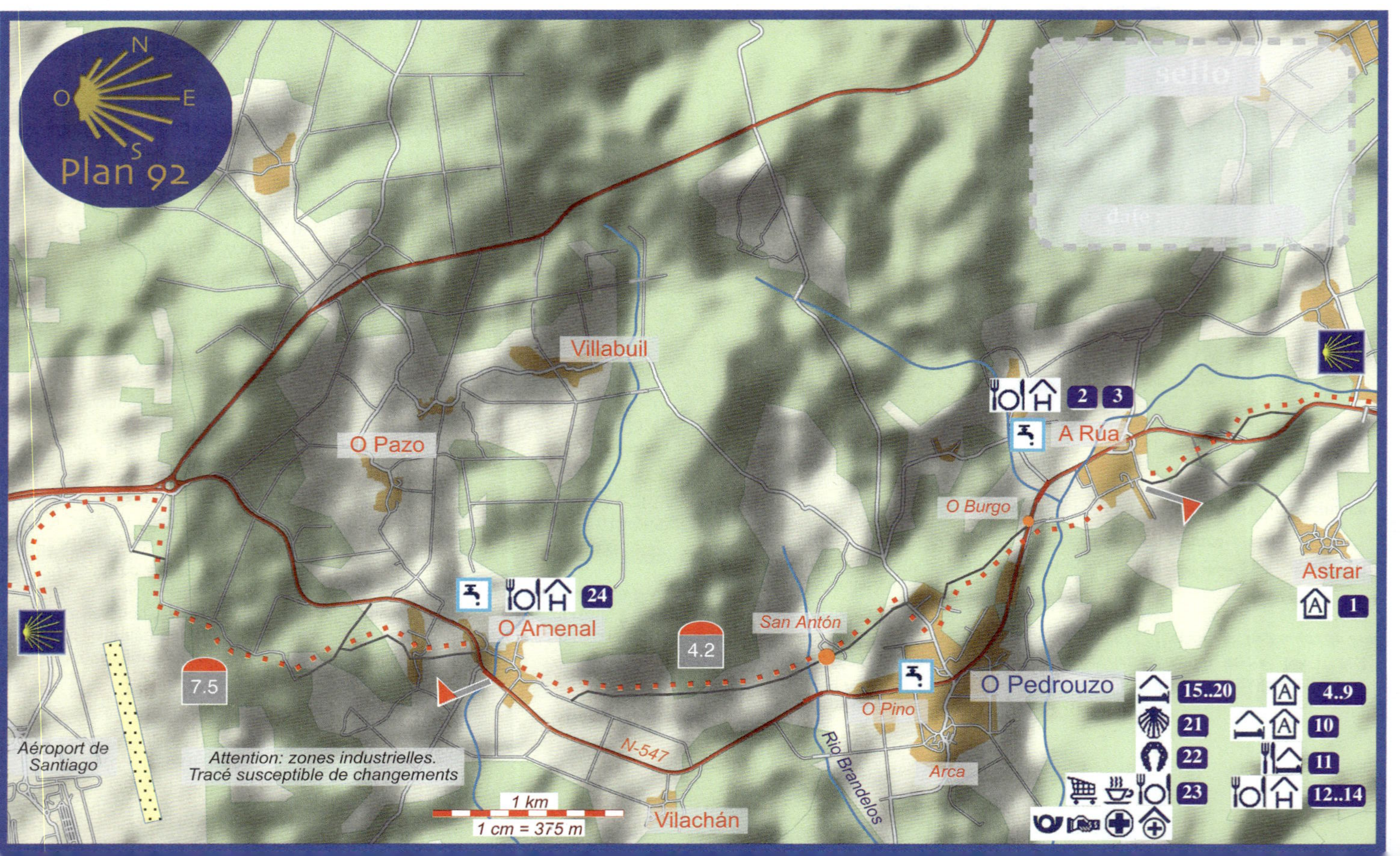
N
O
E
S
Plan 92
sello
date
Villabuil
O Pazo
A Rúa
2
3
O Burgo
Astrar
1
24
O Amenal
4.2
7.5
San Antón
O Pedrouzo
O Pino
Arca
Rio Brandelos
N-547
Vilachán
Aéroport de Santiago
Attention: zones industrielles.
Tracé susceptible de changements
1 km
1 cm = 375 m
15..20
21
22
23
4..9
10
11
12..14

Plan 92

1 Albergue rural Astrar @
Manuel, Astrar 18, 15821 O Pino (608-092-820 & 981-511-463 ✉ albergueruralastrar@gmail.com www.albergueruralastrar.com) 24 pl en 2 dortoirs, 10 €, 3 €, , LL & SL, ouv 13h, ferm 22h, ouv tte l'année *(à 700 m du chemin, prendre route à gauche après albergue privée de Santa Irene)*

2 Hotel-Restaurante O Pino* CB @ camino km 19, 15821 Rúa (981-511-035 & 981-511-148 ✉ info@hotelopino.com www.hotelopino.com) 18 ch, 27 à 38 €, 40 à 50 €, supp 15 €, 2.50 à 6.50 €, 12 €, ouv 7h30, resto fermé dim et festivos, hôtel et resto fermés vacances Noël

3 Centro de turismo rural-Restaurante Casa do Acivro** CB @
15821 Rúa (981-511-316 & 609-105-948 ✉ cacivro@hotmail.es www.oacivro.com) 11 ch, 30 à 36 €, 46 à 52 €, 62 €, 5.50 à 8.50 € à partir de 8h, (soir) 13 à 20 €, piscine, ouv 25 mars à Toussaint, resto ouv tte l'année

4 Albergue de la Xunta de Galicia
María Rodríguez, 15821 Arca O Pino (660-396-826) 120 pl en 4 dortoirs, 6 €, avec qques ustensiles, LL & SL, ouv 13h, ferm 22h, ouv tte l année

5 Albergue Porta de Santiago @ José Ramón Blanco, avenida de Lugo 11 (✉ portadesantiago@hotmail.com www.portadesantiago.com 981-511-103 & 607-835-354 www.portadesantiago.com) 60 pl en box 4 pers, 10 €, LL & SL, réparation vélos à proximité, ouv mars à nov

6 Albergue Edreira @ Pilar et Isabel, La Fuente 19 (✉ info@albergue-edreira.com 981-511-365 & 660-234-995 www.albergue-edreira.com) poss résa, 52 pl en 4 dortoirs, 10 €, LL & SL, ouv mars à oct, nov et déc ouv sur résa (groupes)

7 Albergue Otero @ Juan Torreiro, calle Forcarei 2 (67[illegible]-663-374 ✉ info@albergueotero.com www.albergueotero.com) poss résa, 36 pl en 2 dortoirs, 10 €, LL & SL, ouv 11h, ferm 23h, fermé nov à mars

8 Albergue privée touristique Cruceiro de Pedrouzo Chus Otero, avenida La Iglesia (✉ reservas@alberguecruceirodepedrouzo.com 629-518-204 & 981-511-371 www.alberguecruceirodepedrouzo.com) 94 pl en dortoirs 4-20 pers, 10 €, , LL & SL, sauna, ouv mars à fin nov, ouv hiver sur résa pour groupes

9 Albergue REMhostel Nacho, avenida de la Iglesia (981-510-407 & 618-533-515 ✉ info@hostelrem.com www.hostelrem.com) poss résa, 46 pl en 1 dortoir avec box, 10 €, 3 €, LL & SL, ouv tte l'année

10 Albergue O Burgo CB @ Maruja, avenida de Lugo 4 (981-511-406 & 630-404-138 ✉ albergueoburgo@gmail.com) poss résa, 14 pl en 1 dortoir, 10 €, 5 ch 35 à 40 €, LL & SL, fermé nov à mars

11 Casal* de Calma-Casa rural-Cafetería CB @
lugar da Igreixa (680-910-676 & 680-910-677 ✉ info@casaldecalma.com http://casaldecalma.com) 8 ch, 30 €, 40 €, supp 10 €, 4 €, soir sur résa, LL & SL, ouv tte l'année

12 Pensión-Restaurante Compas CB @
avenida de Lugo 47 (✉ pensioncompas@gmail.com www.pensioncompas.com 981-511-309) 11 ch, 15 à 25 €, 25 à 35 €, 2.50 €, 9 à 10 €, ouv 8h, accueil 14h, ferm 23h, départ 12h, fermé mi-nov à fév

13 Pensión-Restaurante Parrillada Che CB @
calle Cimadevila 11 (981-511-239 & 981-511-142 ✉ parrilladache@hotmail.com www.parrilladache.es) 7 ch, 30 à 40 €, 40 à 50 €, 4 €, 9 €, sandwiches, ouv tte l'année

14 Pensión-Cafetería-Restaurante Bule-Bic CB @
avenida Lugo 18 (✉ info@bulebic.com www.bulebic.com 981-511-222 & 687-586-379) 11 ch, 25 à 40 €, 30 à 55 €, 4 €, 9 €, sandwiches, fermé déc

15 Pensión** Platas CB @
avenida Lugo 26 (✉ pensionplatas@hotmail.com www.pensionplatas.es 981-511-378) 24 ch, 35 à 45 €, 55 à 65 €, 4 à 6 €, ouv tte l'année

16 Pensión Casa Calvo CB
Piñeiro 4 (981-814-404) 6 ch, 40 à 60 €, 55 à 75 €, supp 20 €, 5 €, fermé jan

17 Pensión Arca @ rúa Os Bollados 25 (www.pensionarca.com 981-511-437 ✉ pensionarca@gmail.com) 7 ch, 30 €, 40 à 45 €, 30 à 55 €, 4 €, , LL & SL, ouv avr à oct

18 Pensión Maribel-Pedrouzo @
Maribel, calle Os Mollaos 23 (✉ maribelpension@hotmail.com 981-511-404 & 609-459-966 www.pensionmaribel.com) 6 ch, 35 €, 35 à 55 €, supp 15 €, , LL & SL, poss massages, BS, résa nécessaire

Suite données Pedrouzo et Amenal page suivante.../...

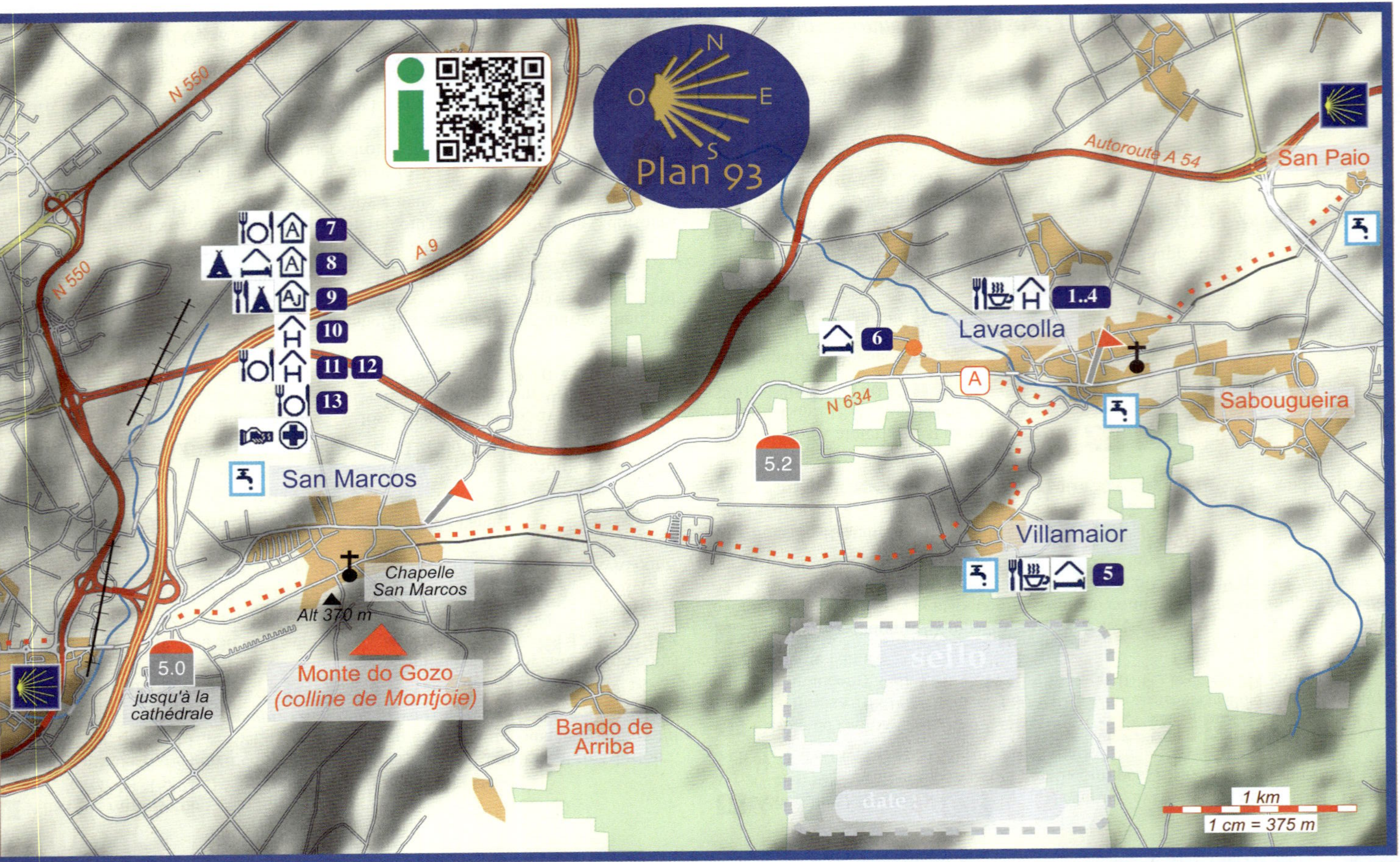

Plan 93
N
E
S
O
N 550
A 9
Autoroute A 54
San Paio
Lavacolla
1..4
6
Sabougueira
A
N 634
5.2
Villamaior
5
7
8
9
10
11
12
13
San Marcos
Chapelle
San Marcos
Alt 370 m
Monte do Gozo
(colline de Montjoie)
5.0
jusqu'à la
cathédrale
Bando de
Arriba
sello
date
1 km
1 cm = 375 m

.../... Suite données Pedrouzo et Amenal

19 Pensión Maruja rúa Nova 9, 15821 O Pino (981-511-406 & 630-404-138) 6 ch, 30 à 40 €, 45 à 50 €, ouv tte l'année

20 Pensión* Codesal rúa Codesal 17, 15821 O Pedrouzo (pensioncodesal@hotmail.es www.pensioncodesal.com 981-511-061 & 600-506-351) 6 ch, 25 à 30 €, 35 à 40 €, 45 à 50 €, supp 10 €, 3 €, LL & SL, ouv tte l'année

21 Paroisse de Arca, église ouv 8h à 22h, messe et bénédiction des pèlerins

22 Hípica Toni y Begoña (664-343-126) 15 € par animal, prévenir

23 Plusieurs commerces d'alimentation, bars, restaurants, le long de la N 547

24 Hotel**-Restaurante Amenal CB @ Amenal 12, 15821 Arca O Pino (981-510-431 reservas@hotelamenal.com www.hotelamenal.com) 13 ch, 40 €, 50 €, 65 €, 3 à 5 €, 10 à 15 €, LL & SL, poss massages, BS fermé dim soir et lun, fermé vacances Noël

****

1 Hostal-Restaurante-Bar San Paio** CB @ 15820 Lavacolla (981-888-205 hostalsanpaio@gmail.com) 45 ch, 27 à 40 €, 39 à 50 €, 51 à 68 €, 3.50 €, 10 €, ouv 7h, ouv tte l'année

2 Hotel***-Restaurante Ruta Jacobeo CB @ Lavacolla 41, 15820 Lavacolla (hotel@rjacobea.com www.hotelrutajacobea.com 981-888-211) 20 ch, 55 à 82 € (inclus), 14.50 €, ouv tte l'année

3 Hotel*-Restaurante Garcas CB @ Naval 2 (reservas@garcashotel.com www.garcashotel.com 981-888-225 & 981-888-232) 60 ch, 35 €, 50 à 60 €, 5 €, 10 €, ouv tte l'année

4 Hostal-Restaurante-Bar A Concha CB Lavacolla 1 (981-888-390) 11 ch, 30 à 45 €, 55 €, 2.50 €, 9 à 12 €, ouv 6h été, 7h hiver, BS fermé mer

5 CB @ Casa rural de Amancio-Bar-Restaurant, Vilamaior 9, 15820 Vilamaior (981-897-086 & 617-628-083 www.casadeamancio.com info@casadeamancio.com) loc 8 apparts, 35 €, 45 à 55 €, 55 à 65 €, 3 €, 12 €, ouv tte l'année

6 Casa rural Pazo Xan Xordo-Posada del Camino CB @ Xan Xordo 6, 15820 Lavacolla (reservas@pazoxanxordo.com 981-888-259 & 686-955-292 www.pazoxanxordo.com) 10 ch, 40 à 80 €, 45 à 90 €, 6 €, blanchisserie, devant l'église de Lavacolla ou rayon de 10 km max, ouv tte l'année *(au repère A du Plan prendre la N 634 sur 800 m puis à droite la rúa Xan Xordo)*

7 Albergue de la Xunta de Galicia-Cafetería del Complejo @ Manuel, carretera Aeropuerto 2, 15821 Monte do Gozo (981-558-942 & 660-396-827) 400 pl en dortoirs, 6 €, , LL & SL, ouv 9h, ferm 22h, ouv tte l'année // Cafetería, 10 €, sandwiches, plats chauds, parfois fermé BS

8 Centro europeo de peregrinaciones Juan Pablo II @ Monte do Gozo sn, 15820 Monte do Gozo (ceperegrinacion@alphaexpress.net 981-597-222) 68 pl en 3 dortoirs, donativo pour les individuels, groupes 6 €, // 30 ch, 15 €, 20 €, sur résa pour groupes en été, poss rester plusieurs jours, poss camping en été donativo, chiens acceptés au camping, résa nécessaire, ouv fév à nov

9 Albergue Juvenil-Camping Monte do Gozo @ carretera Santiago- Aeropuerto km 3, rúa do Gozo 18, 15820 Monte do Gozo (reservas@cvacaciones-montedogozo.com www.cvacaciones-montedogozo.com 981-558-942) Albergue Juvenil, poss résa, 300 pl en dortoirs 4-8 pers, 9.50 à 12 €, loc draps, LL & SL, ouv 24/24, fermé nov à fév // Camping, 330 pl, 18 €, dépannage-ravitaillement, LL, piscine, restaurant et bar, ouv jul-aou

10 Hotel* Akelarre CB avenida San Marco 37, 15820 Monte do Gozo (981-552-690 & 981-552-689 www.hotelakelarresantiagodecompostela.com) 12 ch, 35 à 45 €, 45 à 55 €, supp 15 €, 4 €, fermé Noël à fin jan

11 Hotel*** Santiago Apostol CB @ cuesta de San Marcos 1, 15820 Monte do Gozo (981-557-155 www.santiagoapostolhotel.com) 148 ch, 50 à 110 €, , 12 €, ouv tte l'année

12 Hotel**** Los Abetos CB @ San Lázaro, 15820 Monte do Gozo (info@hotellosabetos.com 981-557-026 www.hotellosabetos.com) 148 ch, 60 à 125 €, 12 €, 15 à 40 €, ouv tte l'année

13 Nombreux restaurants le long de la N 634, de San Marcos à Santiago

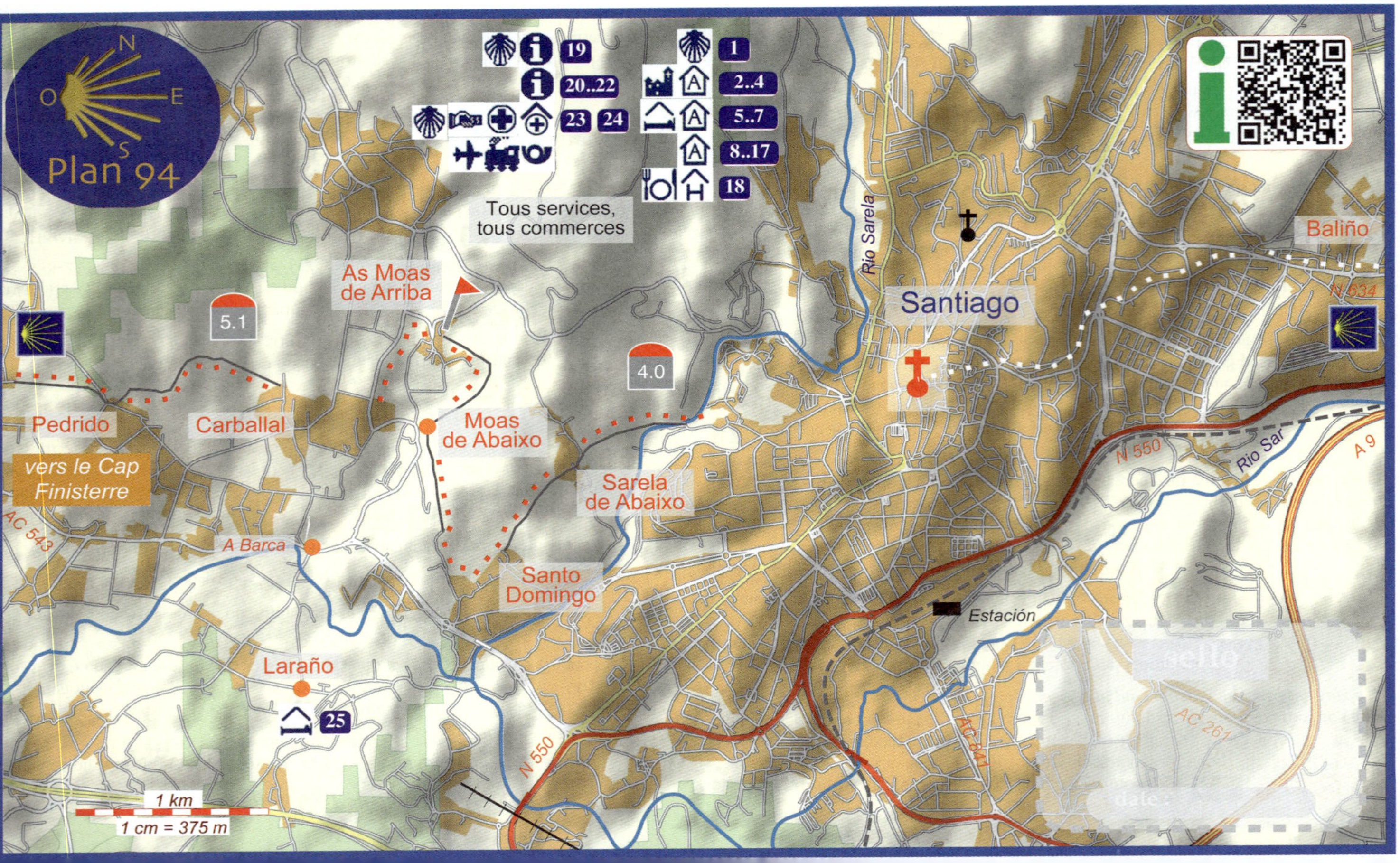
Plan 94
N
E
S
O
19
20..22
23
24
1
2..4
5..7
8..17
18
Tous services, tous commerces
As Moas de Arriba
5.1
4.0
Santiago
Baliño
N 634
Río Sarela
Pedrido
Carballal
Moas de Abaixo
vers le Cap Finisterre
Sarela de Abaixo
AC 543
A Barca
Santo Domingo
Estación
N 550
Río Sar
A 9
Laraño
25
AC 261
AC 841
N 550
1 km
1 cm = 375 m
sello
date :

Plan 94

1 Messe des pèlerins à la cathédrale 12h

Il est possible de rester plusieurs nuits dans toutes les albergues de Santiago

2 Albergue Seminario Menor de Belvis - La Asúnción @
avenida Quiroga Palacios 2A (santiago@alberguesdelcamino.com 981-589-200 www.alberguesdelcamino.com) poss résa, 180 pl en dortoirs de 20 pers, 10 à 12 € // 22 ch, 13 à 15 €, , LL & SL, dépannage-ravitaillement, loc draps, ouv 8h30 à 22h30, départ 9h30, ouv mi-mars à début nov

3 Albergue Fin del Camino - Don Jaime Garcia Rodriguez @
Accueil chrétien, Fundación ad Sanctum Jacobum Peregrinatio, rúa de Moscova s/n (albergue@fundacionperegrinacionasantiago.com 981-587-324) poss résa, 110 pl en dortoirs 20 pers, 8 €, , SL, ouv Semaine Sainte et 1er mai à mi-oct et BS sur résa pour groupes *(à 20 min à pied du centre, près de la station de bus)*

4 Albergue de Espiritualidad San Francisco
Accueil chrétien, Convento San Francisco (981-581-600) 40 pl, donativo, esprit de retraite spirituelle, ouv jul-aou, prière des pèlerins pour la paix à 22h *(200 m à gauche de la cathédrale quand on lui fait face sur l'Obradoiro)*

5 Hostal-Albergue turistico La Salle CB @
Tras de Santa Clara sn (info@hostallasalle.com www.alberguelasalle.com 981-585-667) 45 ch, 31.50 à 36.50 €, 51 à 59 €, 64 à 72 € // 60 pl en ch-6 pers, 17 à 24 €, LL & SL, chapelle, fermé 22 déc à fin jan

6 Albergue privée touristique The Last Stamp @
Ana et Paula, rúa do Preguntoiro 10 (981-563-525 reservas@thelaststamp.es www.thelaststamp.es) poss résa, 62 pl ch 2 à 10, 12 à 18 €, , LL & SL, ouv 15 jan au 15 déc, ouv HS 24/24

7 Albergue privée Roots & Boots CB @
costa do Gaio 7 (699-631-594 info@rootsandboots.es www.rootsandboots.es) poss résa, 48 pl en ch 4-6 pers, 12 à 20 € (draps inclus) // 3 ch (BS uniquement) 30 à 40 €, 2 €, , LL & SL, réception 9h à 21h, BS 10h à 20h, ouv tte l'année

8 Residencia de Peregrinos de la Xunta de Galicia San Lázaro
Marita et Miguel, rúa San Lazaro sn (981-571-488 sanlazaro@xacobeo.org) poss résa, 80 pl en 5 dortoirs, 7 à 10 €, , LL & SL, 3 nuits maximum, réception 9h à 21h, ouv 24/24, ouv tte l'année *(à l'entrée de Santiago)*

9 Albergue privée Mundoalbergue @
Jose Manuel, San Clemente 26 (info@mundoalbergue.es 696-448-737 & 674-415-600 & 981-588-625 www.mundoalbergue.es) poss résa, 34 pl, 12 à 19 €, 3 €, , LL & SL, ouv tte l'année

10 Albergue privée touristique Azabache @ Mari Cruz, calle Azabachería 15, (azabachehostel@yahoo.es www.mcarrero.wix.com/azabache-hostel 981-071-254) poss résa, 20 pl en ch de 4, 14 à 20 €, , LL & SL, réception 10h à 18h, ouv tte l'année

11 Albergue privée Santo Santiago @
Alfredo, rúa do Valiño 3 (elsantosantiago@gmail.com www.elsantosantiago.com 657-402-403) poss résa, 40 pl en 3 dortoirs, 10 €, LL & SL, ouv tte l'année

12 Albergue privée touristique Estrella @
Diego et Manuel, calle Concheiros 36-38 (881-973-926 & 617-882-529 laestrelladesantiago@hotmail.com www.laestrelladesantiago.es) poss résa, 24 pl, 10 €, , LL & SL, ouv tte l'année

13 Albergue privée O Fogar de Teodomiro @ calle Praciña Algalia de Arriba 3 (www.fogarteodomiro.com 981-582-920 & 699-631-592) 20 pl ch 4-6 pers, 12 à 20 €, , LL & SL ouv 10h à 23h, ouv tte l'année

14 Albergue Porta Real rúa dos Concheiros 10 (633-610-114 reservas@albergueportareal.es www.albergueportareal.es) poss résa, 24 pl en ch 2-4 pers, 10 à 15 €, LL & SL, ouv tte l'année

15 Albergue privée La Estación CB @
Maria et Miguel, Rúa Xoana Nogueira, 14 (info@alberguelaestacion.com 981-594-624 & 639-228-617 www.alberguelaestacion.com) 24 pl en 2 dortoirs, 12 €, , LL & SL, en hiver, résa nécessaire *(à 500m de la gare et 1 km du centre)*

16 Albergue privée touristique Acuario @
Arantxa, rúa Estocolmo 2 bajo, 1 (reservas@acuariosantiago.com 981-575-438 www.albergueacuario.es) poss résa, 66 pl en dortoir 4-25 pers, 10 à 12 €, 1 €, LL & SL, ouv 9h à 24h, départ 9h, BS résa nécessaire

Suite données Santiago page suivante .../...

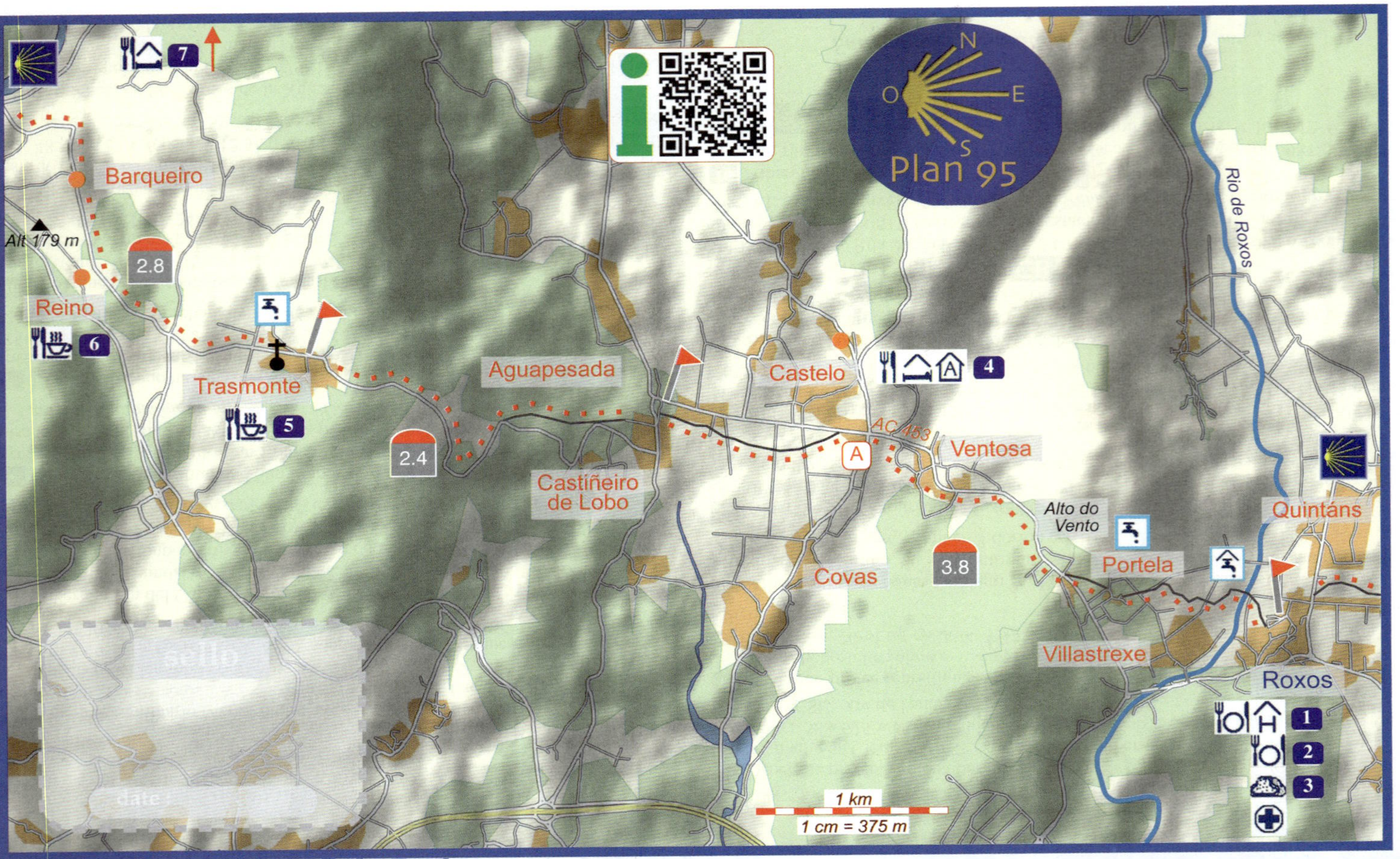

7
Plan 95
N
O
E
S
Rio de Roxos
Barqueiro
Alt 179 m
2.8
Reino
6
Trasmonte
5
Aguapesada
2.4
Castiñeiro de Lobo
Castelo
4
AC 453
A
Ventosa
Alto do Vento
Covas
3.8
Portela
Quintáns
Villastrexe
Roxos
1
2
3
1 km
1 cm = 375 m
sello
date

.../... Suite données Santiago

17 Albergue Meiga Backpackers CB @ rúa dos Basquiños 67 (981-570-846 ✉ info_meiga@yahoo.es www.meiga-backpackers.es) résa nécessaire, 30 pl en ch 4-8 pers, 10 à 13 € (inclus), , LL & SL, consigne bagages 2 €, réception 10h à 22h

18 Parador ***** Hostal dos Reis Catolicos CB @ praza do Obradoiro (981-582-200 & résa 902-547-979 ✉ santiago@parador.es www.parador.es) 127 ch, à partir de 160 €, 40 €, tarif pèlerin -15 %, et tarifs par âge, blanchisserie, résa nécessaire pour tarifs spéciaux // et offerts chaque jour aux 10 premiers pèlerins se présentant munis d'une photocopie de leur Compostela devant l'entrée du garage de l'hôtel à 9h, 12h et 19h

19 Oficina del Peregrino, rúa do Vilar 1-3 (✉ peregrinos@archicompostela.org www.catedraldesantiago.es 981-568-846) ouv 9h, ferm 21h été, 10h à 19h BS (dim fermé 14h à 16h), délivrance de la Compostela et informations, poss consigne de bagages (voir au n° 15 de la même rue), temps de prière proposés en été à la cathédrale

20 Office de tourisme de Santiago, rúa do Vilar 63 (981-555-129 ✉ info@santiagoturismo.com www.santiagoturismo.com)

21 Oficina do Xacobeo, rúa do Vilar 30-32 (981-572-004 & 902-332-010 ✉ informacion.xacobeo@xunta.es www.xacobeo.es)

22 Office de Tourisme de la Xunta de Galicia, rúa do Vilar 32 (981-584-081 ✉ ot.santiago@xunta.es www.turgalicia.es) fermé Noël et Nouvel An

23 Consigna Campus Stellae, plaza Quintana (www.campus-stellae.com 981-522-788) consigne bagages et vélos, poss envoi bagages et vélos en Europe

24 Centre de Santé (981-577-670)

Sur le chemin de Santiago vers Finisterre

25 Casa rural Casa de Costoia** CB @ Elena, Costoia 20, Biduido, 15896 Ames (✉ info@casadecostoia.es 981-884-601 www.casadecostoia.es) résa souhaitée, 7 ch, 36 à 44 €, 54 à 66 €, supp 15 €, 5 €, Aguapesada, ouv tte l'année *(rejoindre Laraño par la route C 543. De là, Biduido est à 2.4 km. Le lendemain, on retrouve le camino vers Roxos (Plan 95))*

Plan 95

1 Hotel**-Restaurant Albardonedo CB @ rúa Muros, 112 15896 Roxos (981-815-967 ✉ info@hotelensantiago.es www.hotelcasadosalbardonedo.com) 7 ch, 41 à 50 €, 50 à 74 €, , (carte), résa conseillée

2 Restaurante Vega II, Roxos sn (981-537-100) autour de 20 €, fermé lun et 15 au 30 aou

3 Panadería Acuña, Roxos 26, ouv dim et festivos le matin

4 Albergue Casa Riamonte Julián et Rosa, calle Castelo sn, 15896 Ames (✉ riamonte@telefonica.net 981-890-356 & 629-740-742 www.riamontes.com) résa nécessaire, 6 pl, 12 €, 3 ch, 42 à 48 €, 3 €, 12 € sur résa (poss végétarien), BS ouv sur résa uniquement *(après Ventosa (repère A du Plan), prendre la bifurcation pour Ameixenda)*

5 Bar Pancho, Trasmonte 47, sandwiches, ouv à partir de 8h lun au sam, dim 9h30

6 Bar-restaurante O Pozo, Reino

7 Casa A Ribeira do Tambre CB @ A Ribeira, Troitosende, 15839 A Baña (✉ contacto@aribeiradotambre.es 609-562-533 www.aribeiradotambre.es) 8 ch, 38 à 47 €, 50 à 72 € (inclus), supp 22 €, 17 € sur résa, Ponte Maceira ou Negreira, fermé jan

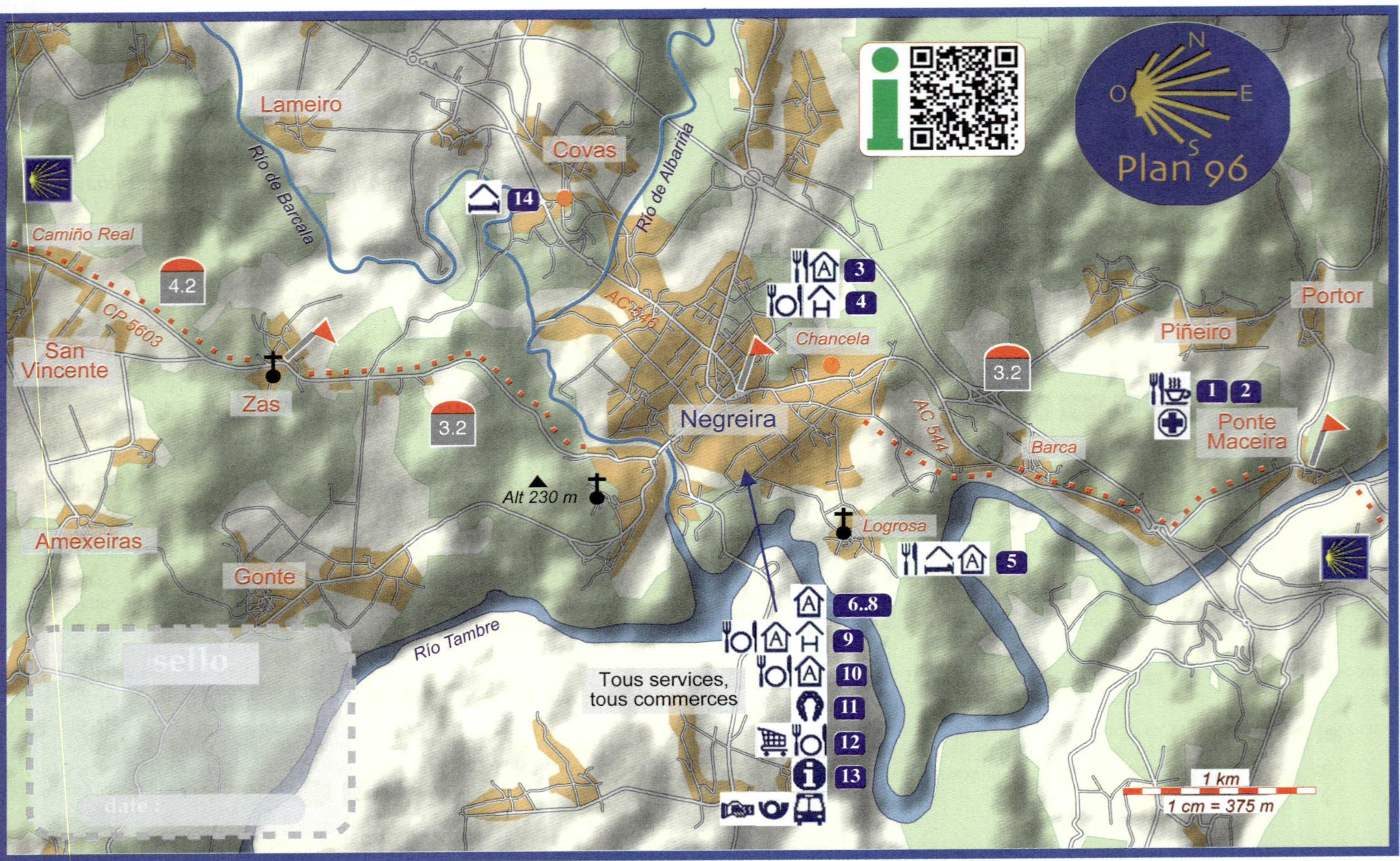

Plan 96
N
E
S
O
Lameiro
Covas
Río de Barcala
Río de Albariña
14
Camiño Real
4.2
CP 5603
San Vincente
Zas
3.2
AC 546
3
4
Chancela
Negreira
3.2
Portor
Piñeiro
1
2
Ponte Maceira
Barca
AC 544
Alt 230 m
Logrosa
5
Amexeiras
Gonte
6..8
9
10
11
12
13
Río Tambre
Tous services,
tous commerces
sello
date :
1 km
1 cm = 375 m

Plan 96

1 Bar-Restaurante Ponte Maceira (981-881-680) 10.50 €, plats chauds

2 Bar Rufino, sandwiches, fermé sam, dim et fêtes l'après-midi

3 Albergue touristique privée Anjana @
Miguel et Sara, Chancela 39, 15830 Negreira (✉ albergue.anjana@gmail.com 607-387-229 & 667-204-706 www.anjanaalbergue.wix.com) poss résa, 18 pl en 3 ch, 12 €, LL & SL, ouv tte l'année *(cafetería en projet pour 2015)*

4 Hotel**-Restaurante Millán CB @
avenida Santiago sn, Chancela, 15830 Negreira (981-885-201 & 981-885-724 ✉ info@hotelmillan.es www. hotelmillan.es) 40 ch, 30 €, 45 à 50 €, 60 € (inclus), 8 €, fermé Noël

5 Albergue touristique privée de Logrosa CB @
Antonio, Logrosa 6, 15830 Negreira (✉ info@alberguedelogrosa.com 981-885-820 & 646-142-554 www.alberguedelogrosa.com) poss résa, 2 ch de 4 pers 18.50 à 20 €, 2 ch 25 à 30 €, 5 ch 37 à 50 € (inclus), (soir) 10 €, LL & SL, Chancela, ouv avr à nov, BS ouv pour groupes sur résa *(à Chancela, prendre à gauche vers Logrosa sur 700 m, fléchage. Dans Logrosa, première maison à droite après l'église)*

- autre albergue en projet à Logrosa, ouv prévue printemps 2015

6 Albergue de la Xunta @
Charo et Paula, rúa Patrocinio sn, 15830 Negreira, 20 pl en dortoir, nuit 6 €, sans ustensiles, ouv tte l'année *(à la sortie de Negreira)*

7 @
Albergue turístico privée San José
Benito, Deborah et Victoria, rúa Castelaõ 20, 15830 Negreira (881-976-934 & 636-761-290 ✉ info@alberguesanjose.es www.alberguesanjose.es) poss résa, 50 pl en 3 dortoirs, 12 € // 10 ch, 20 €, 30€ // sur résa pour groupes, LL & SL, , transport de bagages, BS résa nécessaire

8 Albergue turístico privée Lua @
Marco et Pilar, avenida Santiago 22, 15830 Negreira (✉ alberguelua@gmail.com 620-023-502 & 698-128-883 www.alberguelua.com) poss résa, 40 pl en 1 dortoir, 9 à 10 €, , , LL & SL, BS résa nécessaire

9 Pensión**-Restaurante Mezquita-Albergue Carmen CB @
rúa do Carmen 2, 15380 Negreira (981-881-652 ✉ reservas@alberguenegreira.com www.alberguenegreira.com) 34 pl en 2 dortoirs, 10 €, 4 €, 8 ch, 30 €, 50 €, 65 € (inclus), 10 €, LL & SL, fermé Noël et Nouvel An

10 Restaurante-Albergue Alecrín @
Benigno Tuñas, avenida Santiago 52 bajo, 15380 Negreira (981-818-286 ✉ alecrin@albergueennegreira.com www.albergueennegreira.com) poss résa, 40 pl en 2 dortoirs, nuit 9 à 10 €, 8 €, 3 €, , LL & SL, BS résa nécessaire

11 Ferme école Bergando-Centre équestre
Monte Bergando, 15830 Negreira (981-520-273 & 649-466-390 ✉ granjamedioambientalbergando@gmail.com www.granjaescuelabergando.es) résa nécessaire, poss hébergement suivant disponibilités

12 Plusieurs restaurants, bars et nombreux commerces d'alimentation

13 Information touristique, mairie, calle Carmen 3 (981-885-250 & 981-885-550 ✉ info@carpediemgalicia.com) et point d'information touristique ouv mi-mars à fin oct

14 Casa de Bola CB
Padín, lugar de Covas 9, 15830 Negreira (✉ casadebola@gmail.com 981-885-004 & 670-648-078 www.casadebola.com) 5 ch, 65 €, 72 € (inclus), Negreira, ouv 15 mars à Toussaint *(à Negreira, prendre la AC 546 vers Covas sur 1.2 km puis tourner à droite sur 150 m)*

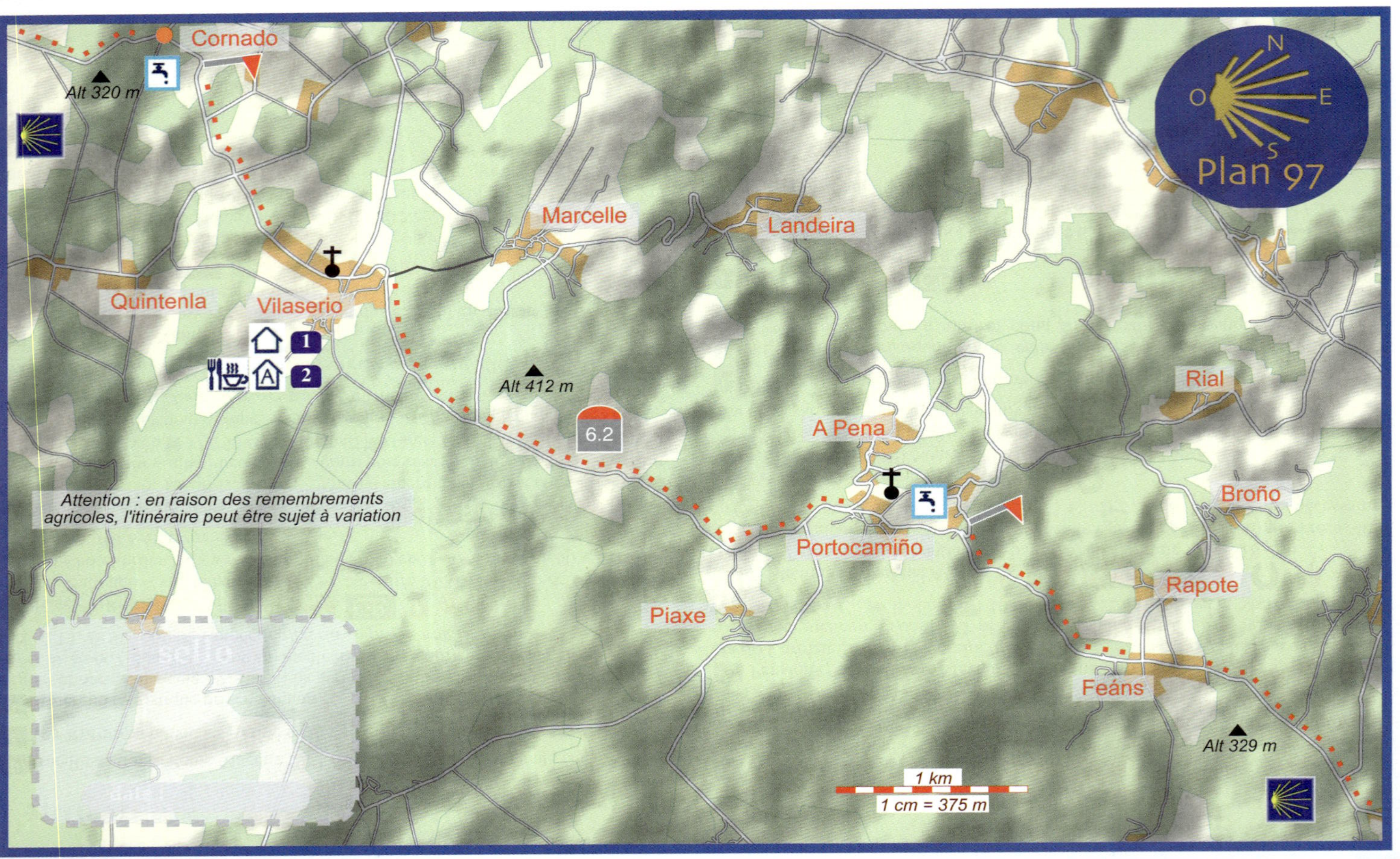
Plan 97
N
E
S
O
Cornado
Alt 320 m
Quintenla
Vilaserio
1
2
Marcelle
Landeira
Alt 412 m
6.2
A Pena
Portocamiño
Piaxe
Rial
Broño
Rapote
Feáns
Alt 329 m
Attention : en raison des remembrements agricoles, l'itinéraire peut être sujet à variation
1 km
1 cm = 375 m
sello

Plan 97

1 Refugio municipal, anciennes écoles, 10 pl, matelas au sol, donativo, ouv tte l'année

2 Bar A Nosa Casa-Albergue turistico O Rueiro
Jesus Puñal, Vilaserio s/n, 15830 Negreira (✉ albergueorueiro@gmail.com 659-568-139 & 981-893-570 www.restaurantealbergueorueiro.com) poss résa, 32 pl en dortoirs 4-16 pers, 12 €, pas de chauffage, ouv à partir de 11h30, fermé déc à mars // 6 à 10 €, servi le soir 19h à 22h, sandwiches, plats chauds à tte heure, LL & SL, bar ouv à partir de 7h été, fermé lun

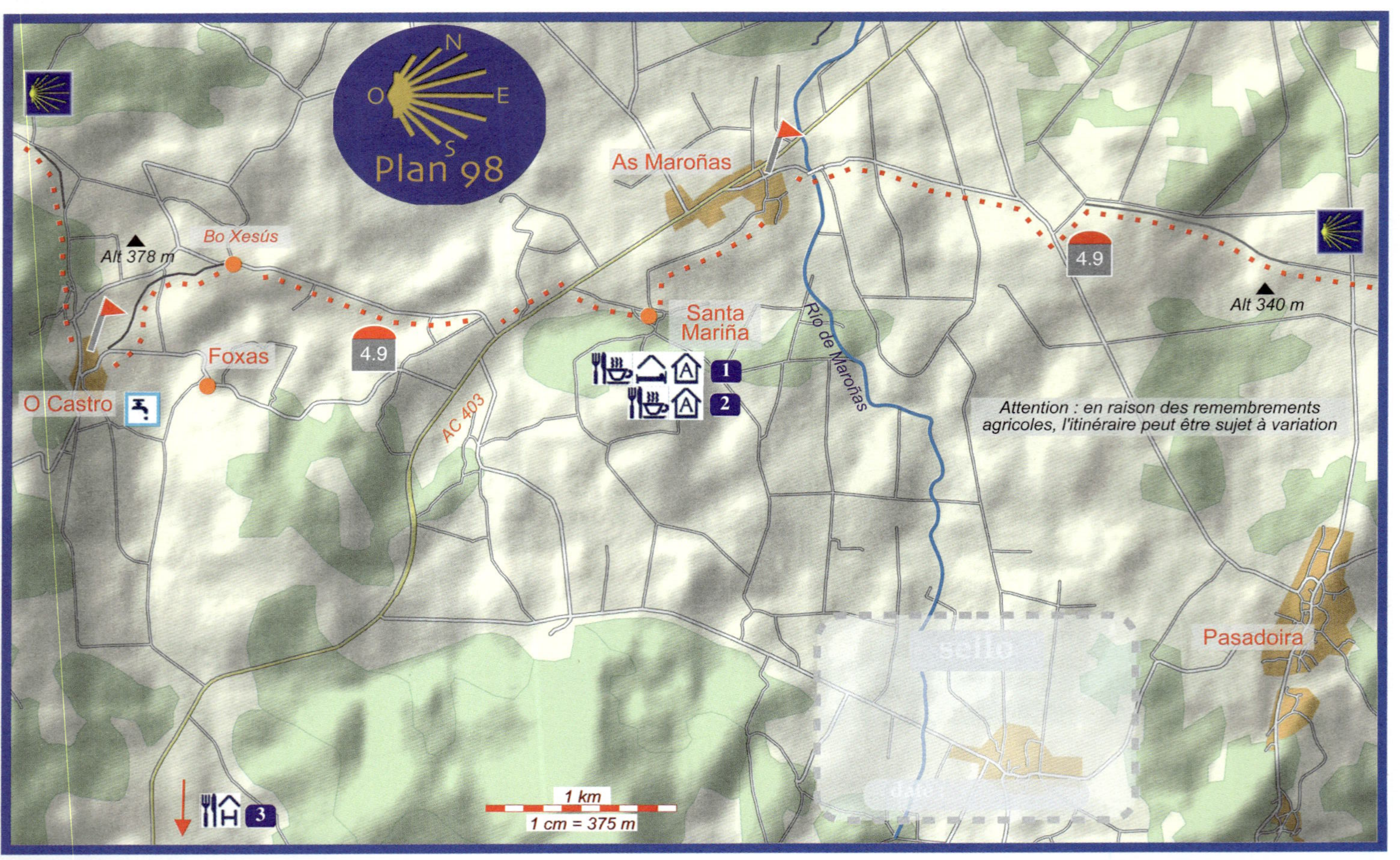
N
O
E
S
Plan 98
As Maroñas
Bo Xesús
Alt 378 m
Foxas
O Castro
4.9
AC 403
Santa Mariña
1
2
Río de Maroñas
4.9
Alt 340 m
Attention : en raison des remembrements agricoles, l'itinéraire peut être sujet à variation
Pasadoira
3
1 km
1 cm = 375 m

Plan 98

1 Albergue***-Bar-Cafetería Casa Pepa
Flora Sanchiño Sánchez, 15256 Santa Mariña (981-852-881 & 686-234-342 ✉ alberguecasapepa@yahoo.es www.alberguecasapepa.es) poss résa, 14 pl, 12 € // 1 ch, 40 € // 3.50 €, 10 €, LL & SL, poss taxi ou transport de bagages, ouv tte l'année *(à côté de l'église)*

2 Albergue Santa Mariña-Bar Antelo
15256 Santa Mariña (981-852-897 & 655-806-800) poss résa, 10 pl, 10 €, 8 à 10.50 € servi à 19h, 3.50 €, fermé du 15 nov au 15 mars

3 Hotel-Restaurante rural Santa Eulalia CB
Antonio Luis García, Santa Baia, Chacin sn, 15256 Mazaricos (663-350-200 & 981-877-262 ✉ hotelsantaeulalia@gmail.com www.hotelsantaeulalia.com) 10 ch, 40 €, 50 € (inclus), 14 €, Maroñas ou Santa Mariña, fermé Toussaint à mars *(à 8 km du camino)*

Plan 99
N
O
E
S
Río Jallas
Olveiroa
6.7
Alt 298 m
Puente Olveiroa
Corzón
6.1
As Abeleiroas
Lago
Alt 340 m
As Abeleiras
2.6
Colúns
Zanfoga
O Lugarnovo
Quintáns
Mazaricos
Attention : en raison des remembrements agricoles, l'itinéraire peut être sujet à variation
1 km
1 cm = 375 m
sello
date :

Plan 99

1 Hostal-Restaurante-Bar Casa Jurjo CB @
avenida 13 de Abril, A Picota, 15258 Mazaricos (981-852-015 casajurjo@yahoo.es www.casajurjo.com) 10 ch, 40 €, 45 €, 5 €, 12 €, l'été piscine à 200 m, 7 pl Abeleiroa ou Lago, ouv tte l'année *(à Abeleiroas (repère A du Plan), prendre la route pour Mazaricos sur 2.7 km. Le lendemain, on rejoint le chemin à Ponte Olveiroa)*

2 Albergue-Restaurante O Refuxio da Ponte @
José Manuel Carreira, 15151 Ponte Olveiroa, Dumbria (981-741-724 & 655-620-180 refuxiodaponte@hotmail.com www.orefuxiodaponte.com) 10 pl, nuit donativo, 3 €, 8 €, LL & SL, poss camping, fermé 15 jrs en nov

3 Albergue de la Xunta
Puri, 15127 Olveiroa, 34 pl en 3 dortoirs, 6 €, , ouv 13h à 23h en été, ouv tte l'année

4 CB @
Pensión-Restaurante Casa Loncho-Albergue El Horreo
Marisol et Antonio, 15127 Olveiroa (casaloncho@gmail.com 981-741-673 & 617-026-005 www.casaloncho.com) poss résa, 54 pl en 5 dortoirs, 12 € // 8 ch, 40 €, 60 € // 3 à 5 €, 10 €, , LL & SL, dépannage-ravitaillement, transport pèlerins et bagages de Santiago à Muxia, ouv tte l'année

5 Pensión-Bar-Restaurante As Pias*** CB @
15127 Olveiroa (981-741-520 correos@aspias.net www.aspias.net) 5 ch, 35 €, 50 €, 4 €, 12 €, LL & SL, fermé Epiphanie à fin jan

6 Bar O Peregrino 2.50 €, 9 €, poss couchage en dépannage ouv tte l'année

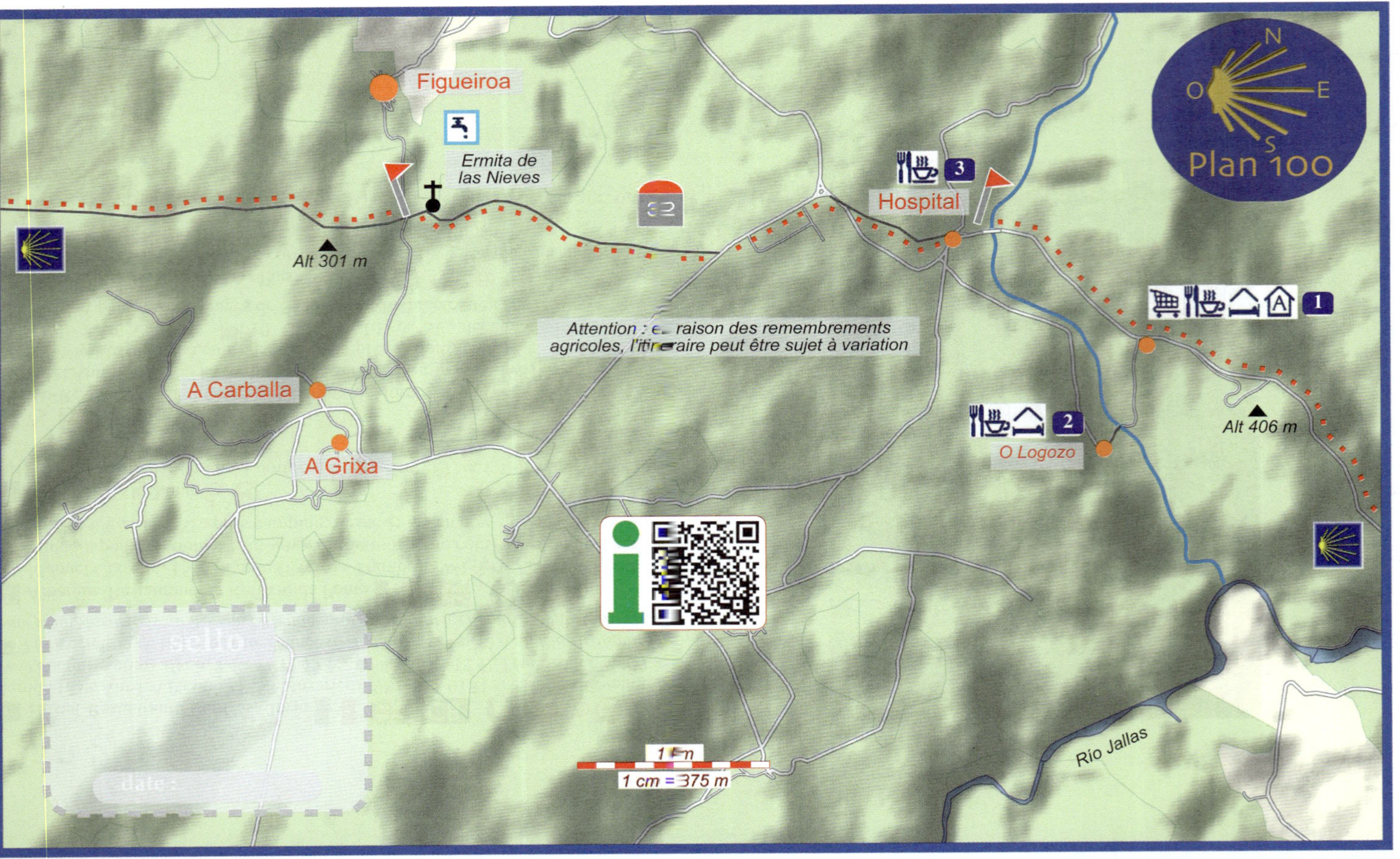
Plan 100
N
E
S
O
Figueiroa
Ermita de
las Nieves
Alt 301 m
Hospital
3
1
2
O Logozo
Alt 406 m
A Carballa
A Grixa
Attention : e raison des remembrements
agricoles, l'iti aire peut être sujet à variation
1 cm = 375 m
Río Jallas
sello
date :

Plan 100

1 Albergue-Pensión-Cafetería-Tienda Logoso

Domingo Maceiras, 15127 Olveiroa (domingomaceiras@hotmail.com 981-727-602 & 659-505-399 www.albergueologoso.com) poss résa, 20 pl en dortoirs 4-8 pers, 12 € // 6 ch, 30 à 35 €, 2.50 €, 9 €, , LL & SL, albergue ouv tte l'année, bar, dépannage-ravitaillement, ouv 6h été, fermé BS

2 Pensión-Restaurante A Pedra

Famille Maceiras, Logoso, 15127 Olveiroa (monicapedra@gmail.com 652-864-623 www.restauranteapedra.com) 12 ch, 30 à 35 €, 2.50 €, 9 €, LL, ouv tte l'année *(à 700 m du chemin)*

3 Bar O Castelиño

Hospital (981-747-387 javi_palomita@hotmail.com) 8 €, sandwiches, , poss couchage en dépannage, ouv à partir de 6h, ouv tte l'année

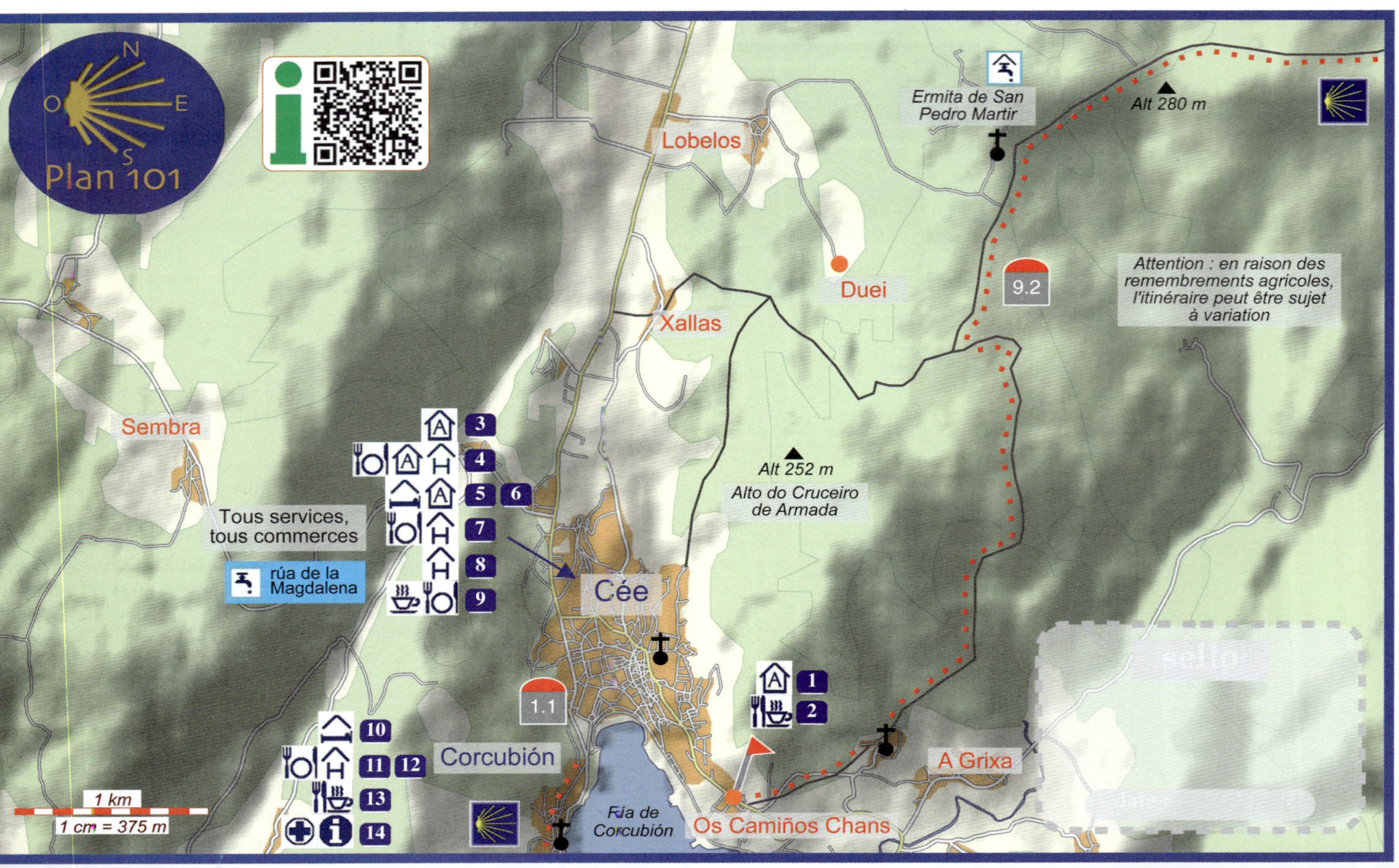

N
O
E
S
Plan 101
Lobelos
Ermita de San Pedro Martir
Alt 280 m
Duei
9.2
Attention : en raison des remembrements agricoles, l'itinéraire peut être sujet à variation
Xallas
Sembra
3
4
5
6
7
8
9
Alt 252 m
Alto do Cruceiro de Armada
Tous services, tous commerces
rúa de la Magdalena
Cée
1
2
1.1
10
11
12
13
14
Corcubión
A Grixa
1 km
1 cm = 375 m
Ría de Corcubión
Os Camiños Chans

Plan 101

1 Albergue turistico O Bordón Pedro Santa Maria, Camiño Chans, 15270 Cée (981-746-574 & 655-903-932 albergueobordon@gmail com) poss résa, 24 pl, 12 €, 3 €, , LL & SL, ouv tte l'année

2 Mesón Lolo, Camiño Chans, 8 à 12 €

3 Albergue A Casa Da Fonte @
Guzmán, rua de Arriba 36, 15270 Cée (guzmanraget@gmail.com 981-746-663 & 699-242-711) poss résa, 42 pl, 10 €, , LL & SL, poss transport bagages, ouv mars à nov

4 CB @
Albergue O Camiño das Estrelas-Hotel**-Restaurante Insua
avenida Fisterra 78-82, 15270 Cée // Albergue (reservas@grupoinsua.com 981-747-575 www.grupoinsua.com) poss résa, 32 pl en 3 dortoirs, 12 €, 4 €, LL & SL, si fermé s'adresser à la réception de l'hôtel // Hôtel (hotelinsua@terra.es www.hotelinsua.com) 49 ch, 40 à 54 €, 55 à 70 € (inclus), 9 à 12 €, fermé Noël et Nouvel An

5 Albergue privée Moreira @
José Manuel Moreira, calle Rosalia de Castro 75, 15270 Cée (981-746-282 & 620-891-547 info@alberguemoreira.es www.alberguemoreira.es) 14 pl, 12 à 13 €, 4 ch, 25 à 30 €, , LL & SL, ouv Rameaux au 10 nov

6 Pensión Beiramar-Albergue privée Camiño Fisterra
Sinda, avenida de Fisterra 220 et 222 (www.pensionbeiramar.com 981-745-040 & 629-114-122) 12 pl, 10 à 12 €, , LL & SL // 8 ch, 30 à 50 € (inclus), ouv tte l'année *(à la limite entre Cée et Corcubión)*

7 Hôtel**-Restaurant Larry @
rúa de la Magdalena 8, 15270 Cée (info@hotellarry.com 981-746-691 & 981-746-441 www.hotellarry.com) 21 ch, 38.50 à 44 €, 55 à 66 €, supp 22 €, 5 €, 12 €, ouv tte l'année

8 Hotel* La Marina CB
avenida Fernando Blanco 24-26, 15270 Cée (www.hotellamarina.com 981-747-381 info@hotellamarina.com) 32 ch, 33 à 44 €, 44 à 55 €, 66 à 77 €, 2.50 à 4 €, fermé dim BS

9 9 restaurants et nombreux bars

10 Casa da Balea (Posada del Camino)
Antón Pombo et Gyongi, rúa Rafael Juan 44 sn, 15130 Corcubión (981-746-645 & 655-130-485 & 652-424-200 info@casadabalea.com www.casadabalea.com) 6 ch, 35 à 52 €, 45 à 75 €, supp 15 €, 5 €, LL & SL, fermé mi-jan à mi-fév et Semaine Sainte

11 Complejo turistico Las Hortensias CB
calle Praia da Quenxe sn, 15130 Corcubión (info@ashortensias.es 981-747-584 www.ashortensias.es) 16 ch, 30 à 50 €, 45 à 65 €, supp 15 € (inclus), 10 €, ouv tte l'année

12 Hotel-Restaurante Praia de Quenxe CB
calle Praia da Quenxe sn, 15130 Corcubión (981-706-457 & 627 382-467 info@praiadequenxe.com www.praiadequenxe.com) 8 ch, 30 à 45 €, 45 à 60 €, supp 15 € (inclus), 12 € en semaine, hôtel ouv tte l'année, resto ouv Rameaux à Toussaint

13 Plusieurs bars et restaurants

14 Office de tourisme, Port, ouv été (www.corcubion.info 981-706-163)

- données plan 102 - suite et plan page suivante -

1 Albergue associative San Roque
Association Galicienne des Amis de Saint-Jacques, alto de San Roque, Redonda, 15136 Corcubión (www.amigosdelcamino.com info@amigosdelcamino.com) 20 pl en dortoir, nuit+ + donativo, ouv 16h, ferm 22h30

2 Hostal*-Restaurante Playa de Estorde CB
playa de Estorde, 15137 Fisterra (981-745-585 www.restauranteplayadeestorde.com) 15 ch, 25 à 40 €, 40 à 80 €, 3.50 €, 12 à 15 €, fermé BS

3 Camping Ruta de Finisterre C2
playa de Estorde, 165137 Cée (981-746-302 camping@rutafinisterre@hotmail.es www.rutafinisterre.com) 800 pl, tente 18 €, LL, dépannage-ravitaillement, bar, ouv Semaine Sainte et 15 jun au 15 sep (BS contacter l'hôtel ci-dessus pavé 2)

4 Hostal-Pizzeria Nicola CB
Nicola et Mari Carmen, 15155 Sardiñeiro (981-743-741 www.hostalnicola.es) 18 ch, 30 à 42 €, 3 €, 8 à 14 €, LL & SL, ouv tte l'année

N
O
E
S
Plan 102
4
5
6
Sardiñeiro de Abaixo
Es-
2
3
Corcubión
Praia de Estorde
San Roque
1
A Amarela
Alt 213 m
11.5
7
C 552
As Escaselas
8
San Martiño
Praia de Langosteira
10
11
12..15
16..20
21
9
Fisterra
sello
date :
Fisterra
Monte San Guillermo
Alt 221 m
2.8
Monte Facho
Alt 241 m
22
Océan Atlantique
Phare
Cabo Fisterra (Cap Finisterre)

Plan 102 *(le début des données est au plan 101)*

5 Hostal-Restaurante El Merendero CB
rúa da Alvariña, 15155 Sardiñeiro (981-743-535 amaliafernances@yahoo.es) 12 ch, 20 à 40 €, 30 à 50 €, 3 à 4.50 €, 10 à 12 € // 12 appart 4-7 pers, 50 à 90 €, , LL, ouv tte l'année, BS fermé lun

6 Plusieurs bars et restaurants

7 Hotel*** Alén do Mar CB @
calle Calcoba 22, (981-740-745 & 657-206-797 info@hotelalendomar.com www.hotelalendomar.com) 11 ch, 60 à 110 € (inclus), fermé 10 déc à fin jan

8 CB @
Hotel-Restaurante Playa Langosteira** Escaselas sn, 15155 Fisterra (981-706-830 info@hotelplayalangosteira.com www.hotelplayalangosteira.com) 28 ch, 35 à 65 €, 50 à 80 €, 65 à 95 € (inclus), 12 à 15 €, ouv mars à nov

9 Albergue privée touristique do Mar @
Juan Marcos Traba, rúa San Roque, 15155 Fisterra (www.alberguedomar.com 981-740-204 alberguemardomar@gmail.com) poss résa, 18 pl en 3 dortoirs, 12 €, 5 ch, 35 à 50 €, 40 à 60 €, 3 €, , LL & SL, ouv avr à oct *(au bout de la plage Langosteira, avant la Cruz de Baixar)*

10 Albergue de Peregrinos de la Xunta - Office de Tourisme
rúa Real 2, 15155 Fisterra (alberguefisterra@hotmail.com 981-740-781 www.concellofisterra.com) 36 pl en dortoirs, 6 €, , LL & SL, ouv 13h

11 Albergue privée do Sol e da Lua
calle Atalaya 7, 15155 Fisterra (alberguedosol@hotmail.com 981-740-655 & 617-568-648) poss résa, 18 pl en 3 dortoirs, 10 €, 2 ch, 24 €, 3 €, 7 €, , LL & SL, salle de méditation, BS résa nécessaire

12 Pensión-Albergue privée Fin de Terra Alfredo, rua Atalaya 30, 15155 Fisterra (vmpazosleis@gmail.com 981-712-030 & 648-918-929 & 675-361-890) 20 pl en ch 4 pers, 10 €, 10 ch, 25 €, , LL, ouv mars à nov

13 Albergue privée turístico-Pensión Finistellae @
calle Manuel Lago Pais 6, 15155 Fisterra (981-740-175 & 637-821-296 reservas@finistellae.com www.finistellae.com) Pensión, 6 ch, 30 €, 35 €, 45 €, 60 € // Albergue, poss résa, 22 pl en 2 dortoirs, 12 € (draps inclus) // 3.50 €, , LL & SL, ouv Rameaux à Toussaint

14 Albergue privée Cabo de Vila @
Alexia y Nita, avenida de A Coruña 13, 15155 Fisterra (607-735-474 & 981-740-454 & alberguecabodavila@gmail.com www.alberguecabodavila.com) poss résa, 28 pl, 12 € (avec draps), 2 € // 8 ch, 25 €, 30 € (BS, inclus) // , LL & SL, ouv 7h à 22h, fermé déc à fév sauf groupes sur résa

15 Albergue privée Por Fin @
Arantxa, calle Federico Avila 19, 15155 Fisterra (albergueporfin@gmail.com 636-764-726) poss résa, 11 pl, 10 €, 1 ch 24 €, , LL & SL, ouv 1er avr au 1er déc, ouv 8h à 23h

16 Albergue privée de Paz @
Enrique, calle del Castillo, 15155 Fisterra (981-740-332 & 628-903-693 enrike.33@hispavista.com) poss résa, 28 pl en 5 dortoirs, 10 €, , LL & SL, fermé nov à fév

17 Albergue privée touristique Mar de Rostro
Pilar y Nazareth, calle Alcalde Fernández 45, 15155 Fisterra (981-740-362 & 637-107-765 alberguemarderostro@hotmail.com www.marderostro.com) poss résa, 23 pl en 2 dortoirs, 10 €, 2.50 €, , LL, BS résa nécessaire

18 Albergue privée touristique Ara Solis
Carlos, calle Ara Solis 3, 15155 Fisterra (alberguearasolis@yahoo.com 638-326-869) poss résa, 16 pl en 2 ch, 10 à 12 €, , LL & SL, BS résa nécessaire

19 Albergue privée touristique Mar da Fora
Silvia Garcia Lema, rúa Potiña 60, 15155 Fisterra (686-939-079 alberguemardefora@gmail.com) poss résa, 12 pl en 2 dortoirs, 10 à 12.50 €, , , LL & SL, ouv tte l'année

20 Albergue privée O Encontro @
Soraya, calle del Campo, 15155 Fisterra (981-740-369 & 696-503-363) poss résa, 7 pl, 10 €, , LL, ouv 9h à 23h, BS résa nécessaire

21 Nombreux hôtels et restaurants, plusieurs commerces d'alimentation

22 Hotel-Restaurante Café O Semaforo*** CB
carretera Faro sn, 15155 Fisterra (981-725-869 osemaforo@msn.com www.osemaforo.com) 5 ch, 95 à 110 €, 6.20 €, 22.50 €, fermé BS *(prix 2014, en cours de changement de gérance)*

Cartonnettes d'erreurs ou de suggestions

Chemin de Compostelle Camino francés - miam-miam-dodo - Edition 2015

Erreurs relevées ou suggestions

Plan numéro : Pavé numéro :

A expédier à :

Editions du Vieux Crayon
119 route de l'Aubraie
85100 Les Sables d'Olonne
ou par courriel: info@levieuxcrayon.com

Chemin de Compostelle Camino francés - miam-miam-dodo - Edition 2015

Erreurs relevées ou suggestions

Plan numéro : Pavé numéro :

A expédier à :

Editions du Vieux Crayon
119 route de l'Aubraie
85100 Les Sables d'Olonne
ou par courriel: info@levieuxcrayon.com

Cartonnettes d'erreurs ou de suggestions

Chemin de Compostelle Camino francés - miam-miam-dodo - Edition 2015

Erreurs relevées ou suggestions

Plan numéro :   Pavé numéro :

A expédier à :

Editions du Vieux Crayon
119 route de l'Aubraie
85100 Les Sables d'Olonne
ou par courriel: info@levieuxcrayon.com

Chemin de Compostelle Camino francés - miam-miam-dodo - Edition 2015

Erreurs relevées ou suggestions

Plan numéro :   Pavé numéro :

A expédier à :

Editions du Vieux Crayon
119 route de l'Aubraie
85100 Les Sables d'Olonne
ou par courriel: info@levieuxcrayon.com

Cartonnettes d'erreurs ou de suggestions

Chemin de Compostelle Camino francés - miam-miam-dodo - Edition 2015

Erreurs relevées ou suggestions

Plan numéro : Pavé numéro :

A expédier à :

Editions du Vieux Crayon
119 route de l'Aubraie
85100 Les Sables d'Olonne
ou par courriel: info@levieuxcrayon.com

Chemin de Compostelle Camino francés - miam-miam-dodo - Edition 2015

Erreurs relevées ou suggestions

Plan numéro : Pavé numéro :

A expédier à :

Editions du Vieux Crayon
119 route de l'Aubraie
85100 Les Sables d'Olonne
ou par courriel: info@levieuxcrayon.com

Cartonnettes d'erreurs ou de suggestions

Chemin de Compostelle Camino francés - miam-miam-dodo - Edition 2015

Erreurs relevées ou suggestions

Plan numéro : Pavé numéro :

A expédier à :

Editions du Vieux Crayon
119 route de l'Aubraie
85100 Les Sables d'Olonne
ou par courriel: info@levieuxcrayon.com

Chemin de Compostelle Camino francés - miam-miam-dodo - Edition 2015

Erreurs relevées ou suggestions

Plan numéro : Pavé numéro :

A expédier à :

Editions du Vieux Crayon
119 route de l'Aubraie
85100 Les Sables d'Olonne
ou par courriel: info@levieuxcrayon.com

Glossaire en 6 langues

abbaye	abadia	abbey
accueil	acogida	reception
accueil chevaux	acogida caballos	horse Stables
août	agosto	august
appartement	piso	flat
après-midi	tarde	afternoon
auberge	restaurante	pub
avec participation	donativo	with contribution
avril	abril	april
boissons	bebidas	drinks
boucherie	carnicería	butcher's
boulangerie	panadería	bakery
centre d'accueil	albergue	pilgrim refuge
chambre	habitacion	bedroom
chambre chez l'habitant	casa rural	Bed & Breakfast
chambre d'hôtes	casa rural	Bed & Breakfast
chapelle	capilla	chapel
charcuterie	carnicería	pork butcher's
chemin (de randonnée)	camino	footpath
clés	llaves	keys
cuisine	cocina	kitchen
décembre	diciembre	december
déjeuner (repas du midi)	comida	lunch
demi-pension	media pensión	half board
dépannage-ravitaillement	pequeña tienda	small grocer's
dépôt de pain	despacho de pan	bread available
dimanche	domingo	sunday
dîner (repas du soir)	cena	dinner
dortoir	dormitorio	dormitory
drap	sábana	sheet
église	iglesia	church
en saison	durante latemporada	in season
épicerie	tienda	grocer's
fermé	cerrado	closed
février	febrero	february
gîte d'étape	albergue	pilgrim refuge
gîte de groupe	albergue	pilgrim refuge (groups)
gîte rural	casa rural (semana)	country guest house (B&B)
hors saison	fuera de temporada	off season
hôtel	hotel	hotel
janvier	enero	january
jeudi	jueves	thursday
juillet	julio	july
juin	junio	june
lave-linge	lavadora	washing machine
lit	cama	bed
lundi	lunes	monday

Glossaire en 6 langues

🇩🇪	🇳🇱	🇮🇹
Abtei	abdij	abbazia
Empfang	receptie	ricezione
Reiterempfang	opvang voor paarden	ricezione di cavalli
August	augustus	agosto
Wohnung	flat	appartamento
Nachmittag	namiddag	pomeriggio
Gastätte	herberg	ostello
mit Spende	met bijdrage	con la partecipazione
April	april	aprile
Getränke	dranken	bevande
Metzgerei	slagerij	macelleria
Bäckerei	bakkerij	panetteria
Herberge	herberg	albergo
Zimmer	kamer	camera
Zimmer mit Frühstück	intern gastenverblijf	pensione
Zimmer mit Frühstück	gastenverblijf	pensione
Kapelle	kapel	cappella
Metzgerei	vleeswaren	macelleria
Wanderweg	voetpad	sentiero
Schlüssel	sleutels	chiave
Küche	keuken	cucina
Dezember	december	dicembre
Mittagessen	middageten	colazione
Halbpension	halfpension	mezza-pensione
kleine Auswahl Essen	beperkt aanbod van etenswaren	approvvigionamento
Brotlager	brood voorradig	deposito di pane
Sonntag	zondag	domenica
Abendessen	avondeten	cena
Schlafsaal	slaapzaal	dormitorio
Bettwäsche	lakens	lenzuolo
Kirche	kerk	chiesa
Hauptsaison	hoofdseizoen	alta stagione
Lebensmittelgeschäft	winkel	drogheria
geschlossen	gesloten	chiuso
Februar	februari	febbraio
Herberge	herberg	pensione
Herberge	herberg	pensione
Gasthaus (Woche)	herberg (per week)	agri-turist
ausserhalb Saison	buiten het seizoen	fuori stagione
Hotel	hotel	albergo
Januar	januari	gennaio
Donnerstag	donderdag	giovedi
Juli	juli	luglio
Juni	juni	giugno
Waschmaschine	wasmachine	lavatrice
Bett	bed	letto
Montag	maandag	lunedi

Glossaire en 6 langues

🇫🇷	🇪🇸	🇬🇧
mai	mayo	may
Mairie	Ayuntamiento	Town hall
mardi	martes	tuesday
mars	marzo	march
menu	menú	meal
menu du pèlerin	menú del peregrino	pilgrim's meal
mercredi	miércoles	wednesday
monastère	monasterio	monastery
novembre	noviembre	november
nuit, nuitée	noche	overnight
octobre	octubre	october
ouvert	abierto	open
pain	pan	bread
panier pique-nique	picnic	packed lunch/picnic
Pâques	Pascua	Easter
participation libre	donativo	vol. contribution
pas de réservation	no reservación	no booking
pèlerin	peregrino	pilgrim
personnes (pers)	personas	people
petit déjeuner	desayuno	breakfast
pharmacie	farmacia	chemist
piscine	piscina	swimming-pool
places	plazas	places
possibilité de cuisiner	uso de cocina	cooking facilities
Poste	Correos	Post-office
prix	precio	price
prix pèlerin	precio especial peregrino	pilgrim price
produits fermiers	productos caseros	farm produce
repas	comida	meal
repas-dépannage	posible cena	packed meal
réservation souhaitée	reservation aconsejada	resevations preferred
réserver	reservar	to book
restaurant	restaurante	restaurant
restauration rapide	comida rapida	fast food
route	carretera	road
samedi	sábado	saturday
sandwich	bocadillo	sandwich
sèche-linge	secadora	drying machine
semaine	semana	week
septembre	septiembre	september
supérette, supermarché	supermercado	supermarket
table d'hôtes	con cenas	daily menu
Toussaint	Todos los Santos	All Saints' Day
toute l'année	todo el año	all the year round
transport de bagages	depósito de mochilas	luggage carriage
vendredi	viernes	friday
village	pueblo	village

Glossaire en 6 langues

Mai	mei	maggio
Rathaus	raadhuis	municipio
Dienstag	dinsdag	martedi
März	maart	marzo
Menü	menu	menu
Pilgermenü	menu voor pelgrims	menu del pellegrino
Mittwoch	woensdag	mercoledi
Kloster	klooster	monastero
November	november	novembre
Nacht	nacht	notte
Oktober	oktober	ottobre
Geöffnet	open	aperto
Brot	brood	pane
Picknickessen	picknick	picnic
Ostern	pasen	Pasqua
mit freiw. Spende	met vrijwillige bijdrage	partecipazione libera
kein Reservierungsmöglichkeit	geen reserveringsmogelijkheid	senza prenotazione
Pilger	pelgrim	pellegrino
Personen	personen	persone
Frühstück	ontbijt	colazione
Apotheke	apotheek	farmacia
Schwimmbad	zwembad	piscina
Plätze	plaatsen	piazze
Küchenbenutzung	gebruik van keuken	con uso di cucina
Postamt	postkantoor	Posta
Preis	prijs	prezzo
Pilgerpreis	speciale prijs voor pelgrims	prezzo speciale pellegrino
Bauernhof produkte	boerderijprodukten	prodotti della fattoria
Mahlzeit	maaltijd	pranzo
kleine Auswahl Essen	lunchpakket	pranzo di fortuna
Reservierung durch Empfelung	reservering gewenst	prenotazione consigliata
Reservierung gewünscht	boeken	prenotare
Restaurant, Gastätte	restaurant	ristorante
Imbiß	cafetaria	ristorante rapido
Straße	straat	strada
Samstag	zaterdag	sabato
Brötchen	broodje	panino
Wäschetrockner	wasdroger	asciuga-biancheria-elettrico
Woche	week	settimana
September	september	settembre
Supermarkt	supermarkt	supermercato
gemeinsamer Eßtisch	gezamenlijke eettafel	osteria
Allerheiligen	Allerheiligen	Festa di Ognissanti
das ganze Jahr	het gehele jaar	tutto l'anno
Gepäcktransport	bagagevervoer	trasporto di bagagli
Freitag	vrijdag	venerdi
Dorf	dorp	villaggio

Index alphabétique des lieux

Index (suite)

Index pour la section Santiago-Fisterra

Ibilaldi on ! 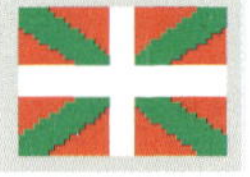

Buen viaje ! 

Boa Viaxe ! 

Bon voyage !